Giorgio Vasari

Das Leben des Cimabue, des Giotto und des Pietro Cavallini

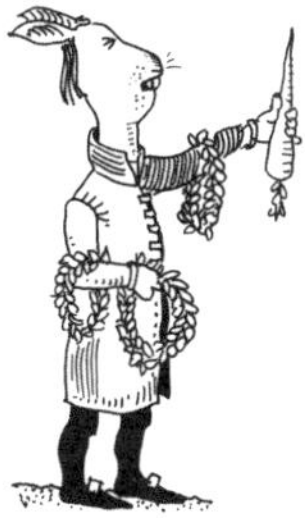

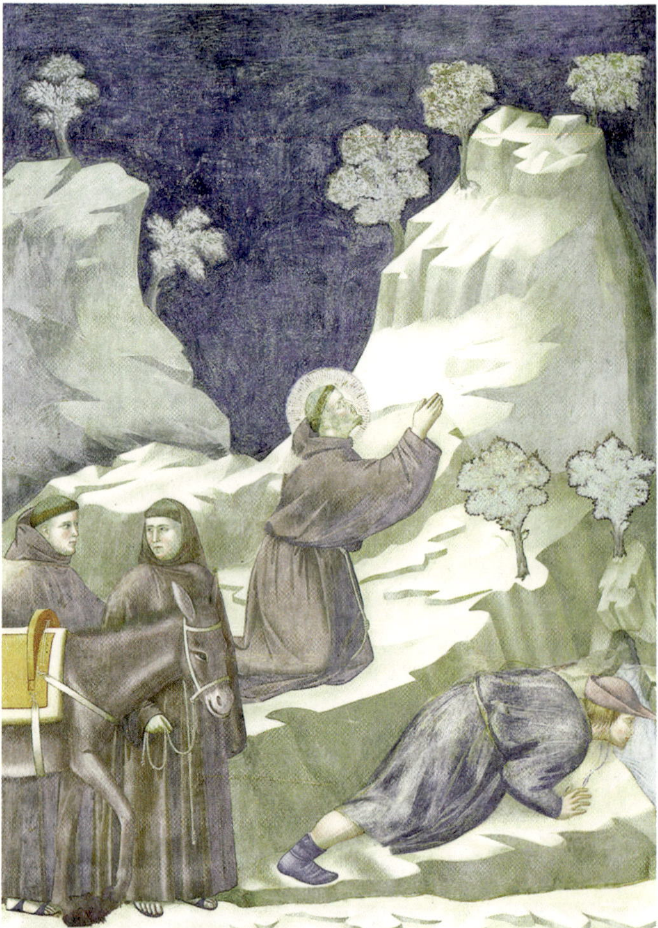

Giotto und Werkstatt: Quellwunder.
Assisi, San Francesco, Oberkirche, Ostwand

GIORGIO VASARI

DAS LEBEN DES CIMABUE, DES GIOTTO UND DES PIETRO CAVALLINI

Neu ins Deutsche übersetzt von Victoria Lorini
Herausgegeben, kommentiert und eingeleitet
von Fabian Jonietz (Cimabue und Giotto)
und Anna Magnago Lampugnani (Pietro Cavallini)

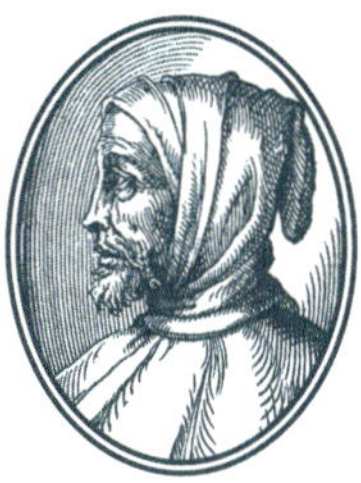

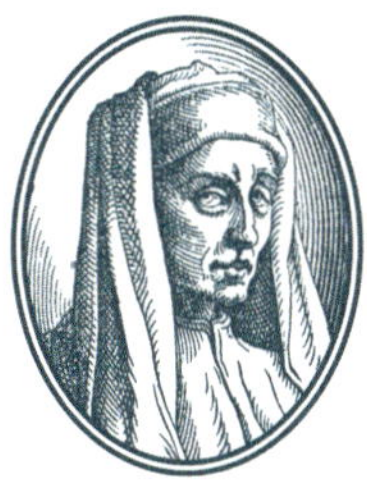

Verlag Klaus Wagenbach Berlin

Zu dieser Neuausgabe

Kaum ein anderes literarisches Werk hat auf die Kunstgeschichtsschreibung folgender Generationen einen so nachhaltigen Einfluß ausgeübt wie die von Giorgio Vasari (1511–1574) verfaßten und erstmals 1550 im Druck erschienenen *Lebensbeschreibungen der berühmtesten Maler, Bildhauer und Architekten*, die achtzehn Jahre später in einer revidierten und erweiterten Fassung noch einmal herausgegeben wurden. Heute ist das Hauptwerk Vasaris vor allem unter dem Titel *Le vite* bekannt.

Vasaris Text wurde in der Fassung von 1568 (nach der kritischen Ausgabe von Rosanna Bettarini und Paola Barocchi) neu übersetzt – textgetreu, ungekürzt und vollständig auch da, wo Vasari sich zu wiederholen scheint.

Eine Einführung stellt die jeweilige Künstlervita vor. Der Anmerkungsapparat behandelt nicht nur die jeweiligen kunsthistorischen, literarischen und zeitgeschichtlichen Aspekte auf neuestem wissenschaftlichem Stand, sondern benennt auch die heutigen Standorte (und Zustände) der Kunstwerke, die wichtigen Abweichungen gegenüber der ersten Ausgabe der *Vite* sowie die uns heute bekannten Lebensdaten des Künstlers. Jeder Band enthält außerdem Abbildungen der wichtigsten Kunstwerke, die von Vasari erwähnt wurden.

Herausgegeben von Alessandro Nova
mit Matteo Burioni, Katja Burzer, Sabine Feser
und Hana Gründler

Damien Cerutti, Wolf-Dietrich Löhr, Wolfgang Loseries und Katharina Weiger sei für wertvolle Anregungen und Hinweise gedankt. FJ

Inhalt

ANHANG

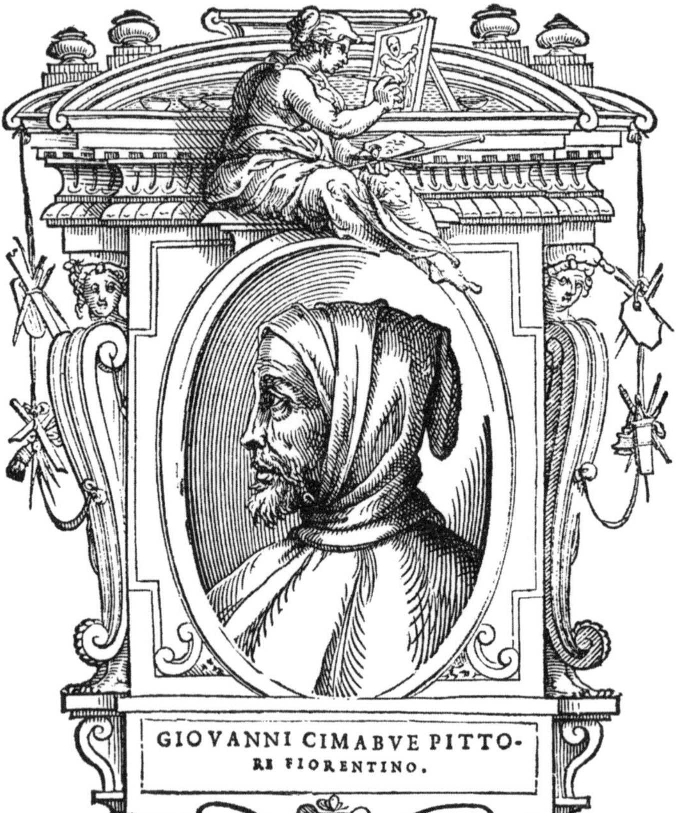

Porträt des Cimabue in der zweiten Ausgabe der ›Vite‹ von 1568

Einleitung zum Leben des Cimabue

Mit der Metaphorik einer Sündenflut und allgemeinen Finsternis eröffnet Giorgio Vasari die Reihe seiner Lebensbeschreibungen von Künstlern, als deren erster Vertreter Cimabue (eigentlich Cenni di Pepe) wie ein göttliches Licht die Dunkelheit aufbricht. Daß auf seinen Glanz überhaupt ein Schatten geworfen wird, liegt den Erklärungsmustern des Autors zufolge nur daran, daß schon eine Generation später der angebliche Schüler Cimabues, Giotto di Bondone, noch weitaus heller erstrahlen wird. Damit ist eine Konstellation angesprochen, die seit Dantes häufig zitierter Äußerung zum Verhältnis der beiden Maler in der *Göttlichen Komödie* (*Purg.* XI, 94–96) verbreitet und mit eben jener Symbolsprache des Lichts verknüpft ist. Bei Vasari wird die metaphorische Rede vom strahlenden Glanz, auf die er bei Cimabue insgesamt viermal zu sprechen kommt, anschließend jede weitere Vita herausragender Künstler bis hin zu Michelangelo bestimmen, der etwa mit seiner Sixtinischen Decke ebenfalls ein als »lucerna« geltendes Werk schafft, das weiteres Licht in die Malerei bringt.

Eingeleitet wird die Vita des »göttlichen« Michelangelo jedoch nicht durch die Rückführung seines Werks auf eine mit Cimabue beginnende Maltradition, sondern wiederum mit einem Verweis auf das »Licht des hochberühmten Giotto«.[1] Angesichts der literarisch etablierten Konvention, daß nicht Cimabue, sondern Giotto als »Leuchte Florentiner Ruhms« die Malerei »wieder ans Lichte geführt« habe (wie es Boccaccio im *Dekameron* formuliert), nimmt Cimabue am Beginn der *Vite* eine gleichermaßen ruhmreiche wie prekäre Position ein. Deutlicher, als er es in den *Vite* formulieren wollte, verbildlichte Vasari Cimabues Rolle in einer ephemeren Straßendekoration, die er 1565 für die Hochzeit von Francesco I. de' Medici konzipierte: In dieser Darstellung

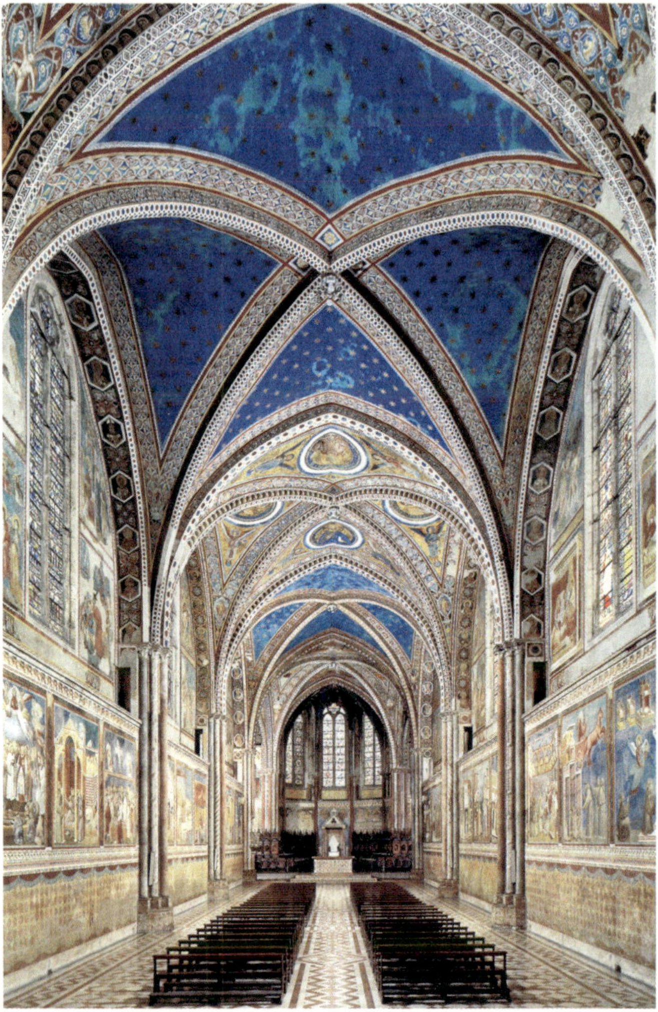

Oberkirche von San Francesco in Assisi

wurde die Gruppe der ersten Künstler von Cimabue mit einer kleinen Laterne in der Hand geleitet, während dahinter Giotto die nächsten Generationen mit einer zweiten und deutlich größeren Laterne anführte.[2] Doch würde man der Figur Cimabues keineswegs gerecht, wenn man sie nur als Vorreiter der Lichtgestalt Giottos und als gedämpftes Leuchten verstünde. Indem Vasari Cimabue den Status als erster Maler zugesteht, der nicht blind der in Italien dominanten byzantinischen Malweise – der *maniera greca* – folgt, orientiert er sich an einer kunsthistoriographischen Tradition. Er rekurriert auf ähnliche Wertungen in mehreren früheren Abrissen, die ihm als Quellen dienten (darunter, neben Filippo Villanis Geschichte der Stadt Florenz, vor allem die *Commentarii* Lorenzo Ghibertis und das *Libro* Antonio Billis) oder die kurz vor oder parallel zur Niederschrift der 1550 erschienenen ersten Ausgabe der *Vite* entstehen (wie der Text des sogenannten *Anonimo Magliabechiano*). Der Vergleich von Vasaris Vita Cimabues mit diesen Schriften und insbesondere mit den ebenfalls etwas früher verfaßten *Vite de' pittori* des Giovan Battista Gelli oder dem noch älteren *Libro dell'arte* Cennino Cenninis (in dem Cimabue überhaupt keine Erwähnung findet) macht jedoch auch deutlich, daß Vasari nicht nur die Leistung Cimabues viel stärker gewichtet, sondern daß er mit Cimabues Ansätzen, die *maniera greca* zu überwinden, zugleich den wahren Ursprung zentraler Kategorien seines kunsttheoretischen Denkens verbindet.[3]

Mit der Aussage, daß der schon in der Jugend von einem inneren Drang zum Zeichnen getriebene Cimabue »die neue Art zu zeichnen (*disegnare*) und zu malen (*dipingere*) begründete«, bringt Vasari in der Überleitung des *Proemio* – viel pointierter als in der Vita selbst – zum Ausdruck, daß das zentrale Prinzip des *disegno* letztlich auf Cimabue zurückzuführen sei.[4] Der Künstler lasse darüber hinaus Weichheit und Lebendigkeit in der Malkunst erkennen, verbessere die Farbgebung und auch die Maltechnik, durch die sich das Kolorit auf den Wänden besser und länger erhalte. Zuletzt habe Cimabue auch neue *invenzioni* grundsätzlicher Art hervorgebracht (so suggeriert Vasari, daß auf ihn die damals neue Erfindung von Bildinschriften zurückgehe). Diese

Innovationen führt Vasari primär auf eine durch göttlichen Willen verliehene natürliche Begabung, aber noch nicht auf ein Naturstudium zurück, das erst Giotto zur eigentlichen Überwindung der alten, routinestarren Malweise befähigen wird; beiden fehlt allerdings das Vorbild antiker Kunstwerke. Um das enge Beziehungsgeflecht zwischen Cimabue und seinem angeblichen Schüler nicht in Frage zu stellen, gesteht ihm Vasari in den *Vite* zwar gleichaltrige Weggefährten (etwa Andrea Tafi und Gaddo Gaddi) und jüngere Nachahmer (beispielsweise Ugolino di Nerio) zu, jedoch keine weitere direkte Schülerschaft oder zumindest Mitarbeiter. Durch diese Isolierung überblendet er einen wichtigen Aspekt der historischen Gestalt Cimabues, der als Werkstattleiter in der Kirche San Francesco in Assisi einen Stab von Mitarbeitern in einer Weise organisiert haben muß, deren anspruchsvolle Logistik man leicht als Vorläufer und Prototyp der von Vasari gepriesenen Werkstatt Raffaels auffassen könnte. Wenn Vasari postuliert, daß die Ausmalung in Assisi [siehe Seiten 10 und 26–30] als monumentale Einzelleistung Cimabues zu verstehen sei, dessen Werk erst wesentlich später von Giotto fortgeführt wird, so verkennt oder ignoriert er darüber hinaus auch die grundsätzliche Rolle San Francescos als Schmelztiegel, in dem sich parallel tätige Künstler römischer, toskanischer und nordalpiner Schulen über Jahrzehnte hinweg begegnen und stilistisch beeinflussen – ein Brennpunkt künstlerischer Grenzüberschreitungen, an dem ein Teil der kunsthistorischen Forschung auch den jungen Giotto zum ersten Mal auszumachen glaubt.

Assisi räumt Vasari erst in der zweiten, fast doppelt so ausführlichen Fassung der Vita einen größeren Platz ein. 1563 hatte er diese Stätte intensiv studieren können, der Eindruck einer 1566 erfolgten Reise nach Assisi hingegen konnte nicht mehr in Cimabues Vita einfließen, da die Bögen des ersten Bandes der Neuausgabe der Lebensbeschreibungen, die schließlich im Jahr 1568 von der Offizin der Giunti veröffentlicht werden sollte, zu diesem Zeitpunkt bereits gedruckt worden waren. In dieser Fassung ergänzt er insbesondere Cimabues *Maestà di Santa Trinita* und das *Monumentalkruzifix* von Santa Croce, die bis heute als

Hauptwerke des Malers gelten. Arnolfo di Lapo, dessen Arbeiten an der Florentiner Kathedrale Vasari in der 1550er Ausgabe (der Torrentiniana) noch in Cimabues Vita integrierte, erhält jetzt als erster namhafter Vertreter der Baukunst eine eigene Biographie. Die Beschreibung der Aktivitäten Cimabues in Pisa gerät ausführlicher, doch übersieht Vasari weiterhin dessen Beteiligung an der Gestaltung des Apsismosaiks im dortigen Dom (er setzt es aufgrund einer 1321 datierten Abschlußinschrift, die er in der Vita Gaddo Gaddis zitiert, deutlich später an). Überhaupt ignoriert er grundsätzlich Cimabues Tätigkeit als Mosaizist, die heute auch im Florentiner Baptisterium erkannt wird.[5] Mag Vasari in der 1568er Ausgabe der *Vite* die singuläre Stellung Cimabues auch punktuell stärker betonen als zuvor, so schwächt er sein abschließendes Urteil über dessen Malkunst dennoch zugunsten Giottos ab. Nicht ganz unbeeinflußt war er dabei sicherlich von den zusätzlichen Quellen, auf die er 1568 zurückgriff, darunter ein um 1334 entstandener Kommentar zu Dantes *Göttlicher Komödie* (der sogenannte *Ottimo commento*), den Vasari durch ein Exemplar im Besitz Vincenzo Borghinis kennenlernte.

Wenn man die Zuschreibung des erst im späten 19. Jahrhundert von der Forschung entdeckten und heute gemeinhin als Frühwerk Cimabues aufgefaßten *Kruzifixes* der Kirche San Domenico in Arezzo akzeptiert,[6] fehlt Vasaris Werkkatalog nicht nur eine bedeutende Arbeit, die ihm durchaus hätte vertraut sein können. Er schreibt Cimabue andererseits mit der *Madonna Rucellai* ein Tafelgemälde zu, das nach gegenwärtiger Ansicht nicht von dessen Hand stammt, sondern von dem Sieneser Maler Duccio di Buoninsegna. Weit über die Frage der stilistischen Zuschreibung hinaus verdeutlicht die *Madonna Rucellai* und die Geschichte ihrer angeblichen Rezeption durch eine aufwendige Bildprozession, daß Vasari in der Vita Cimabues – einem Maler, der »seiner Heimat mit seinem Namen und mit den Werken, die er ausführte, Ehre machte« – die florentinische Kunsttradition zu Lasten anderer Lokalschulen ausschmückt. In dem beschriebenen Fall mag dies zwar eher als Fehler denn als versuchte Geschichtsfälschung gewertet werden. Das Beispiel weist aber

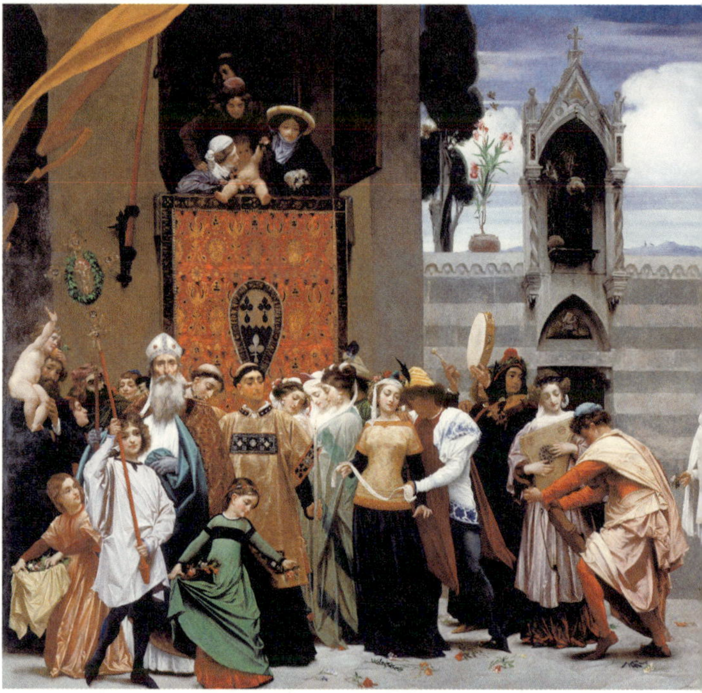

Lord Leighton Frederic: Prozession Cimabues mit der Madonna Rucellai,

einerseits auch auf die Langlebigkeit der Legenden um den Maler hin [siehe oben], andererseits auf die Schlüsselrolle Cimabues bei der kritischen Revision der Lebensbeschreibungen Vasaris.[7]

Dieser Prozeß setzte bereits im 17. Jahrhundert ein, als Autoren wie Giulio Mancini, Carlo Ridolfi und Carlo Cesare Malvasia, ausgehend von Bild- und Quellenhinweisen, lokale Maltraditionen in ihren Heimatstädten Siena, Venedig und Bologna aufspürten und auf diese Weise Vasaris Wertung Cimabues als »erstes Licht« entkräfteten. Tritt bei diesen Präzedenz-Streitigkeiten anfänglich der Florentiner Filippo Baldinucci noch als Anwalt Cimabues und Vasaris auf, so wird dessen Ordnungskonstrukt später von Herausgebern der vasarianischen *Vite* nicht mehr auf-

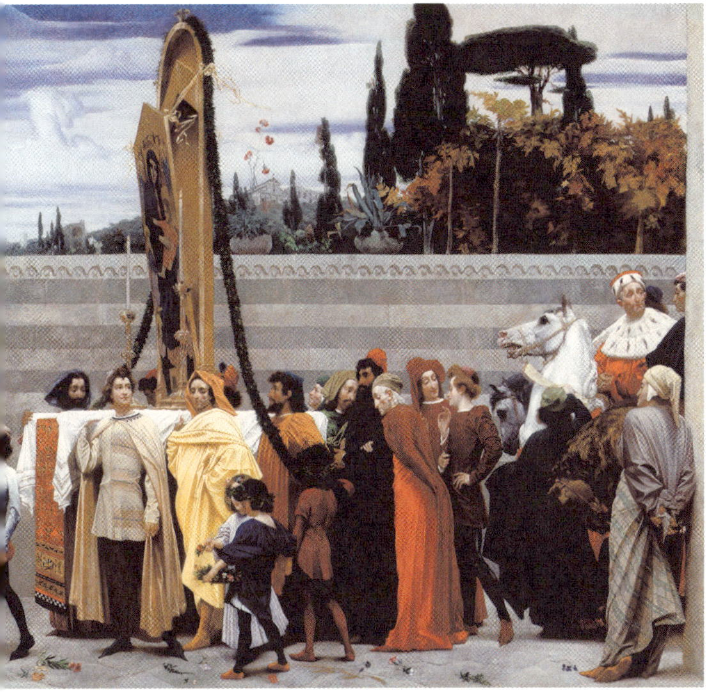

1853/55. London, National Gallery

rechterhalten. 1791 erklärt Guglielmo della Valle in der Einführung zu seiner Edition, daß man die Leben der Künstler nicht mit Cimabue beginnen müsse, der unter den Künstlern seiner Zeit kaum herausgeragt habe (»non lo fece nè bene nè male«) und für den man auch keinen chronologischen Vorrang vor der Pisaner oder Sieneser Maltradition beanspruchen könne. Im späten 19. Jahrhundert schließlich wird die sogenannte »Cimabue-Frage«, die Debatte über den historischen Cimabue und seine Beurteilung, noch weiter intensiviert. Für Franz Wickhoff ist Cimabue nicht der Begründer einer neuen Malweise, sondern der letzte Vertreter eines altertümlichen Stils (der »Carlino Dolce einer absterbenden Kunstrichtung«), Henry Thode fragt in einem Beitrag zum Streit, ob denn überhaupt Werke Cimabues eindeutig identifiziert werden können, und Gaetano Milanesi sucht eine Lösung zu finden, indem er nicht die Existenz eines einzigen, sondern gar von zwei Malern namens Cimabue vorschlägt. Insbesondere im Umfeld der Wiener Schule der Kunstgeschichte – neben den genannten Kunsthistorikern bei Josef Strzygowski, Max Dvořák oder Julius von Schlosser – wird die Loslösung von der »legendarischen Schattenfigur« (so Schlosser), die seit Dante traditionell als Ausgangspunkt einer Entwicklung galt, welche auf die positiv besetzte ›Renaissance‹ zuführte, als Schritt der Emanzipation der Kunstwissenschaft von einer narrativen Konvention verstanden. Diese kritische Distanznahme des Fachs bewirkt zuletzt nicht nur eine Relativierung Cimabues, sondern zugleich die Neubewertung von Künstlern wie Giunta Pisano, Jacopo Torriti, Guido da Siena oder Coppo di Marcovaldo, die in der auf Vasari zurückgehenden kunsthistoriographischen Tradition weitgehend vernachlässigt worden waren.

Die Rezeptionsgeschichte Cimabues bildet, wie es schon 1917 in einer Monographie zum »literarischen Porträt des Giovanni Cimabue« heißt, nichts Geringeres als die »Geschichte der Kunstgeschichte« ab.[8] Seit der Diskussion der »Cimabue-Frage« in den Jahrzehnten um 1900, in deren Folge die Gestalt ihrer Legende beraubt wurde, beschränkt sich die kunsthistorische Forschung zu Cimabue hauptsächlich auf Fragen von Einzelzuschreibungen und der internen Chronologie des vergleichsweise schmalen Œuvres – von den in Vasaris Vita genannten Schöpfungen Cimabues gelten neben seinen Fresken in Assisi gegenwärtig nur noch drei identifizierbare Werke als eigenhändige Arbeiten. Das Fehlen einer wirklichen Innovationskraft in diesen Gemälden und, damit zusammenhängend, eines nachweisbaren starken Impulses für die nachfolgende Malergeneration führt jedoch auch dazu, daß der besondere Rang, den Vasari Cimabue zugestanden hatte, in der heutigen Forschung zum Due- und Trecento keinen vergleichbaren Niederschlag mehr findet. Wie tiefgreifend und beständig dennoch der Wunsch ist, die historisch so schlecht greifbare Person des Künstlers Cimabue anschaulicher fassen zu können, und wie sehr die Rezeption des Malers mit dem berühmten Namen bis heute von der Kernthese der Verse Dantes (*Purg.* XI, 94–96) und der Vita Vasaris zehrt, illustriert in emblematischer Weise das Beispiel der in den *Vite* nicht erwähnten *Madonna mit Kind* im Museo di Santa Verdiana in Castelfiorentino [siehe Seite 18]. Das wohl im letzten Viertel des Duecento entstandene und vergleichsweise unspektakuläre Tafelgemälde unbekannter Provenienz wurde im späten 19. Jahrhundert als eines von zahlreichen »byzantinischen« Werken aufgefaßt. Im frühen 20. Jahrhundert schien es dann eher als ein sienesisches oder durch sienesische Stilformen geprägtes Produkt und wurde von Kunsthistorikern insbesondere mit dem Umfeld Duccios, später dann mit diesem Meister selbst verbunden, eine These, die sich bis in die 1960er Jahre hielt. Seit dieser Zeit wurde die Duccio-Zuschreibung durch eine Verortung im toskanischen Umkreis Cimabues ersetzt, die sehr verhalten bereits in den 1930er Jahren vorgeschlagen worden war, jetzt jedoch wiederum mit dem Namen eines großen Meisters verknüpft wurde – nämlich Cimabue selbst. Vermittelt wurde diese Wende über eine recht kühne Hypothese Roberto Longhis, die Entstehung der *Madonna* verdanke sich einer Kooperation zwischen Duccio und Cimabue. Der kennerschaftliche Wagemut ging noch weiter, als Luciano Bellosi, einer der größten Experten der italienischen Malerei um 1300, in dem Tafelgemälde nicht nur Cimabues Hand erkannte, sondern auch die des jungen Giotto – eine These, die anfänglich noch durch ein Fragezeichen mit einer gewissen Zögerlichkeit und Vorsicht vorgetragen wurde, welche später jedoch mit dem Wegfall des Satzzeichens entfielen.[9] Die grundsätzlichen methodischen Probleme, die mit der Zuschreibungsgeschichte der *Madonna* verbunden sind, bilden nur einen Aspekt der merkwürdigen *fortuna critica* dieser Tafel im Verlauf des 20. Jahrhunderts (erwähnt sei, daß die – dem restauratorischen Befund widersprechende – These eines Zusammenwirkens zweier unterschiedlicher Künstler allein von der Gestaltung des Christusknaben ausgeht, in dem »Kraft«, »Lebendigkeit« und »Körperlichkeit« erkannt werden). Vor allem steht das Beispiel für ein

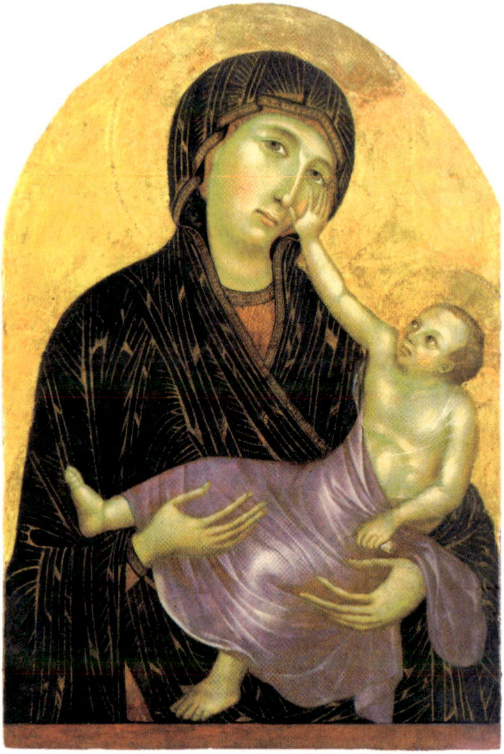

Cimabue oder Umkreis (?): Madonna mit Kind.
Castelfiorentino, Museo di Santa Verdiana

melancholisches Bestreben, sich die beiden mythischen Gründerfiguren der italienischen Malerei durch den bemühten Nachweis ihres Hand-in-Hand-Arbeitens lebendig zu vergegenwärtigen, womit nicht nur versucht wird, eine bestimmte Geschichte der Kunst zu rekonstruieren, sondern zugleich genau jenes Narrativ fortzuschreiben, das seit Dante bei der künstlergenealogischen Beziehung zwischen Cimabue und Giotto ansetzt und darauf aufbaut.

FJ

Giorgio Vasari
Das Leben des Malers Cimabue aus Florenz

Vita di Cimabue. Pittore fiorentino (1568)

Die nicht enden wollende Flut von Übeln, die das unglückliche Italien herabgezogen und überschwemmt hatte, war nicht nur die Ursache für den Ruin jener Bauwerke, die diesen Namen überhaupt verdienten, sondern war, was noch schwerer wog, für den Untergang der gesamten Künstlerschar verantwortlich.[1] Um die ersten Lichtstrahlen in die Kunst der Malerei zu bringen, wurde dann durch göttliche Fügung im Jahr 1240 in der Stadt Florenz Giovanni, genannt Cimabue geboren, der ein Abkömmling der vornehmen Familie der Cimabui war.[2] Als er heranwuchs und ihm vom Vater und anderen ein schöner und scharfer Verstand bescheinigt wurde, schickte man ihn für das Studium der *lettere* zu einem ihm verwandten Lehrmeister nach Santa Maria Novella, der die Novizen in diesem Konvent in Grammatik unterrichtete.[3] Statt aber dem Unterricht zu folgen, verbrachte Cimabue, durch seine natürliche Neigung angetrieben, den ganzen Tag damit, in seine Bücher und auf andere Blätter Papier Menschen, Pferde, Gebäude und andere Einfälle zu malen.[4]

Das Schicksal kam dieser natürlichen Veranlagung zur Hilfe, denn damals waren von den Oberen der Stadt einige Maler aus Griechenland gerufen worden, um in Florenz nichts Geringeres zu unternehmen, als die Malerei wiederzubeleben, die nicht nur zu verschwinden, sondern unterzugehen drohte.[5] Neben anderen Werken, die sie für die Stadt auszuführen hatten, übernahmen sie die Kapelle der Gondi, deren Gewölbe und Wände mit der Zeit fast vollständig zerstört worden sind, wie man es in Santa Maria Novella sehen kann, wo sie neben dem Chor liegt

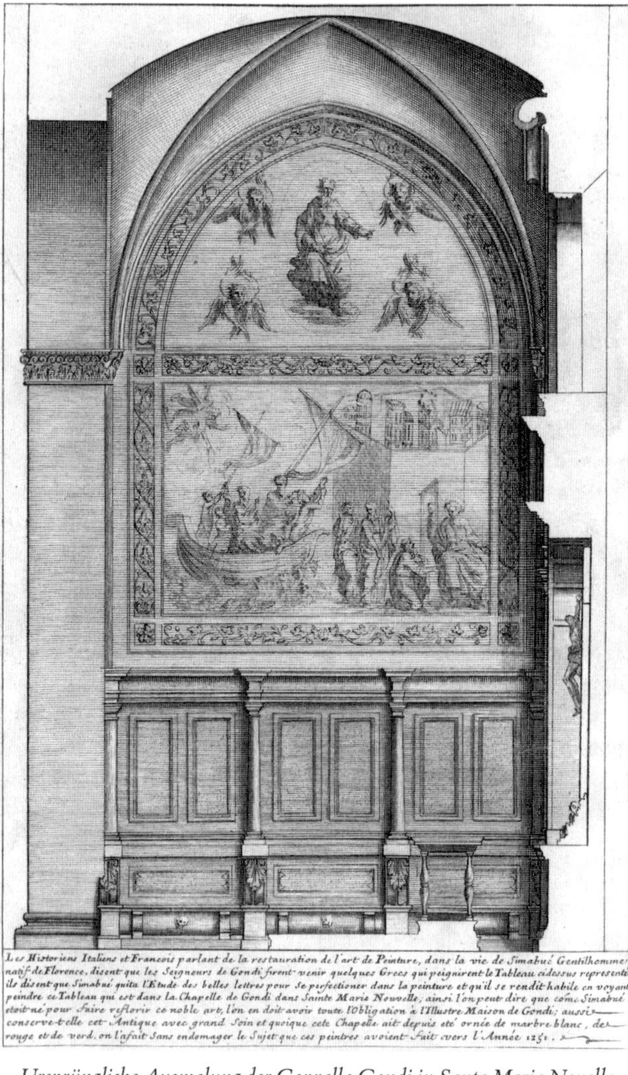

Ursprüngliche Ausmalung der Cappella Gondi in Santa Maria Novella (aus Jean Corbinelli: Histoire genealogique de la maison De Gondi, Paris 1705, Bd. I, Tafel nach S. ccij)

[siehe links].[6] Cimabue, der seiner Neigung für diese Kunst nachzugeben begann, floh nun oft aus der Schule und sah jenen Meistern den ganzen Tag bei der Arbeit zu, bis sein Vater und diese Maler zu dem Urteil kamen, daß er zur Malerei befähigt sei und man sich erhoffen durfte, sofern er den Beruf ausüben würde, daß er auf ehrenvolle Weise darin reüssieren würde. Zu seiner großen Befriedigung gab ihn sein Vater daraufhin zu ihnen in die Lehre.[7] Kontinuierlich studierend, kam ihm innerhalb kurzer Zeit zudem die Natur derart zur Hilfe, daß er den Stil seiner Lehrmeister sowohl im *disegno* als auch in der Farbgebung um Längen übertraf. Jene aber, die sich nicht um Verbesserung scherten, führten ihre Werke in der heute zu sehenden Art und Weise aus, das heißt nicht in dem guten griechischen Stil der Antike, sondern in der modernen plumpen Variante der damaligen Zeit.[8]

Obwohl er jene Griechen durchaus nachahmte, perfektionierte er die Kunst um einiges, indem er sie von einem Großteil jener unbeholfenen Malweise befreite und auf diese Weise seiner Heimat mit seinem Namen und mit den Werken, die er ausführte, Ehre machte.[9] Davon zeugen die von ihm in Florenz ausgeführten Malereien, wie das Antependium des Altars von Santa Cecilia[10] und in Santa Croce eine Tafel mit der Madonna, die an einem Pfeiler rechts vom Chor der Kirche angebracht wurde und sich noch immer dort befindet.[11] Anschließend malte er auf einem Täfelchen mit Goldgrund einen Heiligen Franziskus und gab ihn so gut wie möglich nach dem Leben wieder (was seinerzeit eine Neuheit war); außerdem stellte er um ihn herum in zwanzig Bildchen alle Szenen seiner Lebensgeschichte mit lauter kleinen Figuren auf Goldgrund dar.[12] Dann übernahm er in der Abtei von Santa Trinita in Florenz ein großes Tafelbild für die Mönche von Vallombrosa [siehe Seite 22].[13] Auf dieses Werk verwandte er große Sorgfalt, um seinem ihm mittlerweile vorauseilenden Ruf gerecht zu werden, und zeigte darin eine bessere Bildfindung und eine schönere Haltung der Madonna, die er mit dem Kind im Arm und vielen anbetenden Engeln um sie herum auf einem Goldgrund darstellte. Nach ihrer Fertigstel-

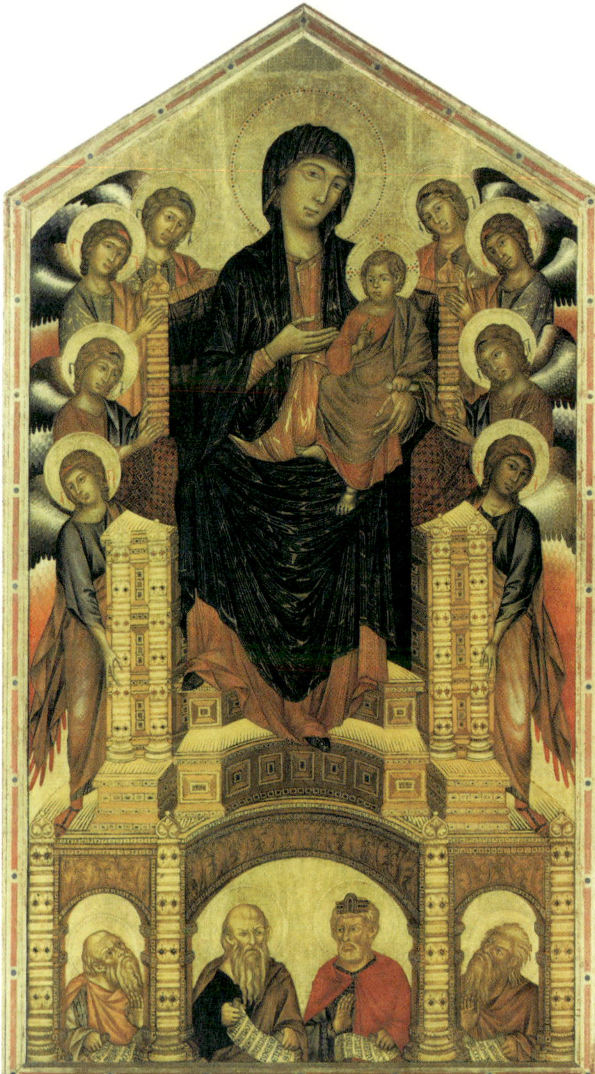

Cimabue: Maestà di Santa Trinita. Florenz, Uffizien

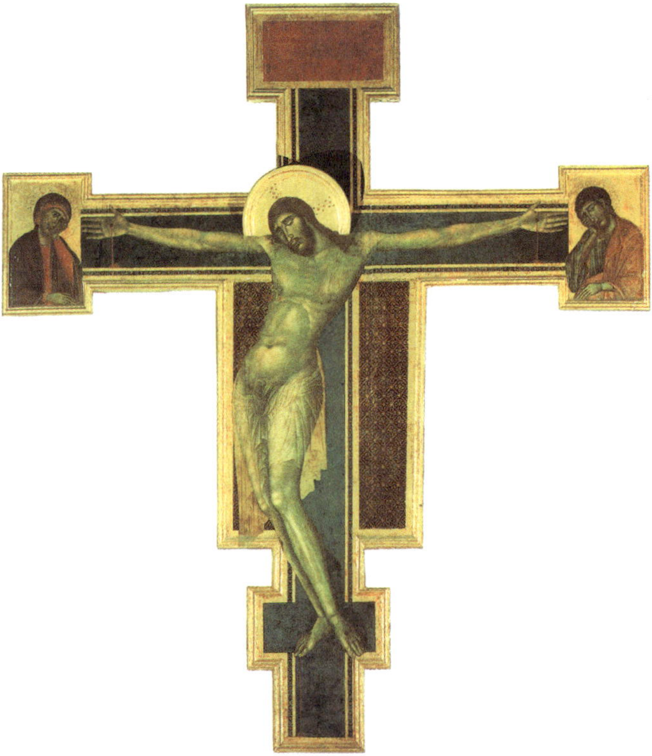

Cimabue: Monumentalkruzifix (vor den Flutschäden von 1966). Florenz, Museo dell'Opera di Santa Croce

lung plazierten die Mönche diese Tafel auf dem Hauptaltar besagter Kirche, von wo man sie dann entfernte, um Platz für die dort heute befindliche Tafel von Alesso Baldovinetti[14] zu schaffen, und sie in einer kleineren Kapelle im linken Seitenschiff besagter Kirche unterbrachte. Am Spital der [Via del] Porcellana, an der Ecke der Via Nuova, die in den Borgo Ognissanti führt, malte er in Fresko auf die Fassade mit dem zentralen Hauptportal auf der einen Seite die Verkündigung des Engels an die Jungfrau und auf der anderen Seite Jesus Christus mit

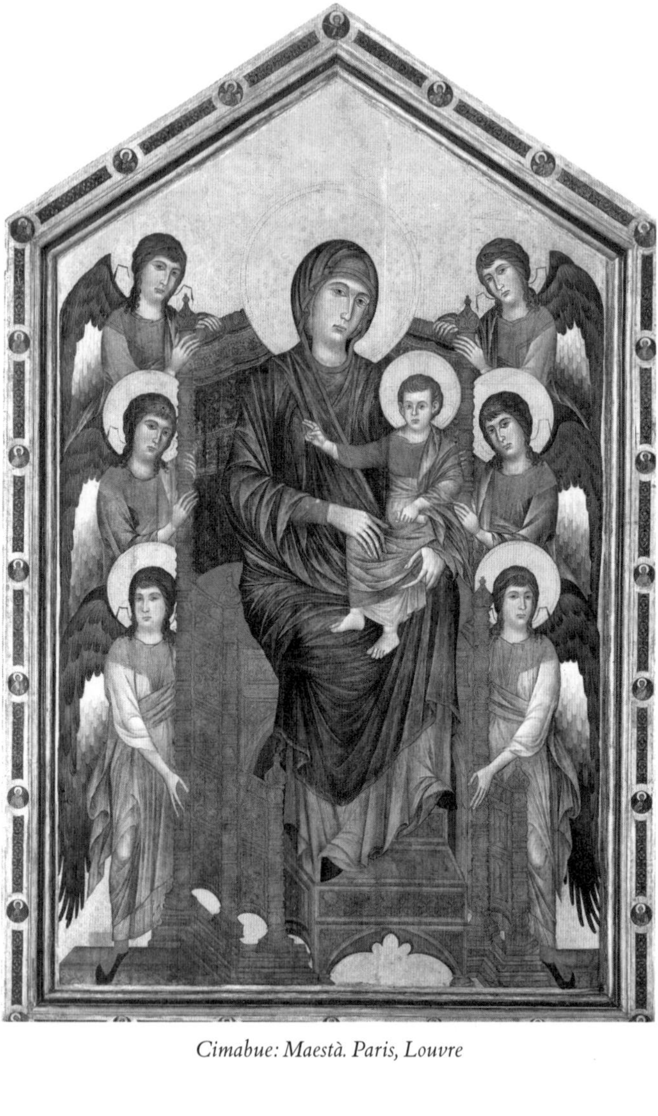

Cimabue: Maestà. Paris, Louvre

Kleophas und Lukas in lebensgroßen Figuren. Er überwand hier den altertümlichen Stil, indem er die Stoffe, Kleider und anderen Dinge in diesem Werk ein wenig lebendiger, natürlicher und weicher darstellte als jene Griechen mit ihrem linienreichen, scharf umrissenen Stil, der ihnen sowohl im Mosaik als auch in den Malereien zu eigen war. Dabei rührte dieser gedrängte, plumpe und gewöhnliche Stil nicht vom Studium her, sondern von einer ausgeprägten Routine, die sich die Maler jener Zeit über viele, viele Jahre hinweg untereinander weitergaben, ohne auch nur einen Gedanken daran zu verschwenden, den *disegno* zu verbessern, das Kolorit zu verschönern oder irgendeine gute Bildfindung zu ersinnen.[15]

Nach diesem Werk bestellte derselbe Guardian, der ihn die Werke für Santa Croce hatte ausführen lassen, Cimabue ein weiteres Mal.[16] Er schuf für ihn ein großes Kruzifix aus Holz, das noch heute in der Kirche zu sehen ist [siehe Seite 23].[17] Der Guardian fand, daß ihm mit diesem Werk gute Dienste erwiesen worden waren, und lud ihn in den zum selben Orden gehörenden Konvent San Francesco in Pisa ein, wo er ein Tafelbild mit dem Heiligen Franziskus malen sollte. Die dortige Bevölkerung hielt dieses Bild für ein ganz außerordentliches Werk, weil die Gesichtszüge und Kleiderfalten von einer Qualität zeugten, die bis dahin in keinem Werk im griechischen Stil nicht nur in Pisa, sondern in ganz Italien zu sehen gewesen war.[18] Für dieselbe Kirche schuf Cimabue anschließend in einer großen Tafel ebenfalls auf Goldgrund die Madonna mit dem Kind umringt von zahlreichen Engeln. Nicht lange darauf wurde sie von ihrem ursprünglichen Aufstellungsort entfernt, damit man dort den aktuellen Marmoraltar errichten konnte, und in der Kirche links von der Tür angebracht. Dieses Werk brachte ihm viel Lob und eine hohe Belohnung seitens der Pisaner ein [siehe links].[19] Ebenfalls in Pisa schuf er auf Wunsch des damaligen Abts von San Paolo a Ripa d'Arno eine kleine Tafel mit der Heiligen Agnes und um sie herum kleinfigurige Darstellungen aller Episoden ihres Lebens. Dieses kleine Tafelbild befindet sich heute über dem Altar der Jungfrauen in besagter Kirche.[20] Diese Werke machten

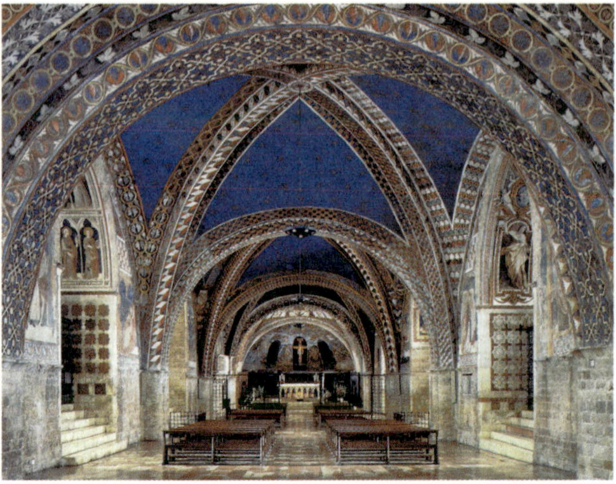

Unterkirche von San Francesco in Assisi

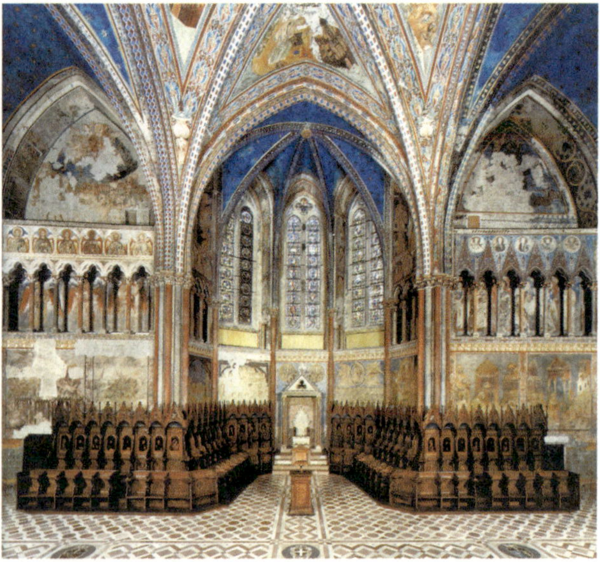

Chor der Oberkirche von San Francesco in Assisi

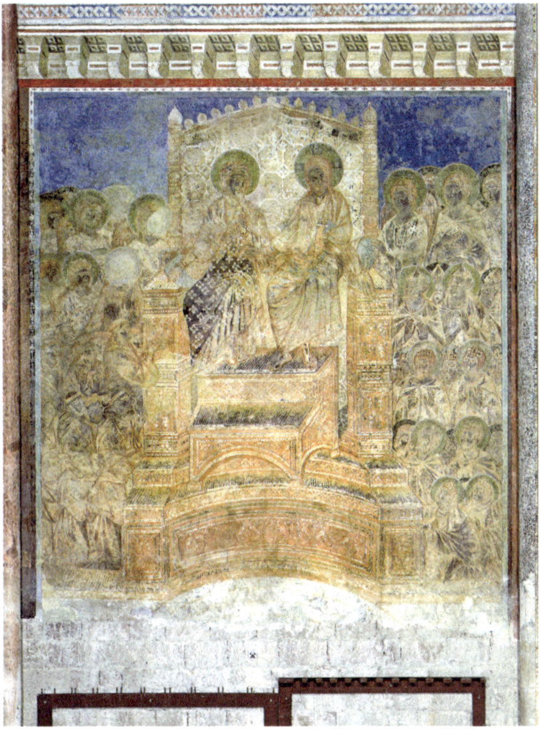

Cimabue: Maria und Christus auf dem Thron.
Assisi, San Francesco, Chor der Oberkirche

Cimabues Namen überall bekannt, und so wurde er nach Assisi in Umbrien gerufen, wo er zusammen mit einigen griechischen Meistern in der Unterkirche von San Francesco einen Teil der Gewölbe ausmalte und auf den Wänden das Leben Jesu Christi und das des Heiligen Franziskus darstellte, Malereien, in denen er jene griechischen Maler um Längen übertraf [siehe links oben].[21] Mit gestärktem Mut begann er, die Oberkirche alleine zu freskieren, wo er in der Hauptapsis [siehe links unten] über dem Chor, verteilt auf vier Flächen, einige Szenen aus dem Leben der Madonna malte, und zwar ihren Tod, den Moment, in

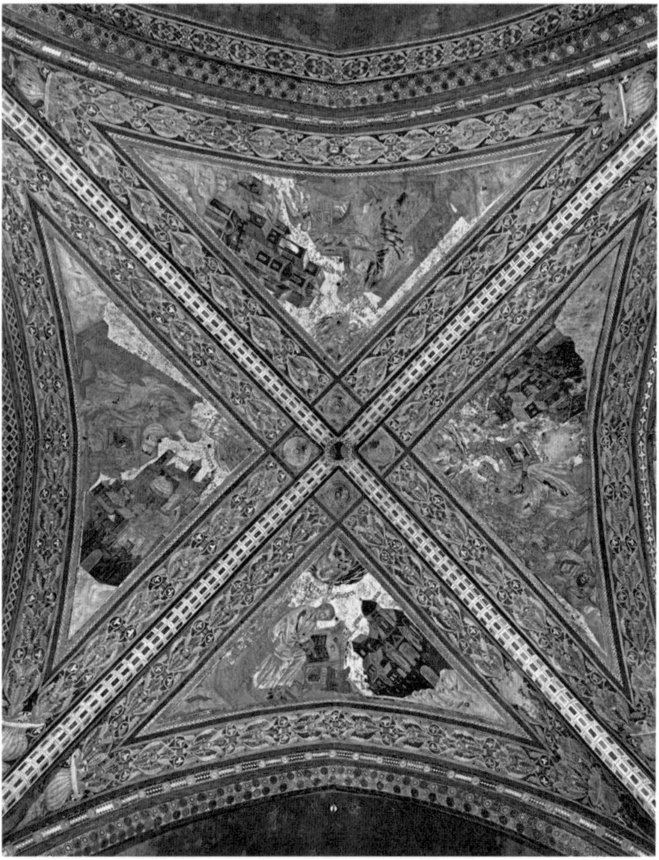

Cimabue: Evangelisten-Kreuzgewölbe (vor 1997). Assisi, Oberkirche von San Francesco

dem Christus ihre Seele in den Himmel auf einen Wolkenthron trägt, und als er sie inmitten eines Engelsreigens krönt, darunter eine große Zahl von männlichen und weiblichen Heiligen, die heute durch die Zeit und den Staub stark in Mitleidenschaft gezogen sind [siehe Seite 27].[22] In den fünf Kreuzgewölben besagter Kirche malte er ebenfalls zahlreiche Szenen. In dem ersten

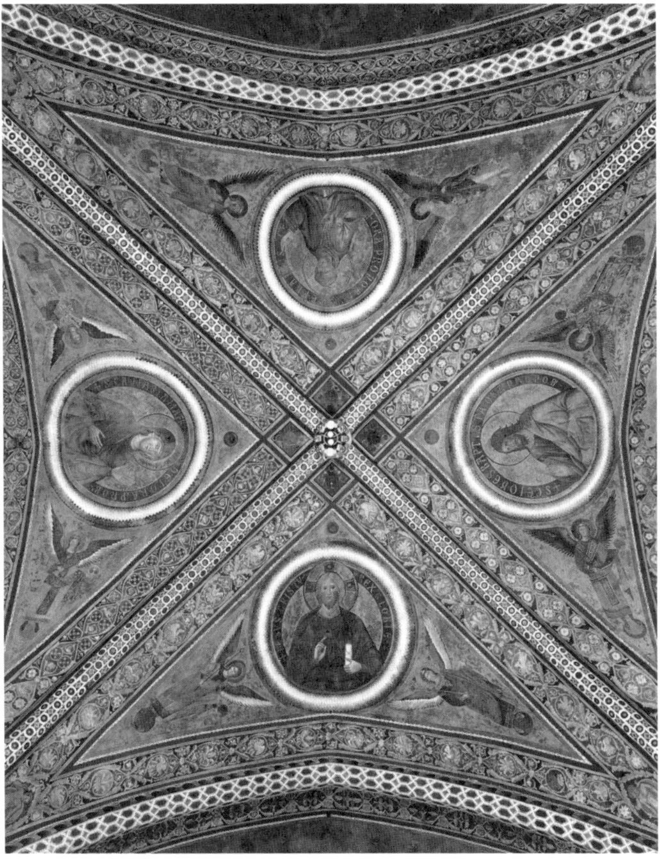

Jacopo Torriti: Heiligengewölbe.
Assisi, Oberkirche von San Francesco

oberhalb des Chors stellte er überlebensgroß die vier Evangelisten dar, und zwar so gut, daß man ihre beachtliche Qualität noch heute erkennt [siehe links].[23] Die Frische der Farben in den Inkarnaten beweist, daß die Freskomalerei dank Cimabues Bemühungen große Fortschritte zu machen begann.[24] Das zweite Kreuzgewölbe füllte er mit goldenen Sternen auf ultra-

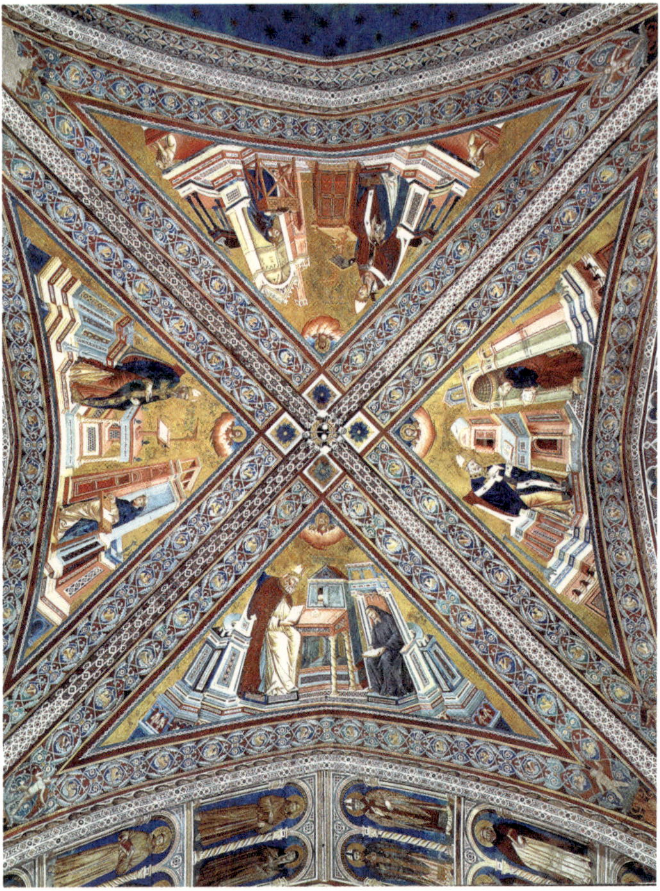

Giotto-Werkstatt (?): Kirchenvätergewölbe (vor 1997).
Assisi, Oberkirche von San Francesco

marinblauem Hintergrund.[25] Im dritten schuf er in einer Reihe von Medaillons Jesus Christus, seine jungfräuliche Mutter, den Heiligen Johannes den Täufer und den Heiligen Franziskus, will heißen in jedem Medaillon eine dieser Figuren und in jedem Gewölbeviertel ein Medaillon [siehe Seite 29].[26] Zwischen diesem

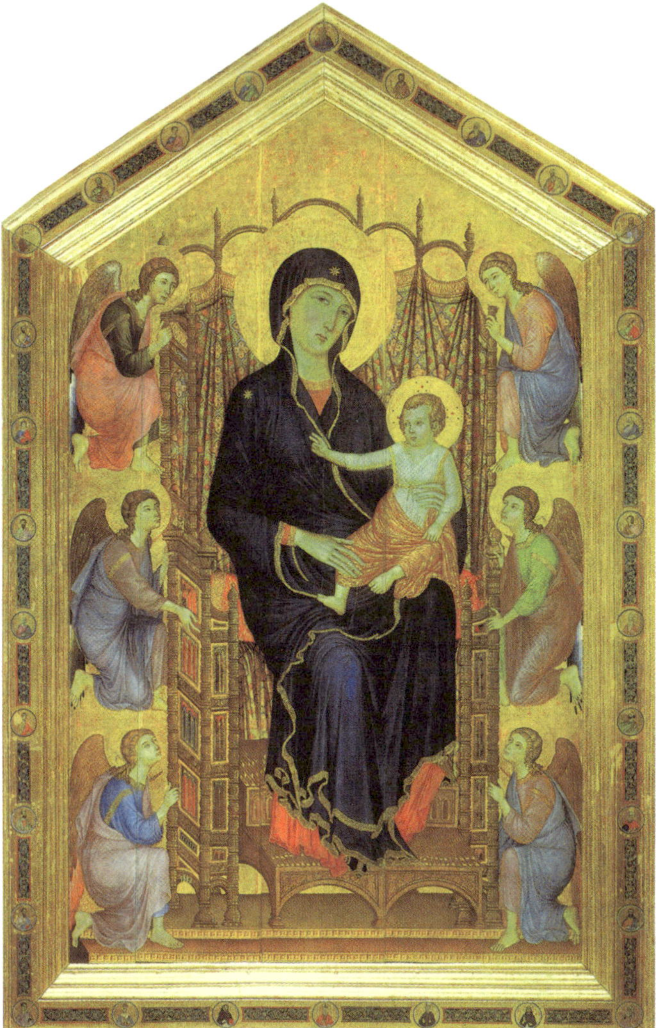

Duccio di Buoninsegna: Madonna Rucellai.
Florenz, Uffizien

und dem fünften Kreuzgewölbe schuf er das vierte wie gehabt mit goldenen Sternen auf ultramarinblauem Grund.[27] Im fünften malte er die vier Kirchenväter und neben jedem von ihnen einen der vier ersten Orden – ein sicher mühevolles und mit unendlicher Sorgfalt ausgeführtes Werk [siehe Seite 30].[28] Nach Vollendung der Gewölbe gestaltete er ebenfalls in Fresko die oberen Register auf der gesamten linken Seite der Kirche. In Richtung des Hauptaltars [beginnend] schuf er zwischen den Fenstern bis hoch zum Gewölbe acht Szenen aus dem Alten Testament, einsetzend mit dem Anfang der Genesis und daran anschließend die wichtigsten Ereignisse.[29] Auf die Fläche um die Fenster bis zur Höhe des Laufgangs, der innerhalb der Kirchenmauer verläuft, malte er das restliche Alte Testament in weiteren acht Szenen.[30] Gegenüber davon malte er als Pendant dazu in weiteren sechzehn Szenen das Leben der Madonna und Jesu Christi.[31] Auf der Fassadenwand schuf er über dem Hauptportal und rings um die Rosette der Kirche ihre Himmelfahrt und die Ausgießung des Heiligen Geistes über die Apostel.[32] Meiner Ansicht nach muß dieses Werk angesichts seiner unglaublichen Größe, seines Reichtums und seiner hervorragenden Ausführung die Welt seinerzeit in Erstaunen versetzt haben, da die Malerei so lange Zeit mit so viel Blindheit geschlagen war. Mir jedenfalls, der ich es im Jahr 1563 wiedersah, erschien es wunderschön bei der Vorstellung, wie Cimabue in solcher Finsternis so viel Licht hatte sehen können.[33] Von allen diesen Malereien (und dies gilt es zu beachten) sind jene in den Gewölben, die dem Staub und anderen Einflüssen weniger ausgesetzt sind, sehr viel besser erhalten als die anderen.[34] Nachdem er diese Werke vollendet hatte, begann Giovanni mit der Bemalung der unteren Wandregister, sprich von den Fenstern abwärts, und schuf dort einige Dinge.[35] Dann aber riefen ihn persönliche Angelegenheiten nach Florenz zurück, und so setzte er die Arbeit nicht weiter fort, die dann viele Jahre später von Giotto[36] beendet wurde, wovon an entsprechender Stelle die Rede sein wird.[37]

Zurück in Florenz malte Cimabue mit eigener Hand und wirklich großartigem *disegno* das Leben Christi auf drei kleine

Bögen im Kreuzgang von Santo Spirito, wo sich auf der gesamten an die Kirche grenzenden Wand Malereien anderer Meister im griechischen Stil befinden.[38] Im selben Zeitraum schickte er einige seiner in Florenz geschaffenen Werke nach Empoli, wo sie in der Pieve dieses Kastells bis heute in großer Verehrung stehen.[39] Er schuf dann für die Kirche Santa Maria Novella die Madonnentafel, die in erhöhter Position, zwischen der Kapelle der Rucellai und jener der Bardi di Vernio, angebracht ist. Das Werk war größer als jedes Bild, das bis zu diesem Zeitpunkt gemalt worden war, und einige Engel, die um sie herum dargestellt sind, zeigen trotz ihrer Ausführung in der griechischen Malweise, daß er sich teilweise der Linienführung und Art des modernen Stils anzunähern begann [siehe Seite 31].[40] Und weil man bis dato noch nie etwas Besseres gesehen hatte, wurde dieses Werk von den Menschen jener Zeit so bewundert, daß man es in einer hochfeierlichen Prozession unter Jubel und Trompetenklängen von Cimabues Haus zur Kirche brachte und er dafür großzügig entlohnt und geehrt wurde. Wie man sich erzählt, und in den Erinnerungen gewisser alter Maler steht es so geschrieben,[41] arbeitete Cimabue an besagter Tafel in den Gärten nahe der Porta San Piero,[42] als der König von Anjou, Karl der Ältere, nach Florenz kam.[43] Neben vielen Empfängen, die ihm die Menschen dieser Stadt bereiteten, ließen sie ihn auch Cimabues Tafel besichtigen. Da diese bis dahin aber noch keiner zu Gesicht bekommen hatte, eilten die Männer und Frauen von Florenz unter größtem Jubel und unglaublichem Gedränge versammelt zu der Besichtigung des Königs herbei. Zum Andenken an die Ausgelassenheit dieser Begebenheit nannten die Nachbarn diesen Ort dann Borgo Allegri, ein Name, den er auch später beibehielt, als er in den Ring der Stadtmauer mit eingeschlossen wurde.[44]

In San Francesco in Pisa (wo er, wie weiter oben bereits gesagt, einige weitere Werke ausgeführt hat) befindet sich von Cimabues Hand im Kreuzgang neben der Tür zur Kirche an einer Ecke eine kleine, in Tempera gemalte Tafel.[45] Sie zeigt Christus am Kreuz umringt von einigen Engeln, die weinend mit den Händen nach einigen Worten greifen, die um das Haupt Christi herum geschrieben sind, und sie dem Ohr der rechts von ihm stehenden, klagenden Madonna zuführen, während sich auf der anderen linken Seite der ganz vom Schmerz erfüllte Evangelist Johannes befindet. Die an die Jungfrau gerichteten Worte lauten: »Mulier, ecce filius tuus« und die an den Heiligen Johannes: »Ecce mater tua«; und jene, die ein abseits stehender Engel in Händen hält, lauten: »Ex illa hora accepit eam discipulus in suam.« Man beachte, daß Cimabue hier begann, Licht in die Bildfindung zu bringen und ihr den Weg zu öffnen, indem er der Kunst mit Worten half, seinen Gedanken zum Ausdruck zu bringen, was gewiß ein neuartiger Einfall war.[46]

Indessen hatte Cimabue sich dank dieser Werke mit großem Gewinn einen bedeutenden Namen gemacht[47] und wurde gemeinsam mit dem in der Architektur damals hervorragenden Arnolfo di Lapo[48] zum Architekten des Baus von Santa Maria del Fiore in Florenz ernannt.[49] Schließlich ging er aber in seinem sechzigsten Lebensjahr 1300 in ein anderes Leben über, nachdem er nicht weniger vollbracht hatte, als die Malerei neu zu beleben.[50] Er hinterließ viele Schüler, unter ihnen Giotto, der dann ein vortrefflicher Maler wurde und nach Cimabue im Haus seines Lehrers in der Via del Cocomero wohnte.[51] Beerdigt wurde Cimabue in Santa Maria del Fiore mit diesem Epitaph, das einer der Nini[52] für ihn verfaßt hat:[53]

> CIMABUE GLAUBTE, IN DER MALEREI DAS FELD ZU BESTIMMEN. UND DEM WAR SO, SOLANGE ER LEBTE. NUN ABER BEHERRSCHT ER DEN STERNENHIMMEL.

Auch möchte ich nicht verschweigen, daß Cimabues Ruf bedeutender gewesen wäre, hätte seinem Ruhm nicht die Größe seines Schülers Giotto gegenübergestanden. Dies zeigt auch Dante[54] in seiner *Commedia*, wo er im elften Gesang des Purgatoriums in Anspielung auf eben jene Grabinschrift sagte:

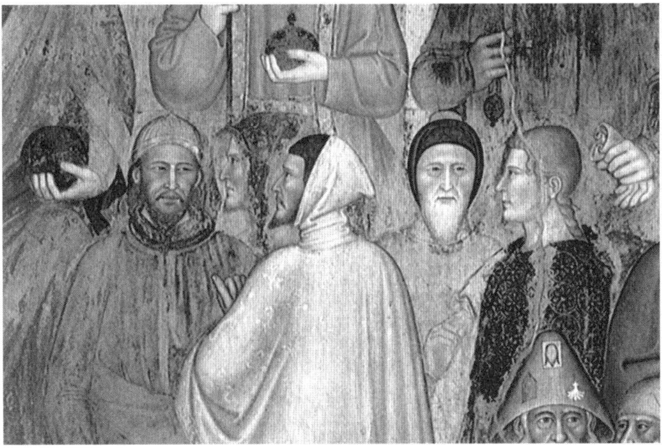

Andrea di Bonaiuto: Spanische Kapelle (Detail).
Florenz, Santa Maria Novella

»Als Maler sah man Cimabue blühn,
Jetzt sieht man über ihn den Giotto ragen,
Und jenes Glanz in trüber Nacht verglühn.«[55]

In seiner Interpretation dieser Verse sagt ein Dante-Kommentator, der zu Giottos Lebzeiten zehn oder zwölf Jahre nach Dantes Tod, also um das Jahr 1334 herum geschrieben hat, in Bezug auf Cimabue genau diese Worte:[56] »Cimabue aus Florenz war ein Maler zu Zeiten des Autors [Dante], so vornehm, wie ein Mann nur sein kann, und gleichzeitig so arrogant und hochmütig, daß er, wenn man ihn auf irgendeinen Makel oder Fehler an seinem Werk hinwies oder er selbst ihn bemerkte (wie es ja oft geschieht, daß der Künstler aufgrund eines Fehlers im Material oder eines Defekts an den Gerätschaften, mit denen er arbeitet, einen Fehler macht), dieses Werk unverzüglich aufgab, so kostspielig es auch sein mochte.[57] Giotto war und ist unter den Malern der herausragendste der Stadt Florenz und seine Werke stellen dies in Rom, Neapel, Avignon, Florenz, Padua und an vielen anderen Orten der Welt unter Beweis …«. Dieser Kommentar befindet sich heute im Besitz des hochverehrten Don Vincenzo Borghini, dem Prior des Ospedale degli Innocenti.[58] Dieser Mann ist nicht nur für seine Vornehmheit, Güte und Gelehrsamkeit hochberühmt, sondern auch als Liebhaber und Kenner aller Schönen Künste bekannt, weshalb er es verdient hat, von Herzog Cosimo[59] in kluger Wahl zu seinem Statthalter in unserer Accademia del Disegno[60] ernannt zu werden.

Um aber auf Cimabue zurückzukommen, so verdunkelte Giotto seinen Ruhm nicht anders, als es ein großes Licht mit dem Glanz eines sehr viel kleineren tut. Obwohl Cimabue also durchaus die eigentliche Ursache für die Erneuerung der Malerei war, war es gleichwohl sein Schüler Giotto, der angeregt von lobenswertem Ehrgeiz, dank himmlischer Fügung und mit Hilfe der Natur seinen Geist weiter hinauftrieb und das Tor zur Wahrheit für jene aufstieß, die diese Kunst dann zu jener Perfektion und Größe geführt haben, die wir in unserem Jahrhundert sehen.[61] Dabei ist unsere Epoche so sehr daran gewöhnt, Tag für Tag die Herrlichkeiten, Wunder und unmöglichen Dinge zu schauen, die die Künstler in dieser Kunst vollbringen, daß sie sich nicht mehr im mindesten über die Leistungen der Menschen verwundert, auch wenn sie eher göttlich als menschlich sind. Wohl denen, die sich löblich mühen, selbst dann, wenn sie anstelle von Lob und Bewunderung Tadel oder oft auch Schmach über sich ergehen lassen müssen.[62]

Cimabues Porträt von der Hand Simones aus Siena[63] sieht man im Kapitelsaal von Santa Maria Novella, wo es in der Darstellung des Glaubens im Profil ausgeführt ist: Die Figur hat ein mageres Gesicht mit einem schmalen, roten Spitzbart und trägt, gemäß dem Brauch jener Zeit, eine Kapuze, die den Kopf ringsum auch unter dem Hals in schöner Weise umfängt. Neben ihm steht Simone selbst, der Meister jenes Werks, der sich mit Hilfe zweier sich gegenseitig reflektierender Spiegel im Profil porträtierte.[64] Der bewaffnete Soldat zwischen ihnen ist, wie man sagt, der Graf Guido Novello, damaliger Herr von Poppi [siehe Seite 35].[65]

Über Cimabue bleibt mir zu sagen, daß ich an den Anfang unseres *libro*, in dem ich eigenhändige Zeichnungen all jener gesammelt habe, die ihm bis heute nachgefolgt sind, ein paar kleinere Werke von ihm in der Art von Miniaturen gestellt habe, die heute vielleicht eher unbeholfen wirken mögen, aber dennoch zeigen, wie der *disegno* durch sein Werk an Qualität hinzugewonnen hat.[66]

Ende der Lebensbeschreibung von Cimabue.

Appendix I:

Exkurs zur Baugeschichte von Santa Maria del Fiore in der Ausgabe von 1550

Es heißt außerdem, daß sein Tod Arnolfo sehr schmerzte, der zuvor mit anderen die Fundamente für die Kirche Santa Maria del Fiore in Florenz gelegt hatte. Ihr wunderschöner Grundriß folgte dem damaligen Stil und sie mißt im Umfang 1282 Ellen und zwei Drittel und in der Länge 260 Ellen. Innen war sie ganz aus quadratisch behauenen Blöcken der *Pietra forte* errichtet, außen hingegen zur Zierde mit weißem, schwarzem und rotem Marmor inkrustiert. Bis zum gegenwärtigen Zeitpunkt hat der Bau zwei Millionen Goldstücke und mehr als 700 000 Florin gekostet, und in der ganzen Christenheit findet sich kein modernes Gebäude, das reicher geschmückt ist als dieses, wo sich an Fassade und Glockenturm viele Statuen befinden, die von vortrefflichen Meistern geschaffen wurden. Der allein zurückgebliebene Arnolfo kümmerte sich folglich neben den schon erwähnten Dingen um die Wölbung der drei Apsiden unter der Kuppel, wo sich ihm zu Ehren und in Gedenken an ihn und die Erbauung der Kirche heute noch zwischen Glockenturm und Kirche an der Ecke die mit runden Buchstaben in den Marmor geschnittenen folgenden Verse befinden:

> IM JAHR TAUSENDZWEIHUNDERTACHTUNDNEUNZIG KAM EIN HERZENSGUTER LEGAT AUS ROM, DER AUF EINEM GRUNDSTÜCK DEN GRUNDSTEIN LEGTE UND IHN ZUGLEICH SEGNETE. UNTER FRANCESCOS EPISKOPAT WURDE DIESER TEMPEL VON ARNOLFO ERBAUT. MIT GLÄUBIGEM HERZEN ERRICHTETE ER DIESES EHRWÜRDIGE WERK FÜR DIE HIMMELSKÖNIGIN UND ZIERTE DAMIT FLORENZ IN WÜRDIGER WEISE. BESCHÜTZE DU, OH HEILIGE JUNGFRAU MARIA, UNS ZU ALLEN ZEITEN.

Appendix II:

Abschliessende Beurteilung Cimabues in der Ausgabe von 1550

Cimabue war folglich in großer Finsternis das erste Licht der Malerei, und zwar nicht nur im Hinblick auf die Linienführung der Figuren, sondern auch in der Farbgebung, so daß er dank dieser neuartigen Technik berühmt und hochgefeiert wurde. Er ermutigte seine Landsleute, ihm in dieser schwierigen und schönen Wissenschaft nachzufolgen, wofür er angesichts des Unvermögens und der Rohheit des Jahrhunderts, in das er hineingeboren wurde, unendliches Lob verdient, und viel mehr, als wenn er sie [die Kunst der Malerei] erfunden hätte. Und dies war der Grund, daß sein Schüler Giotto, angeregt vom Ehrgeiz nach Ruhm, dank himmlischer Fügung und mit Hilfe der Natur seinen Geist soviel weiter hinauftrieb, daß er das Tor zur Wahrheit für jene aufstieß, die diese Kunst dann zu jener staunenswerten Herrlichkeit geführt haben, die wir in unserem Jahrhundert sehen.

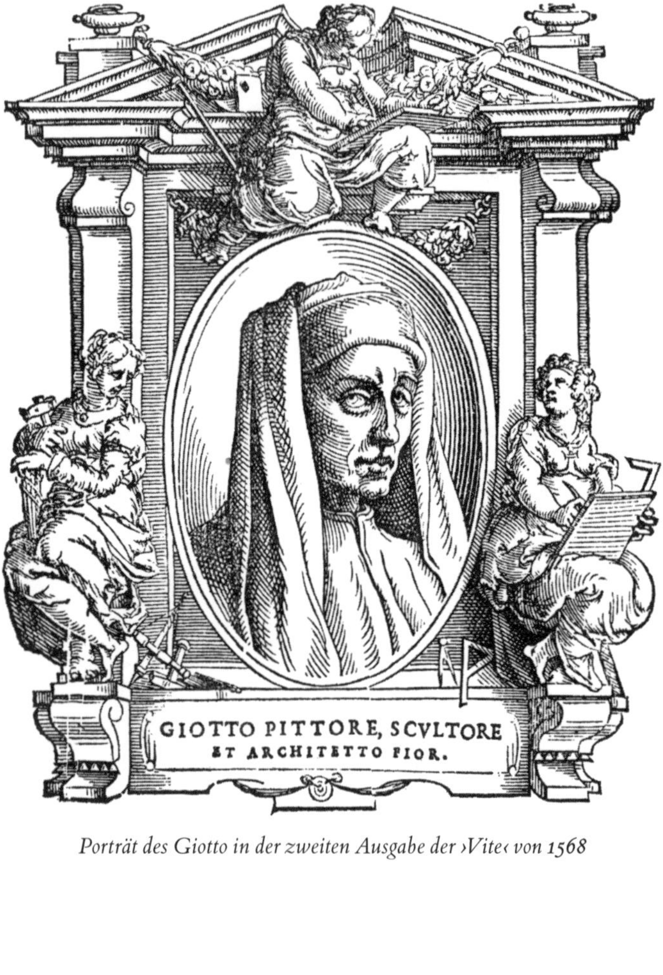

Porträt des Giotto in der zweiten Ausgabe der ›Vite‹ von 1568

Einleitung zum Leben des Giotto

»Jedermann wird wohl von Giotto gehört haben und weiß, was für ein großartiger und überragender Maler er war«, zitiert Vasari im Verlauf seiner Biographie des Giotto di Bondone den Novellisten Franco Sacchetti, und ein anonymer Dante-Kommentator vermerkt etwa gleichzeitig, daß der Name des Künstlers »nicht nur in Florenz, wo er geboren worden war, sondern in ganz Italien herumgeht«.[1] Das bildhauerische Porträt des Künstlers im Florentiner Dom schließlich, das der Dichter Angelo Poliziano 1489 mit einer lateinischen Epitaphinschrift zum ›Sprechen‹ bringt (»Ich bin Giotto«), geht noch weiter: Berichte über die Werke des Künstlers seien eigentlich überflüssig, denn der Name »Giotto« spreche für sich und wiege so schwer wie eine ganze Lobesdichtung [siehe unten].[2]

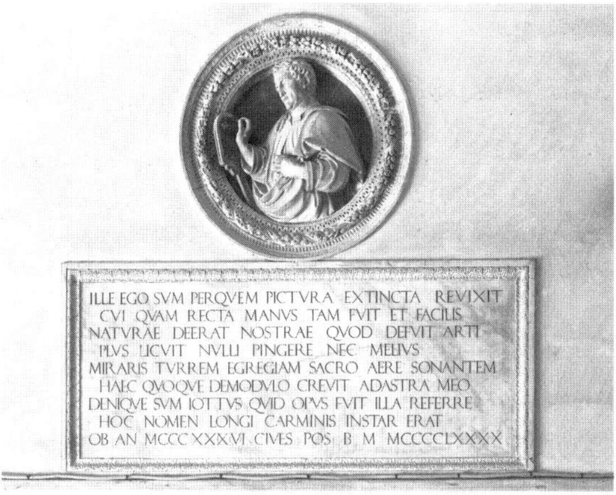

Benedetto da Maiano: Kenotaph Giottos. Florenz, Santa Maria del Fiore

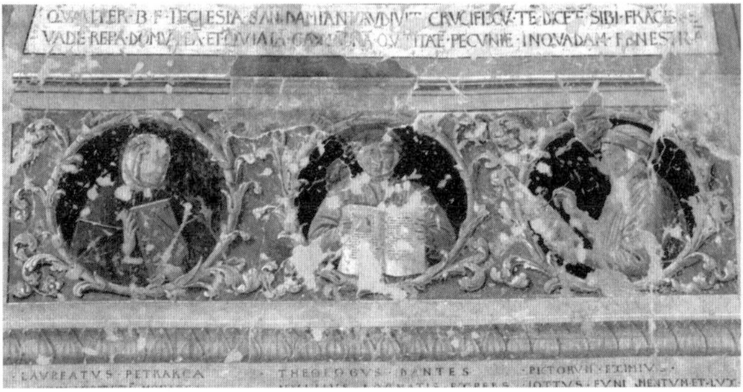

Benozzo Gozzoli: Petrarca, Dante und Giotto.
Montefalco, San Francesco, Apsiskapelle

Wozu also noch weitere Worte über den Maler verlieren? Tatsächlich hatte der wesentlich von Dantes Urteil in der *Göttlichen Komödie* (*Purg.* XI, 94–96) bestimmte Nachruhm Giottos, der wohl im Zeitraum zwischen der Mitte der 1260er und jener der 1270er Jahre in Florenz oder Vespignano geboren wurde, nicht allein dazu geführt, daß ihn der Dichter Giovanni Boccaccio bereits zwei Jahrzehnte nach seinem Tod als einzigen bildenden Künstler in eine Aufzählung von *Uomini famosi* aufnahm.[3] Darüber hinaus galt sein Name schon zu Lebzeiten und in vielen weiteren Quellen des Tre- und Quattrocento als Synonym für die Perfektion künstlerischer Nachahmung der Natur. Die Verklärung von Giottos Kunst führte schließlich soweit, daß unmittelbar vor Vasaris erster Niederschrift der *Vite* kein Vergleich mehr zu gering schien. So bezeugt Benedetto Varchi in der *Storia fiorentina* eine Diskussion über die Frage, ob denn das heiligste Bild der Stadt Florenz – das wundertätige Fresko der *Verkündigung* in Santissima Annunziata – vom Heiligen Lukas oder von Giotto gemalt sei.

Vasaris Aufgabe ist also keine leichte: Er unternimmt den Versuch, mit dem vollkommen verselbständigten Bild des universalen und legendarisch überhöhten Giotto aufzuräumen (so schreibt er die bei Varchi besprochene *Verkündigung* en passant stilkritisch Pietro Cavallini zu)[4] und die singuläre Stellung des einzigen Malers, der auf der gleichen Stufe mit den berühmten Dichtern seiner Zeit zu stehen scheint [siehe links], in Giottos Werk philologisch zu begründen und durch seine Kunst zu erklären. Als Ausgangspunkt der Rekonstruktion des Œuvres dient Vasari zunächst eine kritische Relektüre zahlreicher Quellentexte,[5] unter denen neben den bereits erwähnten Autoren besonders die Chroniken des Giovanni und Filippo Villani, die *Commentarii* des Lorenzo Ghiberti, das sogenannte *Libro* des Antonio Billi und einige weitere, bis heute nicht identifizierte kunsthistoriographische Notizen zu nennen sind, die teilweise auch in die *Vite de' pittori* des Giovan Battista Gelli und die Künstlerbiographien des *Anonimo Magliabechiano* einfließen. Unklar ist, in welchem Maß Vasari lokale Quellen wie die ins frühe 14. Jahrhundert zu datierende *Compilatio cronologica* des Riccobaldo Ferrarese bekannt waren, die im Quattrocento mehrfach nachgedruckt worden ist.[6] Die Chroniken von Giovanni da None und Michele Savonarola kennt Vasari offenbar nicht, ebensowenig wie den Dante-Kommentar des Benvenuto da Imola, der für sich genommen ein wichtiges Zeugnis der frühen Giotto-Rezeption darstellt. Nicht zuletzt rekurriert Vasari augenscheinlich mehrfach auf mündliche Erzähltraditionen und das Wissen oder die Meinung lokaler Informanten. Vor allem jedoch ist es die auf zahlreichen Reisen gewonnene eigene Anschauung, die den Katalog der Werke Giottos im Vergleich zu den genannten früheren Überblicken enorm bereichert. In der mehr als doppelt so ausführlichen zweiten Ausgabe der *Vite*, der 1568 erschienenen Giuntina, wird die Zahl der Arbeiten Giottos um noch viele weitere Werknennungen ergänzt.[7] Vasari beachtet und wertet aber auch einzelne Tätigkeiten des Künstlers grundsätzlich neu – hier ist vor allem die Rolle der malerischen Ausstattung von San Francesco in Assisi und die neue Gewichtung des Porträts zu nennen.

Von der Datierung einzelner Werke, zu der Vasari beispielsweise durch Inschriften, die Reihenfolge in älteren Werkkatalogen oder seine eigene kennerschaftliche Einschätzung gelangte, geht auch seine Rekonstruktion der Reiserouten Giottos aus. Jedoch sind die meisten der beschriebenen Wege zwischen den einzelnen topographischen Stationen Giottos weitgehend spekulativ.[8] Der Biograph führt auch zahlreiche Arbeiten in Italien und Frankreich in sehr kursorischer Weise auf. Inwiefern derartige Äußerungen tatsächlich auf konkrete Informationen und Ansichten Vasaris zurückzuführen sind oder ob er damit nur den grundsätzlichen Rang Giottos zu Lebzeiten unterstreichen wollte, kann letzten Endes nicht entschieden werden. Teilweise hängen Vasaris Äußerungen mit dem Umstand zusammen, daß er sich für die zweite Fassung der Biographie mittels ihm zuvor unbekannter Quellen wie des sogenannten *Ottimo commento* eines Dante-Interpreten ein viel umfassenderes Bild von angeblichen Reisen Giottos machen konnte, jedoch auch (beispielsweise durch die Einbeziehung Petrarcas oder von Franco Sacchettis *Trecentonovelle*) von der herausragenden Rolle, die der Künstler in der Literatur seiner Zeit spielt. Giotto wird dort als redegewandter »Meister der sieben freien Künste« gepriesen, dessen Aphorismen den Zeitgenossen als Worte eines Philosophen gelten.[9] Die Paraphrase oder direkte Zitation dieser älteren Quellen durchbricht oft die narrative Linie und die chronologische Abfolge der Biographie. Gleiches gilt auch für ungewöhnlich ausführliche Bildbeschreibungen, mit denen der Verfasser die künstlerischen Innnovationen Giottos illustriert, oder Einschübe zu angeblichen Zeitgenossen des Malers, die beispielsweise im Fall der beiden Miniaturisten Oderisi da Gubbio und Franco Bolognese zugleich dazu dienen, den Leser auf das große Feld der frühen Buchillustration aufmerksam zu machen. Spürbar ist darin weiterhin Vasaris Absicht, dem Leser in der zweiten Ausgabe Giottos Rolle als Hofkünstler und seine Einbindung in das politische Geschehen seiner Zeit durch ein exzessives *name-dropping* deutlicher vor Augen zu führen. Zwar ist Giotto schon in der Ausgabe von 1550 mit Dante befreundet und wird von Auftraggebern wie dem Papst, König Robert von Anjou oder dem Geschlecht der Malatesta geschätzt, 1568 jedoch wird die illustre Liste elitärer Förderer deutlich länger: Nun nennt Vasari auch die

Häuser der Este, Polenta und Scaliger und prominente historische Gestalten wie Castruccio Castracani und Pietro Saccone, um die Wertschätzung Giottos zu Lebzeiten herauszustellen.

Eine große Fülle von Personennamen verbindet Vasari vor allem in der Beschreibung der direkten und indirekten Schülerschaft mit Giotto. Zur ersten Gruppe addiert er neben Stefano Fiorentino und Taddeo Gaddi auch die historisch nicht eindeutig zu fassenden, teilweise sogar auf Verwechslungen beruhenden Figuren Puccio Capanna, Pace da Faenza und Guglielmo da Forlì. Vor allem aber zählt Vasari auch den Römer Pietro Cavallini und die Sieneser Pietro Lorenzetti und Simone Martini zu den Schülern Giottos, womit er wesentliche Impulse für die beiden anderen Lokalschulen auf den florentinisch geschulten Toskaner Giotto zurückführt. In den *Vite* werden auf diese Weise künstlergenealogische Beziehungen konkretisiert, die bereits im Quattrocento Cennino Cennini oder Cristoforo Landino auf die gemeinsame Wurzel Giotto bezogen (Landino prägte das Diktum, zahlreiche bewundernswerte Maler seien aus Giottos Schülerschaft »wie aus dem Trojanischen Pferd« hervorgegangen).[10] Durch das erst von ihm eingeführte Prinzip der Nachahmung der Natur überragt Giotto seinen angeblichen Lehrer Cimabue in den *Vite* nicht nur in der endgültigen Überwindung der *maniera greca*, indem er also – um es mit einem Zitat Cenninis auszudrücken, das Vasari in der Vita Agnolo Gaddis aufgreift und kommentiert – »die Kunst des Malens vom Griechischen ins Lateinische verwandelt und zur Modernität zurückführte« (»ridusse al moderno«).[11] Er entwickelt auch einen mit seinem Namen verbundenen Individualstil (»la quale io volentieri chiamo maniera di Giotto«, wie Vasari im *Proemio* schreibt),[12] den auch die als *Giotteschi* bezeichneten Folgegenerationen, zu denen Künstler wie Gherardo Starnina oder Spinello Aretino zählen, als Referenzpunkt wählen werden.[13] Durch diese Konstruktion wird Giotto Impulsgeber und wichtigste Figur der ersten Phase von Vasaris zyklischem Geschichtsmodell. Die lineare Entwicklung einer von Giottos Anfängen bis zu den späten *Giotteschi* um 1400 reichenden sukzessiven Verbesserung der Malkunst berührt Vasari punktuell immer wieder. Die »perfezione dell'arte des Andrea Tafi beispielsweise wird erst im Vergleich mit Werken Cimabues und Giottos erkennbar, und in der Doppelvita des Ugolino di Nerio (der sich an der veralteten *maniera greca* und dem Stil Cimabues orientiert) und des Stefano Fiorentino (der Giotto folgt) obsiegt der zweite nicht nur über seinen Zeitgenossen, sondern er übertrifft in zahlreichen Aspekten auch Giotto selbst. Die *prima parte* der *Vite* endet mit Lorenzo di Bicci, den Vasari als letzten Vertreter der »maniera vecchia di Giotto« bezeichnet: Schlagartig wird dem Leser durch diese Formulierung vor Augen geführt, daß die einstmals radikale Neuheit der Malweise Giottos nun durch einen moderneren Stil ersetzt worden ist.[14] Zwar läßt Vasari im zweiten Teil beispielsweise einen Künstler wie Paolo Uccello weiterhin Giotto als »das Licht und den Anbeginn der Kunst« anerkennen. Die große Lichtgestalt der *seconda maniera* wird jedoch Masaccio sein, der die Malerei »vom Stil Giottos befreit« und dem für diesen revolutionären Schritt, der aus einer Epoche herausführt, die »nichts anderes als die Werke Giottos gesehen hatte«, später von den Künstlern des Cinquecento Bewunderung gezollt werden wird.[15]

Die von Vasari vertretene Auffassung, daß Giotto weit über seinen Tod hinaus die Rolle eines Lehrmeisters zukomme, der für verschiedene Schülergenerationen prägend sei, ist bereits im Tre- und Quattrocento allgegenwärtig, wie etwa das Diktum des Humanisten Pietro Paolo Vergerio zeigt. Dieser stellte 1396 fest, daß ungeachtet der zeitgenössischen Bildwerke alle Maler weiterhin nur Giotto folgten.[16] Geleitet wird diese Ansicht vor allem durch jene Schriften, die dem künstlerischen Werkprozeß sehr nahe stehen. Neben dem erwähnten *Libro dell'arte* Cenninis gilt dies etwa für die Urkunde zur Ernennung Giottos zum Stadt- und Dombaumeister aus dem Jahr 1334, in der die Rückkehr des »magistro Giotto« in seine Heimatstadt explizit mit dem Wunsch verbunden wird, daß die dortigen Künstler von der »Wissenschaft und Lehre« (»scientia et doctrina«) des »bewährten und berühmten Mannes« (»expertus et famosus vir«)

profitieren. Die von derartigen Quellen geprägte Vorstellung einer von Giotto ausgehenden Stilentwicklung in der Malerei des Trecento setzt sich bis in die Kunstgeschichtsschreibung des frühen 20. Jahrhunderts fort und wirkt teilweise, insbesondere in der italienischsprachigen Forschung, sogar bis in die Gegenwart hinein.[17]

Auf eine überaus subtile Weise betont Vasari den Status Giottos auch an jener Stelle der *Vite*, in der er die Vorgeschichte der im Jahr 1563 gegründeten Accademia del Disegno beschreibt. In der Vita von Giovan Angelo Montorsoli, der maßgeblich die Initiative der Florentiner Künstler nach 1560 vorangetrieben hatte, verweist Vasari auf eine bereits in der Zeit Giottos gegründete »Compagnia del Disegno« als institutionellen Vorläufer.[18] Diese alte Bruderschaft der Maler ist jedoch erst drei Jahre nach Giottos Tod gegründet worden, und sie trug eigentlich den Namen »Compagnia di San Luca«: Auf geschickte Weise bedient Vasari sich hier einer terminologischen Nobilitierungsstrategie, um die Tradition und didaktische Praxis der *Accademici del disegno* auf Giotto zurückzuführen, der den *disegno* ja »wieder ganz zum Leben erweckt« habe und dessen Kunst im Zeichenstudium nach der Natur begründet ist. Die den Formen der Natur folgenden Linien verbindet Giotto nach Meinung Vasaris ihrerseits zu besonders lebendig wirkenden Bildfiguren, deren Lebhaftigkeit und Natürlichkeit durch die Vielfalt unterschiedlicher Gesten und Gesichtsausdrücke zusätzlich betont wird. Damit in Zusammenhang stehen auch weitere kunsttheoretische Kategorien wie die als sehr einfallsreich (*capriccioso*) gelobten Einzelfiguren und Bilderfindungen. In der erweiterten zweiten Fassung wird sich die Zahl dieser theoretischen Schlüsselbegriffe vervielfachen: *diligenza* und verwandte Adjektivformen beispielsweise verwendet Vasari 1568 rund doppelt so häufig, und die *invenzione*, die er anfänglich nur ein einziges Mal erwähnt, kommt in der zweiten Ausgabe viermal vor.

Nicht nur die stärkere theoretische Aufladung der Vita Giottos, die 1568 aufgrund der Einfügung neuer und die Veränderung bestehender Künstlerbiographien auch eine andere Stellung innerhalb des Gesamtwerks erhielt, dient Vasari zur Vervollkommnung der Figur.[19] Seine Entscheidung, den 1550 im Titel der Vita nur als »Pittor Fiorentino« bezeichneten Giotto 1568 zum »Pittore, Scultore et Architetto fiorentino« zu erheben, dient ebenfalls dessen Erhöhung zu einem Vorbild späterer Idealkünstler wie Michelangelo, dessen Vita mit einem Rekurs auf das »Licht des hochberühmten Giotto« eingeleitet wird und der wie dieser seine Geburt göttlicher Vorsehung verdankt.[20] Abgesehen von wenigen weiteren Andeutungen in der Vita manifestiert sich Giottos skulpturales und architektonisches Werk – Vasaris Ansicht zufolge – vornehmlich im Campanile der Florentiner Kathedrale, bei dessen Beschreibung der »zur damaligen Zeit üblichen *maniera tedesca*« Vasari beweist, wie flexibel er mit den stilistischen Wertungskriterien umgehen kann, wenn es zu vermeiden gilt, das Ansehen eines von ihm idealisierten Künstlers zu beschädigen: Auf eine klare Abwertung der von ihm an anderen Stellen harsch als barbarisch kritisierten Formensprache der mittelalterlichen Gotik verzichtet er hier.[21]

Die Frage, welche Rolle dem historischen Giotto di Bondone zwischen ›Mittelalter‹ und ›Renaissance‹ zugestanden werden soll, ist von der kunsthistorischen Forschung in vielen tausend Forschungsbeiträgen nicht endgültig entschieden worden:[22] Bereits der Umstand, daß das unzeitgemäß wirkende Problem dieser Einordnung heute überhaupt noch Aktualität besitzt und als Fragestellung Konjunktur in der Kunstwissenschaft hat, spiegelt das erdrückende Gewicht der Figur Giottos wider, die über Jahrhunderte hinweg als Markierung einer epochalen Wegscheide verstanden und mit Bedeutung aufgeladen worden ist. Zu einer Abgrenzung von dieser Teleologie und zu einem eindeutigen Bild von Giottos individuellem Beitrag konnte jedoch weder jene Forschungsrichtung gelangen, die sich übergreifend für Umbrüche des Konzepts vom Bildraum und der malerischen Plastizität oder für allegorische Bildsprachen in der Zeit um 1300 interessiert, noch die kennerschaftliche Forschung, die sich um die Ermittlung und chronologische Ordnung seines Œuvres bemüht. Während sich die erste Forschungsrichtung – von wenigen verdienstvollen Ausnahmen abgesehen – gemeinhin ohne die nötige Berücksichtigung der Arbeitspraxis in Künstlerwerkstätten des späten Due- und frühen Trecento auf Analysen von Bildwerken stützt, die mit einer großen Flexibilität bei der Festlegung der Autorschaft unter dem Label »Giotto« subsumiert werden, tendiert auch die zweite Gruppe von Kunsthistorikern in den letzten Jahrzehnten dazu, ein Bild vom genialischen Über-Künstler Giotto zu zeichnen, das Skepsis hervorruft. Ihr Ausgangspunkt ist dabei äußerst vage. Von sämtlichen diskutierten Werken bilden die nahezu ausnahmslos als eigenhändig geltenden und fast durchgängig zwischen 1303 und 1305 datierten Fresken an den Seitenwänden und der Chorbogenwand der Scrovegni-Kapelle in Padua die einzige sichere Referenz. Dennoch tendieren heute immer mehr Forscher dazu, durch die Zuschreibung der Fresken des »Isaak-Meisters« in Assisi an den jungen Giotto bereits in seinem hypothetischen Frühwerk eine innovative Kraft und besondere künstlerische Reife zu erkennen [siehe Seite 50/51], während die gegenläufige Tendenz, auch qualitativ oder stilistisch zweifelhafte Darstellungen (etwa die Fresken der Magdalenenkapelle im Bargello oder zahlreiche der giottesken Monumentalkruzifixe) wieder seinem Katalog hinzuzufügen, nicht zuletzt den grundsätzlichen Wunsch zu bezeugen scheint, dem Publikum lieber mehr »Giottos« als weniger zu präsentieren.

Der Status der Giotto-Vita Vasaris in diesen Debatten hat sich spätestens seit der quellenkritischen Kunstgeschichtsschreibung des 19. Jahrhunderts stark verändert. Während der dokumentarische Wert seiner Erzählung relativiert worden ist, konzentriert sich eine dritte Forschungsrichtung seitdem auf die literarische Gestalt des »witzigen Novellengiotto« (so bereits 1889 Franz Wickhoff).[23] Vor allem eine Gruppe amerikanischer Forscher – Paul Barolsky, David J. Cast, Andrew Ladis oder Norman E. Land – hat sich in den letzten Jahrzehnten mehrfach und zumeist in essayistischer Form mit Vasaris Giotto als einem »witty trickster«[24] beschäftigt und dabei die klassische Studie zur *Legende des Künstlers* (1934) um wichtige Erkenntnisse zu

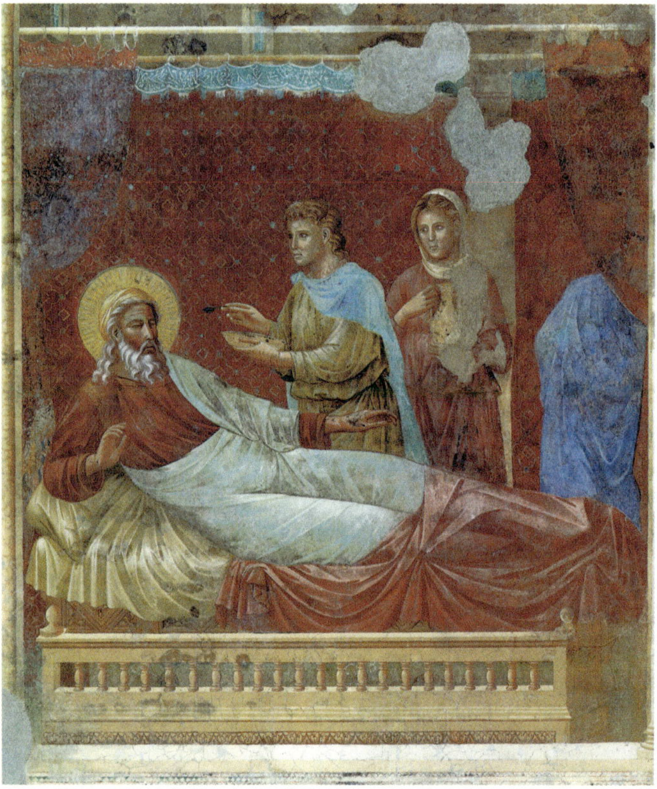

»Isaak-Meister«: Esau vor Isaak. Assisi, Oberkirche, Nordwand

erzählerischen Topoi der Kunstliteratur bereichert. Problematisch an vielen dieser Auseinandersetzungen mit der Rezeptionsgeschichte des Malers ist allerdings, daß die entkontextualisierten Quellen oft durch sehr moderne Brillen gelesen werden und die häufig ausgesprochen reizvollen Interpretationen von methodisch fragwürdigen Assoziationen und Parallelisierungen bestimmt werden: Man kann hier beispielsweise an eine schöne Beobachtung Barolskys denken, der die sprachliche Ähnlichkeit zwischen Giottos Künstlernamen (*Ioctus*) und dem ihm zuge-

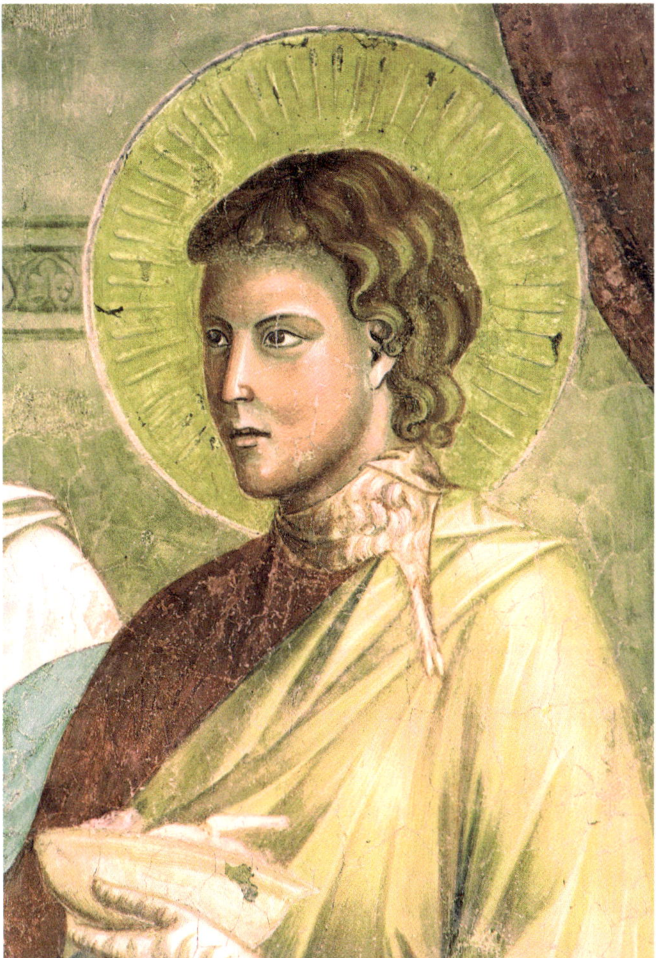

»Isaak-Meister«: Isaak segnet Jakob (Ausschnitt).
Assisi, Oberkirche, Nordwand

sprochenen Witz (*iocus*) bemerkt. Er suggeriert seinem Leser damit jedoch den sehr zweifelhaften Gedanken, der legendarische Humor Giottos müsse zu einem gewissen Teil in dieser begrifflichen Nähe begründet sein – und impliziert dadurch zudem, der gewitzte Maler sei keine volkstümliche Gestalt, sondern eine Erfindung Latein sprechender Intellektueller. Heikel ist aber vor allem, daß der von Vasari beschriebene Giotto in sämtlichen dieser neueren Untersuchungen auf die mit Spontaneität, Sprachwitz und einer Portion Respektlosigkeit gesegnete Künstlerfigur reduziert und vielfach zu leichtfertig behauptet wird, Vasari habe eine Anekdote erfunden oder den Leser mit bestimmten Angaben mutwillig getäuscht. Die Lektüre der *Vite* als *fiction* vernachlässigt nicht allein, daß uns ein gewichtiger Teil der mündlich tradierten Berichte und schriftlichen Quellen Vasaris bis heute ebenso unbekannt geblieben ist wie die stilistischen Abwägungsprozesse, die ihn beispielsweise veranlaßt haben, einzelne Werke des späten Trecento fälschlich Giotto zuzuerkennen. Diese Lesart mißversteht zudem das eigentliche Anliegen Vasaris bei der Niederschrift der Künstlerbiographien und seiner Vita Giottos: unter dem Mantel literarischer Rahmungen, topischer Rekurse und rhetorischer Epitheta den Entwicklungsprozeß der Künste aus den Kunstwerken heraus zu begründen. Dabei sollten für ältere Künstler wie Giotto, dessen Ruhm schon seit langem ein solcher Topos war und zu Vasaris Zeit kaum mehr auf einer objektiven Beurteilung seines Œuvres basierte, relative historische Bewertungskriterien entwickelt werden. Anhand dieser Kriterien kann Vasari verdeutlichen, weshalb sich in Werken, die vor der Folie der hervorragenden Kunst des 15. und 16. Jahrhunderts eigentlich »kein übermäßiges und nicht einmal mittelmäßiges Lob verdient haben«, dennoch »jenes erste Aufblitzen des Guten« zeigt, das Giottos Rang als Stammvater jeder nachfolgenden *maniera* der Malkunst herausstellt und belegt.[25]

FJ

Giorgio Vasari
Das Leben des Giotto, Maler, Bildhauer und Architekt aus Florenz

Vita di Giotto. Pittore, Scultore et Architetto fiorentino (1568)

Die Schuldigkeit der malenden Zunft gegenüber der Natur – die ein ständiges Vorbild für jene ist, die aus ihren besten und schönsten Teilen das Gute wählend stets darum bemüht sind, sie zu kopieren und nachzuahmen – muß man meines Erachtens in gleicher Weise dem Florentiner Maler Giotto zollen.[1] Waren doch die Methoden guter Malerei und alles, was sie anging, viele Jahre lang durch die Zerstörungen der Kriege verschüttet gewesen, und er allein, noch unter untauglichen Künstlern geboren, erweckte sie, die abtrünnig war, durch Gottes Gnade zu neuem Leben und erhob sie zu jener Form, die man gut nennen konnte.[2] Es war in der Tat ein echtes Wunder, daß jene eigentlich derbe, kraftlose Epoche Giotto auf so kluge Weise dazu befähigte, den *disegno*, der den Menschen jener Zeit kaum oder überhaupt nicht bekannt war, wieder ganz zum Leben zu erwecken.[3] Und doch liegen die Ursprünge dieses großen Mannes im Jahr 1276 in der ländlichen Umgebung von Florenz, vierzehn Meilen von der Stadt entfernt in dem Dorf Vespignano, sein Vater ein Landarbeiter und einfacher Mensch namens Bondone.[4]

Bei der Geburt dieses Jungen gab er ihm den Namen Giotto und erzog ihn ihm Rahmen seiner Möglichkeiten zu einem sittsamen Menschen. Im Alter von zehn Jahren offenbarte jener in seinem noch ganz kindlichen Gebaren die Lebendigkeit und Wachheit eines außerordentlichen Verstandes, weshalb er nicht nur dem Vater, sondern allen, die ihn im Dorf und in der Umgebung kannten, ans Herz gewachsen war.[5] Bondone gab ihm damals einige Schafe zum Hüten, die er auf den Ländereien mal zur einen, mal zur anderen Weide brachte. Und da eine natürliche Veranlagung ihn zur Zeichenkunst trieb, zeichnete er unablässig auf Steinplatten, auf der Erde oder in den Sand irgendwelche Dinge aus der Natur oder solche, die seiner Phantasie entsprangen.[6] Eines Tages kam Cimabue[7] in einer Angelegenheit von Florenz nach Vespignano und traf auf Giotto, der seine Schafe weidete und währenddessen auf einer glatten, sauberen Steinplatte mit einem leicht spitz zulaufenden Stein ein Schaf naturgetreu wiedergab, ohne dies in irgendeiner Weise von jemand anderem gelernt zu haben als von der Natur selbst. Ganz verwundert blieb Cimabue deshalb stehen und fragte ihn, ob er zu ihm kommen wolle, worauf der Junge zur Antwort gab, daß er dies gerne täte, sofern sein Vater einverstanden wäre.[8] Cimabue fragte also bei Bondone nach und wohlwollend willigte jener ein, zufrieden, daß dieser ihn nach Florenz mitnahm. Dort kam der Knabe dank seiner Natur und Cimabues Unterricht innerhalb kurzer Zeit nicht nur dem Stil seines Meisters gleich, sondern wurde zu einem so guten Naturnachahmer, daß er den plumpen griechischen Stil vollständig verbannte[9] und die moderne und schöne Kunst der Malerei wiederbelebte, indem er das naturgetreue Porträtieren lebender Personen einführte, was über zweihundert Jahre lang nicht mehr Brauch gewesen war.[10] Und wenn sich auch der eine oder andere, wie oben gesagt, daran versucht hatte, so war ihm dies nicht sehr glücklich und bei weitem nicht so gut gelungen wie Giotto.[11] Unter anderem porträtierte er, wie heute noch in der Palastkapelle des Podestà in Florenz zu sehen,[12] seinen Zeitgenossen und großen Freund Dante Alighieri,[13] der als Dichter nicht weniger berühmt war als Giotto in jener Zeit als Maler, der von Messer Giovanni Boccaccio[14] im Vorwort zur Novelle über Messer Forese da Rabatta[15] und eben jenen Maler Giotto hochgelobt wird.[16] In derselben Kapelle findet sich ebenfalls von seiner Hand das Porträt von Ser Brunetto Latini, Dantes Lehrmeister,[17] und Messer

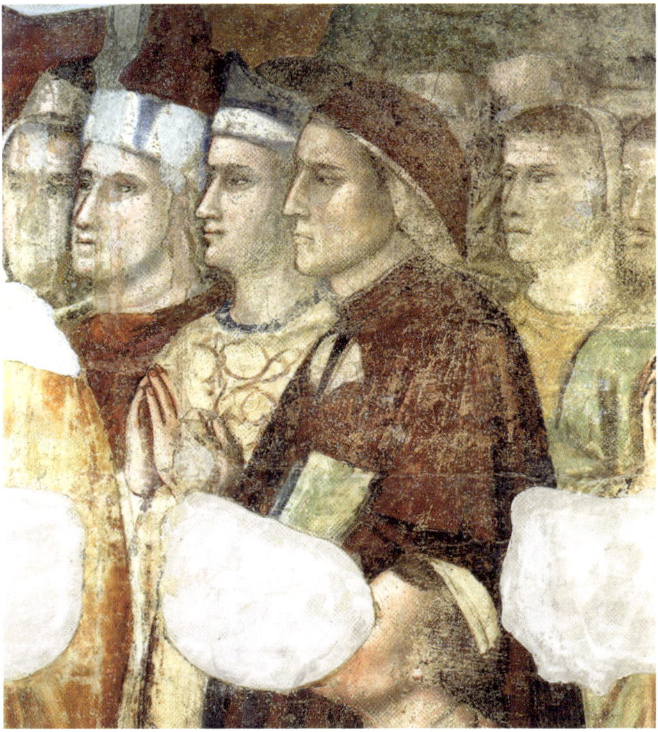

Giotto-Werkstatt oder Nachfolger: Jüngstes Gericht (Ausschnitt). Bargello, Magdalenenkapelle, Ostwand

Corso Donati,[18] einem bedeutenden Bürger jener Zeit [siehe oben].[19]

Seine ersten Malereien führte Giotto in der Kapelle mit dem Hauptaltar der Badia von Florenz aus, wo er viele Dinge schuf, die man für schön hielt, insbesondere eine Verkündigung an die Madonna, in der er auf lebendige Weise die Angst und den Schrecken zum Ausdruck brachte, in die Gabriel die Jungfrau Maria mit seinem Gruß versetzt, die angsterfüllt fast die Flucht ergreifen zu wollen scheint [siehe Seite 56 oben].[20] Von Giottos Hand stammt ebenfalls die Tafel am Hauptaltar besagter Ka-

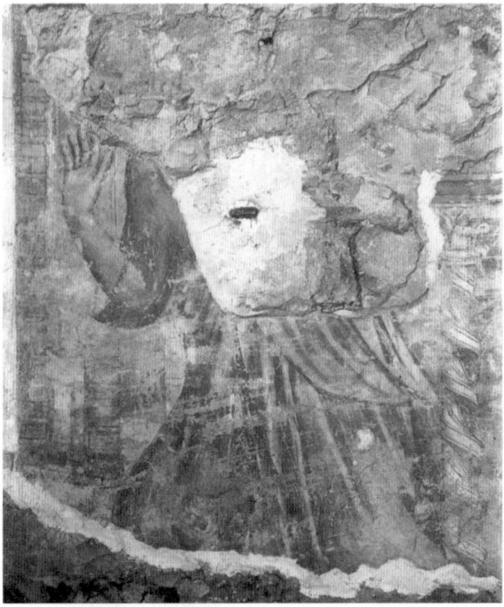

Giotto (?): Fragment einer Verkündigungsszene aus der Badia Fiorentina

pelle, die sich dort bis heute erhalten hat und auch an jenem Ort bleiben wird, mehr aus Respekt vor dem Werk eines so bedeutenden Mannes als aus irgendeinem anderen Grund [siehe unten].[21] In Santa Croce stammen vier Kapellen von seiner Hand, davon drei zwischen der Sakristei und dem Chor und

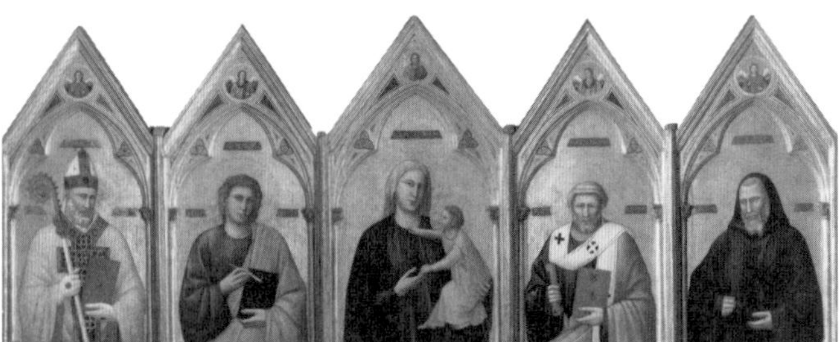

Giotto: Polyptychon der Badia Fiorentina. Florenz, Uffizien

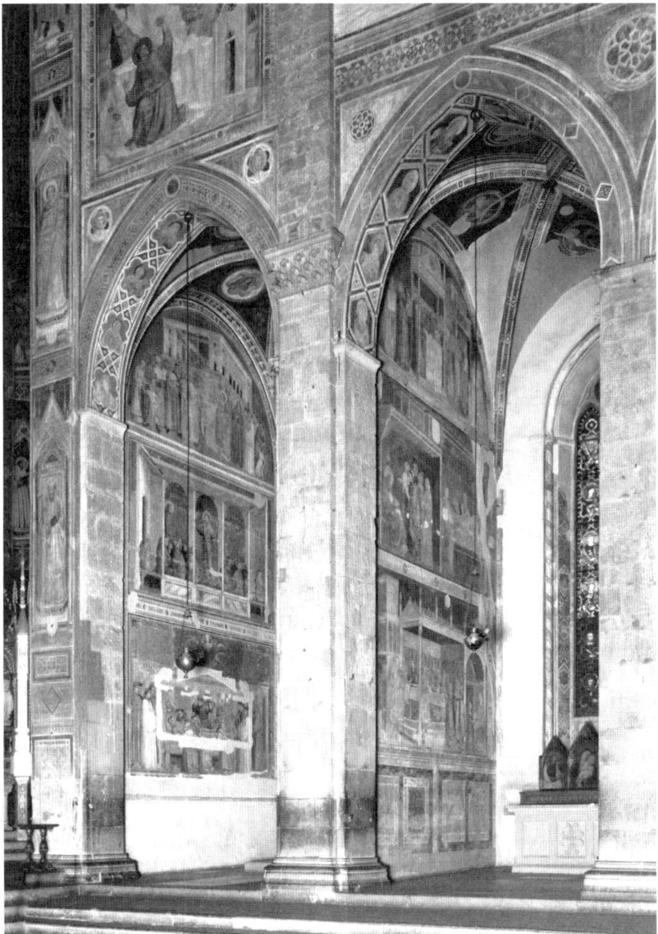

Florenz, Santa Croce, Bardi-Kapelle und Peruzzi-Kapelle neben dem Hauptchor

eine auf der anderen Seite [siehe oben].[22] In der ersten der drei – diejenige des Messer Ridolfo Bardi,[23] in der sich die Glockenseile befinden – ist das Leben des Heiligen Franziskus gezeigt.

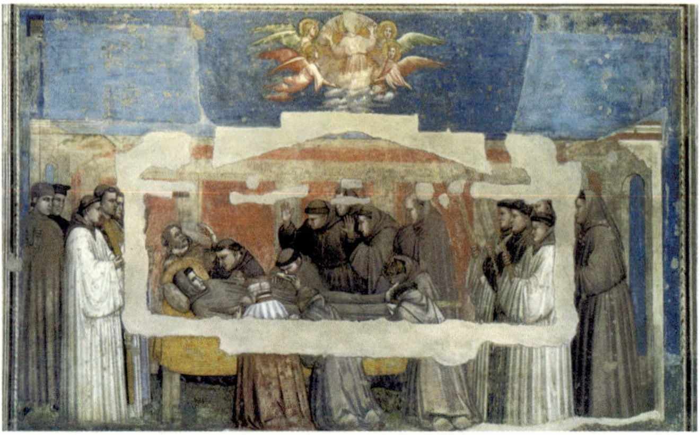

Giotto: Betrauerung des Heiligen Franziskus.
Florenz, Santa Croce, Bardi-Kapelle

In der Darstellung vom Tod des Heiligen hat er bei einer Reihe von Ordensbrüdern den Ausdruck des Weinens auf sehr angemessene Weise wiedergegeben [siehe oben].[24] Die nächste Kapelle gehört der Familie Peruzzi und zeigt zwei Szenen aus dem Leben von Johannes dem Täufer, dem die Kapelle geweiht ist. Hier sieht man in sehr lebendiger Weise das Tanzen und Springen der Herodias und die Eilfertigkeit einiger Dienstboten, die mit dem Servieren bei Tisch beschäftigt sind. In derselben Kapelle befinden sich noch zwei herrliche Szenen mit dem Evangelisten Johannes: die Auferweckung der Drusiana und sein Auffahren in den Himmel [siehe rechts].[25] In der dritten, die sich im Besitz der Giugni befindet und den Aposteln geweiht ist, hat Giotto Szenen vom Martyrium vieler von ihnen gemalt.[26] Die vierte [Kapelle], die auf der anderen Seite der Kirche Richtung Norden liegt, gehört den Familien Tosinghi und Spinelli. Sie ist der Himmelfahrt Mariens geweiht, und Giotto malte dort die Geburt, die Hochzeit, die Verkündigung, die Anbetung der Könige und wie Maria den kleinen Christusknaben Simeon hinreicht, was wunderschön ist, weil man dort nicht nur die große Zuneigung des Alten erkennt, der Christus

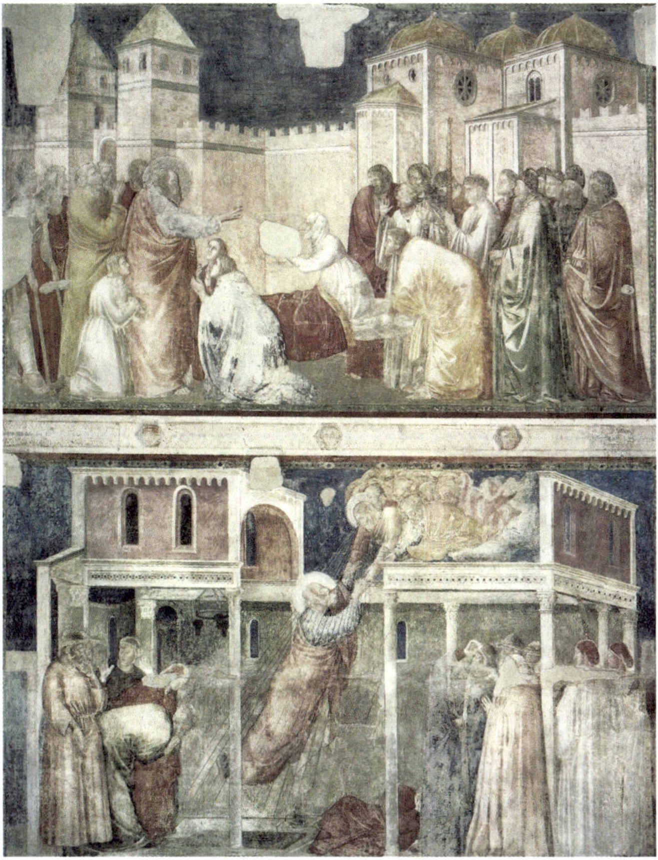

Giotto: Auferweckung der Drusiana (oben) und Himmelfahrt Johannes' des Evangelisten (unten). Florenz, Santa Croce, Peruzzi-Kapelle

empfängt, sondern auch die Geste des Kindes, das verängstigt die Arme ausstreckt und sich ganz verschreckt zur Mutter hinwendet, was nicht anrührender oder schöner sein könnte. Im *Marientod* schließlich sind die Apostel und zahlreiche Engel mit Fackeln in Händen sehr schön gelungen.[27] In besagter Kirche befindet sich in der Kapelle der Baroncelli eine sehr sorgfältig

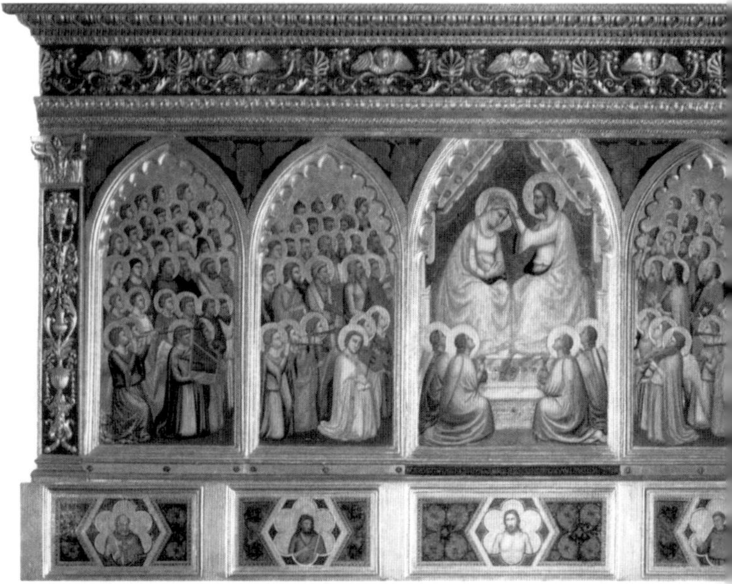

Giotto: Baroncelli-Polyptychon. Florenz, Santa Croce, Baroncelli-Kapelle

in Tempera gemalte Tafel von Giotto, in der eine Marienkrönung und eine Unmenge kleiner Figuren, ein Engelsreigen und Heilige mit großer Sorgfalt ausgeführt sind. Auf diesem Werk [siehe oben] stehen in Goldlettern sein Name und die Jahreszahl geschrieben, weshalb ihn die Künstler nicht anders als in höchster Verehrung halten können, wenn sie bedenken, in was für einer Zeit, in der es nicht den Schimmer eines guten Stils gab,[28] Giotto eine neue Methode des Zeichnens und Kolorierens begründete.[29] Ebenfalls in Santa Croce befindet sich außerdem über dem Marmorgrabmal des Aretiners Carlo Marsuppini[30] eine Darstellung von Christus am Kreuz, mit der Madonna, dem Heiligen Johannes und Maria Magdalena am Fuß des Kreuzes.[31] Auf der anderen Seite der Kirche befindet sich genau gegenüber, oberhalb des Grabmals von Leonardo [Bruni] aus Arezzo,[32] in Richtung Hauptaltar eine Verkündi-

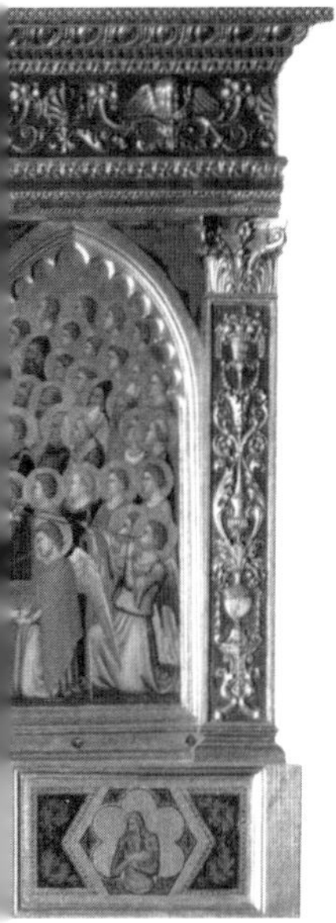

gungsszene, die von modernen Malern übermalt wurde und damit das geringe Urteil desjenigen offenbart, der dies angeordnet hat.[33] Im Refektorium sind in einem Kreuzesstammbaum Szenen mit dem Heiligen Ludwig dargestellt und ein Abendmahl von seiner Hand,[34] außerdem kleinfigurige Szenen aus dem Leben von Christus und dem Heiligen Franziskus an den Schränken in der Sakristei.[35] Zudem gestaltete er in der Kapelle Johannes des Täufers in der Carmine-Kirche auf mehrere Bilder verteilt die gesamte Vita dieses Heiligen.[36] Im Palast der Guelfen-Partei in Florenz stammt von seiner Hand eine Szene mit einer vollendet gemalten Darstellung des christlichen Glaubens, die ein Porträt von Papst Clemens IV.[37] zeigt, der jene [Guelfen-] Partei begründete und ihr das Wappen verlieh, das sie behielt und noch immer hat.[38]

Im Anschluß daran verließ er Florenz, um in Assisi die von Cimabue begonnenen Werke fertigzustellen.[39] Dabei kam er durch Arezzo und malte dort in der Pieve die Kapelle des Heiligen Franziskus aus, die sich über dem Taufbecken erhebt.[40] Außerdem schuf er an einer runden Säule, die ein wunderschönes antikes korinthisches Kapitell trägt, die naturgetreu porträtierten Heiligen Franziskus und Dominikus[41] und in einem Kapellchen in dem außerhalb von Arezzo gelegenen Dom eine Steinigung des Heiligen Stephanus mit einer schönen Figurenkomposition.[42] Nach Vollendung dieser Werke begab er sich in die Stadt Assisi in Umbrien, wohin ihn Fra Giovanni di Muro della Marca gerufen hatte, der seinerzeit Ordensgeneral der Franziskaner war.[43] Dort freskierte er in der Oberkirche unterhalb des Laufgangs entlang der Fenster auf beiden Seiten der Kirche in zweiunddreißig Szenen Leben und Taten des Heiligen Franziskus, das heißt sechzehn pro Wand, und er tat dies in so vollendeter

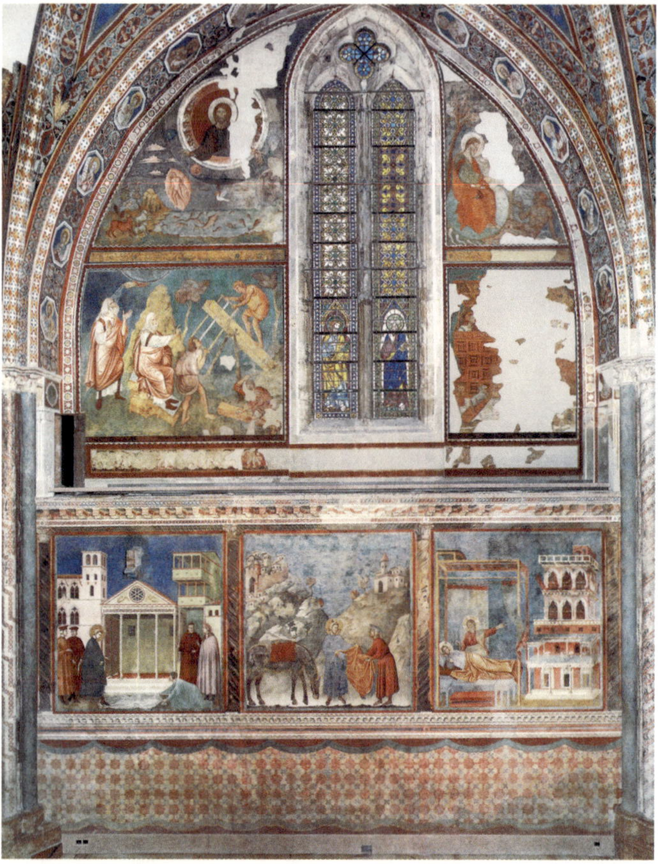

Assisi, San Francesco, Oberkirche, viertes Joch der Nordwand. Oberstes Register: Beginn der Genesis. Mittleres Register: Zwei Szenen aus dem Leben Noahs. Unteres Register: Beginn des Franziskus-Zyklus

Weise, daß ihm höchster Ruhm zuteil wurde [siehe oben und Seite 10].[44] In der Tat sieht man in diesem Werk nicht nur in den Gesten und Haltungen jeder einzelnen Figur, sondern auch in der Komposition aller Szenen eine große Vielfalt, ganz zu schweigen von dem herrlichen Anblick der unterschiedlichen

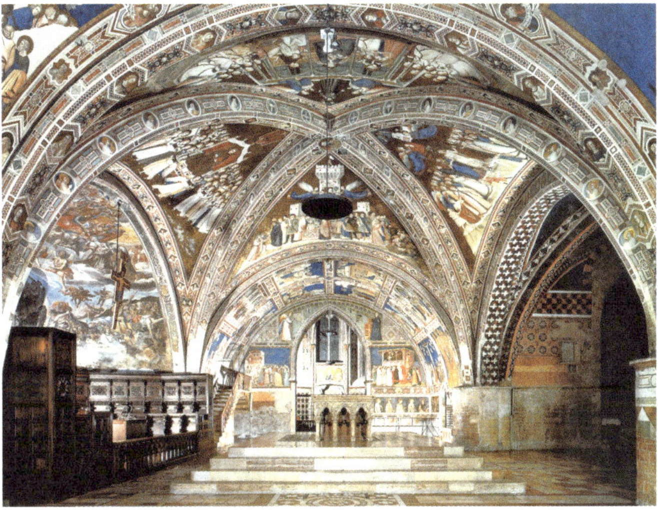

Giotto oder Giotto-Nachfolger: Verherrlichung des Heiligen Franziskus und die drei franziskanischen Tugenden. Assisi, San Francesco, Unterkirche, Vierungsgewölbe

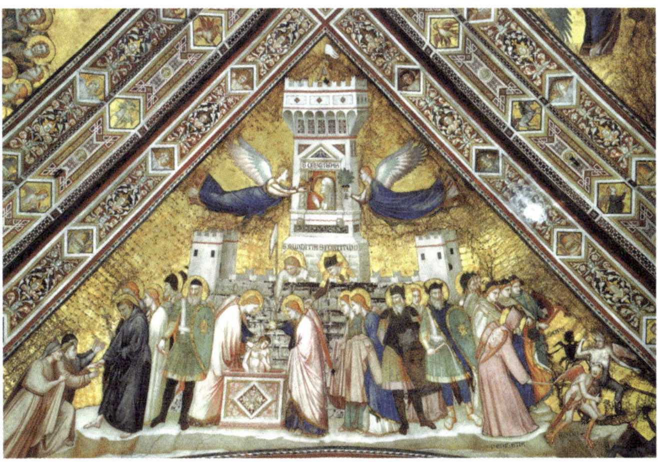

Giotto oder Giotto-Nachfolger: Keuschheit. Assisi, San Francesco, Unterkirche, Vierungsgewölbe

Kleider jener Zeit und einiger Nachahmungen und Beobachtungen von Dingen aus der Natur. Wunderschön ist unter anderem eine Szene, in der ein Durstiger, dem man das Verlangen nach Wasser lebhaft ansieht, am Boden kniend aus einer Quelle trinkt, was er mit so großer, wirklich wunderbarer Hingabe tut, daß er einem fast wie eine lebendige Person beim Trinken erscheinen will [siehe Seite 2].[45] Es sind dort noch viele andere Dinge, die unsere Beachtung mehr als verdient hätten, über die ich mich aber nicht weiter auslassen möchte, um nicht zu sehr auszuschweifen. Es genügt zu sagen, daß dieses Werk Giotto höchsten Ruhm einbrachte aufgrund der Qualität der Figuren, der Anordnung, Proportion, Lebendigkeit und Leichtigkeit, allesamt angeborene Gaben, die er durch Studium noch weiter perfektioniert hatte und in allen seinen Werken anschaulich zu demonstrieren wußte. Neben seiner natürlichen Begabung war Giotto überaus fleißig in seinen Studien, immer dabei, Neues zu ersinnen und aus der Natur zu schöpfen, weshalb man ihn verdientermaßen als Schüler der Natur und keines anderen bezeichnete.[46]

Nach der Fertigstellung obengenannter Szenen bemalte er am selben Ort, allerdings in der Unterkirche, die oberen Wandregister auf der Seite des Hauptaltars und alle vier Kappen des Gewölbes, unter dem der Leichnam des Heiligen Franziskus bestattet ist, alles mit einfallsreichen und schönen Erfindungen [siehe Seite 63].[47] In der ersten [Gewölbekappe] wird der Heilige Franziskus im Himmel verherrlicht, um ihn herum die Tugenden, die nötig sind, um durch Gottes Gnade Vollkommenheit zu erlangen: Zu einer Seite legt die Personifikation des Gehorsams einem vor ihr knienden Ordensbruder ein Joch um den Hals, dessen Zügel von einem Händepaar gen Himmel gezogen werden. Mit einem Finger auf dem Mund Schweigen gebietend, richtet sie die Augen auf Jesus Christus, dem Blut aus der Seite fließt. Begleitet wird diese Tugend von der Klugheit und der Bescheidenheit, um anzuzeigen, daß dort, wo wirklicher Gehorsam herrscht, immer auch Bescheidenheit und Klugheit walten, die alle Taten zu einem guten Ende führen.[48] In der zweiten

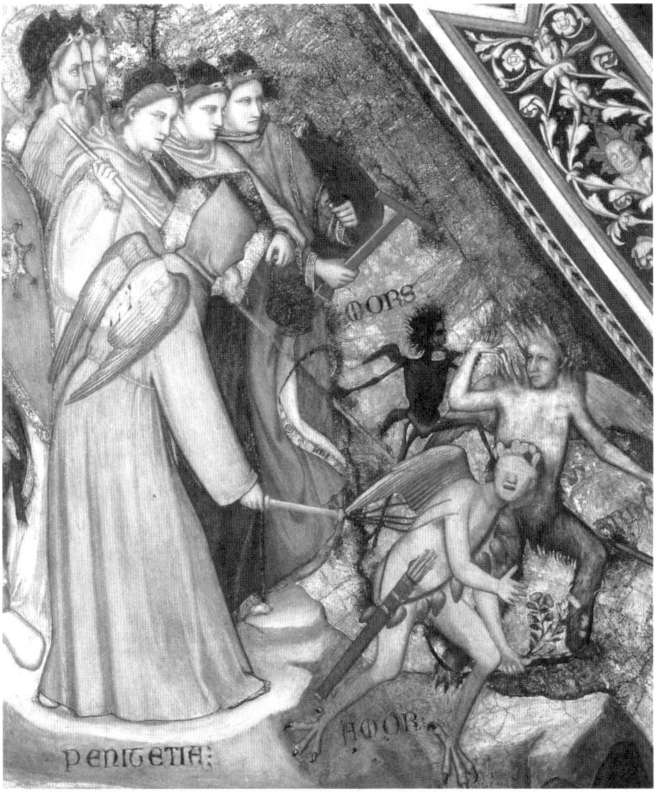

Giotto oder Giotto-Nachfolger: Keuschheit (Detail)
Assisi, San Francesco, Unterkirche, Vierungsgewölbe

Kappe ist die Keuschheit in einer wehrhaften Festung dargestellt und läßt sich weder durch Königreiche noch durch Kronen oder Palmen bezwingen, die ihr dargereicht werden. Zu ihren Füßen wäscht die Reinheit einige nackte Personen, während die Stärke Leute heranführt, damit sie sich waschen und reinigen. Auf der einen Seite der Allegorie der Keuschheit vertreibt die Buße den geflügelten Amor mit einer Geißel und jagt die Unreinheit in die Flucht [siehe Seite 63, Detail oben].[49] Der dritte Zwickel zeigt die Armut, die mit nackten Füßen auf Dornen tritt. Ein Hund bellt ihr nach, während ein Kind sie mit Steinen bewirft und ein anderes ihr mit einem Stock etwas Dornengestrüpp gegen die Beine stößt. Hier sieht man, wie die Armut, deren Hand Jesus Christus hält, im mystischen Beisein von Hoffnung und Keuschheit mit dem Heiligen Franziskus vermählt wird.[50] Der vierte und letzte Zwickel zeigt wiederum den verherrlichten Heiligen Franziskus mit dem weißen Meßgewand eines Diakons bekleidet. Inmitten einer Vielzahl von Engeln, die um ihn herum einen Reigen bilden, erscheint er triumphal im Himmel mit einer Standarte, die ein Kreuz mit sieben Sternen trägt, über ihr der Heilige Geist.[51] In jedem einzelnen dieser Zwickel stehen einige Worte in lateinischer Sprache, welche die Szenen benennen. Außer diesen vier Zwickeln befinden sich auch auf den Seitenwänden wunderschöne Malereien, die wirklich hoch zu schätzen sind für ihre Vollendung und die große Sorgfalt ihrer Ausführung, dank der sie sich bis heute in ihrer ganzen Frische erhalten haben.[52] In einer dieser Szenen sieht man ein sehr gut gemachtes Porträt von Giotto,[53] und über der Tür zur Sakristei stammt von seiner Hand das Fresko des Heiligen Franziskus beim Empfangen der Wundmale, der dort so ergriffen und andächtig wirkt, daß mir diese Malerei als die hervorragendste unter seinen Werken dort erscheint, die wirklich alle schön und lobenswert sind.[54]

Nachdem er zuletzt besagten Heiligen Franziskus vollendet hatte, kehrte er nach Florenz zurück, wo er mit außerordentlicher Sorgfalt eine Tafel malte, die nach Pisa geschickt werden sollte. Sie zeigte den Heiligen Franziskus auf dem schrecklichen Felsen von Vernia [Verna], wo man neben einer Landschaft voller Bäume und Felsen – eine Neuheit in jener Zeit – den Heiligen Franziskus auf Knien in sehr lebhafter Haltung die Stigmata empfangen sieht. Man erkennt sein brennendes Verlangen, sie zu erhalten, und seine unendliche Liebe zu Jesus Christus, der sie ihm in den Lüften von Seraphim umringt mit derart lebendiger Zuneigung gewährt, daß man es sich schöner nicht vorzustellen vermag. Im unteren Teil derselben Tafel

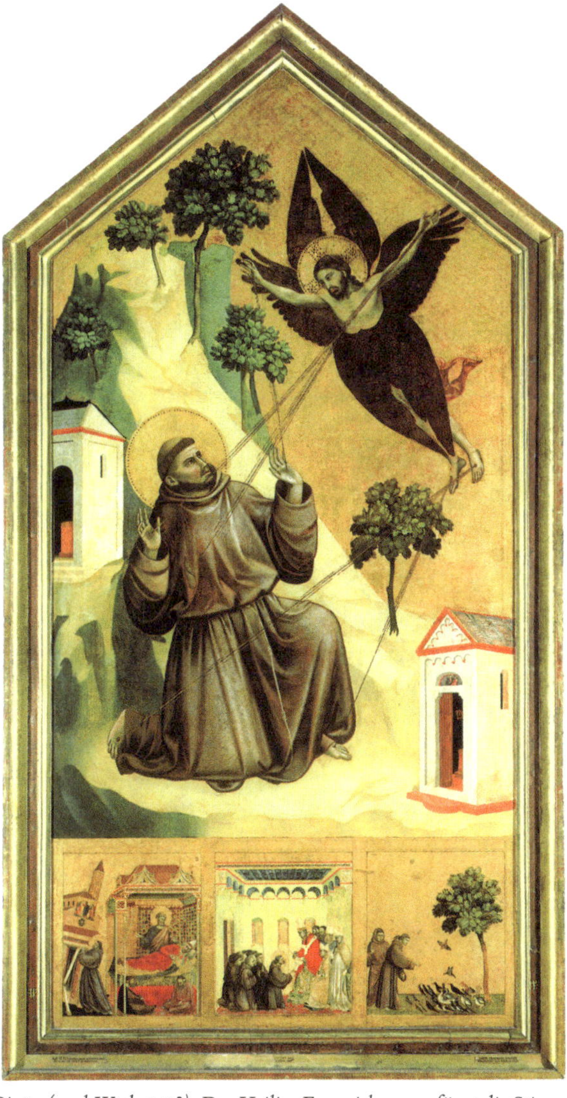

Giotto (und Werkstatt?): Der Heilige Franziskus empfängt die Stigmata. Paris, Musée du Louvre

illustrieren drei sehr schöne Szenen das Leben des Heiligen. Diese Tafel, die sich heute in San Francesco in Pisa an einem Pfeiler neben dem Hauptaltar befindet, wurde im Andenken an diesen großen Künstler in großer Verehrung gehalten [siehe Seite 67].[55] Auch war sie Anlaß für die Pisaner, Giotto einen Teil der Innenwände im Camposanto bemalen zu lassen, ein Bau, der gerade nach Plänen von Giovanni di Nicola Pisano[56] fertig geworden war, wie wir weiter oben bereits sagten. Der ganze Bau war außen mit Marmor inkrustiert und mit kostspieligem skulptiertem Dekor versehen, das Dach mit Blei gedeckt und das Innere mit einer Fülle antiker Sarkophage und heidnischer Grabmäler ausgestattet, die aus verschiedenen Teilen der Erde in jene Stadt gebracht worden waren. Nun sollte entsprechend auch das Innere an den Wänden mit erlesensten Malereien ausgeschmückt werden.

Giotto kam also nach Pisa und begann, an einer Wand des Camposanto sechs große Szenen mit den Leiden des Hiob zu freskieren.[57] Dank seiner Urteilskraft erkannte er, daß der Marmor auf jener Seite des Bauwerks, auf der er arbeiten sollte, Richtung Küste zeigte und mit Salz durchsetzt war, weil er durch die Schirokko-Winde immer feucht ist und salzige Rückstände ausblüht, was in Pisa auch für alles aus Backstein gilt, wodurch Farben und Malereien verblassen und zersetzt werden. Um sein Werk so lange wie möglich zu erhalten, ließ er überall, wo er in Fresko arbeiten wollte, einen Mörtel, Putz oder eine Grundierung, wie auch immer man es nennen will, aus Kalk, Gips und gemahlenem Backstein aufbringen, der so gut angerührt war, daß die darauf ausgeführten Malereien sich bis heute erhalten haben. Und sie hätten sich noch besser konserviert, wenn diejenigen, die dafür Sorge zu tragen hatten, sie in ihrer Nachlässigkeit nicht so sehr der Feuchtigkeit preisgegeben hätten. Diese Unterlassung, die leicht hätte vermieden werden können, war der Grund dafür, daß diese Malereien unter der Feuchtigkeit gelitten haben und daher an einigen Stellen zerstört, die Fleischfarben schwarz geworden sind und der Putz abblättert. Darüber hinaus liegt es in der Natur von Gips, ist er einmal mit Kalk vermischt, mit der

Zeit zu durchnässen und sich zu zersetzen, weshalb er zwangsläufig die Farben angreift, auch wenn es zu Beginn so scheint, als wäre er gut und haltbar abgebunden.[58]

Neben einem Porträt von Messer Farinata degli Uberti[59] zeigen diese Szenen viele schöne Figuren, vor allem einige Bauersleute, die mit ihren schlechten Nachrichten zu Hiob kommen und in ihrem Schmerz über die verlorenen Tiere und die anderen Unglücksfälle nicht ausdrucksvoller sein könnten. Herrlich anmutig ist auch die in allen Teilen gut gemachte Figur eines Dieners, der mit einem Fächer neben dem mit Wunden übersäten und fast von allen verlassenen Hiob steht. Wunderbar ist dabei die Haltung, mit der er mit der einen Hand die Fliegen von seinem leprösen, übelriechenden Herrn verjagt und sich mit der anderen angeekelt die Nase zuhält, um den Gestank nicht riechen zu müssen. Auch die anderen Figuren dieser Szenen sind sehr schön, vor allem die Köpfe der Männer und Frauen, und die Kleiderstoffe sind so weich gearbeitet, daß es nicht verwundert, welch große Anerkennung ihm dieses Werk in jener Stadt und außerhalb verlieh.[60] So groß war der Ruhm, daß Papst Benedikt IX. von Treviso[61] einen seiner Hofmänner[62] in die Toskana entsandte, um in Erfahrung zu bringen, was für ein Mann Giotto war, und um seine Werke in Augenschein zu nehmen, da er in Sankt Peter einige Malereien ausführen lassen wollte.

Gekommen, um Giotto zu treffen und herauszufinden, welche anderen hervorragenden Meister der Malerei und des Mosaiks es in Florenz gab, sprach dieser Hofmann mit vielen Künstlern in Siena. Nachdem er von ihnen Zeichnungen bekommen hatte, begab er sich nach Florenz, wo er eines Morgens Giotto in seiner Werkstatt besuchte, während dieser bei der Arbeit war. Er unterbreitete ihm das Vorhaben des Papstes und in welcher Weise ihn jener einzusetzen gedachte, und schließlich bat er ihn um eine kleine Zeichnung für Seine Heiligkeit. Giotto, der überaus wohlerzogen war, nahm ein Blatt und malte – den Arm in die Seite geklemmt und die Hand wie einen Zirkel bewegend – mit einem in rote Farbe getauchten Pinsel einen Kreis darauf, und zwar im Umriß so akkurat gezirkelt, daß der Anblick zum

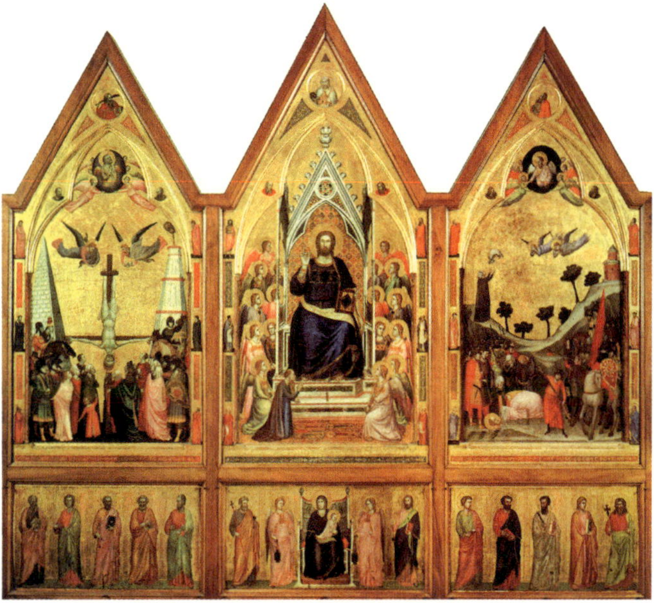

Giotto und Werkstatt: Stefaneschi-Triptychon (Vorderseite). Rom, Pinacoteca Vaticana

Staunen war. Dies getan, wandte er sich grinsend an den Hofmann: »Hier habt Ihr Eure Zeichnung«. Dieser fühlte sich verspottet und sagte: »Bekomme ich denn nichts anderes als dieses Blatt?« »Das ist genug und schon zuviel«, antwortete Giotto, »schickt es zusammen mit den anderen und seht, ob es Anerkennung finden wird.« Als der Gesandte einsah, daß er nichts anderes mehr bekommen würde, verließ er ihn überaus unzufrieden, da er vermutete, zum besten gehalten worden zu sein. Gleichwohl schickte er dem Papst die Zeichnungen und die Namen derjenigen, die sie gemacht hatten, und mit ihnen auch die von Giotto, wobei er berichtete, wie er sie ausgeführt hatte, ohne den Arm zu bewegen oder einen Zirkel zu verwenden. Der Papst und die Kenner unter den Hofleuten erkannten hieran, um wie viel Giotto alle anderen Maler seiner Zeit an Vor-

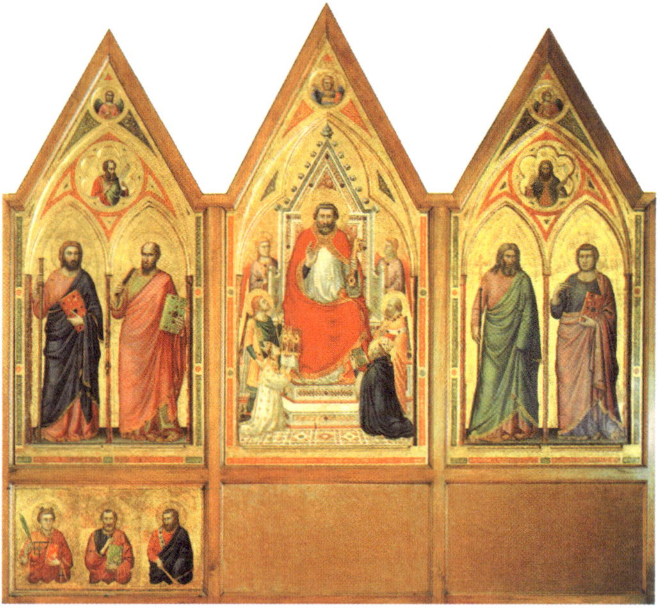

Giotto und Werkstatt: Stefaneschi-Triptychon (Rückseite). Rom, Pinacoteca Vaticana

trefflichkeit übertraf. Als diese Sache bekannt wurde, prägte sich eine Redewendung, die auch heute noch im Gebrauch ist, wenn von Menschen mit schwerfälligem Verstand die Rede ist: »Du bist runder als Giottos O.« Diese Redewendung ist nicht nur wegen ihrer Entstehungsgeschichte hübsch, sondern vor allem auch wegen ihrer Doppelbedeutung: Im Toskanischen versteht man unter ›rund‹ neben der perfekten Kreisform auch eine Trägheit und Stumpfsinnigkeit des Geistes.[63] Vorgenannter Papst ließ ihn also nach Rom kommen,[64] überhäufte ihn mit Ehren und Anerkennung für sein Talent und trug ihm auf, in der Apsis von Sankt Peter fünf Szenen aus dem Leben Christi[65] und in der Sakristei das Haupttafelbild zu malen [siehe links und oben].[66] Dabei legte er so große Sorgfalt an den Tag, daß ihm niemals eine sauberere Arbeit in Tempera gelang. Der Papst schätzte die geleisteten Dienste, ließ ihm verdientermaßen sechshundert Golddukaten als Lohn auszahlen und erwies ihm außerdem so viele Gefälligkeiten, daß ganz Italien darüber sprach.[67]

Weil ich nichts verschweigen möchte, was erinnerungswürdig ist und die Kunst betrifft, erwähne ich, daß Giotto damals in Rom sehr gut mit Oderisi da Gubbio[68] befreundet war, einem hervorragenden Miniaturmaler jener Zeit, der dann im Auftrag des Papstes viele Bücher für die Palastbibliothek illuminierte, welche die Zeit inzwischen zum größten Teil zerstört hat.[69] Unter den alten Zeichnungen in meinem *libro*[70] habe ich einige Reliquien[71] – eigenhändig ausgeführte Arbeiten von diesem wirklich fähigen Mann.[72] Ein sehr viel besserer Meister als er war freilich sein Zeitgenosse, der Miniaturmaler Franco Bolognese,[73] der damals für denselben Papst und dieselbe Bibliothek in vorzüglicher Weise viele Werke dieser Art ausführte, wie in besagtem *libro* zu sehen ist, wo ich einige Zeichnungen von Gemälden und Miniaturen von ihm aufbewahre, darunter einen ausgezeichneten Adler und einen wunderschönen Löwen, der einen Baum umwirft.[74] Dante erwähnt diese beiden hervorragenden Illuminatoren im elften Kapitel des Purgatoriums, wo von den Eitlen die Rede ist, mit folgenden Versen:

»Ich muß für Oderich dich halten, / Den Ruhm der Kunst, die auf das Elfenbein / hinzaubert bunte liebliche Gestalten.« / »Ach, Bruder, heitrer sind die Schilderein,« / Versetzte Jener, »Frank, des Bolognesen, / Sein ist der Ruhm nun ganz, zum Theil nur mein.«[75]

Als der Papst diese Werke sah und Giottos Stil ihm unendlich gefiel, bestimmte er, daß er in Sankt Peter ringsum Szenen aus dem Alten und Neuen Testament ausführen sollte. Giotto begann mit dem Fresko eines sieben Ellen großen Engels, der sich oberhalb der Orgel befindet, und führte viele weitere Malereien aus, von denen ein Teil in unseren Tagen von anderen Künstlern restauriert worden ist, andere wiederum beim Neubau [der Basilika] zerstört oder von Alt-Sankt-Peter unter die Orgel versetzt wurden.[76] Dies gilt für das Wandbild einer Madonna, das man, damit es nicht zugrunde ging, aus der Wand schnitt, mit Balken und Eisen verstärkte und abnahm. Wegen seiner Schönheit mauerte man es dann an einer Stelle ein, die der Florentiner Gelehrte Niccolò Acciaiuoli[77] aus Achtung und Liebe zur Kunst dafür auserkoren hatte und dieses Werk Giottos mit Stuck und anderen modernen Malereien prachtvoll einrahmen ließ.[78] Im Vorhof von Sankt Peter stammt von seiner Hand auch das in Mosaik gearbeitete Schiff über den drei Türen im Portikus, das wirklich wunderbar ist und von allen Schöngeistern zu Recht gelobt wird.[79] Neben dem *disegno* ist da noch die Beschaffenheit der Apostel, die ganz unterschiedlich unter dem Seesturm zu leiden haben. Auch die Winde blasen ein Segel so plastisch auf, wie es realistischer nicht sein könnte, und dabei ist es so schwer, aus jenen Glasstücken eine Einheit zu schaffen, wie man sie in den Weißtönen und Schatten dieses Großsegels zu sehen bekommt, ja, mit einem Pinsel würde man dem auch mit größter Mühe nur schwer gleichkommen.[80] Ganz zu schweigen von einem Angler, der von einem Felsen aus fischt: aus seiner Haltung spricht die endlose Geduld, die jene Tätigkeit verlangt, wobei in seinem Gesicht die Hoffnung und das Verlangen nach einem

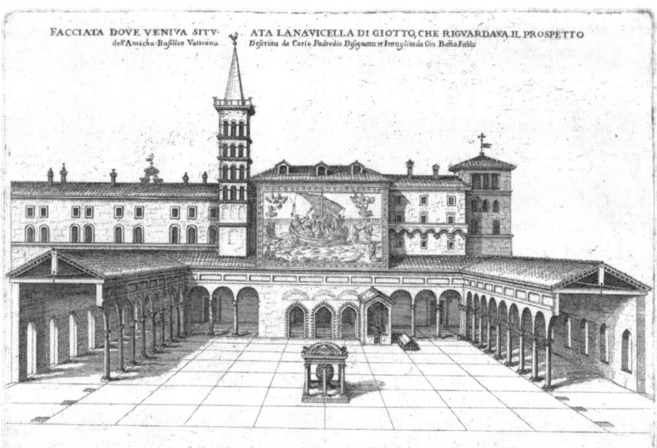

Giovanni Battista Falda: Rekonstruktion des Atriums von Alt-Sankt-Peter mit der »Navicella«

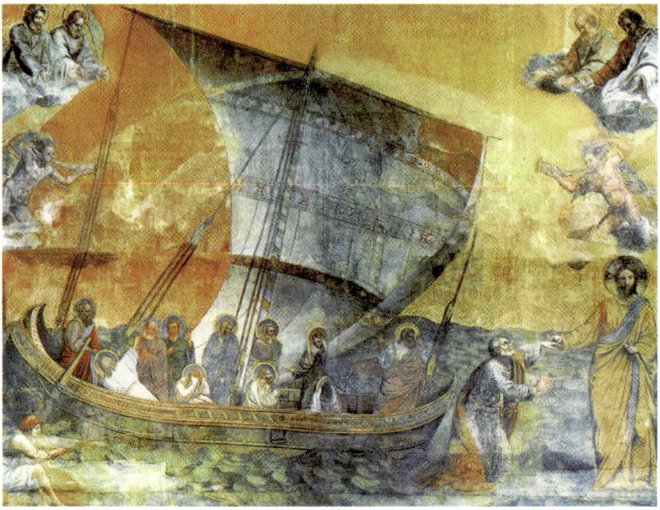

Francesco Berretta nach Giotto: Navicella.
Rom, Reverenda Fabbrica di San Pietro

Fang geschrieben stehen [siehe Seite 73 und oben].[81] Nichts weiter sage ich zu den drei kleinen freskierten Bögen unterhalb von diesem Mosaik, da sie zum größten Teil zerstört sind.[82] Die Lobeshymnen, die dieses Werk von den Künstlern allseits erhält, sind jedenfalls angemessen.[83]

Im Anschluß daran malte Giotto in der Minerva, der Kirche des Predigerordens, mit Temperafarben ein Tafelbild mit einer großformatigen Darstellung der Kreuzigung, die damals viel Lob bekam, und kehrte dann nach sechsjähriger Abwesenheit in die Heimat zurück.[84] Als jedoch kurz darauf nach dem Tod Papst Benedikts IX. Clemens V.[85] in Perugia gewählt wurde, war Giotto gezwungen, jenem Papst nach Avignon zu folgen, wohin dieser den päpstlichen Hof verlegt hatte, um dort einige Werke auszuführen.[86] Einmal dort, schuf er nicht nur in Avignon, sondern an vielen anderen Orten Frankreichs viele wunderschöne Tafelbilder und Freskomalereien, die dem Papst und dem gesamten Hofstaat unendlich gefielen. Er arbeitete rasch, und so wurde er wohlwollend und reichbeschenkt entlassen und kehrte nicht minder wohlhabend als gefeiert und berühmt nach Hause zurück.[87] Neben anderen Dingen brachte er ein Porträt jenes Papstes mit, das er später seinem Schüler Taddeo Gaddi[88] vermachte.[89] Giottos Rückkehr nach Florenz fällt jedenfalls ins Jahr 1316.[90]

Es war ihm jedoch nicht vergönnt, lange in Florenz zu bleiben: Die Herren della Scala[91] ließen ihn nach Padua holen, wo er im Santo, einer Kirche, die damals erbaut worden war, eine wunderschöne Kapelle ausmalte.[92] Von dort ging er nach Verona, wo er für Messer Cane [Cangrande della Scala][93] in dessen Palast einige Malereien ausführte und insbesondere das Porträt jenes Herrn,[94] außerdem eine Tafel für die Brüder des Franziskanerordens.[95] Nach Vollendung dieser Werke mußte er auf seinem Rückweg in die Toskana in Ferrara Station machen und im Dienst der Herren Este[96] für den Palast[97] und in Sant'Agostino[98] einige Werke malen, die man dort auch heute noch sehen kann. Indessen war Dante, dem Dichter aus Florenz, zu Ohren gekommen, daß Giotto in Ferrara war.[99] Jener sorgte nun dafür, daß er nach Ravenna kam, wo er im Exil lebte, und ließ ihn für die Herren von Polenta[100] die Kirche San Francesco ringsum mit einigen Szenen in Fresko ausschmücken, die angemessen sind.[101] Anschließend begab er sich von Ravenna nach Urbino, und auch hier führte er einige Werke aus.[102] Da er anschließend über Arezzo reisen mußte, kam er nicht umhin, Piero Saccone[103] gefällig zu sein, der ihn sehr hofiert hatte, und so freskierte er für ihn in der Bischofskirche auf einem Pfeiler der Hauptkapelle einen Heiligen Martin, der seinen Mantel teilt und die eine Hälfte einem Armen gibt, der fast unbekleidet vor ihm steht.[104] Anschließend führte er in der Badia von Santa Fiora [e Lucilla] ein großes hölzernes Kruzifix in Tempera aus, das sich heute im Zentrum der Kirche befindet,[105] und kehrte dann endlich nach Florenz zurück, wo er unter vielen anderen Werken im Kloster der [Ordens-]Frauen von Faenza einige Malereien in Fresko und Tempera schuf, die nicht mehr existieren, da das Kloster zerstört worden ist.[106] Nachdem im Jahr zuvor zu seinem großen

Kummer sein lieber Freund Dante gestorben war, ging er 1322 nach Lucca, wo er auf Wunsch von Castruccio [Castracani],[107] dem damaligen Herrn jener Stadt, in der dieser gebürtig war, eine Tafel mit dem Heiligen Martin schuf, die Christus in Lüften und vier Schutzpatrone jener Stadt zeigte: die Heiligen Petrus, Regulus, Martin und Paulinus, die einen Papst und einen Kaiser anempfehlen, in denen viele Friedrich von Bayern[108] und den Gegenpapst Nikolaus V.[109] zu erkennen meinen.[110] Einige glauben auch, daß Giotto in San Frediano in Lucca den Plan für die uneinnehmbare Burgfeste der Giusta zeichnete.[111]

Giotto war anschließend nach Florenz zurückgekehrt, als König Robert von Neapel[112] seinem in Florenz weilenden erstgeborenen Sohn Herzog Karl von Kalabrien[113] schrieb, daß er ihm unter allen Umständen Giotto nach Neapel schicken solle, damit er das eben fertiggestellte Frauenkloster Santa Chiara, das auch Königskirche war, mit erlesener Malerei schmücken würde. Als Giotto den Ruf eines so geschätzten und berühmten Königs vernahm, begab er sich überaus gerne in seine Dienste und malte, dort eingetroffen, in einigen Kapellen dieses Klosters eine Vielzahl von Szenen aus dem Alten und Neuen Testament.[114] Einige Szenen der Apokalypse, die er in einer der besagten Kapellen schuf, gehen, wie es heißt, auf eine Erfindung Dantes zurück, was wahrscheinlich auch für die vielgelobten Malereien in Assisi gilt, über die weiter oben ausführlich berichtet worden ist.[115] Und obwohl Dante zu dieser Zeit schon gestorben war, könnten sie darüber gesprochen haben, wie es unter Freunden eben üblich ist.[116] Kehren wir aber nach Neapel zurück, wo Giotto im Castello dell'Uovo viele Werke schuf, vor allem in der Kapelle, die dem König sehr gefiel.[117] Dieser faßte eine solche Zuneigung zu Giotto, daß jener sich bei der Arbeit oft in Gesellschaft des Königs wiederfand, der Gefallen daran hatte, ihm beim Arbeiten zuzuschauen und seinen Reden zu lauschen. Und Giotto, der immer irgendeinen Spruch oder eine geistreiche Äußerung parat hatte, unterhielt ihn dabei mit malender Hand und angenehm spöttelnden Bemerkungen.[118] Als der König ihm eines Tages sein Vorhaben mitteilte, ihn zum ersten Mann Neapels machen zu wollen, gab Giotto ihm zur Antwort: »Deshalb wohne ich ja an der Porta Reale [Königspforte], da bin ich der Erste in Neapel.«[119] Ein anderes Mal bemerkte der König: »Wenn ich du wäre, Giotto, dann würde ich bei dieser Hitze weniger malen«, und Giotto erwiderte: »Das würde ich sicher tun, wenn ich an Eurer Stelle wäre.«[120] Weil der König ihn also sehr schätzte, ließ er ihn in einem Saal, den König Alfons I.[121] später für den Bau des Schlosses abreißen ließ, und in der Incoronata-Kirche[122] eine ganze Reihe von Malereien ausführen, wobei in besagtem Saal unter anderem die Porträts vieler berühmter Männer angebracht waren, darunter auch das von Giotto selbst.[123] Der König bat ihn dann aus einer Laune heraus, ihm sein Königreich zu malen, und wie es heißt, malte Giotto ihm einen mit einem Packsattel beladenen Esel, der einen anderen neuen Packsattel zu seinen Füßen beschnupperte und dabei so aussah, als würde er sich diesen wünschen; dabei trug der eine wie der andere Packsattel die königliche Krone und das Zepter der Macht. Auf die Frage des Königs, was dieses Bild bedeuten solle, antwortete Giotto, daß dies einerseits seine Untergebenen seien und andererseits sein Königreich, in dem man sich jeden Tag einen neuen Herrscher wünschte.[124]

Auf dem Weg von Neapel nach Rom machte Giotto in Gaeta Station, wo man ihn nötigte, in der Annunziata einige Szenen aus dem Neuen Testament zu malen, die heute durch die Zeit angegriffen sind, allerdings nicht in dem Maß, daß Giottos Selbstporträt neben einem großen und sehr schönen Kruzifix nicht bestens zu sehen wäre.[125] Weil er es dem Herrn Malatesta[126] nicht abschlagen konnte, hielt er sich nach Vollendung dieses Werks einige Tage in seinen Diensten in Rom auf und ging dann nach Rimini, da besagter Malatesta Gebieter jener Stadt war. Er führte dort in der Kirche San Francesco eine Vielzahl Malereien aus, die dann von Pandolfo Malatestas Sohn Sigismondo,[127] der diese Kirche von Grund auf neu errichten ließ, abgerissen und zerstört wurden.[128] Außerdem schuf er in dem Kreuzgang an der Vorderseite der Kirche ein Fresko mit der Geschichte der Seligen Michelina, das angesichts der vielen schönen Überlegungen, die er dort ausarbeitete, eines der schönsten und vorzüglichsten Werke ist, das er je geschaffen hat.[129] Neben der Schönheit der Gewänder und der Anmut und Lebendigkeit der wundervollen Köpfe gibt es dort vor allem eine junge Frau, wie sie schöner nicht sein könnte: Mit herrlicher Geste schwört sie auf ein Buch, um sich vom Vorwurf des Ehebruchs zu befreien, ihre Augen fest auf die ihres Mannes gerichtet, der sie aus Mißtrauen wegen der Geburt eines dunkelhäutigen Kindes zu diesem Schwur genötigt hatte, da er unter keinen Umständen glauben konnte, daß es von ihm sei. Und so wie das Gesicht des Ehemannes Empörung und Argwohn zeigt, so offenbaren Stirn und Augen von ihr eine Frömmigkeit, die jeden, der sie ganz aufmerksam betrachtet, ihre Unschuld und Einfachheit erkennen läßt und somit das Unrecht, das man ihr mit diesem Schwur tut, indem man sie öffentlich als Dirne hinstellt. Sehr ausdrucksstark ist auch die Szene, in der ein mit Wunden übersäter Kranker von Frauen umringt ist, die sich angewidert von dem Gestank abwenden, was alleranmutigst dargestellt ist. In einem anderen Bild mit einer Gruppe verkrüppelter Bettler sieht man eine Reihe von Verkürzungen, die sehr lobenswert sind und die Anerkennung der Künstler verdienen, da sie hier ihren Ursprung haben und das erste Beispiel für ihre Ausführung sind, und die man, eben weil sie die ersten sind, nicht anders als angemessen bezeichnen kann.[130] Am wunderbarsten unter all den anderen Details in diesem Werk aber ist die Haltung der Seligen Michelina gegenüber einigen Wucherern, die ihr den Erlös aus dem Verkauf ihrer Besitztümer auszahlen, den sie für die Armen bestimmt hat. Wunderbar ist dabei, wie sich bei ihr die Verachtung für Geld und andere irdische Dinge zeigt, die ihr unerträglich scheinen, so wie die anderen das Abbild von Geiz und Geldgier verkörpern. Sehr schön ist auch die Figur eines unter ihnen, der ihr das Geld hinzählt und dabei einem Notar Zeichen gibt, mitzuschreiben, und obwohl er die Augen auf den Notar richtet, hält er gleichzeitig die Hände auf dem Geld, womit er seinen Hang zum Geld, seinen Geiz und sein Mißtrauen entlarvt. Unendlich viel Lob verdienen auch die drei [allegorischen] Figuren von Gehorsam, Geduld und Armut, die das Gewand des Heiligen Franziskus hochhalten, weil vor allem bei der Wiedergabe der Kleider ein natürlicher Faltenwurf getroffen wurde, der zeigt, daß Giotto dazu geboren war, Licht in die Malerei zu bringen.[131] Darüber hinaus porträtierte er in einem Schiff, das dort dargestellt ist, den Herrn Malatesta[132] auf so naturgetreue Weise, daß er ganz lebendig wirkt, und auch einige Matrosen und andere Leute [an Bord] demonstrieren in ihrer Lebendigkeit, ihren Gefühlsregungen und ihren Haltungen Giottos ganze Vortrefflichkeit; insbesondere gilt das für eine Figur, die im Gespräch mit einigen anderen die Hand ans Gesicht hält und ins Meer spuckt. Mit Sicherheit kann man innerhalb des malerischen Werks jenes Meisters dieses als eines seiner besten nennen, weil dort unter der Vielzahl der Figuren nicht eine ist, die nicht mit der allergrößten Kunstfertigkeit ausgeführt wäre und keine originelle Pose bekommen hätte.[133] Deshalb wird es auch kaum verwundern, daß Herr Malatesta es nicht versäumte, ihn mit Geld und Lob großzügig zu entschädigen.

Als er die Arbeiten für jenen Herrn vollendet hatte, bat ihn ein florentinischer Prior, der damals in San Cataldo in Rimini war, draußen vor dem Kirchenportal einen Heiligen Thomas von Aquin zu malen, der seinen Ordensbrüdern vorliest.[134] Von dort kehrte er nach Ravenna zurück, wo er in San Giovanni Evangelista eine vielgepriesene Kapelle mit Fresken ausstattete.[135] Mit größten Ehren und recht vermögend kehrte er dann nach Florenz zurück und schuf für San Marco mit Temperafarben ein überlebensgroßes hölzernes Kruzifix auf Goldgrund, das auf der rechten Seite der Kirche angebracht wurde.[136] Ein vergleichbares Werk, an dem sein Schüler Puccio Capanna[137] mitarbeitete, schuf er auch für Santa Maria Novella, und auch heute noch befindet es sich über dem Hauptportal am Eingang der Kirche [siehe Seite 80].[138] In derselben Kirche schuf er rechter Hand über dem Grabmal der Gaddi und oberhalb vom Lettner einen Heiligen Ludwig für Paolo di Lotto Ardinghelli und zu Füßen sein naturgetreues Porträt und das seiner Frau.[139]

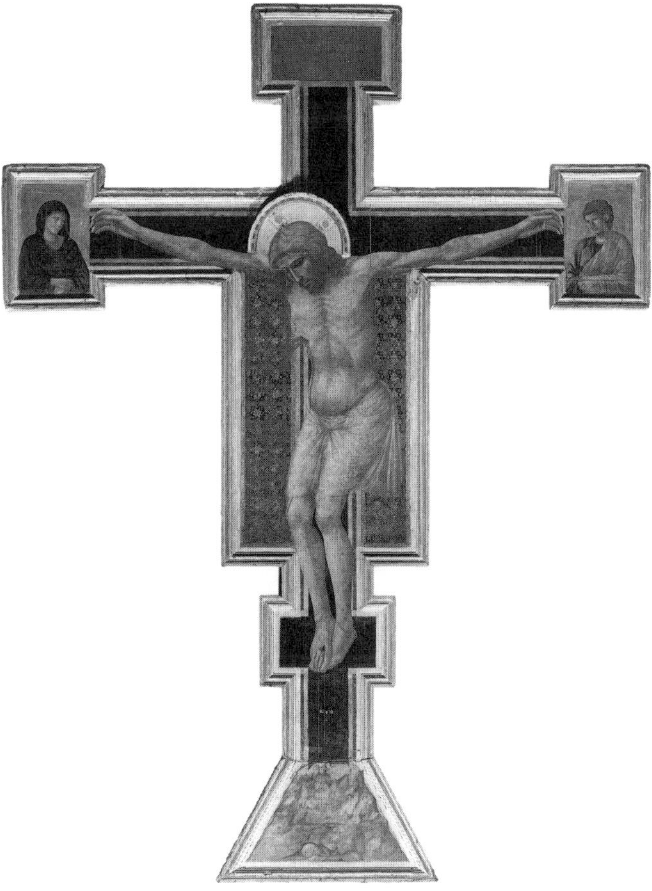

Giotto (?): Monumentalkruzifix. Florenz, Santa Maria Novella

Dann starb im Jahr 1327 Guido Tarlati da Pietramala, Bischof und Herr von Arezzo,[140] in Massa di Maremma [Massa Marittima], als er sich auf dem Rückweg von Lucca befand, wo er dem Kaiser[141] einen Besuch abgestattet hatte. Nachdem man seinen Leichnam nach Arezzo gebracht und ihn mit einer glanzvollen Totenfeier geehrt hatte, beschlossen Piero Saccone und der Bruder des Bischofs Dolfo da Pietramala,[142] ihm ein Marmorgrabmal zu errichten, das der Bedeutung dieses Mannes angemessen wäre, der ein geistlicher und weltlicher Führer gewesen war und Anführer der ghibellinischen Partei der Toskana.[143] Zu diesem Zweck schrieben sie an Giotto mit der Bitte, einen Entwurf für ein Grabmal vorzulegen, das so prachtvoll und ehrwürdig sein sollte wie möglich. Sie schickten ihm die Maße und baten ihn, da sie sich ganz auf sein Urteil verlassen wollten, um die Vermittlung des seiner Meinung nach vorzüglichsten Bildhauers von Italien. Höflich wie er war, lieferte Giotto den Entwurf und schickte ihn ihnen zu. Nach ihm wurde besagtes Grabmal dann ausgeführt, wovon an gegebener Stelle die Rede sein wird.[144] Weil besagter Piero Saccone das Talent dieses Mannes unglaublich verehrte, brachte er, nachdem er kurze Zeit nach Erhalt besagten Entwurfs den Ort Borgo San Sepolcro eingenommen hatte,[145] ein kleinfiguriges Tafelbild von der Hand Giottos von dort nach Arezzo, das später allerdings in Einzelteile zerlegt wurde.[146] Baccio Gondi,[147] ein Florentiner Edelmann und Liebhaber der edlen Künste und aller Talente, forschte in seiner Eigenschaft als Kommissar von Arezzo mit großer Sorgfalt nach den Teilen dieser Tafel, und als er einige gefunden hatte, brachte er sie nach Florenz, wo er sie in großer Verehrung hält, zusammen mit einigen anderen Werken von Giottos Hand,[148] der so vieles geschaffen hat, daß man es nicht glauben könnte, würde man davon berichten. Es ist nicht viele Jahre her, daß ich mich in der Einsiedelei von Camaldoli aufhielt, wo ich für die verehrten Padres dort viele Werke geschaffen habe.[149] Damals sah ich in einer Zelle ein sehr schönes kleines Kruzifix auf Goldgrund mit der eigenhändigen Signatur Giottos, das von dem hochverehrten Don Antonio aus Pisa, dem damaligen Ordensgeneral der Kamaldulenser,[150] dorthin gebracht worden war. Wie mir der verehrte Kamaldulenser-Mönch Don Silvano Razzi[151] mitteilte, befindet sich jenes Kruzifix heute im Angeli-Kloster in Florenz in der Zelle des Oberen, wo man es als ein Werk von Giotto zusammen mit einem wunderschönen kleinen Bild Raffaels von Urbino[152] verwahrt.[153]

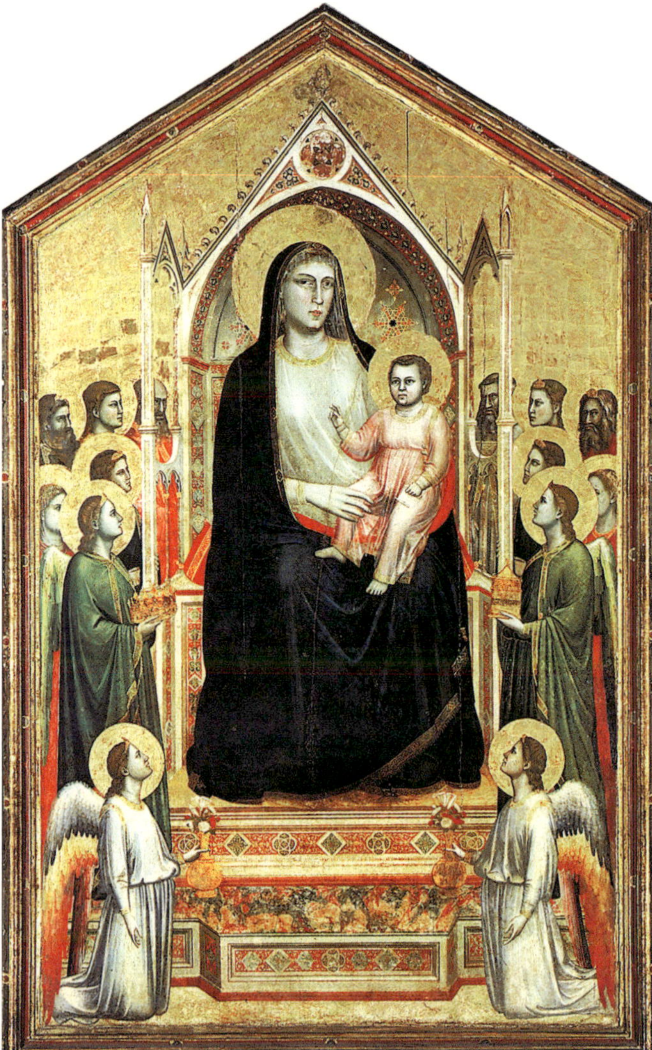

Giotto: Ognissanti-Madonna. Florenz, Uffizien

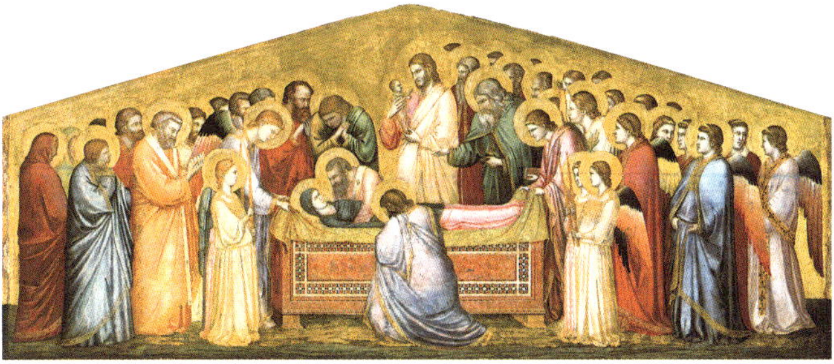

Giotto: Marientod / Grablegung Mariens.
Berlin, Staatliche Museen, Gemäldegalerie

Für die Humiliaten-Brüder von Ognissanti in Florenz malte Giotto eine Kapelle aus und schuf vier Tafelbilder,[154] darunter eine Madonna mit Kind in einem Reigen vieler Engel [siehe links][155] und ein großes Holzkruzifix,[156] dessen Entwurf Puccio Capanna kopierte und dann viele Versionen davon in ganz Italien ausführte, da er Giottos Stil sehr gut beherrschte.[157] Am Lettner besagter Kirche befand sich, als dieses Buch der Lebensbeschreibungen der Maler, Bildhauer und Architekten zum ersten Mal gedruckt wurde, ein mit Temperafarben gemaltes Täfelchen, das von Giotto mit unendlicher Sorgfalt gemalt worden war und den Tod der Maria im Kreis der Apostel zeigte und Christus, der ihre Seele in seinen Armen empfing [siehe oben].[158] Dieses Werk wurde von den Malkünstlern sehr gelobt, allen voran Michelangelo Buonarroti,[159] der, wie wir schon einmal sagten, behauptete, diese gemalte *istoria* könne der Realität in ihrer Genauigkeit nicht näher kommen, als sie es tat.[160] Dieses Täfelchen, das seit der ersten Veröffentlichung dieses Buches mit den Lebensbeschreibungen an Beachtung gewonnen hat, ist dann von wem auch immer – vielleicht aus Liebe zur Kunst und aus Mitleid, da es ihm wenig Wertschätzung zu empfangen schien – von dort entfernt worden, womit man, wie einst unser Dichter sagte, herzlos handelte.[161] Und es grenzte in jenen Tagen wirklich an ein Wunder, wieviel Liebreiz Giotto im Malen besaß, vor allem wenn man bedenkt,

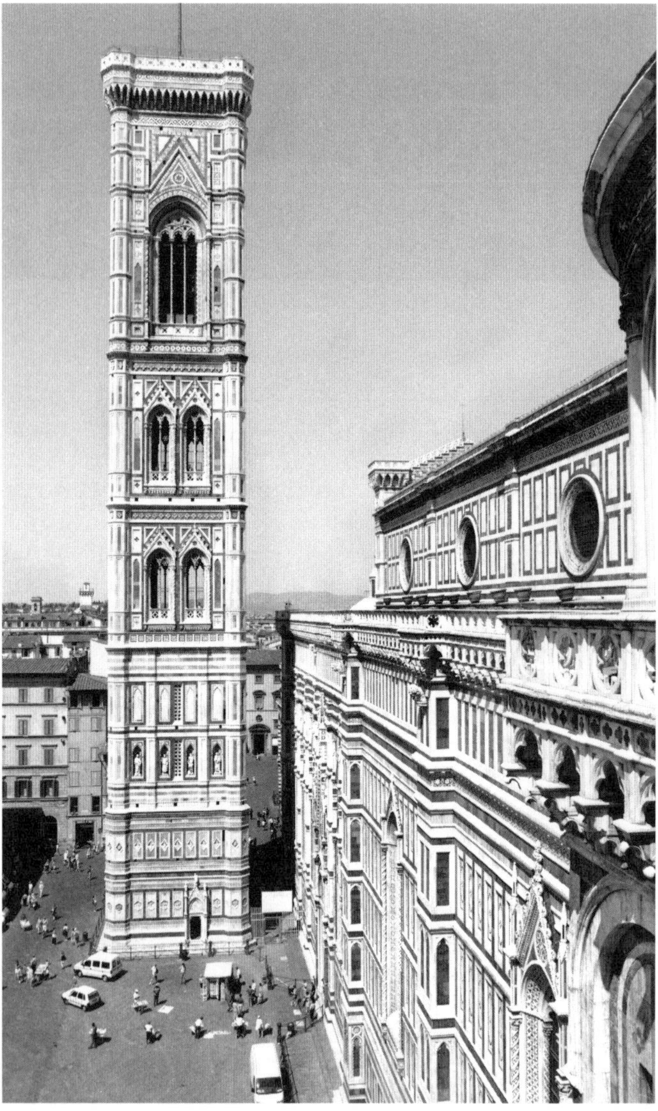

Campanile von Santa Maria del Fiore in Florenz

daß er auf gewisse Weise die Kunst ohne einen Lehrer erlernte.[162]

Im Anschluß an diese Werke begann er am 9. Juli des Jahres 1334 mit dem Bau des Glockenturms von Santa Maria del Fiore [siehe links].[163] Nachdem man einen zwanzig Ellen tiefen Aushub gemacht hatte, legte man an den Stellen, wo Wasser und Kies ausgehoben worden waren, als Fundament eine Grundplatte aus Naturstein. Auf diese Grundplatte kam dann eine vom untersten Fundament an gemessen zwölf Ellen hohe Betonschicht, auf der er die restliche Höhe, das heißt weitere acht Ellen, von Hand hochmauern ließ. An diesem so begonnenen Fundament fand sich der Bischof der Stadt ein und legte in Anwesenheit des gesamten Klerus und aller Magistrate feierlich den Grundstein.[164] Der Bau wurde dann anhand des genannten Modells fortgesetzt, das den zur damaligen Zeit üblichen deutschen Stil zeigte [siehe rechts].[165] Giotto entwarf nun alle Szenen, die für die Verzierung vorgesehen waren, und unterteilte das Modell überall dort, wo die Steine und Friese angebracht werden würden, mit großer Sorgfalt in weiße, schwarze und rote Farbflächen. Der Umfang betrug im unteren Teil hundert Ellen, sprich fünfundzwanzig Ellen pro Seite, und hundertvierundvierzig Ellen in der Höhe.[166] Und wenn es wahr ist, was Lorenzo di Cione Ghiberti[167] uns schriftlich überlieferte, wovon ich überzeugt bin, dann schuf Giotto nicht nur das Modell für diesen Glockenturm, sondern auch [für] einen Teil des Skulpturenschmucks und der szenischen Reliefs aus Marmor, die die Anfänge aller Künste darstellen [siehe Seite 86].[168] Besagter Lorenzo

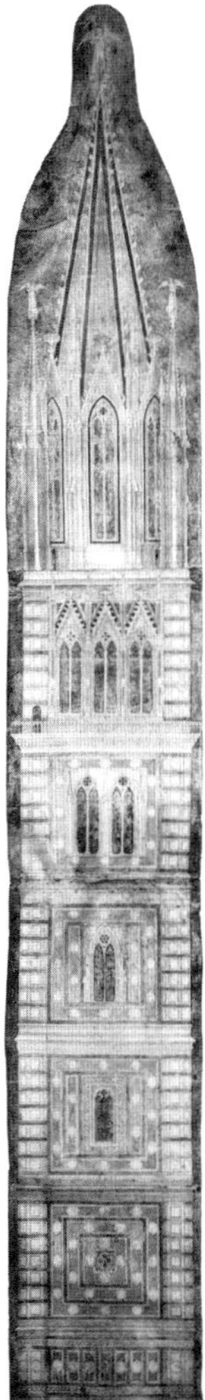

Entwurf eines Campanile. Siena, Museo dell'Opera del Duomo

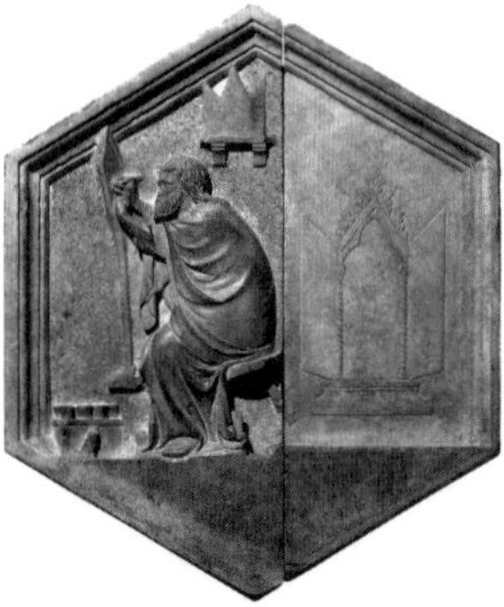

Andrea Pisano (nach Entwurf Giottos?): Die Malerei. Florenz, Opera di Santa Maria del Fiore (ursprünglich am Campanile)

jedenfalls behauptete, plastische Modelle von Giotto gesehen zu haben, und zwar insbesondere jene für diese Werke, was man mühelos glauben mag, da *disegno* und Erfindung Vater und Mutter aller jener Künste sind und nicht nur der einen.[169] Gemäß Giottos Modell sollte der Glockenturm ganz oben mit einer fünfzig Ellen hohen Spitze oder viereckigen Pyramide abschließen, was die modernen Architekten jedoch als zu deutsch und stilistisch veraltet ablehnten und er ihnen so, wie er war, besser auszusehen schien.[170] Für alle diese Werke wurde Giotto nicht nur zum Bürger von Florenz ernannt, sondern von der Kommune der Stadt mit einer jährlichen Summe von hundert Goldflorin besoldet, was in der damaligen Zeit außerordentlich war.[171] Außerdem ernannte man ihn zum Bauleiter, worin ihm Taddeo Gaddi nachfolgte, da er nicht mehr lange genug lebte, um ihn nach seiner Fertigstellung zu sehen.[172]

Während der Bau fortschritt, schuf er für die Nonnen von San Giorgio eine Tafel,[173] und in der Badia von Florenz auf einem Bogen über dem Portal im Inneren der Kirche drei Halbfiguren, die heute weiß übertüncht sind, um die Kirche heller zu machen.[174] Im großen Saal des Podestà von Florenz malte er die von vielen geplünderte Stadtrepublik, die er in Gestalt eines sitzend dargestellten Richters mit einem Zepter in der Hand personifizierte, auf dessen Kopf er eine im Lot befindliche Waage setzte, um die von ihm verwalteten Rechtssprüche zu versinnbildlichen, wobei ihm vier Tugenden zur Seite stehen, und zwar die Stärke mit dem Mut, die Klugheit mit den Gesetzen, die Gerechtigkeit mit den Waffen und die Mäßigkeit mit den Worten – ein schönes Gemälde mit einer originellen und wahrheits-

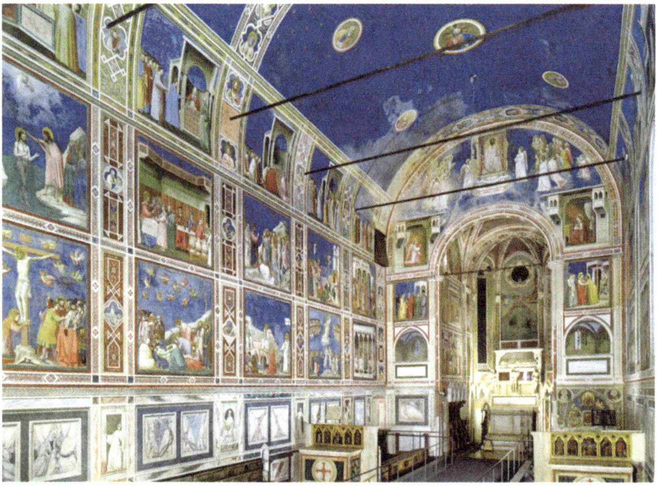

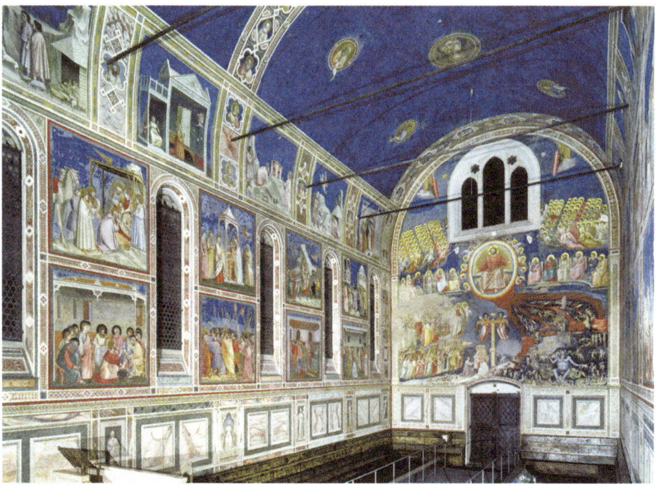

Giotto: Leben Christi und Laster-Personifikationen sowie Entsendung Gabriels durch Gottvater und Verkündigung an Maria. (oben) Leben Mariens und Christi, Tugend-Personifikationen und Jüngstes Gericht. (unten) Padua, Scrovegni-Kapelle (Arenakapelle)

gemäßen Erfindung.[175] Nachdem er anschließend wieder nach Padua gegangen war und dort viele andere Werke gemalt und Kapellen ausgestaltet hatte, schuf er in der Arena-Kapelle einen Weltlichen Ruhm, was ihm viel Ehre und Gewinn einbrachte [siehe Seite 87].[176] Auch in Mailand führte er einige Werke aus, die über jene Stadt verteilt sind und bis heute als wunderschön gelten.[177]

Endlich aus Mailand zurückgekehrt, verging nicht viel Zeit, bis er, der im Leben so viele und schöne Werke ausgeführt hatte und ein nicht weniger guter Christ als vortrefflicher Maler war, 1336 seine Seele Gott anvertraute, zum großen Kummer nicht nur aller seiner Mitbürger, sondern eines jeden, der seinen Namen gehört hatte, auch wenn er ihn nicht kannte.[178] Angesichts seiner Verdienste bekam er ein ehrenvolles Begräbnis, da er zu Lebzeiten von jedem und vor allem von den vortrefflichen Männern aller Berufe geschätzt worden war. Neben Dante, von dem wir weiter oben berichtet haben, wurden er und seine Werke von Petrarca[179] hochverehrt, und so liest man in dessen Testament, daß dieser Herrn Francesco da Carrara,[180] dem Gebieter von Padua, unter den anderen Dingen, die er in höchster Verehrung hielt, ein Madonnenbild von der Hand Giottos als ein außerordentliches, von ihm hochgeschätztes Werk vermachte.[181] Jener Abschnitt im Testament hat folgenden Wortlaut: »Ich gehe jetzt zur Verteilung der restlichen Dinge über. Ich vermache dem obengenannten Herrn von Padua, da es ihm dank göttlicher Gnade an nichts fehlt und es das Wertvollste ist, das ich besitze, meine Tafel mit der Darstellung der seligen Jungfrau Maria,[182] ein Werk des vortrefflichen Malers Giotto, das mir von meinem Freund Michele Vanni[183] aus Florenz überlassen wurde und deren Schönheit die Unwissenden nicht begreifen, die Meister der Kunst aber in Staunen versetzt. Dieses Bild vermache ich jenem Herrn, damit die selige Jungfrau sich bei ihrem Sohn Jesus Christus für ihn einsetzen wird, usw.« Und derselbe Petrarca sagt in einer seiner lateinischen Episteln im fünften Buch der *Familiares*: »Und um von den alten zu den modernen und von den fremden zu unsern eigenen Künstlern überzugehen, so kenne ich persönlich zwei neue Maler, die hervorragend sind, aber nicht schön: Giotto, einen Bürger aus Florenz, dessen Ruf unter den modernen gewaltig ist, und den Sienesen Simone.[184] Ich kenne auch einige Bildhauer …«[185]

Er [Giotto] wurde in Santa Maria del Fiore links vom Eingang der Kirche beigesetzt, wo zum Gedenken an diesen großen Mann eine weiße Marmorplatte eingelassen ist.[186] Und wie schon in der Vita von Cimabue erwähnt, bemerkte ein Dantekommentator, der zur Zeit Giottos lebte:[187] »Giotto war und ist der größte aller Maler von Florenz, wovon seine Werke in Rom, Neapel, Avignon, Florenz, Padua und an vielen anderen Orten der Welt Zeugnis geben.«

Seine Schüler[188] waren Taddeo Gaddi, den er, wie gesagt wurde, über das Taufbecken gehalten hatte,[189] und der Florentiner Puccio Capanna, der in der Kirche der Dominikanermönche San Cataldo in Rimini ein perfekt gemaltes Votivbild in Fresko ausführte, das ein im Meer versinkendes Schiff zeigt und Menschen, die Gegenstände ins Wasser werfen, während Puccio sich selbst naturgetreu unter einer großen Zahl von Matrosen porträtierte.[190] Er malte nach Giottos Tod viele Werke in der Kirche San Francesco in Assisi[191] und gestaltete in der Kirche Santa Trinita in Florenz die neben dem Seitenportal in Richtung des Flusses gelegene Kapelle der Strozzi, wo sich ein Fresko mit der Marienkrönung und einem Engelsreigen befindet, der sehr von Giottos Stil inspiriert ist, während auf den Seitenwänden sehr gut ausgeführte Szenen mit der Heiligen Lucia dargestellt sind.[192] In der Badia von Florenz malte er die neben der Sakristei gelegene Kapelle des Evangelisten Johannes aus, die der Familie Covoni gehört,[193] und in Pistoia freskierte er in der Kirche San Francesco die Hauptkapelle und die Kapelle des Heiligen Ludwig mit angemessen gelungenen Szenen, die ihre Lebensgeschichten erzählen.[194] In derselben Stadt befindet sich in der Mitte der Kirche San Domenico ein ganz zart gearbeitetes Kruzifix mit der Madonna und dem Heiligen Johannes; zu ihren Füßen stellte er ein vollständiges Skelett dar, ein ungebräuchliches Motiv in jener Zeit, das zeigt, wie Puccio versucht hat, die Grundlagen der

Kunst zu erforschen.[195] Auf diesem Werk liest man seine eigenhändige Signatur in folgenden Worten: PUCCIO DI FIORENZA ME FECE [Puccio aus Florenz hat mich gemacht].[196] In dieser Kirche, und zwar in der Lünette über dem Portal von Santa Maria Nuova, stammen ebenfalls von seiner Hand drei Halbfiguren: die Madonna mit dem Kind im Arm und ihr zur Seite die Heiligen Petrus und Franziskus.[197] Außerdem malte er in der bereits erwähnten Stadt Assisi in der Unterkirche von San Francesco einige Szenen der Passion Jesu Christi, Fresken, die er mit guter Technik und großer Entschlossenheit ausführte.[198] In der Kapelle der Kirche Santa Maria degli Angeli freskierte er Christus in der Glorie mit der Jungfrau, die Fürbitte für das christliche Volk leistet, ein sehr gutes Werk, das allerdings durch den Rauch der vielen Lampen und Kerzen, die hier ständig brennen, ganz schwarz geworden ist.[199] In der Tat hat Puccio, soweit man das beurteilen kann, den Stil und seine ganze Arbeitsweise von seinem Meister Giotto übernommen und wußte dies in seinen Werken sehr gut zu nutzen. Allerdings hat er, wie einige glauben machen, nicht sehr lange gelebt, da er durch die übermäßige Freskoarbeit krank geworden und gestorben ist.[200] Soviel man weiß, stammt in derselben Kirche von seiner Hand die Kapelle des Heiligen Martin mit Szenen aus dem Leben jenes Heiligen, die er für Kardinal Gentile[201] in Fresko arbeitete.[202] Auf halber Höhe der Via Portica sieht man einen Christus an der Säule und ein Bild mit der Madonna, eingerahmt von der Heiligen Katharina und der Heiligen Klara.[203] Noch an vielen anderen Orten findet man Werke von ihm, wie die Tafel am Lettner der Kirche in Bologna mit der Passion Christi und Szenen aus dem Leben des Heiligen Franziskus,[204] außerdem noch andere mehr, die wir der Kürze halber auslassen. Hinweisen möchte ich allerdings auf den Umstand, daß man ihn in Assisi, wo sich ein Großteil seiner Werke befindet und wo er meiner Ansicht nach als Gehilfe Giottos gearbeitet hat, als Bürger der Stadt ansieht, und bis heute finden sich Nachfahren der Familie Capanna in dieser Stadt. Zwar glaubt man leicht, daß er in Florenz geboren wurde, da er dies selbst schreibt, und daß er Giottos Schüler war; dann hat er eine Frau aus Assisi geheiratet und Kinder bekommen, wodurch jetzt Nachfahren von ihm dort leben.[205] Es ist aber wohl kaum von Bedeutung, dies genau zu wissen, es genügt, daß er ein guter Meister war.

Ebenfalls ein Schüler von Giotto und ein sehr erfahrener Maler war Ottaviano da Faenza,[206] der in San Giorgio, dem Kloster der Olivetaner-Mönche in Ferrara, viele Werke schuf und in Faenza, wo er lebte und starb, in die Lünette über dem Portal von San Francesco eine Madonna mit den Heiligen Petrus und Paulus malte und noch viele andere Werke mehr für seine Heimatstadt und in Bologna.[207]

Ein weiterer Schüler Giottos war Pace da Faenza,[208] der lange Zeit bei ihm blieb und ihm bei vielen Werken assistierte. In Bologna befinden sich von seiner Hand einige Freskoszenen auf der Außenfassade von San Giovanni Decollato.[209] Jener Pace war ein tüchtiger Mann, vor allem in der Ausführung kleiner Figuren, wie man dies bis heute in der Kirche San Francesco in Forlì an einem Kreuzesstammbaum sehen kann,[210] wie auch in einem Tafelbildchen in Tempera, das das Leben Christi und vier kleine Szenen aus dem Marienleben zeigt,[211] die alle sehr gut ausgeführt sind. Es heißt, daß er in Assisi in der Kapelle des Heiligen Antonius einige Szenen aus dem Leben jenes Heiligen für den Herzog von Spoleto[212] freskierte, der an diesem Ort zusammen mit seinem Sohn begraben ist,[213] nachdem sie bei Kämpfen in den Vororten von Assisi zu Tode gekommen waren, was in einer langen Inschrift auf dem Sarg dieses Grabmals nachzulesen ist.[214] In dem alten Register der Malergilde findet man als Schüler Giottos außerdem einen Francesco[215] angegeben, der den Beinamen di Maestro Giotto trägt, von dem ich aber nichts weiter zu berichten weiß.

Auch Guglielmo da Forlì[216] war ein Schüler von Giotto, und neben vielen anderen Werken gestaltete er die Kapelle mit dem Hauptaltar von San Domenico in seiner Heimatstadt Forlì aus.[217] Weitere Schüler Giottos waren die Sieneser Pietro Laurati[218] und Simone Memmi,[219] der Florentiner Stefano[220] und der Römer Pietro Cavallini.[221] Da jedem von ihnen eine eigene Lebensbeschreibung gewidmet ist, genügt es an dieser Stelle zu sagen, daß sie alle Schüler von Giotto waren. Dieser war für seine Zeit ein bemerkenswert guter Zeichner mit einem Stil, von dem viele eigenhändige Pergamentblätter zeugen, die er mit Aquarellfarben und Federstrichen für die Umrisse ausführte, helldunkel schattierte und mit Weiß höhte. Einige davon habe ich in meinem *libro de' disegni*, und im Vergleich zu jenen der Meister vor ihm sind sie wirklich eine Pracht.[222]

Wie schon gesagt, war Giotto ein geistreicher Mensch mit einem sehr einnehmenden Wesen und äußerst scharfsinnigen Sprüchen, die in dieser Stadt in lebendiger Erinnerung sind. Neben dem, was Messer Giovanni Boccaccio darüber schrieb,[223] führt Franco Sacchetti[224] in seiner *Trecentonovelle* viele sehr schöne Beispiele davon an, und es macht mir keine Mühe, einige von ihnen mit den Worten jenes Franco wiederzugeben, auf daß man zusammen mit der Erzählung der Novelle auch einen Eindruck von der Redeweise und den Formulierungen jener Zeit bekommt.[225] Die Überschrift einer von ihnen lautet folgendermaßen: *Der große Maler Giotto bekommt von einem Mann aus kleinen Verhältnissen den Auftrag, einen Schild zu bemalen. Weil er seinen Spott mit ihm treiben will, bemalt er ihn in einer Form, die jenen in Verwirrung stürzen soll.* Novelle [...][226]

»Jedermann wird wohl von Giotto gehört haben und weiß, was für ein großartiger und überragender Maler er war. Ein grober Handwerksmann, der von seinem Ruhm gehört hatte und sich, vielleicht um zur Kastellanei zu gehen, einen Schild bemalen lassen wollte, begab sich unverzüglich in Giottos Werkstatt, gefolgt von einem, der ihm den Schild hinterhertrug, und sagte, als er vor ihm stand: ›Helfgott, Meister. Ich wünschte mir, daß ihr mir mein Wappen auf diesen Schild malen würdet.‹ Giotto besah sich den Mann und sein Auftreten und sagte nichts weiter als: ›Bis wann willst du ihn?‹ Und der andere sagte es ihm. Da sprach Giotto: ›Laß' mich nur machen.‹ Und der Mann ging fort. Wieder allein, dachte Giotto bei sich: ›Was hat das wohl zu bedeuten? Ist er etwa geschickt worden, um mich zu verspotten? Wie dem auch sei, mir ist noch nie ein Schild zum Bemalen angeboten worden. Dieses unscheinbare Männchen, das ihn mir gebracht hat, sagt, ich solle ihm sein Wappen darauf malen, so als wäre er ein Sproß der Könige von Frankreich. Mit Sicherheit muß ich ihm ein neues Wappen ersinnen.‹ Mit diesen Gedanken begab er sich vor den Schild, zeichnete seinen Einfall darauf und wies einen seiner Schüler an, die Malerei zu vollenden. Das Bild zeigte eine eiserne Haube, eine Halsberge, ein Paar Armschienen, ein Paar eiserne Handschuhe, einen Brust- und Schenkelharnisch, Beinschienen, dazu ein Schwert, ein Messer und eine Lanze. Als der gute Mann, von dem man nicht wußte, wer er war, wieder vorstellig wurde und ihn fragte: ›Meister, habt ihr ihn bemalt, den Schild?‹, sagte Giotto: ›Ja sicher, geh' und hol ihn runter.‹ Als der Schild gebracht wurde und jener selbsternannte Ehrenmann ihn beschaut hatte, rief er: ›Was ist denn das für ein Geschmiere, das du mir da gemalt hast?‹ ›Beim Bezahlen wirst du schon sehen, was für ein Geschmiere das ist‹, erwiderte Giotto, und darauf jener: ›Dafür würde ich dir nicht mal ein paar Groschen geben!‹ Da sagte Giotto: ›Und was genau, sagtest du, sollte ich malen?‹ ›Mein Wappen‹, gab jener zur Antwort. Und Giotto: ›Ist das etwa keins, fehlt dir da irgend etwas?‹ ›Schon gut‹, lenkte jener ein, doch Giotto rief: ›Nichts ist gut! Gnade dir Gott, was bist du doch für ein Dummkopf. Wenn einer dich fragen würde, wer du bist, könntest du's kaum sagen! Und dann kommst du hierher und sagst: Mal' mir mein Wappen. Wenn du ein Bardi[227] gewesen wärst, dann hätte das wohl genügt. Doch was für ein Wappen trägst du, woher stammst du, wer waren deine Vorfahren? Schämst du dich denn nicht? Komm' erst einmal zur Welt, bevor du von Wappen sprichst, als wärst du Dusnam von Bayern.[228] Ich habe dir eine ganze Rüstung auf dein Schild gemalt, wenn da noch etwas fehlt, dann sag' es nur und ich werde es dir malen lassen. ›Du beleidigst mich und hast mir einen Schild ruiniert‹, konterte jener, verließ ihn und begab sich zum Amt, wo er Giotto herbeizitieren ließ. Giotto wurde vorstellig, lud seinerseits den anderen vor und verlangte zwei Florin für die Malerei. Nach Anhörung ihrer Argumente, die Giotto sehr viel besser vorbrachte, entschieden die Beamten, daß jener den bemalten Schild annehmen und Giotto sechs Lire zahlen müsse, da er im Recht sei. So mußte der andere klein beigeben, nahm den Schild, bezahlte und wurde entlassen, gemaßregelt dafür, daß er sich selbst nicht hatte mäßigen wollen.«[229]

Man sagt, der junge Giotto habe, als er noch bei Cimabue in die Lehre ging, einmal auf die Nase einer Figur von Cimabue eine Fliege so naturgetreu gemalt, daß der Meister, als er wiederkam, um die Arbeit fortzusetzen, mehr als einmal versuchte, sie, die er für echt hielt, mit der Hand zu verscheuchen, bevor er schließlich seinen Irrtum erkannte.[230] Ich könnte noch viele von Giottos Scherzen und eine Fülle geistreicher Bemerkungen erwähnen, doch sollen mir diese hier, die einen Bezug zur Kunst haben, an dieser Stelle genügen, den Rest überlasse ich erwähntem Franco [Sacchetti] und anderen.[231]

Auf diese Weise hat sich die Erinnerung an Giotto nicht nur durch seiner Hände Arbeit erhalten, sondern auch in den Werken der Schriftsteller jener Zeit, da er es war, der die wahre Form zu malen wiedergefunden hatte, die lange vor ihm verlorengegangen war.[232] So wurde schließlich auf öffentlichen Beschluß und durch den Einsatz und das besondere Wohlwollen des prächtigen Lorenzo de' Medici des Älteren,[233] der die Verdienste jenes Mannes bewunderte, in Santa Maria del Fiore sein in Marmor gehauenes Bildnis aufgestellt, das ein Werk des vortrefflichen Bildhauers Benedetto da Maiano[234] war [siehe Seite 41]. Darunter standen die Verse des göttlichen Messer Angelo Poliziano[235] geschrieben, um allen, die auf irgendeinem Gebiet vortrefflich sind, Hoffnung zu machen, daß auch ihnen ein solches Andenken zuteil werden würde, wie Giotto es dank seiner [Lorenzo de' Medicis] Güte reichlich verdiente und bekam.[236]

ICH BIN JENER, DER DIE ERLOSCHENE MALEREI MIT EBENSO KORREKTER WIE LEICHTER HAND WIEDERBELEBTE. DER NATUR MANGELTE ES AN DEM, WAS UNSERER KUNST FEHLTE, NIEMANDEM WAR ES GESTATTET, MEHR ODER BESSER ZU MA-

LEN.[237] DU BEWUNDERST DEN ERHABENEN TURM, DER MIT GEHEILIGTEM ERZ ERTÖNT? AUCH ER IST NACH MEINEM PLAN BIS ZU DEN STERNEN GEWACHSEN.[238] KURZ, ICH BIN GIOTTO. WOZU ALSO DIES ALLES BERICHTEN? DER NAME ALLEIN WIEGT SO VIEL WIE EIN GANZES GEDICHT.

Für all jene, die eigenhändige Zeichnungen Giottos sehen möchten, um anhand von ihnen die Vortrefflichkeit dieses bedeutenden Mannes besser zu verstehen, sind in unserem schon erwähnten *libro* einige wunderbare Beispiele versammelt, die ich mit Fleiß, Mühe und unter beachtlichen Kosten aufgespürt habe.[239]

Ende der Vita des Giotto.

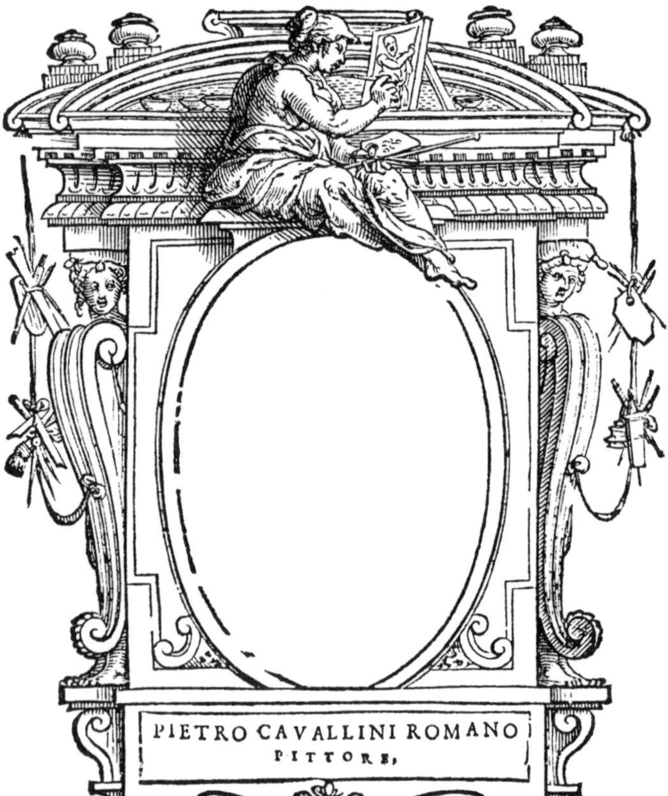

Leeres Porträtmedaillon des Pietro Cavallini in der zweiten Ausgabe der ›Vite‹ von 1568

Einleitung zum Leben des Pietro Cavallini

Giorgio Vasari mißt dem Maler und Mosaizisten Pietro Cavallini in den *Vite* eine außerordentliche Bedeutung bei. Nicht nur widmet er ihm als einzigem Römer in der *prima parte* seines Werks eine autonome Lebensbeschreibung, sondern er läßt auch Cavallini, wie Cimabue und Giotto, durch göttliche Bestimmung (»come Dio volle«) zur Welt kommen. Gleichwohl konstruiert er eine Abhängigkeit von Giotto, indem er ihn zu dessen Schüler (»discepolo«) erklärt. Diese Aussage, die der Aretiner von dem Manuskript des *Anonimo Magliabechiano* übernimmt,[1] hat in der Kunstgeschichte weitreichende Kontroversen um die Frage ausgelöst, ob Cavallini ein Schüler Giottos sei oder umgekehrt und, in weiterer Perspektive, ob die *renovatio* der Malerei im Duecento in Rom oder Florenz ihren Ausgangspunkt hatte.[2] Diese Diskussion ist unter anderem darauf zurückzuführen, daß man sich lediglich auf wenige Schriftzeugnisse aus den Jahren 1308 und 1309 stützen kann, die seine gehobene Stellung als Hofmaler in Neapel betreffen.[3] Aufgrund indirekter Anhaltspunkte wird Cavallinis Lebensspanne annäherungsweise in die Jahre zwischen 1250 und 1330 datiert. Vasari setzt sein Werk deutlich später an, obwohl er ihn damit von Giotto, der 1337 verstarb, zeitlich abrückt. In der ersten Edition der *Vite* von 1550 nennt Vasari »den Zeitraum um 1344«, eine Formulierung, die er in der zweiten Ausgabe aus dem Jahr 1568 ebenfalls ohne ersichtlichen Grund in »Zeitraum um 1364« modifiziert.

Abgesehen von den spärlichen neapolitanischen Schriftquellen stehen ausschließlich Lorenzo Ghibertis *Commentarii*, das Manuskript des *Anonimo Magliabechiano* und vor allem Giorgio Vasaris *Vite* zur Rekonstruktion von Pietro Cavallinis Leben und Werk zur Verfügung, wobei diese ausgerechnet den dokumentierten neapolitanischen Aufenthalt des Künstlers nicht erwähnen. Die zentrale Frage, die sich bei der Auseinandersetzung mit Vasaris Lebensbeschreibung Cavallinis aufdrängt, ist die nach den Gründen des Aretiners für die Aufnahme eines Nicht-Florentiners und Nicht-Toskaners in die Reihen exzellenter Künstler und für seine umfassende Nobilitierung, nicht zuletzt als Schüler Giottos. Der Hauptgrund mag darin liegen, daß bereits Lorenzo Ghiberti Cavallini eine positive Sonderstellung zugesteht, wenn er betont, daß er unter den Malern seiner Zeit der gelehrteste sei (»dottissimo infra tutti gl'altri maestri«). Ghibertis Feststellung, daß Cavallinis Kunst von der *maniera greca* geprägt sei (»ma tiene un poco della maniera anticha cioè greca«), wird ergänzt durch die hohe Wertschätzung von Cavallinis Begabung in der Mosaikkunst: Er sei in dieser Technik unübertroffen (»ardirei a dire in muro non avere veduto di quella materia lavorare mai meglio«).[4] Dieses Lob wird Giorgio Vasari dazu bewogen haben, Cavallini in seinen Lebensbeschreibungen auf besondere Weise zu würdigen. Dafür spricht auch, daß Vasari in der ersten Viten-Edition Ghibertis Werkkatalog von Cavallinis Fresken und Mosaiken in den Kirchen Roms sehr genau und ohne große Veränderungen übernimmt. Von Ghiberti hervorgehobene stilistische Charakteristika werden von Vasari aufgegriffen, zum Beispiel wenn er beschreibt, daß der römische Maler den Figuren in Alt-Sankt-Peter *Plastizität* (»rilievo«) gibt. Cavallinis *maniera greca* findet ebenfalls bei Vasari Erwähnung, doch während Ghiberti ihn lediglich in die Tradition dieser *maniera* stellt, attestiert ihm Vasari eine Vermischung der griechischen mit der *maniera* Giottos. Mit dem in der Kunsttheorie geläufigen Begriff der *Sorgfalt* lobt Vasari Cavallinis Freskenausführung in San Paolo fuori le mura und bezieht sich mit diesem Ausdruck auf die gleiche Quelle wie der *Anonimo Magliabechiano*, der Cavallinis außerordentliche Sorgfalt (»diligentia extrema«) bei der Arbeit an den Mosaiken in Santa Maria in Trastevere würdigt.[5] Abgesehen von diesen aus den *Commentarii* und dem *Anonimo Magliabechiano* entnommenen Formulierungen kommen keine weiteren kunsttheoretischen Termini in der Lebensbeschreibung Cavallinis vor.

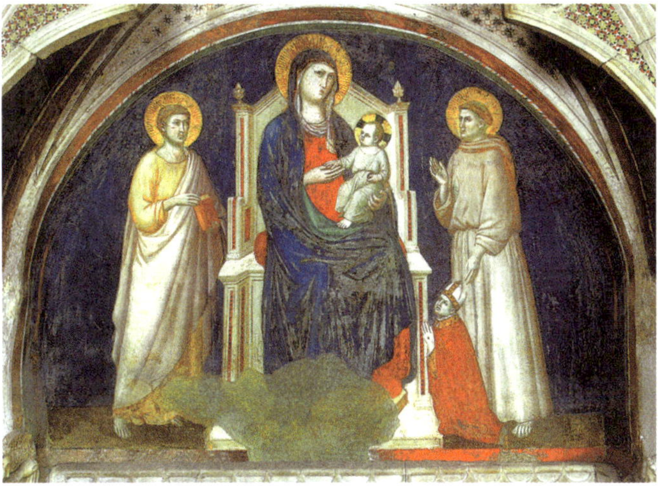

Pietro Cavallini: Thronende Madonna mit Kind zwischen den Heiligen Matthäus und Franziskus. Rom, Santa Maria in Aracoeli, Lünettenfresko des Acquasparta-Grabmals im Nordquerhaus

Ghiberti lobt Cavallini, ohne ihn in Giottos Nähe zu bringen. Vasari aber ernennt ihn, als Begründung für die Aufnahme eines nicht-toskanischen Künstlers in die ehrwürdigen Reihen seiner Florentiner, zum Schüler Giottos. Er lernte, so Vasari, die Kunst der Malerei, aber vor allem die des Mosaiks von Giotto, und so war er in Rom »der erste, der diese Kunst nach ihm erstrahlen ließ« (»fu il primo che dopo lui illuminasse quest'arte«). Analog zu Cimabue und Giotto, die in Florenz die Stadt und die Künste wieder auferstehen lassen, erfüllt Cavallini diese historische Mission in der Hauptstadt und erweckt die Kunst nach jahrhundertelangem kulturellem Niedergang wieder zum Leben.

Vasari beginnt die erste Edition der Vita mit der Beschreibung von Cavallinis Tätigkeit in sieben Kirchen Roms. Ghiberti folgend berichtet er, daß Cavallini in Sankt Peter, in Santa Maria in Trastevere und Santa Cecilia in Trastevere gearbeitet habe. In Santa Maria in Aracoeli, und hier weicht er erstmals von

Ghiberti ab, habe der Römer über der Tür zur Sakristei einige Szenen gemalt. Auch heute verlorene Werke in San Crisogono, San Francesco in Ripa und in San Paolo fuori le mura werden in Ghibertis *Commentarii* und Vasaris erster Viten-Edition aufgezählt.

In der 1568 veröffentlichten Edition der *Vite* wiederholt Vasari in einem ersten Teil die in der ersten Ausgabe erwähnten Werke. Erst in einem zweiten Abschnitt baut er Cavallinis Lebensbeschreibung erheblich aus, ohne sich dabei auf *Ghiberti* oder den *Anonimo Magliabechiano* zu stützen. Der bereits 1550 genannte Auftrag in Santa Maria in Aracoeli wird durch ein zusätzliches Apsisfresko ergänzt, welches Vasari als sein bestes Werk beurteilt. Die Wandmalereien in Santa Maria in Aracoeli sind nicht erhalten, doch das Lünettenfresko auf der Rückwand des Acquasparta-Grabmals [siehe Seite 99] zeugt von Cavallinis Tätigkeit in der Kirche. Vor allem werden in der zweiten Edition Werke außerhalb der Hauptstadt hinzugefügt. Vasari läßt Cavallini in seiner Erzählung nach Florenz reisen und ihn dort in den Kirchen San Marco und San Basilio arbeiten. Auf dem Rückweg nach Rom macht der Künstler in Assisi und Orvieto Halt, »um die Werke der anderen Schüler seines Meisters und auch die von Giotto selbst zu sehen« (»per veder l'opere degl'altri discepoli del suo maestro Giotto e di lui stesso«). Cavallini habe in Assisi in der Unterkirche von San Francesco und in Orvieto in der Cappella del Corporale im Dom Fresken ausgeführt. Seiner Biographie werden mit Florenz und Assisi jene Schlüsselorte, in denen nach Vasari alle wichtigen Künstler des Trecento tätig waren, als Arbeitsstätten hinzugefügt.[6] Dem Aretiner selbst waren all diese Orte aus eigener Anschauung bekannt, da er sie während des Verfassens der Viten bereiste,[7] und doch werden die meisten Werke nur aufgelistet, während er lediglich auf wenige näher eingeht. Die auffälligste unter diesen Ausnahmen ist das Fresko der Kreuzigung in der Unterkirche von San Francesco in Assisi. Von Komposition über Farbgebung bis hin zum Erhaltungszustand wird es sehr detailreich und anschaulich beschrieben. Daß Vasari dieses Fresko, das von Pietro Lorenzetti gemalt wurde, trotz eigener intensiver Betrachtung Pietro Cavallini zuschreibt, weist darauf hin, dass seine kennerschaftlichen Fähigkeiten in Bezug auf die Künstler des Trecento sehr begrenzt waren.

Vasari läßt keinen Zweifel daran, daß Cavallini seine vielfältigen Aufträge von berühmten Persönlichkeiten erhalten hat: Prälaten, Podestà und Herzöge. In San Marco in Florenz ist, so Vasari, sogar Papst Urban V. (1362–1370) auf dem Wandbild dargestellt. Die teilweise willkürlich konstruierten Beziehungen fungieren als Ehrenbezeugung und dienen der Aufwertung des Künstlers. Um Cavallinis hochrangige Position mit weiteren Argumenten zu untermauern, erklärt ihn Vasari in der zweiten Edition der Viten zum Bildhauer und schreibt ihm eine Statue des Heiligen Paulus und ein Kruzifix in San Paolo fuori le mura in Rom zu, welches zur Heiligen Birgitta von Schweden gesprochen habe. Auch ein Madonnenbild von seiner Hand, das Vasari zwar nicht näher identifiziert, von dem er aber beteuert, daß es in ganz Italien bekannt sei, habe Wunder gewirkt. Die Betonung der übernatürlichen Kräfte seiner Werke ist in die Schilderung der nachahmenswerten moralischen und christlichen Tugenden des Künstlers eingebunden, die ihn »fast zu einem Heiligen machen« (»fu quasi tenuto santo«). Bemerkenswerterweise wird eine vergleichbare Gottesfürchtigkeit keinem anderen Künstler des Trecento zugeschrieben; erst in dem prominenten Beispiel der Beschreibung des Beato Angelico als Maler-Mönch konstruiert Vasari erneut eine Idealfigur des frommen Künstlers. Als entsprechend ehrenvoll stellt Vasari den Tod Cavallinis dar: Er stirbt an einem unheilbaren Hüftleiden, einer Folge seiner unermüdlichen Arbeit als Freskomaler.

Giorgio Vasari stützt sich in seiner Lebensbeschreibung Cavallinis auf Ghiberti, an dessen Zuverlässigkeit er offenbar keinen Zweifel hat. In beiden Editionen seiner *Vite* übernimmt er dessen positive Beurteilung, bekräftigt jedoch die herausragende Position des Künstlers mit weiteren Argumenten, die den Römer in seine florentinisch geprägte Kunsthistoriographie integrieren. Dies bewerkstelligt Vasari durch die behauptete Schülerschaft Giottos, aber auch durch die Betonung seiner Rolle als Erneuerer der römischen Kunst, durch den Verweis auf hochrangige

Auftraggeber sowie auf Werke in der Toskana und Florenz. Daß Vasari zuletzt mit Giovanni da Pistoia Cavallini einen toskanischen Schüler zuschreibt, ist in diesem Sinne eine weitere Bestätigung für dessen Verbundenheit mit der *maniera di Giotto*.

AML

Giorgio Vasari
Das Leben des römischen Malers Pietro Cavallini

Vita di Pietro Cavallini romano, pittore (1568)

Als Rom schon viele Jahrhunderte lang nicht nur arm an guter Literatur und Kriegsruhm war, sondern auch an allen Wissenschaften und guten Künsten, kam dort durch göttlichen Willen Pietro Cavallini[1] zur Welt, und zwar in jener Zeit, als Giotto,[2] man darf es so sagen, die Malerei wieder zum Leben erweckt hatte und unter Italiens Malern an erster Stelle stand.[3]

Er war Giottos Schüler gewesen[4] und hatte mit ihm an dem in Mosaik ausgeführten Schiff in Sankt Peter gearbeitet.[5] So war

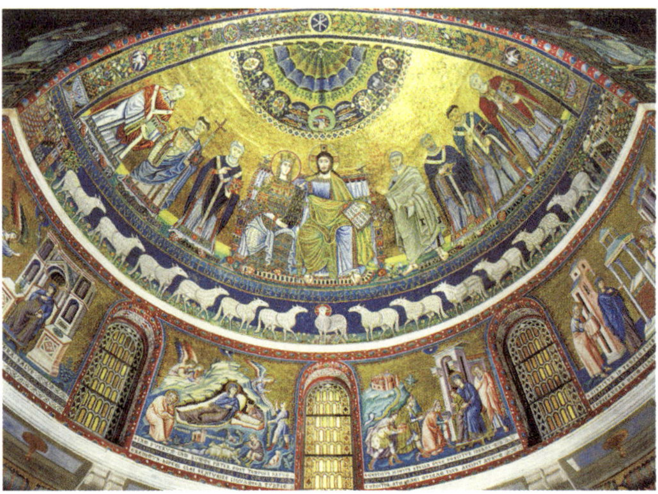

Pietro Cavallini: Marienzyklus. Rom, Santa Maria in Trastevere, Fensterregister des Apsismosaiks

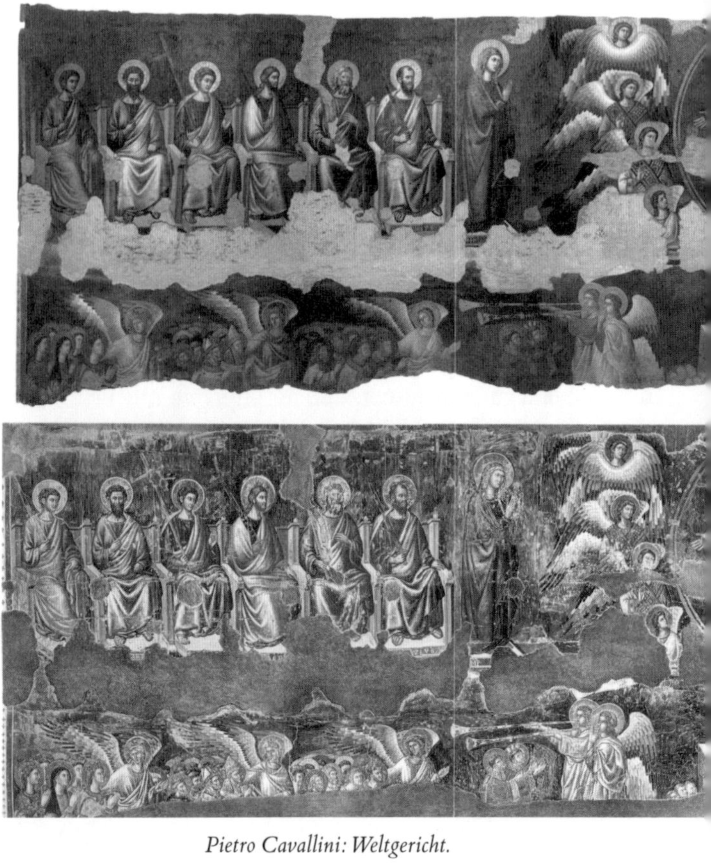

Pietro Cavallini: Weltgericht.

er der erste, der diese Kunst nach ihm erstrahlen ließ, und daß er kein unwürdiger Schüler dieses großen Meisters war, begann er zu zeigen, als er in [Santa Maria in] Aracoeli über der Tür zur Sakristei einige Szenen malte, die heute durch die Zeit verwittert sind,[6] außerdem sehr viele Werke für Santa Maria in Trastevere, die er dort in der ganzen Kirche in Fresko ausführte. Anschließend arbeitete er Mosaike in der Hauptkapelle [siehe Seite 103] und an der vorderen Fassade der Kirche und bewies

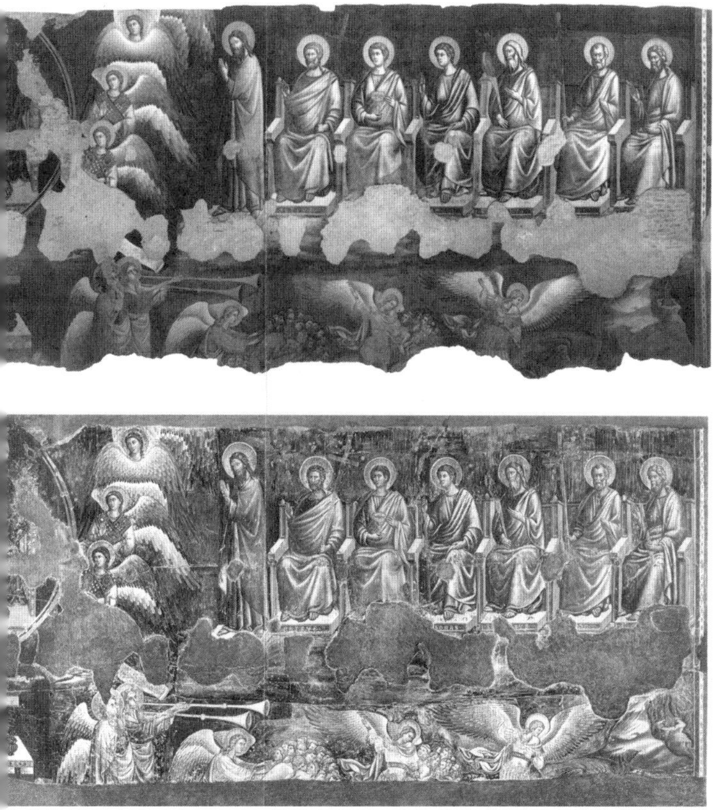

Rom, Santa Cecilia in Trastevere, Eingangswand

dort von Anfang an, daß er die Arbeit im Mosaik auch ohne Giottos Hilfe ausüben und bis zum Ende durchführen konnte, wie er es in der Malerei schon unter Beweis gestellt hatte.[7] Auch in der Kirche San Crisogono freskierte er viele Szenen, bemüht, sich zugleich als ein ausgezeichneter Schüler Giottos und guter Künstler hervorzutun.[8] Ebenfalls in Trastevere malte er in Santa Cecilia fast die gesamte Kirche eigenhändig aus[9] [siehe oben, Seite 107 und Seite 108] und schuf viele Werke in der Kirche San

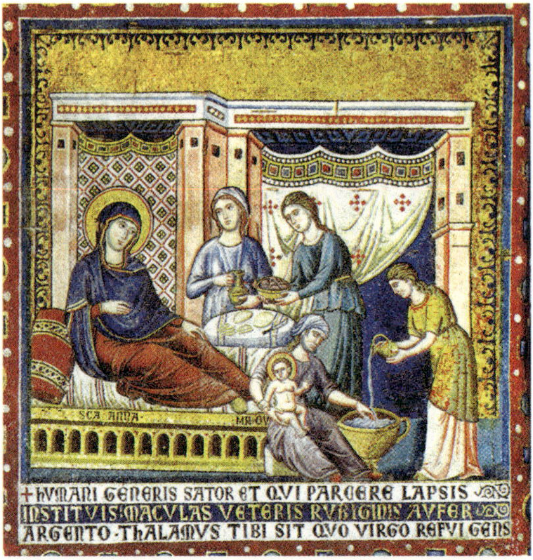

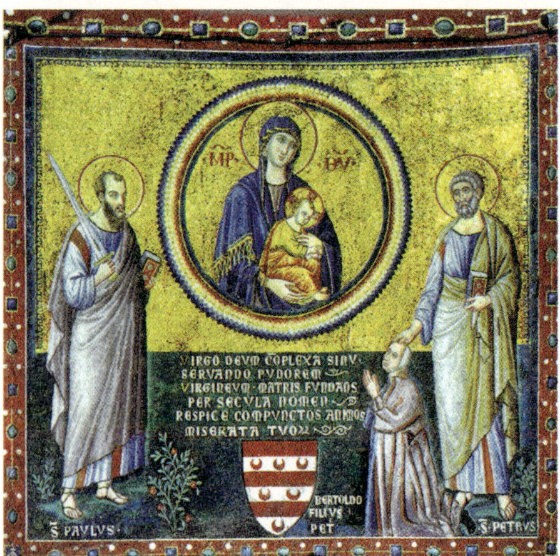

Pietro Cavallini: Mariengeburt (oben) bzw. Stiftermosaik (unten). Rom, Santa Maria in Trastevere, Apsis

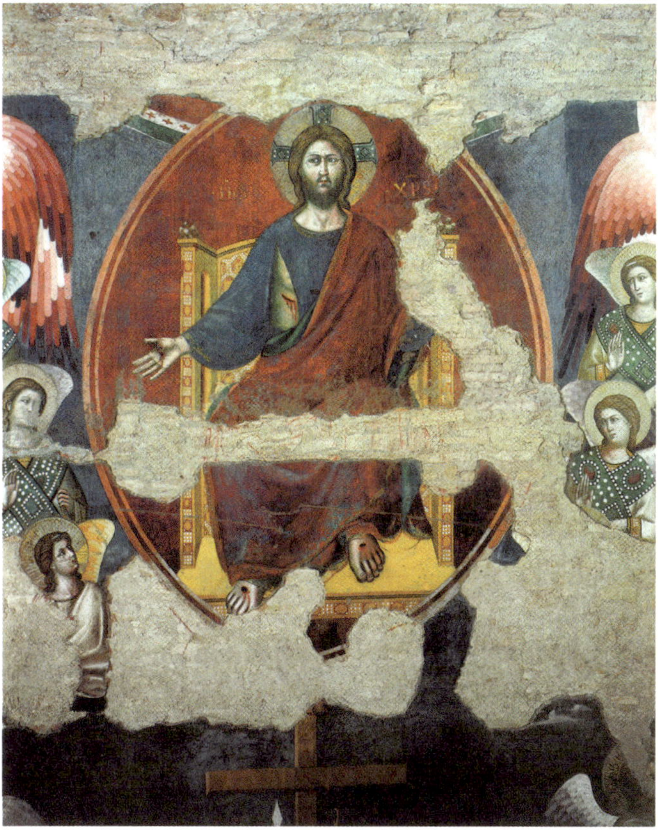

Pietro Cavallini: Weltgericht.
Rom, Santa Cecilia in Trastevere, Eingangswand

Francesco a Ripa.[10] Dann schuf er in San Paolo außerhalb von Rom das Mosaik, das sich dort an der Fassade befindet, und im Mittelschiff viele Szenen aus dem Alten Testament.[11] Auch im Kapitelsaal des ersten Kreuzgangs freskierte er einige Werke, und zwar mit solcher Sorgfalt,[12] daß es ihm seitens der Kenner den Ruf eines höchst vortrefflichen Meisters einbrachte. So hoch stand er in der Gunst der Prälaten, daß sie ihm in Sankt

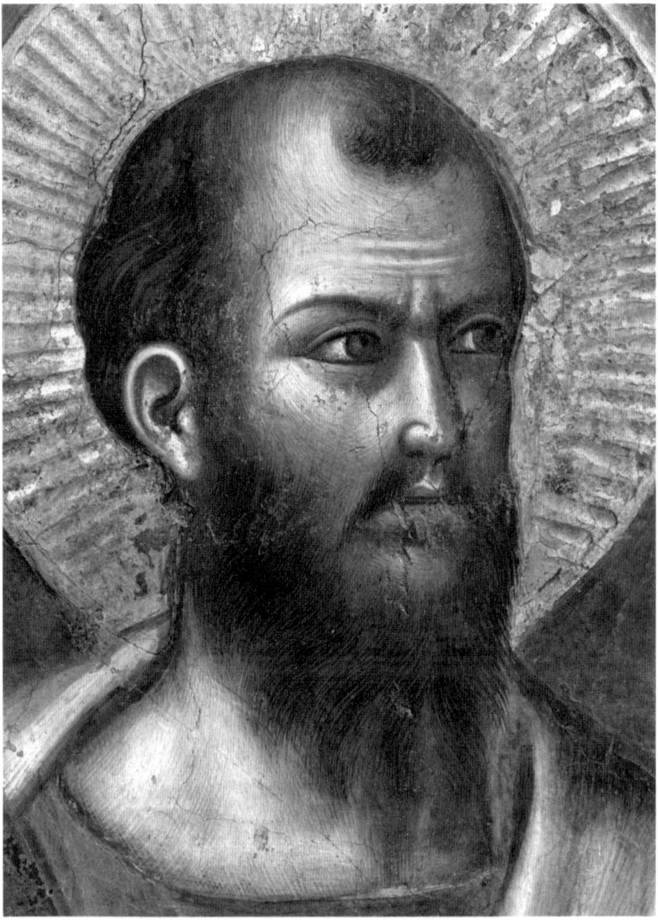

Pietro Cavallini: Apostel Paulus. Detail aus dem Weltgericht. Rom, Santa Cecilia in Trastevere, Eingangswand

Peter die Fläche zwischen den Fenstern an der Innenseite der Fassade zur Ausführung übertrugen. Im Vergleich zu den damals üblichen Figuren schuf er dort in außerordentlicher Größe die vier Evangelisten, die er hervorragend in Fresko ausführte, und die Heiligen Petrus und Paulus; außerdem in einem der Schiffe eine große Zahl Figuren, bei denen er Giottos Stil stets mit dem griechischen[13] vermischte, der ihm sehr gefiel.[14] Und weil er es liebte, den Figuren Plastizität zu geben, sieht man, wie er dafür alle menschenmögliche Kraft zusammennahm.[15] Sein bestes Werk in dieser Stadt aber war jenes in der erwähnten Kirche Aracoeli auf dem Kapitol, wo er in der Apsiswölbung die Madonna mit dem Kind im Arm in einem Sonnenkreis freskierte und darunter Kaiser Oktavian, dem die tiburtinische Sibylle das Christuskind präsentiert, das er anbetet.[16] Die Figuren in diesem Werk haben sich, wie wir schon andernorts bemerkten, sehr viel besser erhalten als die anderen, weil solche in den Gewölben dem Staub weniger ausgesetzt sind als jene an den Wänden.

Nach diesen Werken kam Pietro in die Toskana, um die Werke der anderen Schüler seines Meisters und auch die von Giotto selbst zu sehen, und malte bei dieser Gelegenheit in San Marco in Florenz viele Figuren, die heute, da die Kirche geweißt worden ist, nicht mehr zu sehen sind, mit Ausnahme der Verkündigung, die sich an einer geschützten Stelle neben dem Haupteingang der Kirche befindet.[17] In San Basilio am Canto alle Macine schuf er an einer Wand eine weitere Verkündigung in Fresko, die der zuvor in San Marco ausgeführten und einer weiteren in Florenz so ähnlich ist, daß einige nicht ganz zu Unrecht glauben, sie alle stammten von der Hand Pietros;[18] und in der Tat könnten sie einander nicht ähnlicher sein. Unter den Figuren, die er in San Marco in Florenz schuf, war das naturgetreue Porträt von Papst Urban V. mit den Köpfen der Heiligen Petrus und Paulus.[19] Dieses Porträt diente Fra Giovanni da Fiesole[20] als Vorlage für eine Tafel in San Domenico in Fiesole, und dies war kein geringes Glück, da das Porträt von San Marco zusammen mit vielen anderen in dieser Kirche freskierten Figuren, wie schon gesagt, übertüncht wurde, als jener Konvent den Mönchen, die dort früher lebten, abgenommen und den Dominikanern übergeben wurde und man mit wenig Verstand und Überlegung alles weißen ließ.[21] Auf seinem Rückweg nach Rom kam er dann durch

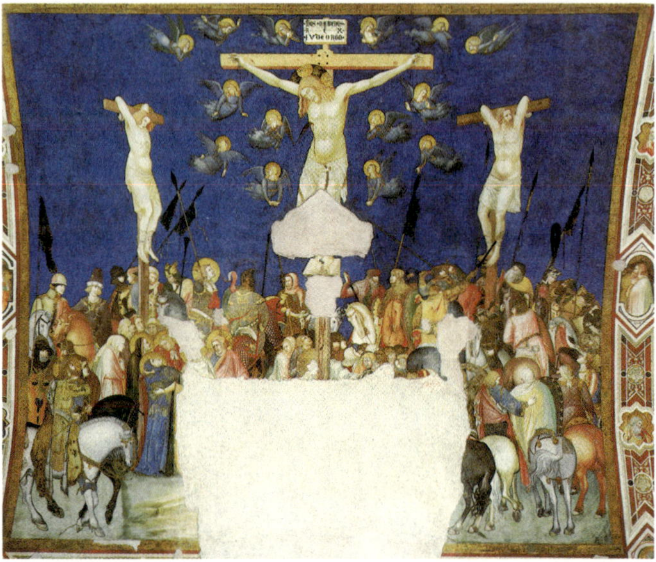

Pietro Lorenzetti: Kreuzigung Christi.
Assisi, San Francesco, Unterkirche, westliches Querhaus, Südarm

Assisi, wo er nicht nur jene Bauten und hochberühmten Werke seines Meisters und einiger seiner Mitschüler besichtigen wollte, sondern auch etwas von eigener Hand zu hinterlassen gedachte.[22] Dazu malte er in der Unterkirche von San Francesco im Querhaus auf der Seite der Sakristei eine Kreuzigung Jesu Christi [siehe oben] mit bewaffneten Reitern unterschiedlicher Gestalt, die aus verschiedenen fremden Ländern stammen und ganz abwechslungsreich und extravagant gekleidet sind. In der Luft schuf er einige Engel, die in diversen Haltungen heftig weinend im Flug innehalten. Einige pressen die Hände an die Brust, andere haben sie verschränkt, wieder andere schlagen die Handflächen aneinander, um ihrem unendlichen Schmerz über den Tod des Gottessohnes Ausdruck zu verleihen, und sie alle lösen sich von der Mitte nach hinten oder vielmehr von der Mitte nach unten in Luft auf.[23]

In diesem Werk, das eine gut gelungene, frische und lebendige Farbgebung aufweist und bei dem der Putz außerdem so gut verfugt ist, daß alles wie an einem Tag geschaffen scheint, habe ich das Wappen von Gualtieri,[24] dem Herzog von Athen, entdeckt, weil dort aber weder eine Jahreszahl noch irgendeine andere Inschrift angegeben ist, kann ich nicht mit Sicherheit behaupten, daß es in seinem Auftrag entstanden ist. Andererseits möchte ich unterstreichen, daß der Stil dem Pietros nicht ähnlicher sein könnte und darüber hinaus ein jeder es ganz sicher seiner Hand zuschreibt. Da dieser Maler zu der Zeit tätig war, als Herzog Gualtieri in Italien weilte, darf man davon ausgehen, daß Pietro es im Auftrag des genannten Herzogs ausführte. Wie auch immer man aber darüber denken mag, jedenfalls verdient dieses Werk angesichts seines Alters nichts als Lob, und neben der allgemeinen mündlichen Überlieferung belegt der Stil, daß es von seiner Hand stammt.

In Orvieto freskierte Pietro in der [Dom]Kirche Santa Maria, wo sich die allerheiligste Reliquie des Leibtuchs befindet, mit großer Sorgfalt eine Serie von Szenen mit Jesus und dem Corpus Christi.[25] Wie es heißt, schuf er sie für Messer Benedetto di Buonconte Monaldeschi, den damaligen Herrn oder besser gesagt Tyrannen jener Stadt.[26] Einige behaupten zudem, Pietro habe diverse Skulpturen geschaffen, die ihm hervorragend gelangen, da er in allem, was er in Angriff nahm, Talent zeigte; außerdem soll er das Kruzifix in der großen Kirche San Paolo außerhalb von Rom geschaffen haben, das, wie es heißt und wie man glauben muß, jenes ist, das 1370 zur Heiligen Birgitta gesprochen hat.[27] Von seiner Hand stammen noch einige andere Werke in jenem Stil, die zugrunde gingen, als die alte Peterskirche für den Neubau abgerissen wurde.

Pietro legte viel Sorgfalt in alle seine Werke und strebte mit großem Eifer nach Ehre und Ansehen in der Kunst. Dabei war er nicht nur ein guter Christ, sondern mit allergrößter Hingabe und Freundschaft den Armen verbunden, weshalb er für seine Güte nicht nur in seiner Heimat Rom geliebt wurde, sondern von allen, die ihn selbst oder seine Werke kannten. Schließlich wandte er sich in hohem Alter mit ganzer Seele dem Glauben zu und führte ein so beispielhaftes Leben, daß man ihn beinahe für einen Heiligen hielt.[28] Es ist deshalb nicht verwunderlich, wenn nicht nur sein erwähntes Kruzifix, wie schon gesagt, zur Heiligen [Birgitta] sprach, sondern auch eine Madonna von seiner Hand zahllose Wunder gewirkt hat und immer noch wundertätig ist. Ich ziehe vor, sie nicht zu benennen, obwohl sie in ganz Italien hochberühmt ist[29] und obwohl ich ganz sicher weiß, was auch durch den Malstil völlig offensichtlich ist, daß sie von Pietros Hand stammt, dessen mustergültiges Leben und Hingabe an Gott ein würdiges Vorbild für alle Menschen war. Und niemand soll glauben, was fast unmöglich ist und wie es die Erfahrung uns immer wieder lehrt, daß man ohne Gottesfurcht und göttliche Gnade und ohne gute Sitten zu einem ehrenvollen Rang aufsteigen könnte.[30]

Ein Schüler von Pietro Cavallini war Giovanni aus Pistoia, der in seiner Heimat einige Werke von nicht sehr großer Bedeutung ausführte.[31]

Im Alter von fünfundachtzig Jahren[32] starb er schließlich in Rom an einem Hüftleiden, das er sich durch die Feuchtigkeit bei der Arbeit auf der Wand, die er unablässig ausübte, zugezogen hatte.[33]

Seine Malereien stammen aus dem Zeitraum um 1364.[34] Er wurde in San Paolo außerhalb von Rom mit diesem Epitaph ehrenvoll beigesetzt:

> SO VIEL ZIERDE PIETRO DER STADT ROM VERLIEH,
> SO SEHR SCHMÜCKT ER NUN MIT SEINER MALEREI
> DEN HIMMEL.[35]

Sein Porträt ist trotz aller Sorgfalt unauffindbar geblieben und kann deshalb nicht gezeigt werden.

Anhang

Anmerkungen zum Leben des Cimabue

Anmerkungen zur Einleitung (S. 9–18)

1 Vasari, *Michelangelo*, S. 31 u. 80.

2 Mellini 1566, S. 21–22; siehe dazu auch die weniger detailgetreue Beschreibung bei Bettarini/Barocchi, *Vite*, Bd. VI, S. 264.

3 Grundsätzlich zu Vasaris Vita des Cimabue immer noch Strzygowski 1888, S. 7–42 (jedoch mit viel auf das irrige Vorhaben verschwendeter Energie, ein aus dem 17. Jahrhundert stammendes Exzerpt der *Vite* als angebliche Quelle Vasaris zu deuten); Frey, *Vite*, S. 388–462; Benkard 1917, S. 65– 114; im Vergleich dagegen die punktuelle und entkontextualisierte Relektüre als »fiction« bei Barolsky 1992, S. 3–9.

4 Vasari, *Kunstgeschichte*, S. 89.

5 Bettarini/Barocchi, *Vite*, Bd. II, S. 84–85; Boskovits 2007.

6 Tempera und Gold auf Holz, 336 x 267 cm
Bibl.: Battisti 1963, S. 21–33 und S. 101; Bellosi 1998, S. 39–44 und S. 273; Kat. Arezzo 2001.

7 Ausführlich zur Rezeptionsgeschichte Benkard 1917; Previtali 1964; zur Legende um »Cimabues« *Maestà* zuletzt Dunlop 2013.

8 Benkard 1917.

9 Zu der Tafel, die bei Luciano Bellosi zunächst als »Cimabue e Giotto (?)« (Bellosi 1985, S. 178 u. Abb. 223) und später als »Cimabue e Giotto« (Bellosi 1998, S. 139–141) gilt, und ihrer Rezeptionsgeschichte siehe Kat. Florenz 2000, S. 98–100, Kat.-Nr. 1 (Luciano Bellosi); Proto Pisano 2006, S. 52–53, Nr. 12; Kat. Rom 2009, Bd. I, S. 179–180, Kat.-Nr. 23 (Ilaria Ciseri); Bettini/Castelli/Ciseri 2009.

1 Vasaris Metaphorik einer Sintflut schließt an die Vorrede an, die den Leser der *Vite* unmittelbar zuvor darüber aufklärt, daß sich die Kunst der Antike nach der biblischen Flutkatastrophe herausbildete (vor der möglicherweise eine vergessene Epoche älteren Kunstschaffens anzusetzen wäre). Auch die Aussage über die unruhigen und kriegerischen Zeiten im spätantiken und mittelalterlichen Italien sowie die Einwanderung von Architekten aus ›barbarischen‹ Nationen, mit der ein Niedergang der Künste, der vor allem an den architektonischen Relikten festzumachen sei, kausal zusammenhänge, ist ausführlich im *Proemio* zum ersten Teil der Künstlerbiographien dargelegt worden: Hier findet sich die Grundlage für Vasaris Konzept der *rinascita*, der ›Wiedergeburt‹ einer ›verstorbenen‹ Kunst. Die Situierung Cimabues in einem durch die plumpe und ›gotische‹ *maniera* der Barbaren geprägten kulturellen Brachland klingt zuvor bei Ghiberti an (Ghiberti, *Commentarii*, S. 83) und ist unmittelbar vor der Erstpublikation von Vasaris *Vite* vor allem auch im Beginn der *Vite de' pittori* des Giovan Battista Gelli ausgebildet (Gelli 1896, S. 34–36).

Das topische Bild einer katastrophalen Sintflut, mit dem die häufig auf Metaphern der Wasserbewegung rekurrierende Feder des Historiographen den gleichmäßigen Entwicklungs*strom* der Kulturgeschichte unterbricht und die Malerei der Zeit Cimabues von einem linearen Ein*fluß* des antiken Kunstschaffens abschneidet, besitzt im Florenz der 1540er Jahre zudem eine spezifische Bedeutung. In den Jahren vor Vasaris erster Niederschrift der *Vite* wurde von den sogenannten *Aramei*, einer Gruppe Gelehrter innerhalb der Accademia degli Umidi (aus der später die Accademia Fiorentina hervorging), die Idee einer direkten Abstammung der Etrusker von Noah und einer dadurch bedingten Entwicklung der toskanischen Sprache aus dem Hebräischen propagiert. Vertreten wurde dies erstmalig wohl kurz vor 1540 wiederum von Gelli sowie – um 1544/45 – von dem in die Redaktion der *Vite* involvierten Pierfrancesco Giambullari (der später in seiner *Istoria dell'Europa* gleichfalls den Einfall der Barbaren als Katastrophenflut beschreiben wird); kurz nach 1550 wiederholt Vasaris enger Freund Cosimo Bartoli die Theorie in den *Ragionamenti Accademici*.

Bibl.: Giambullari 1546; Gelli 1979; Vasari, *Kunstgeschichte*, S. 64–65 und S. 74–83.

2 Das zentrale Motiv des Lichts wird nicht nur in Vasaris Schilderung des Lebens der frühen Maler durchgängig aufgegriffen, sondern ist seit Dantes Zeilen über das »Verdunkeln« des Ruhms Cimabues durch Giotto

(*Purg.* XI, 94–96) eine Standardmetapher für die Stellung und den Rang von Künstlern (siehe die Einleitung zu dieser Vita). Cimabues Licht, das die Dunkelheit aufbricht, welche mit der zuvor erwähnten meteorologischen Katastrophe einhergeht, ist zugleich Abglanz des »göttlichen Lichts«, das Vasari als Ursache der menschlichen Begabung identifiziert (Vasari, *Kunstgeschichte*, S. 69–70). Insofern überrascht es nicht, daß er nicht nur Cimabues Geburt, sondern auch das Auftreten von Pietro Cavallini und Giotto nachdrücklich einer göttlichen Fügung zuschreibt – wie es Vasari später auch für Brunelleschi, Raffael oder Michelangelo behaupten wird.

Vor Vasari wurde das Wirken Cimabues später datiert: Im *Libro* Antonio Billis wie auch beim *Anonimo Magliabechiano* ist von einer Aktivität »um 1300« die Rede. Vasaris Verortung der Geburt Cimabues im Jahr 1240 ist weder zu belegen noch gibt es glaubhafte Gründe, die gegen diese Behauptung sprechen. Mit der frühesten bekannten Dokumentation Cimabues im Juni 1272 ist sie in Übereinstimmung zu bringen. Hinsichtlich der geschichtlichen Einordnung ist bemerkenswert, daß Vasari einen architektonischen Neubeginn und die Verbesserung des *disegno* schon rund anderthalb Jahrhunderte vor Cimabues Geburt ansetzt, den Neubeginn der Malerei jedoch erst im Jahr 1250 (Vasari, *Kunstgeschichte*, S. 83–89; Vasari, *Uccello und Piero della Francesca*, S. 65) und damit genau zu jenem Zeitpunkt, an dem er die ersten künstlerischen Äußerungen des etwa zehnjährigen Cimabue vermutet (also im exakt gleichen Alter, in dem auch Giotto seine Begabung zeigen wird, siehe in diesem Band S. 53).

Auch der historische Gehalt seiner weiteren biographischen Angaben ist fragwürdig: Den durch eine Quelle des Jahres 1301 belegten Namen »Cenni« – genannt Cimabue – »di Pepe/Pepo« (»Cenni« gilt als Kurzform von »Bencivenni«, einer Variation des Vornamens »Benvenuto«; »Pepe/Pepo« wird von »Giuseppe« abgeleitet) kennt Vasari nicht. Statt dessen bezieht er sich auf eine von Filippo Villani entlehnte und etwa auch bei Cristoforo Landino belegbare Tradition, der Künstler habe den Vornamen »Giovanni« und den Nachnamen »Cimabue« getragen (eine in der modernen Forschung häufig vertretene These, Vasari habe *Giovanni* Cimabue und Giotto willentlich nach dem Modell von Johannes dem Täufer und Jesus Christus konzipiert – so etwa Barolsky 1992, S. 4; Maginnis 1993, S. 407 –, wird durch den Text der *Vite* nicht gestützt und mißdeutet Vasaris Anliegen). Durch Vasaris Fehldeutung des Rufnamens als Familienname wird der Herleitung aus dem angeblich ehrwürdigen Geschlecht der »Cimabui« (einer »nobil famiglia«) der Boden entzogen, auch wenn bereits Filippo Baldinucci im

Seicento eine hypothetische Genealogie dieser aristokratischen Familie rekonstruiert: Vasaris Aussage ist schlicht auf generische Äußerungen wie »Fu Cimabue [...] molto nobile« zurückzuführen (*L'ottimo commento*, Ed. Torri, Bd. II, S. 188; vgl. unten, Anm. 56 u. 58).

Bibl.: F. Villani, *De origine civitatis Florentie*, S. 153, 411 und S. 463; Ghiberti, *Commentarii*, S. 83; *Libro di Antonio Billi*, Ed. Frey, S. 4–5; *Anonimo Magliabechiano*, Ed. Frey, S. 49; Strzygowski 1888, S. 132–141 und S. 158–165; Frey, *Vite*, S. 412–413; Benkard 1917, S. 44; Panofsky 1960, Bd. I, S. 114–161; Boskovits 1979, S. 537; Tartuferi 1998, S. 220–221; Manca 2005.

3 Ohne nachweisbare Belege behauptet Vasari hier, daß der junge Cimabue eine höhere Schulausbildung durch einen Verwandten erhalten habe: Das Studium der »grammatica« bezeichnet hier vor allem den Lateinunterricht. Mit der Passage wird nicht nur die intellektuelle Befähigung des mit »schönem und scharfem Verstand« gesegneten Malers herausgestellt; die Behauptung, er habe die Schule in Santa Maria Novella besucht (eine Aussage, die im Kontrast zu den später angegebenen Wohnadressen Cimabues steht, vgl. Anm. 44 u. 51), stützt zugleich auch Vasaris Konstruktion der Beziehung zwischen Cimabue und den dort aktiven griechischen Malern.

Bibl.: Frey, *Vite*, S. 417–418.

4 Der frühe Drang, zu zeichnen, der letzten Endes zur Entscheidung einer künstlerischen Ausbildung führt, verbindet den jungen Cimabue in Vasaris Erzählung mit anderen Ausnahmekünstlern (Vasari, *Michelangelo*, S. 33) und insbesondere mit Fra Filippo Lippi, der seine Schulbücher ebenfalls mit Zeichnungen füllt (Vasari, *Lippi, Pesello und Pesellino*, S. 15; fußend auf einer Novelle Matteo Bandellos). Dieses Konzept ist eng mit der Idee einer Naturbegabung verbunden, die den Künstler – wie in diesem Fall Cimabue – zur Hervorbringung von *fantasie* befähigt.

Bibl.: Vasari, *Kunstgeschichte*, S. 69–70; Pfisterer 2003.

5 Die Einleitung der Vita Cimabues ist für Vasaris Stil- und Epochenkonzept der *maniera greca* von fundamentalem Gewicht und verbindet zugleich die Lokalgeschichte mit dem überregionalen Phänomen »griechischer« (gemeint sind byzantinische) Stilformen im italienischen Mittelalter: Die griechischen Maler seien von der Kommune Florenz, in der laut Vasari die Malkunst nicht mehr von einheimischen Künstlern praktiziert worden sei (eine These, die auch Gelli vertritt, vgl. Anm. 9), eingeladen worden, um die Malerei wiederzubeleben. Die Gäste wiederum seien, wie Vasari im *Proemio* spezifiziert, nur deshalb als die besten Künstler in ihrem jeweiligen Metier aufgefaßt worden, weil sie

überhaupt die einzigen gewesen seien, die es ausübten – tatsächlich jedoch hätten sie sich »eher auf das Anstreichen als aufs Malen verstanden« (»era la loro maniera più tosto un modo di coprire una tavola di colorj che de inmitare [*sic*] le cose naturali«, schreibt Gelli 1896, S. 37) und ihre *maniera* sei plump, grob und manchmal sogar monströs gewesen (Vasari, *Kunstgeschichte*, S. 87–88). Mit diesem Urteil rekurriert die Kunsttheorie des Cinquecento auf Ghiberti, der vom überaus schwachen und rohen Kunstschaffen der »Griechen« spricht (»Cominciorono i Greci debilissimamente l'arte della pictura e con molta rozeza« – Ghiberti, *Commentarii*, S. 83). Siehe auch Anm. 8.

Bibl.: Benkard 1917, S. 90–92; Soergel Panofsky 1991; Sohm 2001, S. 93–95; Bickendorf 2002.

6 Die Nebenchorkapelle westlich des Hauptchors in Santa Maria Novella, die seit 1503 mit dem Namen der Familie Gondi verbunden ist, war nach 1264 durch den als »il Greco« bekannten Fra Ranieri Gualterotti (†2. April 1317 Florenz) zu einem Kultort des Heiligen Lukas gemacht worden: Vasaris Bezug auf ausgerechnet diese Kapelle kann also auch durch die dortige Verehrung des Schutzpatrons der Maler und den Beinamen des Initiators dieses Kults erklärt werden. Die ursprüngliche Ausmalung der Seitenwände ist nur in Teilen druckgraphisch dokumentiert; wenige Fragmente haben sich oberhalb der späteren Renaissance-Ausstattung in Form von Evangelistendarstellungen im Gewölbe der Kapelle erhalten. Umstritten ist, ob sie von einem Cimabue-Vorläufer (um 1270?) oder erst in den folgenden Jahrzehnten geschaffen wurden.

Bibl.: Frey, *Vite*, S. 418–423; Paatz/Paatz 1940–1954, Bd. III, S. 711; Wilkins 1977/78, S. 142–153; Panella 1990, S. 303–304; Turrini 1995/96, S. 1–21; Bisceglia 2013.

7 Die Aussage, Cimabue habe seine Ausbildung bei den Malern griechischer Nationalität in Florenz erhalten, ist Vasaris historiographischem Epochenkonzept geschuldet. Die genauen Umstände der Ausbildung des Künstlers sind ungeklärt, jedoch ist von einer Werkstatterfahrung bei einem toskanischen Meister auszugehen, der stilistisch durch den byzantinischen Stil der ersten Hälfte des Duecento geprägt war.

Bibl.: Frey, *Vite*, S. 416–425; Biermann 1991, S. 118–119; Bellosi 1998, S. 29–63.

8 Vasari grenzt an dieser Stelle nicht nur definitorisch die spätantike und mittelalterliche Kunst byzantinischer Meister von der klassischen Kunst des antiken Griechenlands ab, er spezifiziert auch die Defizite der *maniera greca*: Der Malweise der modernen »Griechen« habe es ins-

besondere an *disegno* und *colorito* gefehlt. Wie sie habe, gemäß Vasari, auch Cimabue das Prinzip der Naturnachahmung nicht berücksichtigt, sondern sich weitgehend an den Vorbildern seiner Lehrer orientiert; der Grund für eine dennoch feststellbare Verbesserung seiner Kunst sei letzten Endes auf seine natürliche Veranlagung zurückzuführen. Die vollkommene Überwindung der *maniera greca* schließlich gelingt Giotto, wie Vasari in dessen Vita ausführt, durch seine Imitation der Natur (siehe in diesem Band S. 54).

Bibl.: Soergel Panofsky 1991; Sohm 2001, S. 94; Bickendorf 2002.

9 War die Textfassung der Vita von 1550 bis zu diesem Punkt nur sprachlich überarbeitet worden, so verändert Vasari an dieser Stelle die inhaltliche Ausrichtung, indem er die Verweise auf Cimabues Malerkollegen Gaddo Gaddi und Andrea Tafi streicht, denen die anschließenden Viten gewidmet sind . Auf diese Weise stellt er die Bedeutung Cimabues stärker heraus, der explizit als Pionier einer Kunstgeschichte gedeutet wird, die patriotische Züge trägt. Das Zugeständnis der Sonderrolle Cimabues geht vor allem auf das *Libro* Antonio Billis zurück, wo ihm (mit Landino, Ed. Procaccioli, Bd. I, S. 241) zugesprochen wird, erstmalig »liniamentj naturalj« und »la uera proportione« im Bild umgesetzt sowie das Vermögen besessen zu haben, »tote« (da gemalte) Figuren lebendig und mit variantenreicher Körpergestik darzustellen (*Libro di Antonio Billi*, Ed. Frey, S. 4–5). Bemerkenswert ist Vasaris Neubewertung Cimabues als Perfektionierer der Malkunst dennoch – vor allem im Vergleich zu dem etwa gleichzeitig schreibenden Giovan Battista Gelli, der Cimabue noch als Vertreter der *maniera greca* nennt, ohne ihm Verbesserungen zuzubilligen, welche die Malerei erst seinem Schüler Giotto durch dessen Hinwendung zum Naturstudium zu verdanken habe: Das Verdienst Cimabues sei es gemäß Gelli gewesen, nach der Aktivität der griechischen Maler auf italienischem Boden »der erste Italiener gewesen zu sein, der zu malen begann«.

Bibl.: Gelli 1549, S. 14; Gelli 1896, S. 38–39; Daly Davis 2013.

10 Die im späten 18. Jahrhundert abgebrochene Kirche Santa Cecilia befand sich am südwestlichen Rand der zentralen Piazza della Signoria. Das auch von Gelli erwähnte und heute in den Uffizien aufbewahrte Werk (Tempera und Gold auf Holz, 85 x 181 cm), das auf beiden Seiten der sitzenden Heiligen jeweils vier Szenen ihres Lebens zeigt, wird seit der zweiten Hälfte des 19. Jahrhunderts dem sogenannten »Meister der Heiligen Cäcilie« zugeschrieben. Die Forschung teilt sich in zwei Lager, die eine Entstehung jeweils vor oder nach einem 1304 dokumentierten Brand der Kirche ansetzen, aus stilistischen Gründen scheint die frühere Datierung wesentlich wahrscheinlicher.

Bibl.: Gelli 1896, S. 39; Frey, *Vite*, S. 425–428; Strzygowski 1888, S. 144; Offner 1931, S. 24–27; Paatz/Paatz 1940–1954, Bd. I, S. 444–445 und S. 448, Anm. 25; Boskovits 1979, S. 538; Santoleri 1997; Bellosi 1998, S. 284.

11 Die mehrfach ihren Standort in Santa Croce wechselnde *Madonna* ist zuletzt in der zweiten Hälfte des 17. Jahrhunderts in der Kirche dokumentiert. Traditionell wird das von Vasari genannte Werk mit einem aus dem frühen Trecento stammenden Bild einer von sechs Engeln flankierten thronenden Madonna mit Kind identifiziert, die 1857 aus Florentiner Privatbesitz in die National Gallery in London gelangt war (Tempera und Gold, von Holz übertragen auf synthetische Bildfläche, 194,2 x 170,6 cm) und einem unbekannten Maler aus dem Umkreis Duccios oder Cimabues – vielleicht dem »Albertini-Meister« – zuzurechnen ist. Jüngst wurde diese fragwürdige These zu Recht angezweifelt, wenngleich die vorgeschlagenen Alternativlösungen, Vasari könnte in Santa Croce entweder eine heute in San Remigio aufbewahrte, stark beschnittene *Madonna mit Kind* (142 x 76 cm) oder eine heute in der Collegiata von Figline Valdarno aufgestellte *Maestà* (300 x 176 cm) gesehen haben, nicht weniger spekulativ sind.

In der Erstausgabe der Vita hatte Vasari präzisiert, daß Cimabues Werke in Santa Croce von einem befreundeten Guardian bestellt worden waren. Die Angaben über die nächsten Werke sowie der folgende Abschnitt bis einschließlich zum Kruzifix von Santa Croce wurden erst 1568 hinzugefügt.

Bibl.: Strzygowski 1888, S. 144–145; Paatz/Paatz 1940–1954, Bd. I, S. 595; De Marchi 2009, S. 611–614; Gordon 2011, S. 326–332.

12 In der Forschung wird dieses Bild gemeinhin mit der sogenannten Bardi-Tafel (Tempera und Gold auf Holz, 238 x 131 cm) identifiziert, die erst im Jahr 1595 in die Bardi-Kapelle gelangte. Ob Vasari dieses Objekt, dessen Größe sich auffällig von seiner Beschreibung eines »Täfelchens« (»tavoletta«) unterscheidet, überhaupt in Santa Croce gesehen haben kann, ist nicht gesichert. Auch Vasaris nachdrückliches Lob des beschriebenen Werks als früher Versuch, die Gesichtszüge des Porträtierten realistisch nachzubilden, ist schwer mit der relativ starren und wenig innovativen Darstellung der zentralen Bildfigur auf der wohl in den 1240er oder 1250er Jahren entstandenen Bardi-Tafel in Übereinstimmung zu bringen. Für welchen Ort das Gemälde entworfen worden ist und ob es ursprünglich als Altartafel oder nicht eher als eine Art Festtagsbild konzipiert worden war, ist ebenso unklar wie sein Autor: Nachdem die Forschung im späten 19. Jahrhundert von Cimabue abgerückt war, wurden zahlreiche Namen – darunter Margaritone d'Arezzo,

Bonaventura Berlinghieri und zuletzt Coppo di Marcovaldo – mit dem Werk verbunden; geläufig ist jedoch der Notname des anonymen »Meisters der Bardi-Tafel«.

Bibl.: Stein 1976; Goffen 1988, S. 29–50; Boskovits 1993, S. 472–507; Wolff 1996, S. 141–200; De Marchi 2009, S. 611–613.

13 Die *Maestà di Santa Trinita* (Tempera und Gold auf Holz, 385 x 223 cm) gehört mit Duccios *Madonna Rucellai* und Giottos *Madonna Ognissanti* zu den drei Inkunabeln der frühen italienischen Altarmalerei (siehe unten, Anm. 40, sowie in diesem Band S. 82–83). Sie zeigt die sitzende Gottesmutter mit segnendem Kind, deren Thron zu beiden Seiten von jeweils vier hintereinander gestaffelten Engeln flankiert wird. Die reich geschmückte Architektur des Throns schließt mit einem loggienartigen Unterbau ab, in dem die Propheten Jeremias, Abraham, David und Jesaja als Halbfiguren gezeigt sind, die Schriftrollen halten, welche auf Bibelstellen mit marianischem Bezug verweisen (Jeremias 31, 22; Genesis 22, 18; Psalmen 131, 11; Jesaja 7, 14). Die Forschung schwankt in der Datierung der Tafel zwischen der ersten Hälfte der 1270er Jahre und 1290, zudem ist angesichts fehlender Referenzen an das Patronat der Kirche Santa Trinita unklar, ob Cimabues Altarbild wirklich für diesen Ort bestimmt war – beziehungsweise den Vorgängerbau der gegenwärtigen Kirche, deren Chor erst in den 1370er Jahren vollendet worden ist (mit Bellosi 1998, S. 255, anzunehmen, die dreigliedrige Vertikalrhythmik des Bildes verweise auf die Trinität, scheint kaum plausibel). Auch die ursprüngliche Aufstellung – am Hauptaltar oder in der Kapelle der Compagnia dei Laudesi im Querschiff – ist unsicher. Bis zur Überbringung in die Galleria dell'Accademia (1810; seit 1919 in den Uffizien) wurde das Werk mehrfach innerhalb der Kirche und dem Konvent Santa Trinita bewegt. Im Verlauf dieser Jahrhunderte wurde sein Format zudem durch die Ergänzung dreieckiger Kantenstücke im oberen Bereich zu einem Rechteck verändert (1890 wieder revidiert). Die ursprüngliche Rahmung muß nach neueren Restaurierungsbefunden deutlich größer gewesen sein, so daß auch die Tafel gegenüber dem heutigen Erscheinungsbild noch monumentaler wirkte.

Bibl.: *Libro di Antonio Billi*, Ed. Frey, S. 4–5; Paatz/Paatz 1940–1954, Bd. V, S. 307–317; Strzygowski 1888, S. 53–55 und S. 145–157; Battisti 1963, S. 67–71 und S. 106; Boskovits 1976, o. S., Nrn. 13–15; Boskovits 1979, S. 539; De Benedictis 1987, S. 89–92; Bellosi 1998, S. 249–256 und S. 282–283; Tartuferi 1998, S. 222; Polzer 2002/03, S. 128–132; De Marchi 2009, S. 606–609.

14 Alesso Baldovinetti (*1425 Florenz – †1499 ebenda). Die 1470 in Auftrag gegebene *Dreieinigkeit mit den Heiligen Benedikt und Johannes*

Gualbertus (Tempera auf Holz, 238 x 284 cm), die sich heute in der Galleria dell'Accademia befindet, erwähnt Vasari in der Vita Baldovinettis nur sehr flüchtig (Vasari, *Botticelli und Lippi*, S. 81).

15 Das nur durch Vasari dokumentierte Fresko, an dem er ein weiteres Mal Cimabues Verbesserung von *disegno* und *colorito* herausstellt, den Eindruck von Weichheit und Lebendigkeit in den Darstellungen lobt sowie die negativen Stilmerkmale der *maniera greca* auf mangelndes Naturstudium zurückführt, ging wahrscheinlich spätestens mit dem radikalen Umbau des Gebäudes im frühen 17. Jahrhundert verloren. Deutlich wird in der Passage, daß Vasari unter anderem die Profil- und Binnenkonturierung als charakeristisches Signum der byzantinischen Malweise ausmacht. Die Ersetzung dieses Stils durch weichere, lebendigere und darin natürlichere Darstellungsweisen gelingt Cimabue, folgt man Vasari, indem dieser nicht etablierte Formensprachen und Muster wiederholte, sondern sich dem *studio* zuwandte, womit – ohne daß dies ausdrücklich gesagt würde – eigentlich die genaue Abbildung der Natur gemeint zu sein scheint, die Vasari explizit erst Giotto zusprechen wird. Ein Mittel zum Erreichen dieser neuen Malqualität und einer neuartigen *invenzione* war zudem, wie vorher zur *Maestà di Santa Trinita* ausgeführt wurde, die besondere Sorgfalt (*diligenza*) des Künstlers.

Bibl.: Frey, *Vite*, S. 440–441; Boskovits 1979, S. 538; Bellosi 1998, S. 285.

16 Die Annahme, der bisher im Text noch nicht erwähnte Guardian müsse dem Leser bekannt sein, ist dem Umstand geschuldet, daß in der Ausgabe von 1550 die zuvor erwähnte *Madonna* (vgl. Anm. 11) als dessen Auftrag bezeichnet worden war; diese Spezifizierung entfiel jedoch 1568 im Verlauf des Redaktionsprozesses der *Vite*.

17 Das schon 1510 von Francesco Albertini (Albertini 1510, o. S.) als Werk Cimabues genannte Kruzifix (Tempera und Gold auf Pappelholz, 433 x 390 cm) in Santa Croce wurde mehrfach innerhalb des Komplexes bewegt. Nach der verheerenden Überschwemmung im November 1966 wurde das schwer beschädigte Kreuz in der lokalen und internationalen Wahrnehmung zum Symbol der Flutschäden in Florenz; seit seiner aufwendigen Restaurierung ist das Werk im ehemaligen Refektorium von Santa Croce zu sehen. Bereits zu einem früheren Zeitpunkt hatte es einen runden Clipeus verloren, der einen segnenden Gottvater zeigte. Aufgrund des Umstands, daß mehrere monumentale Kruzifixe in Santa Croce belegt sind, kann über die ursprüngliche Aufstellung des Werks Cimabues – als zentrales Triumphkreuz am Lettner? – keine genaue Angabe gemacht werden; im späten 16. Jahrhundert ist es als Pendant zu einem anderen Monumentalkruzifix am Pfeiler zwischen dem 2. und 3.

Nebenchor dokumentiert. Auch die Umstände des Auftrags an Cimabue sind nicht zu rekonstruieren. Wenn Vasaris recht zweifelhafter Bericht über den Guardian historischen Gehalt hat, so könnte hier möglicherweise Fra Illuminato de' Caponsachi gemeint sein (Frey, *Vite*, S. 393, Anm. 8). Die gängigen Datierungen des Kruzifix schwanken in der kunsthistorischen Forschung zwischen der Mitte der 1270er – damit deutlich vor dem Baubeginn von Santa Croce im Jahr 1294 – und den 1290er Jahren, jedoch spricht vieles dafür, eine Entstehung um 1275 oder wenig später anzunehmen.

Bibl.: Paatz/Paatz 1940–1954, Bd. I, S. 603 und S. 607; Battisti 1963, S. 62–65 und S. 105; Battisti 1967; Boskovits 1976, o.S., Nrn. 11–12; Boskovits 1979, S. 539; Bellosi 1998, S. 96–102 und S. 273–274; Tartuferi 1998, S. 221; Schwarz 2007/08; De Marchi 2009, S. 611–615; Gaeta 2013, S. 47–63.

18 Vasaris Bericht über Cimabues Aktivität in Pisa korreliert mit Quellen, die in den Jahren 1301/02 seinen Kontakt mit und Aufenthalt in der Stadt dokumentieren: Zwischen September und Februar sind Zahlungen für seine Arbeit am Apsismosaik des Doms dokumentiert, und im November 1301 erhält Cimabue vom Ospedale di Santa Chiara den Auftrag für ein Polyptychon. Dieses Werk erwähnt Vasari nicht, das Apsismosaik schreibt er aufgrund einer Verwechslung Vincino da Pistoia zu (Bettarini/Barocchi, *Vite*, Bd. II, S. 84–85).

Mit der Zuschreibung eines *Heiligen Franziskus* in der Kirche San Francesco an Cimabue, einem heute nicht eindeutig zu identifizierenden Bild, gibt Vasari eine zur Mitte des Cinquecento geläufige Ansicht wieder. In der Forschung werden verschiedene Vorschläge diskutiert, die das in den *Vite* genannte Gemälde, dessen Beschreibung und Rezeptionsgeschichte Vasari 1568 sprachlich überarbeitet, beispielsweise mit einer heute unter dem Namen Giunta Pisanos geführten Tafel im Museo Nazionale di San Matteo in Pisa oder auch der Darstellung des *Heiligen Franziskus* von der Hand Giottos im Louvre in Verbindung bringen (siehe in diesem Band S. 67–68) – dieses Bild ist allerdings eindeutig signiert und wird zudem von Vasari in der Biographie des Malers erwähnt.

Bibl.: *Libro di Antonio Billi*, Ed. Frey, S. 4–5; Gelli 1896, S. 39; *Anonimo Magliabechiano*, Ed. Frey, S. 49; Battisti 1963, S. 72–75 und S. 107; Boskovits 1976, o.S., Nr. 64; Bellosi 1998, S. 286; Kat. Pisa 2005.

19 Die *Maestà* Cimabues (Tempera und Gold auf Holz, 424 x 276 cm) gelangte 1813 in den Louvre in Paris. Ob die Altartafel, die Vasari offenbar an der Gegenfassade sah, ursprünglich auf dem Hauptaltar der Kirche San Francesco stand, ist nicht gesichert. Die Bildanlage der

thronenden Madonna mit Kind, zu deren Seiten jeweils drei Engel hintereinander angeordnet sind, eignet sich für konzeptionelle und stilistische Vergleiche mit Cimabues *Maestà di Santa Trinita* (vgl. Anm. 13), Duccios *Madonna Rucellai* (vgl. Anm. 40) und Giottos *Madonna Ognissanti*, dennoch schwankt die Datierung der Tafel im Louvre enorm: von der Forschung wird der Zeitraum zwischen 1275 und den 1290er Jahren diskutiert.

Bibl.: Strzygowski 1888, S. 190–193; Battisti 1963, S. 73 und S. 108; Boskovits 1976, o.S., Nrn. 44–46; Boskovits 1979, S. 538–539; Bellosi 1998, S. 102–118 und S. 274–275; Polzer 2002/03, S. 132; Kat. Pisa 2005, S. 234–235, Kat.-Nr. 76 (Cristiano Giometti).

20 Das Werk ist nicht zu identifizieren oder verloren. Der gesamte Abschnitt, mit dem Vasari die weitere Aktivität Cimabues in Pisa spezifiziert, ist erst 1568 hinzugefügt worden.

Bibl.: Boskovits 1979, S. 538; Bellosi 1998, S. 286.

21 Vasaris Äußerung über die Malereien »griechischer Meister« in der Kirche San Francesco in Assisi, deren Baugeschichte er in der Vita Arnolfo di Cambios erzählt (Vasari, *Bildhauer und Architekten des Duecento und des Trecento*, S. 23–25), macht deutlich, daß er die wenigen der großformatigen Wandmalereien, die hier vor Cimabues Auftreten entstanden, zwar von dessen Arbeiten unterscheidet, die Werke jedoch nicht scharf chronologisch trennen will: Tatsächlich begann um 1260 und damit lange vor Cimabues eigentlicher Tätigkeit in Assisi die Ausmalung von San Francesco mit Arbeiten des sogenannten »Franziskusmeisters« im Langhaus der Unterkirche, wo er jeweils fünf Szenen der *Passion Christi* und der *Legende des Heiligen Franziskus* und die zugehörigen Gewölbe ausführte, die Vasari teilweise Cimabue zuschreibt (das einzige Werk, welches heute als Arbeit Cimabues in der Unterkirche gilt, ist eine *Maestà* im nördlichen Arm des westlichen Querhauses). Daneben bedingten noch früher zu datierende Einzelobjekte wie das monumentale Lettnerkruzifix Giunta Pisanos und vor allem eine umfangreiche Glasfensterausstattung die darauffolgenden Dekorationsphasen durch andere Maler. Insgesamt also billigt Vasari mit seiner ausführlichen Beschreibung in der zweiten Ausgabe der *Vite* Cimabue einen Anteil an der Ausstattung der Kirche zu, der weit über den ihm von der modernen Forschung zugeschriebenen Bestand an Bildern hinausgeht. Die Bedeutung der Ausmalung von San Francesco für die Entwicklung der Malkunst im Italien des späten Duecento erkannte Vasari erst nach der Erstausgabe der *Vite*: In der Vita Cimabues von 1550 war Assisi, ähnlich wie zuvor im *Libro* Antonio Billis (*Libro di Antonio Billi*, Ed. Frey, S. 4–5), nur mit einem einzigen Satz gewürdigt worden.

Der tatsächliche Zeitraum der Tätigkeit von Cimabue und seiner Werkstatt in Assisi ist stark umstritten, diskutiert werden die Jahre des Pontifikats Papst Nikolaus' III. (1277–1280), jedoch auch die Mitte der 1280er Jahre oder das Pontifikat Nikolaus' IV. (1288–1292). Auch die Chronologien der Bildfolgen und Einzelzuschreibungen sind weiterhin Gegenstand intensiver kunsthistorischer Diskussionen. Die gravierenden Folgen des Erdbebens vom 26. September 1997, bei dem große Teile der Freskenausstattung von San Francesco unwiederbringlich verlorengingen, haben in dieser Hinsicht zumindest teilweise auch zu neuen Erkenntnissen verholfen, da es anschließende restauratorische Befunde beispielsweise erlauben, die zeitliche Reihenfolge der Entstehung einiger Szenen besser zu bestimmen sowie den Anteil von Cimabues Werkstatt präziser von jenem einer gleichzeitig arbeitenden Gruppe römischer Maler abzugrenzen.

Bibl.: Thode 1885, S. 216–279; Battisti 1963, S. 34–60; Belting 1977, S. 87–105 und S. 191–222; White 1981; Blume 1983, S. 29–32; Poeschke 1985; White 1993; Romano 1997; Bellosi 1998, S. 147– 245; Bonsanti 2002; Poeschke 2003, S. 40–109; Ruf 2012, S. 35–45; Cooper/Robson 2013.

22 Vasari nennt nur einen Teil der Ausmalung Cimabues im polygonalen Chor von San Francesco, nämlich vier annähernd quadratische Felder auf beiden Seiten des zentralen Papstthrons: Die stark in Mitleidenschaft gezogenen Bildfelder zeigen die *Verabschiedung der Apostel von Maria*, den *Marientod*, die *Himmelfahrt Mariens* sowie *Maria und Christus auf dem himmlischen Thron* (die Krönung, von der Vasari spricht, ist hier nicht dargestellt). Der eigentliche Beginn dieses Zyklus' wird in den beiden darüber befindlichen Lünetten gezeigt, wo auf zwei Registern zunächst die *Geburt Mariens* und die *Verkündigung an Joachim* dargestellt sind, darunter der *Tempelgang* und die *Vermählung Mariens*. Weitere, teilweise heute schwer zu identifizierende Darstellungen zeigen Maria, Joseph, Anna und Joachim, Engel, Propheten und Heilige Bischöfe (oder Päpste?); in den Laibungen der Lünetten und Fenster sind darüber hinaus zahlreiche Heilige zu sehen. Der schlechte Erhaltungszustand läßt großen Raum für Zweifel an den vieldiskutierten Zuschreibungen der einzelnen Bildfelder, was auch für die Ausmalung der beiden Querschiffe gilt, über die Vasari vollständig schweigt: Hier finden sich Szenen der *Apokalypse* und der *Heiligenlegenden des Petrus und Paulus*, die auf der östlichen Seite mit christologischen Darstellungen (eine *Transfiguration*, ein *Thronender Christus*, zwei *Kreuzigungen* sowie mehrere Apostel und Engel) ergänzt werden, die in einem deutlichen Bezug zu den mariologischen Darstellungen des Chors stehen. Während ein Großteil

dieser Fresken eindeutig als Arbeit Cimabues und seiner Werkstatt angesehen wird, sind einzelne Partien – vor allem einige der Lünettenfresken oder die Figurengruppe der Apostel – wohl von anderen Künstlern geschaffen worden, darunter neben römischen Meistern möglicherweise auch ein nordalpiner Maler, der in der Forschung als »Gotiker« tituliert wird.

Bibl.: Boskovits 1976, o. S., Nrn. 21–40; Belting 1977, S. 53–68; Poeschke 1985, S. 23–29 und S. 71–76; Bellosi 1998, S. 207–213; Bonsanti 2002, Bd. II, S. 554–563, 569–579, 591–601 und S. 606–608; Ruf 2012, S. 45–73; Hourihane 2012, Bd. I, S. 168–181.

23 Das Kreuzgewölbe der Vierung von San Francesco zeigte bis zum Erdbeben von 1997 die vier Evangelisten; das sphärisch gewölbte Bildfeld nahe des Langhauses mit der Figur des Matthäus ist seitdem zerstört. Jeder der vier Evangelisten war ursprünglich als Schreiber an einem Tischchen dargestellt, darüber befand sich sein jeweiliges Symbol und rechts eine urbane Struktur, die größtenteils aus Phantasieelementen zusammengefügt war, jedoch auch Verweise auf konkrete lokale Bauten oder Kontexte enthielt. Die durch die Darstellung und Inschriften ausgewiesenen Territorien stehen einerseits in Zusammenhang mit der Herkunft der Evangelisten oder dem Wirkkreis ihrer Schriften (Matthäus wird mit Israel, Lukas mit Griechenland, Johannes mit Asien und Markus mit Italien verbunden), deuten jedoch zugleich auch auf die missionarische Aufgabe und Tätigkeit der Franziskaner außerhalb Europas hin. Versuche, ein Wappen der Familie Orsini in der »italienischen« Stadtvedute, die Anklänge an die Architektur Roms aufweist, zur Datierung heranzuziehen, führen aufgrund der anhaltenden Bedeutung der Familie im späten 13. und frühen 14. Jahrhundert nicht zu zwingenden Resultaten.

Bibl.: Strzygowski 1888, S. 84–98; Battisti 1963, S. 39–45; Boskovits 1976, o. S., Nrn. 16–20; White 1981, S. 356–362; Bellosi 1998, S. 170–176; Bonsanti 2002, Bd. II, S. 621–625; Polzer 2002/03, S. 135; Frugoni 2003; Ruf 2012, S. 306–312.

24 Wie in der Vita Giottos macht Vasari hier den qualitativen Fortschritt der Malkunst auch an der technischen Entwicklung der Freskomalerei fest, die zum charakteristischen Medium der Epoche wird, die das ›griechische‹ Mosaik sukzessive ablöst. Die besonderen Ansprüche und Schwierigkeiten des Freskos, dem sich Vasari auch an anderen Stellen widmet (Vasari, *Einführung*, S. 112–113), führen in diesem Zeitraum tatsächlich zu experimentellen Verfahrensweisen, die jedoch nicht immer ein glückliches Resultat hervorbringen. Mangelnde Ausgereiftheit der Technik zeigt sich besonders in den Bildfeldern des Querhauses, wo

chemische Prozesse das Erscheinungsbild beeinträchtigt haben, beispielsweise durch die Oxydation von mit Weiß durchmischten hellen Partien, die heute schwarz erscheinen; die einstige Vielfalt der Farbpalette ist nur noch an wenigen geschützten Stellen erhalten geblieben. Die von Vasari hier gelobten vier ›Segel‹ des Evangelistengewölbes hingegen zeigen sich – sieht man von den 1997 hervorgerufenen Zerstörungen ab – in einem Zustand, der im Vergleich mit den darunterliegenden Wandfresken einen recht guten Eindruck vom ursprünglichen Aussehen der Malereien Cimabues vermittelt.

[25] Das zweite oder – zählt man, wie heute zumeist üblich, vom Kircheneingang der gewesteten Kirche aus – vierte Gewölbe war mit goldenen Sternen auf blauem Grund dekoriert worden; sein westlicher, der Vierung zugewandter Teil ging beim Erdbeben 1997 verloren. Aufgrund der materiellen Verluste ist keine eindeutige Aussage über den Zusammenhang mit dem Evangelistengewölbe und damit über seine eventuelle Ausführung durch Cimabues Werkstatt möglich.

Bibl.: Bonsanti 2002, Bd. II, S. 553.

[26] Das unter der leicht irreführenden Bezeichnung als Heiligengewölbe bekannte mittlere Kreuzgewölbe des Langhauses zeigt in vier Medaillons die Deësis-Gruppe (Jesus Christus, Maria und den Heiligen Johannes den Täufer) sowie den Heiligen Franziskus; in den verbleibenden Zwickeln sind Engel dargestellt. Die Zuschreibung an Jacopo Torriti, der zuvor vielleicht in der römischen Werkstatt im Querhaus begonnen hatte, und eine Datierung ungefähr um 1288/90 haben sich weitestgehend durchgesetzt.

Bibl.: Petersen 1989, Bd. I, S. 54–66 und S. 153–179; Tomei 1990, S. 45–47; Bonsanti 2002, Bd. II, S. 551–553; Ruf 2012, S. 320–325.

[27] Auch die Dekoration dieses Kreuzgewölbes (vom östlichen Eingang aus gezählt das zweite Joch) mit Sternen auf blauem Grund stammt mit höchster Wahrscheinlichkeit nicht aus Cimabues Werkstatt.

Bibl.: Bonsanti 2002, Bd. II, S. 551.

[28] Die Darstellung der Kirchenväter befindet sich im ersten östlichen Joch des Langhauses. Das gewölbte ›Segel‹ mit dem Heiligen Hieronymus wurde 1997 zerstört, die identifizierbaren Fragmente sind später wieder zusammengesetzt worden. Die Zuschreibung der einzelnen Bildfelder (an den jungen Giotto oder andere mutmaßliche Mitarbeiter der hier tätigen Werkstatt), die wohl kurz nach der Ausmalung des Heiligengewölbes angefertigt worden und damit wahrscheinlich nach 1290 zu datieren sind, ist kontrovers. Ursprünglich waren alle vier namentlich ausgewiesenen Kirchenväter in architekturhaft anmutenden Schreibstuben im Akt des Lesens, Schreibens oder Kontemplierens ge-

zeigt. Jedem zugeordnet war auf der jeweils rechten Seite ein Mönch, der wiederum liest oder das Gesagte mitschreibt. Die von Vasari vorgebrachte Deutung, die vier Begleiter seien als Repräsentationen der »quattro prime Religioni« zu verstehen, fußt auf der auffallenden Unterscheidung ihrer Mönchsgewandung. Die christologische Bedeutung der Kirchenväter wird durch die Darstellung einer Christusfigur in jeder der vier *vele* hervorgehoben, die jeweils am Scheitelpunkt über einer Wolke zu sehen ist.

Vasaris Charakterisierung, es handle sich um eine besonders mühevolle und sorgfältige Arbeit, bezieht sich auf die gesamte Ausstattung der aufgezählten fünf Gewölbe, die er allesamt Cimabue zuschreibt. Seine Bewunderung bezieht sich so einerseits auf die Ausführung, die durch die reiche, doch streng geometrische Ornamentik besonders kleinteilig wirkt; andererseits auf die körperlich anstrengende Ausmalung einer Gewölbedecke durch einen einzigen Maler. Das Ertragen und Erleichtern einer derartigen *fatica* sind Konstanten des künstlerischen Arbeitens: In seiner Vita des Michelangelo geht Vasari im Zusammenhang mit der Deckenausmalung der Sixtinischen Kapelle ausführlich auf die Mühen einer solchen Leistung ein, die auch der *divino artista* selbst in einem berühmt gewordenen Gedicht verarbeitet, und auf die negativen Folgen für den Sehsinn des Malers. In diesem Kontext erwähnt Vasari – wie auch in den *Ragionamenti* – seine eigene Erfindung eines Stuhls mit Kopfstütze für die Arbeit an Gewölbefresken, die als technisches Hilfsmittel zur Verbesserung der Künste beitragen soll (Jonietz 2011, S. 590).

Bibl.: Bonsanti 2002, Bd. II, S. 549–551; Vasari, *Michelangelo*, S. 79–72; Ruf 2012, S. 312–315.

29 An den Seitenwänden des Langhauses der Oberkirche von San Francesco sind jeweils drei horizontale Register mit narrativen Bildszenen angebracht. Die zwickelförmigen oberen und die annähernd quadratischen mittleren Fresken flankieren dabei die Spitzbogenfenster, unter denen ein Laufgang und darunter die letzte der drei Bildfolgen situiert sind. Den größten Anteil an der Ausstattung hatten römische Meister, Cimabues Beteiligung an der Ausmalung der Seitenwände ist fast sicher auszuschließen. Auf der nördlichen Wand beginnen links oben acht Szenen eines alttestamentlichen Zyklus', der von der *Erschaffung der Welt* bis zu *Kains Brudermord* reichte (drei dieser Fresken sind bis auf Fragmente verloren) und der im unteren Register fortgesetzt wird. Die Entstehungsgeschichte und die Frage der Zuschreibung der einzelnen Fresken, die nicht im Rahmen eines homogenen Projekts in einem Zug ausgeführt wurden, werden in der Forschung kontrovers diskutiert. Vor

allem die erste Szene wird als Werk Jacopo Torritis angesehen – oft gemeinsam mit den drei folgenden, jedoch ist die Meinung zur Attribution hier weitaus weniger einhellig. Auch die genaue Datierung der wohl ungefähr zwischen 1288 und 1295 entstandenen Fresken ist bis heute Gegenstand zahlreicher Debatten.

Bibl.: Boskovits 1976, o.S., Nrn. 75–76; Belting 1977, S. 222–234; Petersen 1989, Bd. I, S. 54–66 und S. 180–198; Bd. II, S. 414–423; Tomei 1990, S. 59–65; Bonsanti 2002, Bd. II, S. 490–493; Ruf 2012, S. 101–123.

30 Die Szenen im mittleren Register der Nordwand vervollständigen den alttestamentlichen Zyklus mit acht Darstellungen, die vom *Bau der Arche* bis zu *Josef gibt sich seinen Brüdern zu erkennen* reichen. Der kunsthistorische Streit um Attribution und Datierung kreist hier seit Henry Thode (Thode 1885, S. 251–253) vor allem um die Identität des Meisters der beiden Fresken *Isaak segnet Jakob* und *Esau vor Isaak*, deren Stil und malerische Qualität sich deutlich von den Schöpfungen Jacopo Torritis und seines Umkreises unterscheiden. Das Verhältnis des von der Forschung als »Isaak-Meister« bezeichneten Malers zum jungen Giotto ist ein zentrales und bis heute intensiv diskutiertes Problem. Vor allem die Möglichkeiten einer Identität beider Künstler oder aber eine Schulung und Mitarbeit Giottos in der – römischen? – Werkstatt des »Isaak-Meisters« werden als Voraussetzung seiner späteren Leistungen in Betracht gezogen (siehe in diesem Band die Einleitung zur Vita Giottos sowie S. 168–169, Anm. 43), wie auch die Mitarbeit Giottos an den rechts folgenden Fresken in der Forschung diskutiert wird.

Bibl.: Smart 1971; Belting 1977, S. 96–105 und S. 222–242; Bellosi 1985; Petersen 1989, Bd. I, S. 54–66 und S. 199–205; Bd. II, S. 424–435; Tomei 1990, S. 59–65; Hoch 1996; Tomei 1997b; Ragionieri 1998, S. 56–58; Bonsanti 2002, Bd. II, S. 493–498; Ruf 2012, S. 125–145; Hourihane 2012, Bd. I, S. 171–172.

31 Dem alttestamentlichen Zyklus der Nordwand ist auf der südlichen Seite des Langhauses das *Leben Mariä und Christi* gegenübergestellt. Die ersten acht Szenen im oberen Register reichen von der *Verkündigung* bis zur *Taufe Christi*, wiederum beginnt die Erzählung im Westen und verläuft damit von rechts nach links. Die unteren Fresken stellen das Leben des Erlösers von der *Hochzeit zu Kana* bis zu den *Frauen am Grab Jesu* dar. Auch in diesem Fall hat die Kontroverse über die Händescheidung zu keinem allgemein akzeptierten Urteil geführt. Neben Torriti und dem Umfeld römischer Künstler bildet ein Teil dieser Bildfelder den Ausgangspunkt zur Rekonstruktion des Œuvres eines anonymen »Meisters der Gefangennahme« (oder »Maestro della Cattura«). Auch florentini-

sche Einflüsse werden erkannt, die wiederum in Zusammenhang mit dem Einfluß Cimabues stehen können; für die von manchen Forschern konstatierte Beteiligung Giottos sprechen kaum Argumente.

Bibl.: Boskovits 1976, o.S., Nrn. 77–78; Belting 1977, S. 222–234; Petersen 1989, Bd. I, S. 54–66 und S. 206–237; Bd. II, S. 436–445; Tomei 1990, S. 65–68; Tomei 1997a; Ragionieri 1998, S. 56–58; Bonsanti 2002, Bd. II, S. 498–509; Ruf 2012, S. 145–190.

32 In den beiden von Vasari beschriebenen, inzwischen von starken Verlusten gekennzeichneten Fresken des *Pfingstwunders* und der *Himmelfahrt Christi* an der östlichen Gegenfassade – in der Vita wird fälschlich von »ihrer«, also Mariens Himmelfahrt gesprochen – werden von der Forschung heute starke Anteile Giottos erkannt. Über den beiden Szenen sind in zwei Tondi die *Heiligen Petrus und Paulus* zu sehen; darunter befinden sich zwei Bildfelder der Franziskuslegende, von denen Vasari im Leben Giottos die Szene des *Quellwunders* besonders würdigt (siehe in diesem Band S. 2 und 64).

Bibl.: Bonsanti 2002, Bd. II, S. 480–490 und S. 509–511; Ruf 2012, S. 190–196.

33 Vasari kam im Rahmen einer größeren Reise nach Assisi, die ihn im Mai 1563 zunächst nach Umbrien und in die Marken führte, von wo er per Schiff nach Venedig gelangte und über Bologna nach Florenz zurückkehrte (Frey 1923–1940, Bd. I, S. 760). Ein weiteres Mal hielt er sich im April 1566 in Assisi auf (Frey 1923–1940, Bd. II, S. 226–230 und S. 244); zu diesem Zeitpunkt war der Band mit der Lebensbeschreibung Cimabues jedoch bereits gedruckt. Den metaphorischen Vergleich zwischen der Entwicklungsgeschichte der Bildenden Künste und einem das Dunkel durchbrechenden Licht, der gleich zu Beginn der Vita eingeführt und mehrfach aufgegriffen wird, bereichert Vasari an dieser Stelle um das vielsagende Bild, daß nach zahlreichen ›blinden‹ Malern erst Cimabue mit ›Sehkraft‹ ausgezeichnet gewesen sei und gemalt habe.

34 Zur Verbesserung der Technik des Freskos, die eine längerfristige Erhaltung der Malereien – später ein wichtiges Argument im Paragone-Streit um den Vorrang der Kunstgattungen – ermöglicht, siehe Anm. 24.

35 Vasaris Formulierung suggeriert, Cimabue habe mit der *Franziskuslegende* im Langhaus begonnen, die tatsächlich nichts mit Cimabues Tätigkeit in Assisi zu tun hat – wenngleich auch die weniger plausibel erscheinende Möglichkeit nicht auszuschließen ist, daß sich Vasari hier auf die teilweise tatsächlich von Cimabue stammenden unteren Wandregister des Querhauses bezieht, die er bei der Beschreibung der Chorzone unterschlägt (vgl. Anm. 22).

36 Giotto di Bondone (*um 1265/76 Vespignano oder Florenz – †8. Januar 1337 Florenz), siehe die Vita des Künsters in diesem Band.

37 Siehe in diesem Band S. 61–66.

38 Die schon seit dem *Libro* Antonio Billis als Werke Cimabues identifizierten Fresken sind verloren.

Bibl.: *Libro di Antonio Billi*, Ed. Frey, S. 4–5; Gelli 1896, S. 39; *Anonimo Magliabechiano*, Ed. Frey, S. 49; Paatz/Paatz 1940–1954, Bd. V, S. 154; Bellosi 1998, S. 285; Hope 2010, S. 36–37.

39 Die heute nicht mehr überprüfbare Angabe über die Werke Cimabues in der Pieve in Empoli, einem im Settecento vollständig umgebauten Sakralkomplex, konnte Vasari dem *Libro* Antonio Billis entnehmen; sie findet sich darüber hinaus im *Anonimo Magliabechiano*.

Bibl.: *Libro di Antonio Billi*, Ed. Frey, S. 4–5; *Anonimo Magliabechiano*, Ed. Frey, S. 49; Bellosi 1998, S. 284.

40 Seit Albertinis Florenzführer (Albertini 1510, o.S.) fehlt die Zuschreibung der *Madonna Rucellai* (Tempera und Gold auf Holz, 450 x 290 cm, Florenz, Uffizien) an Cimabue in kaum einer kunsthistoriographischen Schrift, und der von Vasari in den folgenden Sätzen kolportierte Bericht über die zeitgenössische Verehrung des Bildes (dessen bemerkenswerte Maße er in der für die zweite Ausgabe der Vita überarbeiteten Ursprungsfassung nicht erwähnt hatte) ist noch bis zum 19. und sogar bis in das frühe 20. Jahrhundert hinein mit der Legende des Malers verwoben [siehe Abbildung S. 14/15]. Tatsächlich handelt es sich jedoch um ein 1285 in Auftrag gegebenes Gemälde, dessen Zuschreibung an Duccio heute fast unumstritten ist (wenngleich im frühen 20. Jahrhundert prominente Fachvertreter weiter für eine Autorschaft Cimabues plädierten). Auch der Bericht von der Bildprozession, die Vasari im folgenden Satz mit der *Madonna Rucellai* verbindet, scheint auf ein Werk Duccios zurückzugehen, nämlich dessen Sieneser *Maestà*, die tatsächlich 1311 höchst feierlich von der Künstlerwerkstatt in den Dom überführt worden war.

Wenn die Nennung der Madonna an dieser Stelle der Vita wirklich Vasaris Chronologie der Werke reflektiert, würde er bemerkenswerterweise Cimabues *Maestà di Santa Trinita* (vgl. Anm. 13) zeitlich deutlich vor der *Madonna Rucellai* einordnen, jedoch weist seine Einordnung in die historischen Zeitumstände (dazu Anm. 43) hier einen gewissen Anachronismus seiner Ausführungen auf.

Bibl.: *Libro di Antonio Billi*, Ed. Frey, S. 4–5; Strzygowski 1888, S. 55–58; Thode 1890, S. 34–38; Gelli 1896, S. 38; *Anonimo Magliabechiano*, Ed. Frey, S. 49; Frey, *Vite*, S. 455–461; Paatz/Paatz 1940–1954, Bd. III, S. 706 und S. 791–793, Anm. 208; Battisti 1963, S. 67–71 und S. 108;

Boskovits 1976, o.S., Nrn. 47–49; *La Maestà di Duccio restaurata* 1990; Maginnis 1997, S. 64–78; Bellosi 1998, S. 285; Vasari, *Sieneser Maler*, S. 89–93; Dunlop 2013.

41 In der Ausgabe von 1550 bezog sich Vasari an dieser Stelle auf eine mündliche Tradition. Anzunehmen, die Veränderung stelle nur ein literarisches Mittel – gar eine von Vasari »gefälschte Dokumentation« (so Barolsky 1992, S. 7) – dar, um den Leser vom Wahrheitsgehalt der Anekdote zu überzeugen, greift viel zu kurz: Bereits der Umstand, daß sich eine Variante der folgenden Erzählung auch in Gellis *Vite de' pittori* findet (Gelli 1896, S. 38), belegt eine bestehende Erzähltradition. Nicht ausgeschlossen werden kann somit, daß sich Vasari mit den »certi ricordi di vecchi pittori« konkret auf eine seiner bislang nicht identifizierten Schriftquellen bezieht, die auch anderen Kunsthistoriographen wie Gelli und dem *Anonimo Magliabechiano* zur Verfügung gestanden haben (und welche Strzygowski 1888, S. 7–42 und S. 233–236, in einem irrigen Identifizierungsversuch mit einer deutlich späteren Vasari-Autopsie verwechselte). Sie ist vielleicht identisch mit dem »libretto antico«, das eine Hauptquelle für seine Vita des Gaddo Gaddi bildet, oder mit »certi ricordi di buona fede« Domenico Ghirlandaios, aus denen er Informationen über die trecentesken Maler Stefano Fiorentino und Maso di Banco beziehungsweise Giottino entnimmt (Bettarini/Barocchi, *Vite*, Bd. II, S. 85 und S. 137; Vasari, *Kunstgeschichte*, S. 32).

Bibl.: *Anonimo Magliabechiano*, Ed. Frey, S. LVI–XCIX; Kallab 1908, S. 206; Frey, *Vite*, S. 414–415 und S. 460–461; Benkard 1917, S. 58 und S. 87.

42 Die abgebrochene Porta San Piero, benannt nach der Kirche San Pier Maggiore, war das westliche Stadttor des alten Mauerrings. In der Erstausgabe der *Vite* berichtet Vasari zusätzlich, Cimabue habe diese Gegend wegen ihrer Abgeschiedenheit und der guten klimatischen Bedingungen für seine Arbeit (»buon lume e buon aere«) ausgewählt.

43 Vasaris Bericht über den Besuch König Karls I. von Anjou (*1226 – †1285 Foggia) in Florenz war in der Textfassung von 1550 noch in den historischen Kontext seiner Erlangung der Macht in Sizilien eingebunden, die Vasari beispielsweise durch Giovanni Villanis Schilderung kennen konnte (hier vor allem G. Villani, *Nuova cronica*, Bd. I, S. 394–399 [VII, 87–89]). Da diese Ereignisse stattgefunden hatten, bevor er 1267 in Florenz Einzug hielt (G. Villani, *Nuova cronica*, Bd. I, S. 444–445 [VIII, 21]) – kaum anzunehmen ist, daß Vasari sich hier auf den weniger bedeutsamen zweiten Aufenthalt Karls I. im Jahr 1283 bezieht –, wurde der Einschub 1568 herausgestrichen.

44 Der Borgo Allegri beginnt als östliche Begrenzung der Piazza de'-Ciompi – unweit von Sant'Ambrogio – und führt von dort auf das nörd-

liche Querhaus von Santa Croce. Anders als Vasari in dieser Anekdote behauptet, hängt die Bezeichnung der Straße jedoch nicht mit dem Adjektiv »allegro« (»heiter«) zusammen, sondern geht auf die dort einst ansässige Familie der Allegri zurück. Vasaris Anekdote wird zuerst in einer nach 1550 angefertigten Abschrift des *Libro* Antonio Billis aufgegriffen (*Libro di Antonio Billi*, Ed. Frey, S. 5).

45 Der Abschnitt über die nicht identifizierbare oder verlorene *Kreuzigung Christi* ist erst 1568 eingefügt worden. Nicht näher bezeichnete Arbeiten »in tavola« in dieser Kirche nennt auch das *Libro* Antonio Billis (*Libro di Antonio Billi*, Ed. Frey, S. 4–5).

Bibl.: Boskovits 1979, S. 538; Bellosi 1998, S. 286.

46 Während Vasari hier den Einsatz von Inschriften, die den dargestellten Figuren das Wort des Evangeliums (Johannes 19, 26–27) in den Mund legen und das Bild auf diese Weise zum Sprechen bringen, als eine ungewöhnliche Bilderfindung (»cosa capricciosa e nuova«) würdigt, die ein weiteres Mal ›Licht‹ in das Dunkel der *invenzione* bringt, erweist eine unmittelbar darauf bezogene Anekdote in der Vita Buffalmaccos die befristete Geltung dieser Idee innerhalb der *Vite*: Hier wird die Methode als veralteter und lächerlicher Kunstgriff beschrieben, der nur bei Ungebildeten Gefallen finde. Grundlage dieses Urteils über die Darstellungsweise von Bildallegorien ist Vasaris Kritik an Bildern, die es nicht vermögen, dem Betrachter allein auf visuellem Weg ein *concetto* zu vermitteln, sondern die der Schriftsprache als Hilfsmittel bedürfen, um Klarheit zu erzeugen (»aiutando l'arte con le parole per esprimere il suo concetto«).

Bibl.: Vasari, *Taddeo und Agnolo Gaddi*, S. 76.

47 1550 spricht Vasari an dieser Stelle noch davon, daß Cimabue »von der Natur mit schönem und geschicktem Talent beschenkt« gewesen sei.

48 Arnolfo di Cambio (* um 1245 Colle di Val d'Elsa – † vor 1310 Florenz)

49 In der Ausgabe von 1550 folgt an dieser Stelle eine längere Beschreibung des Dombaus und der Text einer Gründungstafel (siehe Appendix I, S. 38); diese Passage entfällt in der zweiten Ausgabe der *Vite* und wird durch die unmittelbar nach der Vita Cimabues neu eingefügte Vita Arnolfos (der »mit seiner Begabung nicht weniger zur Verbesserung der Architektur beigetragen [hat] als Cimabue zu jener der Malerei«) ersetzt, in der Vasari ausführlich auf die Baugeschichte der Kathedrale eingeht (Vasari, *Bildhauer und Architekten des Duecento und des Trecento*, S. 26, 28–34 und S. 37). Dokumentarische Belege einer angeblichen Tätigkeit Cimabues als Architekt sind nicht bekannt, jedoch sind

zahlreiche Fälle überliefert, in denen auch Maler Baukommissionen angehörten.

Bibl.: Frey, *Vite*, S. 461; Paatz/Paatz 1940–1954, Bd. III, S. 432, Anm. 27; Bellosi 1998, S. 285.

50 Das genaue Todesdatum Cimabues ist nicht bekannt, jedoch sind zwischen September 1301 und Februar 1302 regelmäßige Zahlungen der Pisaner Opera del Duomo für seine Arbeit am Apsismosaik dokumentiert. Der Tod muß vor dem 19. März erfolgt sein, denn in einem Dokument dieses Datums werden die Erben des Malers (»heredes Cienni pictores«) erwähnt. Vasaris Angabe ist eine Mißinterpretation des *Libro* Antonio Billis, wo von der künstlerischen Aktivität Cimabues »um das Jahr 1300« die Rede ist.

Bibl.: *Libro di Antonio Billi*, Ed. Frey, S. 4–5; Strzygowski 1888, S. 134–135; Frey, *Vite*, S. 415; Bellosi 1998, S. 291–292.

51 Woher die Angabe Vasaris über Cimabues (und Giottos) Wohnsitz in der Via del Cocomero (der heutigen Via Ricasoli) stammt, ist unklar, ebenso das Verhältnis dieser angeblichen Adresse zur unmittelbar zuvor genannten – kaum weniger zweifelhaften – der Werkstatt Cimabues im Borgo Allegri. Vasaris Behauptung, Giotto habe die Wohnung Cimabues übernommen, unterstützt seine These des Schülerverhältnisses und die Kontinuität des Weiterentwicklungsprozesses der Malkunst in den Jahrzehnten um 1300.

Bibl.: Frey, *Vite*, S. 414; Maginnis 1993, S. 395–396.

52 Die Familie Nini stammt aus Siena, gemeint sein könnte hier der Dichter Giovan Battista Nini (Frey, *Vite*, S. 399, Anm. 15).

53 Das Grab Cimabues ist, von Vasaris Aussage abgesehen, nicht dokumentiert. Das Epigramm, dessen erste Zeile eine lateinische Übertragung der berühmten Dante-Stelle darstellt (*Purg.* XI, 94–96), ist anderweitig nicht belegt, jedoch gibt es keinen Grund, mit Barolsky 1992, S. 8, anzunehmen, Vasari habe sich die Zeilen frei erdacht (zur Rolle der Epitaphien in den beiden Ausgaben der *Vite* vgl. Gahtan 2011 und Gahtan 2014b).

Bibl.: Paatz/Paatz 1940–1954, Bd. III, S. 422.

54 Dante Alighieri (*1265 Florenz – †1321 Ravenna)

55 Die berühmte und in zahlreichen frühen kunsthistoriographischen Texten zitierte Passage bei Dante (*Purg.* XI, 94–96, hier zitiert nach Dante, Ed. Streckfuß, Bd. II, S. 73) prägte wie keine zweite Aussage das Bild Cimabues und Giottos. Besonders bemerkenswert ist Vasaris These, daß sich die Inschrift der Grabplatte nicht der Dichtung verdankt, sondern Dantes Zeilen von dem Epigramm inspiriert seien.

56 Die Angabe über den um 1334 entstandenen Kommentar zur *Gött-*

lichen Komödie, den sogenannten *Ottimo commento*, ist ein Zusatz Vasaris in der Ausgabe von 1568; auf die hier zitierte Passage bezieht er sich in der zweiten Edition der *Vite* auch in der Vita Giottos (siehe in diesem Band S. 89). Diese umfangreiche Exegese des Hauptwerks Dantes stammt von einem nicht eindeutig identifizierten *Letterato* und ist in zahlreichen Abschriften bekannt, die insbesondere in den akademischen Kreisen im Florenz des Cinquecento stark rezipiert wurden.

Bibl.: *L'ottimo commento*, Ed. Torri, Bd. II, S. 188; Frey, *Vite*, S. 399–400, Anm. 16; Corrado 2005; Corrado 2008.

57 Cimabue wird hier – nicht frei von einem negativen Beiklang – als Perfektionist charakterisiert, der von Vasari gefeierte Tugenden wie die *diligenza* verinnerlicht hat und einen Künstlertypus verkörpert, der stets nach Vollendung strebt.

Bibl.: Kris/Kurz 1934, S. 126.

58 Der Kleriker Vincenzo Borghini (*1515 Florenz – †1580 ebenda) war ein an philologischen Fragen und den Bildkünsten interessierter Gelehrter, der vielfach in künstlerische Projekte seines engen Freundes Vasari eingebunden wurde und ihn bei der Abfassung der *Vite* intensiv unterstützte. Von 1552 bis zu seinem Tod war Borghini Vorsteher des Ospedale degli Innocenti. Neben seiner Sammlung von Kunstwerken trug er zahlreiche Manuskripte zusammen, darunter zwei Exemplare des *Ottimo commento*, dessen Inhalt auf diese Weise zu Vasari gelangte (Corrado 2005). Eine weitere Abschrift des Kommentars im Besitz Francesco Giambullaris war bereits Giambattista Gelli bekannt, der seine Künstlerbiographien (Gelli 1896) noch vor Vasari verfaßte (Corrado 2008).

59 Cosimo I. de' Medici (*1519 Florenz – †1574 ebenda), als Nachfolger von Alessandro ›Il Moro‹ de' Medici ab 1537 Herzog, ab 1569 Großherzog von Florenz

60 Die offiziell im Januar 1563 begründete und bis heute bestehende Accademia del Disegno ging aus einem 1560 einsetzenden Bestreben verschiedener Florentiner Künstler – darunter Vasari – hervor, die alte Malerzunft der Compagnia di San Luca und lose, privat organisierte Vereinigungen wie die sogenannte ›Akademie‹ Baccio Bandinellis durch eine neue Organisationsform abzulösen. Ihre Bedeutung verdankt die Accademia, deren Struktur und Statut sich an Modellen etablierter akademischer Institutionen orientierte und die prägendes Vorbild jeder späteren Kunstakademie werden sollte, der intensiven Förderung durch Herzog Cosimo I., der ihr als *capo* vorstand (jedoch, wie Vasari schreibt, in diesem Amt durch Vincenzo Borghini vertreten wurde) und der seinerseits das Potential der Künstlervereinigung im Rahmen kulturpro-

pagandistischer Demonstrationen für sich zu nutzen wußte. Nach anfänglichen Treffen im Kloster von Santa Maria degli Angeli wurde die ursprünglich der Heiligen Trinität, später dem Heiligen Lukas geweihte Kapelle in Santissima Annunziata zum Treffpunkt der Mitglieder.

Bibl.: Jack Ward 1972; Reynolds 1974; Rossi 1980; Waźbiński 1987; Boschloo 1989; Goldstein 1996; Barzman 2000; Vasari, *Montorsoli und Bronzino*.

61 Die Passage, in der Vasari Cimabue und Giotto in seinem künstlerischen Fortschrittsmodell feste Rollen zuweist und neben den Einflüssen des göttlichen Willens und der Natur auch die »lodevole ambizione« des Künstlers als Erklärung der Qualitätssprünge starkmacht, wurde gegenüber der ersten Fassung umgearbeitet. Das abschließende Urteil über Cimabue war 1550 sogar noch etwas pointierter (siehe Appendix II, S. 39): Vasari hatte den Künstler hier dezidiert als »das erste Licht der Malerei« gepriesen, als konkrete Leistungen und Neuerung die Linienführung und die Farbgebung der Figuren genannt und unter Berücksichtigung der allgemeinen Zeitumstände betont, daß Cimabue »unendliches Lob« verdiene. Außerdem habe Cimabue seine Zeitgenossen zur Nachahmung dieser Kunst angehalten, für die Vasari hier den bedeutungsschweren Ausdruck einer »schwierigen und schönen Wissenschaft« (»scienza«) verwendet. Vgl. auch Anm. 9.

62 Die folgenden Sätze bis zum Schluß der Vita sind erst in der zweiten Ausgabe hinzugefügt worden.

63 Vasari schreibt die von Andrea di Bonaiuto geschaffene Ausmalung der Spanischen Kapelle fälschlich Simone Martini (*1280er Jahre? – † vor dem 30. Juni 1344 Avignon) und Taddeo Gaddi zu.

Bibl.: Vasari, *Sieneser Maler*, S. 59–63 und S. 185–187, Anm. 15; Vasari, *Taddeo und Agnolo Gaddi*, S. 25–28.

64 Vasaris Bericht über die Technik, mit welcher der Maler sein Selbstporträt geschaffen haben soll, fußt auf einer ähnlichen Beschreibung Filippo Villanis über eine angebliche Selbstdarstellung Giottos in der Magdalenenkapelle im Florentiner Bargello (F. Villani, *De origine civitatis Florentie*, S. 155, 412 und S. 463). Ungeachtet dessen folgt die moderne Forschung keinem seiner Ansätze, die Künstlerporträts in der Spanischen Kapelle zu identifizieren. Der von ihm als Cimabue gedeutete Kopf stellt wahrscheinlich eine in der Ordenswelt wesentlich prominentere Figur – vielleicht Edward le Despenser? – dar.

Bibl.: Frey, *Vite*, S. 402, Anm. 18; Prinz 1966, S. 47 und S. 58–59; Vasari, *Sieneser Maler*, S. 71.

65 Aufgrund der chronologischen Einordnung ist anzunehmen, daß Vasari hier nicht Guido di Guido Novello Guidi (*um 1227 – †1293),

sondern dessen Enkel Guido di Federico Novello Guidi (*um 1274/82 – †1320) meint.

66 Cimabues Biographie ist die erste von vielen Viten, in der Vasari sein Wissen und Urteil durch Verweise auf seine eigene Sammlung von Zeichnungen zusätzlich legitimiert, die er über Jahrzehnte hinweg zusammentrug und in mehreren Bänden aufbewahrte, welche er subsumierend als sein *libro de' disegni* bezeichnete. Die Zahl der Einzelblätter (weit mehr als eintausend sind anzunehmen) und Bände des *libro* (wohl mindestens sieben, vielleicht sogar rund zwölf) ist nicht bekannt, die Sammlung wurde bereits kurz nach Vasaris Tod aufgelöst und nur wenige Zeichnungen können relativ sicher dem ursprünglichen Bestand zugerechnet werden. Dazu zählt gemeinhin ein doppelseitig bezeichnetes Blatt (Paris, École des Beaux-Arts, Inv.-Nr. 381): Die heute einem Künstler des späten Trecento – Spinello Aretino? – zugeschriebene Zeichnung weist nicht nur die für Vasaris *libro* charakteristische Rahmengestaltung auf, die zumeist Stilelemente aus der Epoche des Urhebers der jeweiligen Zeichnung verwendet. Auch ein Abzug des Porträtholzschnitts Cimabues aus der Ausgabe der *Vite* von 1568 ist oberhalb des gotisierenden Rahmens montiert. Die weitere Identifizierung der von Vasari für Zeichnungen Cimabues gehaltenen Blätter ist weitaus umstrittener, möglicherweise steht mit dieser Gruppe eine Serie kleinformatiger, doppelseitig bemalter Pergamentbilder in Verbindung, die heute als Werk eines Künstlers aus dem Umkreis Cimabues im Gabinetto Disegni e Stampe degli Uffizi aufbewahrt wird.

Bibl.: Panofsky 1930; Degenhart/Schmitt 1968, Bd. I, S. 16–21, Nr. 4–8; Collobi Ragghianti 1974, Bd. I, S. 26; Bellosi 1998, S. 285; Forlani Tempesti 2014.

Bibliographie zum Leben des Cimabue

AKL

Allgemeines Künstlerlexikon: Die bildenden Künstler aller Zeiten und Völker, München/Leipzig/Berlin 1992–2015, 87 Bde.

Albertini 1510

Albertini, Francesco: *Memoriale di molte Statve et Pictvre sono nella inclycta Cipta di Florentia*, Florenz 1510.

Anonimo Magliabechiano, Ed. Frey

Il Codice Magliabechiano, cl. XVII. 17, contenente notizie sopra l'arte degli antichi e quella de' Fiorentini da Cimabue a Michelangelo Buonarroti, scritte da Anonimo Fiorentino, hg. und mit einem Abrisse über die florentinische Kunsthistoriographie bis auf G. Vasari versehen von Carl Frey, Berlin 1892.

Bettarini/Barocchi, *Vite*

Bettarini, Rosanna/Barocchi, Paola (Hgg.): *Giorgio Vasari. Le vite de' più eccellenti pittori, scultori e architettori nelle redazioni del 1550 e 1568*, Florenz 1966–1987, 6 Bde.

Dante, Ed. Streckfuß

Alighieri, Dante: *Die göttliche Komödie*, hg., übersetzt und erläutert von Karl Streckfuß, Halle an der Saale 1824–1826, 3 Bde.

DBI

Dizionario Biografico degli Italiani, hg. v. Istituto della Enciclopedia Italiana, Rom 1960–2014, 82 Bde.

EAM

Enciclopedia dell'Arte Medievale, hg. v. Istituto della Enciclopedia Italiana, Rom 1991–2002, 12 Bde.

ED

Enciclopedia Dantesca, hg. v. Istituto della Enciclopedia Italiana, Rom 1970–1978, 6 Bde.

Frey, *Vite*

Carl Frey (Hg.): *Le vite de' più eccellenti pittori, scultori e architettori. Scritte da M. Giorgio Vasari pittore et architetto aretino. Mit kritischem Apparate*, München 1911.

Frey 1923–1940

Frey, Carl/Frey, Herman-Walther (Hgg.): *Giorgio Vasari. Der literarische Nachlaß*, München/Burg b. München 1923–1940, 3 Bde.

Gelli 1549
Gelli, Giovan B.: *Sopra Que' due Sonetti del Petrarcha che Lodano il ritratto Della Sua M. Laura*, Florenz 1549.
Gelli 1896
Gelli, Giovan B.: ›Vite d'artisti‹, in: *Archivio Storico Italiano*, 1896, Bd. XVII, S. 32–62.
Gelli 1979
Gelli, Giovan B.: ›Dell'origine di Firenze‹, in: *Atti e memorie dell'Accademia Toscana di Scienze e Lettere »La Colombaria«*, 1979, Bd. XLIV, S. 59–122.
Ghiberti, *Commentarii*
Ghiberti, Lorenzo: *I Commentarii* (Biblioteca Nazionale Centrale di Firenze, II, I, 333), hg. v. Lorenzo Bartoli, Florenz 1998.
Giambullari 1546
Giambullari, Pierfrancesco: *Il Gello*, Florenz 1546.
Hourihane 2012
Hourihane, Calum P. (Hg.): *The Grove Encyclopedia of Medieval Art and Architecture*, Oxford u.a. 2012, 6 Bde.
Landino, Ed. Procaccioli
Landino, Cristoforo: *Comento sopra la comedia*, hg. v. Paolo Procaccioli, Rom 2001, 4 Bde.
Libro di Antonio Billi, Ed. Frey
Il libro di Antonio Billi esistente in due copie nella Biblioteca Nazionale di Firenze, hg. v. Carl Frey, Berlin 1892.
L'ottimo commento, Ed. Torri
Torri, Alessandro (Hg.): *L'ottimo commento della Divina Commedia*, Pisa 1827–1829, 3 Bde.
Mellini 1566
Mellini, Domenico: *Descrizione della entrata della Serenissima Regina d'Avstria* [...], Florenz 1566.
Paatz/Paatz 1940–1954
Paatz, Walter/Paatz, Elisabeth: *Die Kirchen von Florenz. Ein kunstgeschichtliches Handbuch*, Frankfurt am Main 1940–1954, 6 Bde.
Turner 1996
Turner, Jane (Hg.): *The Dictionary of Art*, London/New York 1996, 34 Bde.
Vasari, *Bildhauer und Architekten des Duecento und des Trecento*
Giorgio Vasari. Die Leben der Bildhauer und Architekten des Duecento und des Trecento, hg., kommentiert und eingeleitet von Henrike Haug und Sabine Feser, Berlin 2014.

Vasari, *Botticelli und Lippi*
Giorgio Vasari. Das Leben des Sandro Botticelli, Filippino Lippi, Cosimo Rosselli und Alesso Baldovinetti, hg., kommentiert und eingeleitet von Damian Dombrowski, Michael Hoff und Anja Zeller, Berlin 2010.

Vasari, *Einführung*
Giorgio Vasari. Einführung in die Künste der Architektur, Bildhauerei und Malerei, hg., kommentiert und eingeleitet von Matteo Burioni, 2., verbesserte Auflage, Berlin 2012.

Vasari, *Ghiberti*
Giorgio Vasari. Das Leben des Lorenzo Ghiberti, hg., kommentiert und eingeleitet von Birgit Witte, Berlin 2011.

Vasari, *Kunstgeschichte*
Giorgio Vasari. Kunstgeschichte und Kunsttheorie. Eine Einführung in die Lebensbeschreibungen berühmter Künstler, hg., kommentiert und eingeleitet von Matteo Burioni und Sabine Feser, 3., erweiterte und aktualisierte Auflage, Berlin 2010.

Vasari, *Lippi, Pesello und Pesellino*
Giorgio Vasari. Das Leben des Lippi, Pesello und Pesellino, Castagno, Veneziano und des Fra Angelico, hg., kommentiert und eingeleitet von Jana Graul und Heiko Damm, Berlin 2011.

Vasari, *Michelangelo*
Giorgio Vasari. Das Leben des Michelangelo, hg., kommentiert und eingeleitet von Caroline Gabbert, Berlin 2009.

Vasari, *Montorsoli und Bronzino*
Giorgio Vasari. Das Leben des Montorsoli und des Bronzino sowie der Künstler der Accademia del Disegno, hg., kommentiert und eingeleitet von Hana Gründler und Katja Burzer, Berlin 2008.

Vasari, *Sieneser Maler*
Giorgio Vasari. Das Leben der Sieneser Maler, hg., kommentiert und eingeleitet von Wolfgang Loseries, Berlin 2013.

Vasari, *Taddeo und Agnolo Gaddi*
Giorgio Vasari. Das Leben des Taddeo Gaddi, Agnolo Gaddi, Buffalmacco, Orcagna, Spinello Aretino und Lorenzo Monaco, hg., kommentiert und eingeleitet von Fabian Jonietz, Wolf-Dietrich Löhr und Johannes Tripps, Berlin 2015.

Vasari, *Uccello und Piero della Francesca*
Giorgio Vasari. Das Leben des Paolo Uccello, Piero della Francesca, Antonello da Messina und Luca Signorelli, hg., kommentiert und eingeleitet von Hana Gründler und Iris Wenderholm, Berlin 2012.

F. Villani, *De origine civitatis Florentie*
Villani, Filippo: *De origine civitatis Florentie* [*sic*] *et de eiusdem famosis civibus*, hg. v. Giuliano Tanturli, Padua 1997.

G. Villani, *Nuova cronica*
Villani, Giovanni: *Nuova cronica*, hg. v. Giuseppe Porta, Parma 1990–1991, 3 Bde.

Barolsky 1992
Barolsky, Paul: *Giotto's Father and the Family of Vasari's ›Lives‹*, University Park, PA 1992.

Barzman 2000
Barzman, Karen-edis: *The Florentine Academy and the Early Modern State. The Discipline of Disegno*, Cambridge 2000.

Battisti 1963
Battisti, Eugenio: *Cimabue*, Mailand 1963.

Battisti 1967
Battisti, Eugenio: *Il crocifisso di Cimabue in Santa Croce*, Mailand 1967.

Bellosi 1985
Bellosi, Luciano: *La pecora di Giotto*, Turin 1985.

Bellosi 1998
Bellosi, Luciano: *Cimabue*, Mailand 1998.

Belting 1977
Belting, Hans: *Die Oberkirche von San Francesco in Assisi. Ihre Dekoration als Aufgabe und die Genese einer neuen Wandmalerei*, Berlin 1977.

Benkard 1917
Benkard, Ernst: *Das literarische Porträt des Giovanni Cimabue. Ein Beitrag zur Geschichte der Kunstgeschichte*, München 1917.

Bettini/Castelli/Ciseri 2009
Bettini, Francesca/Castelli, Ciro/Ciseri, Ilaria: ›Il restauro della Madonna col Bambino, attribuita a Cimabue, del Museo Santa Verdiana di Castelfiorentino‹, in: *OPD restauro*, 2009, Bd. XXI, S. 259–269.

Bickendorf 2002
Bickendorf, Gabriele: ›'Maniera greca' – Wahrnehmung und Verdrängung der byzantinischen Kunst in der italienischen Kunstliteratur seit Vasari‹, in: *Orient und Okzident*, hg. v. Özel Sayi, Istanbul (Sanat Tarihi Defterleri, Nr. 6), 2002, Bd. VI, S. 113–125.

Biermann 1991
Biermann, Hartmut: ›Das 'O' Giottos. Anmerkungen zur Fama Giottos‹, in: *Aufsätze zur Kunstgeschichte. Festschrift für Hermann Bauer zum 60. Geburtstag*, hg. v. Karl Möseneder und Andreas Prater, Hildesheim/Zürich/New York 1991, S. 109–127.

Bisceglia 2013
Bisceglia, Anna: ›La Cappella Gondi in Santa Maria Novella – The Gondi Chapel in Santa Maria Novella‹, in: *Gondi. Una dinastia fiorentina e il suo palazzo – A Florentine Dynasty and its Palazzo*, hg. v. Gabriele Morolli und Paolo Fiumi, Florenz 2013, S. 142–151.

Blume 1983
Blume, Dieter: *Wandmalerei als Ordenspropaganda. Bildprogramme im Chorbereich franziskanischer Konvente Italiens bis zur Mitte des 14. Jahrhunderts*, Worms 1983.

Bonicatti 1970
Bonicatti, Maurizio: ›Cimabue‹, in: ED, 1970, Bd. II, S. 1–3.

Bonicatti 1971
Bonicatti, Maurizio: ›Giotto‹, in: ED, 1971, Bd. III, S. 176–178.

Bonsanti 2002
Bonsanti, Giorgio (Hg.): *La Basilica di San Francesco ad Assisi – The Basilica of St Francis in Assisi*, Modena 2002, 4 Bde.

Boschloo 1989
Boschloo, Anton W. A. u.a. (Hgg.): *Academies of Art between Renaissance and Romanticism*, 's-Gravenhage 1989.

Boskovits 1976
Boskovits, Miklós: *Cimabue e i precursori di Giotto. Affreschi, mosaici e tavole*, Florenz 1976.

Boskovits 1979
Boskovits, Miklós: ›Cenni di Pepe (Pepo), detto Cimabue‹, in: DBI, 1979, Bd. XXIII, S. 537–544.

Boskovits 1993
Boskovits, Miklós: *The Origins of Florentine Painting 1100–1270*, Florenz 1993 (A Critical and Historical Corpus of Florentine Painting, Section I, Bd. I).

Boskovits 2007
Boskovits, Miklós: *The Mosaics of the Baptistery of Florence*, Florenz 2007 (A Critical and Historical Corpus of Florentine Painting, Section I, Bd. II).

Collobi Ragghianti 1974
Collobi Ragghianti, Licia: *Il libro de' disegni del Vasari*, Florenz 1974, 2 Bde.

Cooper/Robson 2013
Cooper, Donal/Robson, Janet: *The Making of Assisi. The Pope, the Franciscans and the Painting of the Basilica*, New Haven/London 2013.

Corrado 2005
Corrado, Massimiliano: ›Per l'identificazione di un nuovo esemplare borghiniano *dell'Ottimo commento* alla *Commedia*: il ms. Laur. Ashb. 832‹, in: *Rivista di studi danteschi*, 2005, Bd. V, S. 161–181.
Corrado 2008
Corrado, Massimiliano: ›Lettori cinquecenteschi dell'*Ottimo commento* alla *Commedia* (Giambullari, Gelli, Vasari, Borghini, Salviati, Piero del Nero)‹, in: *Rivista di studi danteschi*, 2008, Bd. VIII, S. 394– 409.
Daly Davis 2013
Daly Davis, Margareth: ›Le prime 'Künstlerviten' dell'età moderna: il caso di Giovan Battista Gelli‹, in: *Giorgio Vasari e il cantiere delle 'Vite' del 1550*, hg. v. Barbara Agosti, Silvia Ginzburg und Alessandro Nova, Venedig 2013, S. 325–340.
De Benedictis 1987
De Benedictis, Cristina: ›La pittura del Duecento e del Trecento in S. Trinita‹, in: *La chiesa di Santa Trinita a Firenze*, Florenz 1987, S. 89–106.
Degenhart/Schmitt 1968
Degenhart, Bernhard/Schmitt, Annegrit: *Corpus der italienischen Zeichnungen 1300–1450.* Teil 1: *Süd- und Mittelitalien*, Berlin 1968, 2 Bde.
De Marchi 2009
De Marchi, Andrea: ›'Cum dictum opus sit magnum'. Il documento pistoiese del 1274 e l'allestimento trionfale dei tramezzi in Umbria e Toscana fra Due e Trecento‹, in: *Medioevo: immagine e memoria*, hg. v. Arturo Carlo Quintavalle, Mailand 2009, S. 603–621.
Dunlop 2013
Dunlop, Anne: ›Carrying the Weight of Empire‹, in: *Matters of Weight. Force, Gravity, and Aesthetics in the Early Modern Period*, hg. v. David Y. Kim, Emsdetten/Berlin 2013, S. 76–88.
Forlani Tempesti 2014
Forlani Tempesti, Anna: ›Giorgio Vasari and the *Libro de' disegni*: A Paper Museum or Portable Gallery‹, in: Gahtan 2014a, S. 31–52.
Frugoni 2003
Frugoni, Chiara: ›L'*Ytalia* di Cimabue nella basilica superiore di Assisi. Uno sguardo dal transetto alla navata‹, in: *Imago urbis. L'immagine della città nella storia d'Italia*, hg. v. Francesca Bocchi und Rosa Smurra, Rom 2003, S. 33–88.
Gaeta 2013
Gaeta, Marcello: *Giotto und die ›croci dipinte‹ des Trecento. Studien zu Typus, Genese und Rezeption. Mit einem Katalog der monumentalen Tafelkreuze des Trecento (ca. 1290–ca. 1400)*, Münster 2013.

Gahtan 2011
Gahtan, Maria Wellington: ›Epitaphs in Giorgio Vasaris's 'Lives'‹, in: *Journal of art historiography*, 2011, Bd. V, S. 1–24.

Gahtan 2014a
Gahtan, Maria Wellington (Hg.): *Giorgio Vasari and the Birth of the Museum*, Farnham u.a. 2014.

Gahtan 2014b
Gahtan, Maria Wellington: ›Giorgio Vasari, Collector of Epitaphs‹, in: *Giorgio Vasari and the Birth of the Museum*, hg. v. Maria Wellington Gahtan, Farnham u.a. 2014, S. 53–63.

Gibbs 1996
Gibbs, Robert: ›Cimabue‹, in: Turner 1996, Bd. VII, S. 314–319.

Goffen 1988
Goffen, Rona: *Spirituality in Conflict. Saint Francis and Giotto's Bardi Chapel*, University Park, PA/London 1988.

Goldstein 1996
Goldstein, Carl: *Teaching Art. Academies and Schools from Vasari to Albers*, Cambridge u.a. 1996.

Gordon 2011
Gordon, Dillian: *National Gallery Catalogue, The Italien Paintings before 1400*, London 2011.

Hoch 1996
Hoch, Adrian S.: ›Isaac Master‹, in: Turner 1996, Bd. XX, S. 697–698.

Hope 2010
Hope, Charles: ›The Lives of the Trecento Artists in Vasari's First Edition‹, in: *Le Vite del Vasari. Genesi, topoi, ricezione – Die Vite Vasaris. Entstehung, Topoi, Rezeption*, hrsg. von Katja Burzer u.a., Venedig 2010, S. 33–39.

Jack Ward 1972
Jack Ward, Mary Ann: *The 'Accademia del Disegno' in Sixteenth Century Florence. A Study of an Artists' Institution*, Ph. D. thesis University of Chicago, 1972.

Jonietz 2011
Jonietz, Fabian: ›*Labor omnia vincit*? Fragmente einer kunsttheoretischen Kategorie‹, in: *Aemulatio. Kulturen des Wettstreits in Text und Bild (1450–1620)*, hg. v. Jan-Dirk Müller u.a., Berlin/Boston 2011, S. 573–681.

Kallab 1908
Kallab, Wolfgang: *Vasaristudien.* Mit einem Lebensbilde des Verfassers aus dessen Nachlasse hg. v. Julius von Schlosser, Wien 1908.

Kat. Arezzo 2001
Cimabue ad Arezzo. Il crocifisso restaurato, Ausst.-Kat. Arezzo, Florenz 2001.

Kat. Florenz 2000
Giotto. Bilancio critico di sessant'anni di studi e ricerche, Ausst.-Kat. Florenz, Florenz 2000.

Kat. Pisa 2005
Cimabue a Pisa. La pittura pisana del Duecento da Giunta a Giotto, Ausst.-Kat. Pisa, Ospedaletto 2005.

Kat. Rom 2009
Giotto e il Trecento. »Il più Sovrano Maestro stato in dipintura«, Ausst.-Kat. Rom, Mailand/Rom 2009, 2 Bde.

Kris/Kurz 1934
Kris, Ernst/Kurz, Otto: *Die Legende vom Künstler. Ein geschichtlicher Versuch*, Wien 1934.

La Maestà di Duccio restaurata 1990
La Maestà di Duccio restaurata, Florenz 1990.

Maginnis 1993
Maginnis, Hayden B.J.: ›Giotto's World through Vasari's Eyes‹, in: *Zeitschrift für Kunstgeschichte*, 1993, Bd. LVI, S. 385–408.

Maginnis 1997
Maginnis, Hayden B. J.: *Painting in the Age of Giotto. A Historical Reevaluation*, University Park, PA 1997.

Manca 2005
Manca, Joseph: ›Cenni di Pepo as Cimabue: Personality, Appearance, or Activity?‹, in: *Source*, 2005, Bd. XXIV, Nr. 3, S. 1–5.

Offner 1931
Offner, Richard: *The Fourteenth Century*, Glückstadt 1956 (A Critical and Historical Corpus of Florentine Painting, Section III, Bd. I).

Panella 1990
Panella, Emilio: ›Nuova cronologia remigiana‹, in: *Archivium Fratrum Praedicatorum*, 1990, Bd. LX, S. 145–311.

Panofsky 1930
Panofsky, Erwin: ›Das erste Blatt aus dem 'Libro' Giorgio Vasaris. Eine Studie über die Beurteilung der Gotik in der italienischen Renaissance. Mit einem Exkurs über zwei Fassadenprojekte Domenico Beccafumis‹, in: *Städel-Jahrbuch*, 1930, Bd. VI, S. 25–72.

Panofsky 1960
Panofsky, Erwin: *Renaissance and Renascences in Western Art*, Stockholm 1960, 2 Bde.

Petersen 1989
Petersen, Mark R.: *Jacopo Torriti: Critical Study and Catalogue Raisonné*, Ph. D. thesis University of Virginia, 1989, 2 Bde.
Pevsner 1940
Pevsner, Nikolaus: *Academies of Art, Past an Present*, Cambridge 1940.
Pfisterer 2003
Pfisterer, Ulrich: ›Erste Werke und Autopoiesis. Der Topos künstlerischer Frühbegabung im 16. Jahrhundert‹, in: *Visuelle Topoi. Erfindung und tradiertes Wissen in den Künsten der italienischen Renaissance*, hg. v. Max Seidel und Ulrich Pfisterer, München/Berlin 2003, S. 263–302.
Poeschke 1985
Poeschke, Joachim: *Die Kirche San Francesco in Assisi und ihre Wandmalereien*, München 1985.
Poeschke 2003
Poeschke, Joachim: *Wandmalerei der Giottozeit in Italien 1280–1400*, München 2003.
Polzer 2002/03
Polzer, Joseph: ›Concerning the Chronology of Cimabue's Œuvre and the Origin of Pictorial Depth in Italian Painting of the Later Middle Ages‹, in: *Zograf*, 2002/03, Bd. XXIX, S. 119–142.
Previtali 1964
Previtali, Giovanni: *La fortuna dei primitivi. Dal Vasari ai neoclassici*, Turin 1964.
Prinz 1966
Prinz, Wolfram: *Vasaris Sammlung von Künstlerbildnissen. Mit einem kritischen Verzeichnis der 144 Vitenbildnisse in der zweiten Ausgabe der Lebensbeschreibungen von 1568*, Florenz 1966.
Proto Pisano 2006
Proto Pisano, Rosanna Caterina (Hg.): *Museo di Santa Verdiana a Castelfiorentino. Guida alla visita del museo e alla scoperta del territorio*, Florenz 2006.
Ragionieri 1998
Ragionieri, Giovanna: ›Allievi e gregari nella bottega di Giotto‹, in: *La bottega dell'artista tra medioevo e rinascimento*, hg. v. Roberto Cassanelli, Mailand 1998, S. 55–70.
Reynolds 1974
Reynolds, Ted: *The 'Accademia del Disegno' in Florence, its Formation and Early Years*, Ph. D. thesis Columbia University, New York 1974.

Romano 1997
Romano, Serena: ›Maestro di S. Francesco‹, in: EAM, 1997, Bd. IV, S. 116–119.
Rossi 1980
Rossi, Sergio: *Dalle botteghe alle accademie. Realtà sociale e teorie artistiche a Firenze dal XIV al XVI secolo*, Mailand 1980.
Ruf 2012
Ruf, Gerhard: *Die Fresken der Oberkirche San Francesco in Assisi. Ikonographie und Theologie*, 2. Auflage, Regensburg 2012.
Santoleri 1997
Santoleri, Valeria: ›Maestro della S. Cecilia‹, in: EAM, 1997, Bd. IV, S. 115–116.
Schwarz 2007/08
Schwarz, Michael Viktor: ›Intensität, Differenz, Authentizität. Zwei Florentiner Tafelkreuze im Vergleich‹, in: *Römisches Jahrbuch der Bibliotheca Hertziana*, 2007/08, Bd. XXXVIII, S. 131–150.
Smart 1971
Smart, Alastair: *The Assisi Problem and the Art of Giotto. A Study of the 'Legend of St. Francis' in the Upper Church of San Francesco, Assisi*, Oxford 1971.
Soergel Panofsky 1991
Soergel Panofsky, Gerda: ›Ghiberti, Alberti und die frühen Italiener‹, in: *Kunst und Kunsttheorie 1400–1900*, hg. v. Peter Ganz u.a., Wiesbaden 1991, S. 1–28.
Sohm 2001
Sohm, Philip: *Style in the Art Theory of Early Modern Italy*, Cambridge 2001.
Stein 1976
Stein, Judith E.: ›Dating the Bardi St. Francis Master Dossal: Text and Image‹, in: *Franciscan Studies*, 1976, Bd. XXXVI, S. 271–297.
Strzygowski 1888
Strzygowski, Josef: *Cimabue und Rom. Funde und Forschungen zur Kunstgeschichte und zur Topographie der Stadt Rom*, Wien 1888.
Tartuferi 1998
Tartuferi, Angelo: ›Cimabue (eigentl. Cenni di Pepe [Pepo])‹, in: AKL, 1998, Bd. XIX, S. 220–224.
Thode 1885
Thode, Henry: *Franz von Assisi und die Anfänge der Kunst der Renaissance in Italien*, Berlin 1885.

Thode 1890
Thode, Henry: ›Sind uns Werke von Cimabue erhalten?‹, in: *Repertorium für Kunstwissenschaft*, 1890, Bd. XIII, S. 25–38.
Tomei 1990
Tomei, Alessandro: *Iacobus Torriti Pictor. Una vicenda figurativa del tardo Duecento romano*, Rom 1990.
Tomei 1997a
Tomei, Alessandro: ›Maestro della Cattura‹, in: EAM, 1997, Bd. VIII, S. 86.
Tomei 1997b
Tomei, Alessandro: ›Maestro di Isacco‹, in: EAM, 1997, Bd. VIII, S. 95–97.
Turrini 1995/96
Turrini, Alessia: *La Cappella Gondi in Santa Maria Novella a Firenze*, Diss. phil. Università degli Studi di Firenze, Florenz 1995/96.
Waźbiński 1987
Waźbiński, Zygmunt: *L'Accademia Medicea del Disegno a Firenze nel Cinquecento. Idea e istituzione*, Florenz 1987, 2 Bde.
White 1981
White, John: ›Cimabue and Assisi: Working Methods and Art Historical Consequences‹, in: *Art History*, 1981, Bd. IV, S. 355–383.
White 1993
White, John: ›Maestro di S. Francesco‹, in: EAM, 1993, Bd. IV, S. 756–769.
Wickhoff 1889
Wickhoff, Franz: ›Ueber die Zeit des Guido von Siena‹, in: *Mittheilungen des Instituts für Oesterreichische Geschichtsforschung*, 1889, Bd. X, S. 244–286.
Wilkins 1977/78
Wilkins, David: ›Early Florentine Frescoes in Santa Maria Novella‹, in: *The Art Quarterly*, 1977/78, Bd. I, S. 141–174.
Wolff 1996
Wolff, Ruth: *Der Heilige Franziskus in Schriften und Bildern des 13. Jahrhunderts*, Berlin 1996.

Daten zu Leben und Werk Cimabues

Um 1240 (?)	Cenni di Pepe (oder Pepo), genannt Cimabue, wird wahrscheinlich in Florenz oder in der näheren Umgebung der Stadt geboren.
18. Juni 1272	Die Anwesenheit Cimabues ist in Rom dokumentiert.
Sept. 1301 bis Feb. '02	Cimabues Arbeit am Apsismosaik des Pisaner Doms, mit der die Tätigkeit eines zuvor verstorbenen »Meisters Francesco« fortgeführt wird, ist durch Quellen belegt.
Nov. 1301	Vertrag zwischen Cimabue und dem Ospedale di Santa Chiara in Pisa zur Anfertigung eines Polyptychons. Als Herkunft des Malers wird die Florentiner Pfarrei Sant' Ambrogio genannt.
19. März 1302	Ein Dokument, das den *terminus ante quem* für den Tod des Malers darstellt, erwähnt Erben Cimabues (»heredes Cienni pictoris«).

Die Angaben sind Boskovits 1979, White 1993, Gibbs 1996, Bellosi 1998 sowie Tartuferi 1998 entnommen.

Bedeutende Werke Cimabues

Arezzo, San Domenico
- Monumentalkruzifix (Cimabue?)

Assisi, San Francesco, Oberkirche
- Chorapsis: Marienleben
- Gewölbe: Evangelisten
- Querhaus: Szenen der Apokalypse, der Legenden der Heiligen Petrus und Paulus sowie der Passion Christi

Bologna, Santa Maria dei Servi
- Maestà (Cimabue und Werkstatt?)

Florenz, Baptisterium
- Mosaikentwürfe (Cimabue?)

Florenz, Santa Croce
- Monumentalkruzifix

Florenz, Uffizien
- Maestà di Santa Trinita

Paris, Louvre
- Maestà da San Francesco a Pisa

Pisa, Apsismosaik des Doms
- Heiliger Johannes der Evangelist

Anmerkungen zum Leben des Giotto

Anmerkungen zur Einleitung (S. 41-52)

1 Sacchetti, Ed. Puccini, S. 197; *Commento d'anonimo*, Ed. Fanfani, Bd. II, S. 187. Grundsätzlich zu Vasaris Giotto-Vita (neben allgemein Kallab 1908) vor allem Falaschi 1972; Maginnis 1993; Rubin 1995, S. 286–320; Maginnis 1997, S. 7–37; Land 2014. Siehe auch die vorwiegend abwertende Lektüre als »ein schlichtes Gebilde« bei Schwarz/Theis 2004–2008, Bd. I, S. 13–32 (hier S. 28).

2 Zitiert von Vasari in der Vita, S. 95.

3 Gilbert 1991, S. 49–65; Schwarz/Theis 2004–2008, Bd. I, S. 244f. (Dok. I c 7).

4 »so più che certo e chiarissimo, per la maniera del dipignere, ch'ell'è di mano di Pietro« (siehe in diesem Band S. 112).

5 Zu Vasaris Quellen für Giottos Vita siehe vor allem Kallab 1908; Murray 1953; Murray 1959, S. 79–89; Rubin 1995, S. 288–299.

6 Die einzige der hier aufgezählten Monumentalausmalungen, die Vasari nicht erwähnt – der verlorene Zyklus im Paduaner Palazzo della Ragione – wird auch in einigen der Abschriften und Druckausgaben der Chronik unterschlagen (Murray 1953, S. 59–61; Schwarz/Theis 2004–2008, Bd. I, S. 31 und S. 325–326 [Dok. II b 1]).

7 Da der Band mit der Vita Giottos wohl bereits um 1564/65 gedruckt vorlag, ergänzte Vasari vereinzelt Werke – so Giottos Zyklus päpstlicher Märtyrer im Vatikan oder eine im Palazzo Medici aufbewahrte *Madonna* – an späterer Stelle der sukzessiv vervollständigten Edition der Giuntina (Vasari, *Künstler der Raffael-Werkstatt*, S. 105; Vasari, *Donatello und Michelozzo*, S. 75).

8 Kallab 1908, S. 285.

9 Sacchetti, Ed. Puccini, S. 225 (Novelle LXXV); zur Rolle der Künstlernovellen des Trecento Löhr 2011 a.

10 Landino, Ed. Procaccioli, Bd. I, S. 241; das gleiche Bild überträgt der sienesische Chronist Sigismondo Tizio auf Duccio. Zur Schülerschaft und Nachfolge Giottos sowie ihrer Einbettung in die frühen historiographischen Ordnungsmuster Baxandall 1971, S. 74–78; Previtali 1993; Ragionieri 1998; Hueck 2000; Kat. Florenz 2008 sowie zuletzt vor allem Löhr/Weppelmann 2008.

[11] Cennini, *Libro dell'arte*, S. 62 [I, 1] und S. 114 [III, 67]; Vasari, *Taddeo und Agnolo Gaddi*, S. 48.
[12] Vasari, *Kunstgeschichte*, S. 99.
[13] Löhr/Weppelmann 2008, S. 16–17; Vasari, *Kunstgeschichte*, S. 100; Vasari, *Taddeo und Agnolo Gaddi*, S. 121–126.
[14] Bettarini/Barocchi, *Vite*, Bd. II, S. 322.
[15] Vasari, *Uccello und Piero della Francesca*, S. 34; Vasari, *Kunstgeschichte*, S. 104; Vasari, *Perino del Vaga*, S. 32; Jonietz 2011b, S. 776–785; Vasari, *Masolino und Masaccio*, S. 17–47.
[16] Baxandall 1971, S. 43–44.
[17] Kritisch dazu Löhr/Weppelmann 2008, S. 30–36.
[18] Vasari, *Montorsoli und Bronzino*, S. 48.
[19] War die Reihenfolge bei der Erstausgabe zunächst Cimabue – Andrea Tafi – Gaddo Gaddi – Margaritone – Giotto – Stefano Fiorentino – Ugolino di Nerio, so wurden in der zweiten Edition nach Cimabue die beiden Viten des Arnolfo di Lapo sowie Nicola und Giovanni Pisanos neu eingefügt, auf Giotto folgten dann Agostino di Giovanni und Agnolo di Ventura, während Stefano und Ugolino zu einer Doppelbiographie zusammengefaßt wurden.
[20] Vasari, *Michelangelo*, S. 31.
[21] Panofsky 1930; Brandis 2002; Paoli 2013.
[22] Eine 1938 von Roberto Salvini erarbeitete Forschungsbibliographie zu Giotto führte 845 Titel auf (Salvini 1938), ein 1973 folgender Ergänzungsband fügte bereits annähernd 1000 weitere Schriften hinzu (De Benedictis 1973). Zur Frage der epochalen Stellung Giottos siehe etwa Gardner 1991.
[23] Grundsätzlich dazu die zahlreichen Hinweise bei Kris/Kurz 1934 und Falaschi 1972.
[24] Ladis 2008b, S. 8.
[25] Vasari, *Kunstgeschichte*, S. 100–101. Zuletzt ausführlich zu Vasaris Methoden und Anspruch Nova 2014.

Anmerkungen zu Vasaris Text (S. 53–95)

[1] Die Vita Giottos hätte kaum mit einem größeren Lob beginnen können: Seine Kunst gleiche der Natur und besitze, als ein zu imitierendes Modell für die Maler, den gleichen Stellenwert wie sie. Vasaris Erhebung Giottos, den er in der folgenden Einleitungspassage unter implizitem Bezug auf seine Charakterisierung in *Dekameron* VI, 5 (Boccaccio, Ed. Branca, S. 550) als einen reinen Schüler der Natur interpretieren

wird, greift auf eine Parallelisierung Giottos mit der *Natura naturans* in der Kenotaphinschrift in der Florentiner Kathedrale Santa Maria del Fiore zurück, die Vasari ganz am Ende der Vita zitieren wird. Im Rahmen der Gesamterzählung der *Vite* wird das für die Kunsttheorie der Frühen Neuzeit zentrale Thema der Nachahmung und des Übertreffens der Natur schließlich in der Vorrede zum letzten Teil aufgegriffen, die erneut mit Giotto beginnt und wo Michelangelo als einziger nachantiker Künstler bezeichnet wird, der auch jene Maler übertraf, die ihrerseits die Natur zu bezwingen gelernt hatten (Vasari, *Kunstgeschichte*, S. 118–119). In der Biographie Giottos spielen die antiken Vorbilder überhaupt keine Rolle: Er konnte sich, wie Vasari an verschiedenen Stellen der *Vite* betont, nicht an erhaltenen antiken Malereien orientieren, sondern schuf seine Kunst nur durch seine natürliche Veranlagung und das Studium der Natur.

Bibl.: Vasari, *Kunstgeschichte*, S. 87, 118–119 und S. 263–267; Vasari, *Bildhauer und Architekten des Duecento und des Trecento*, S. 96.

2 Die Rekapitulation des politischen und kulturellen Verfalls der italienischen Halbinsel ab der Spätantike und eines »um 1250« beginnenden Wiedererwachens schließt an Vasaris Äußerungen im *Proemio* (Vasari, *Kunstgeschichte*, S. 64–65 und S. 74–83) und der Vita Cimabues an (siehe in diesem Band S. 19). Die Bewertung Giottos als die zentrale Figur, an die dieser Neubeginn geknüpft ist, bezieht sich auf eine Tradition, die sehr eng mit seiner Nennung in Dantes *Göttlicher Komödie* verbunden ist, der ihn als den Überwinder Cimabues bezeichnet (*Purg.* XI, 94–96). Explizit wird Giotto erstmalig in Giovanni Boccaccios *Dekameron* VI, 5 zugebilligt, die Kunst errettet zu haben (Boccaccio, Ed. Branca, S. 550–551).

3 Die mit Giottos Wirken einhergehende Wiederkehr des *disegno*, der wichtigsten Kategorie in der Kunsttheorie Vasaris, gehört zum zentralen Anliegen seiner Biographie innerhalb der Gesamtheit der *Vite*. Aufgrund der sprachlichen Ambivalenz ist an den zahlreichen Stellen der Vita, in denen Giottos *disegno* gelobt wird, das Moment des künstlerischen Entwurfs nicht immer eindeutig von der damit verbundenen Praxis des Zeichnens zu trennen; fraglos versteht Vasari die von Giotto eingeleitete Verbesserung der Künste nicht nur als Verdienst seiner innovativen Entwürfe und Bildkonzeptionen, sondern sieht sie auch in Zusammenhang mit einer Weiterentwicklung der Zeichenkunst, in der er Giotto 1550 darüber hinaus eine »bellissima pratica« bescheinigt. Vgl. auch Anm. 222.

Bibl.: Vasari, *Kunstgeschichte*, S. 213–217; Vasari, *Einführung*, S. 7–12 und S. 98–103.

4 Bis zu dieser Stelle war die Fassung der Vita von 1550 für die Neuauflage von 1568 nur minimal sprachlich verändert worden. Der hier folgende Einschub, der auch Giottos Vater – dem vor Dezember 1313 verstorbenen Schmied Bondone di Angiolino (Schwarz/Theis 2004–2008, Bd. I, S. 105, Dok. I 1 12) – Tugendhaftigkeit und künstlerische Begabung zugestanden hatte, wurde in der Giuntina jedoch gestrichen, um die besondere göttliche Gnade, durch die Giottos Auftreten bewirkt wurde, stärker zu betonen. 1550 hieß es so: »ein Landarbeiter namens Bondone, der hohes Ansehen für seine Lebensweise genoß und so tüchtig in der Landwirtschaft war, daß keiner der in den umliegenden Dörfern ansässigen Bauern mehr geschätzt wurde als er. Alles verrichtete er auf unglaublich einfallsreiche Art, und wo er das Werkzeug seines Handwerks auch einsetzte, wirkte es nicht bäuerisch, sondern wie von zarter Hand eines tüchtigen Goldschmieds oder Graveurs geführt.«

Ob Bondones Sohn Giotto im Florentiner Quartier von Santa Maria Novella oder auf einem der Anwesen der Familie in Vespignano geboren wurde, wie zuerst Lorenzo Ghiberti berichtet (dessen Rede von einer »villa« Giottos Vater bei Vasari wohl zu einem Landarbeiter macht), kann nicht eindeutig festgestellt werden. Auch das Geburtsdatum Giottos birgt Schwierigkeiten: Woher die Information stammt, Giotto sei im Jahr 1276 geboren, ist unklar (Giovanni Battista Gelli nennt das Jahr 1275, und die Angabe in einer der beiden Abschriften des *Libro* Billis fußt wiederum auf Vasari). Ob – und, wenn ja, zu welchem Zeitpunkt – eine Jahreszahl auf der heute verschollenen Grabplatte im Florentiner Dom eingraviert war, die Vasari offenbar noch persönlich gesehen hatte (vgl. Anm. 186), kann nicht mehr überprüft werden. Die in den 1370er Jahren vollendete Reimchronik *Centiloquio* von Antonio Pucci besagt hingegen, Giotto sei bereits um 1266/67 geboren, jedoch ist dieser Aussage auch deshalb nur unter Vorbehalt Glauben zu schenken, weil der Verfasser hier möglicherweise auf den Topos des biblischen Alters von 70 Jahren rekurriert (Pucci 1772–1775, Bd. IV, S. 119). Die Festlegungen von Giottos Geburtsdatum divergieren in der Forschung entsprechend und sind eng mit den jeweiligen – teilweise sehr konträren – Positionen zur Datierung einzelner Schlüsselwerke verbunden; objektiv kann es nur auf den ungefähren Zeitraum zwischen »um 1265« und 1276 eingegrenzt werden.

Bibl.: Ghiberti, *Commentarii*, S. 83; *Libro di Antonio Billi*, Ed. Frey, S. 7; Gelli 1896, S. 39; *Anonimo Magliabechiano*, Ed. Frey, S. 50 und S. 210–211; Murray 1971; Schwarz/Theis 2004–2008, Bd. I, S. 35–38.

5 Vasaris Schilderung der besonderen geistigen Veranlagung Giottos –

»una vivacità e prontezza d'ingegno straordinario« – rekurriert indirekt auf eine Charakterisierung des Malers im *Dekameron*, wo sein »ingegno di tanta eccellenzia« gepriesen wird (Boccaccio, Ed. Branca, S. 550).

[6] Diese Stelle, in der zwischen der Naturnachahmung und Gegenständen unterschieden wird, die der künstlerischen Phantasie entspringen, war für die Giuntina leicht verändert worden: 1550 hieß es noch, der jugendliche Giotto habe zum eigenen Vergnügen (»per suo diletto«) gezeichnet – eine angedeutete Wertung der Kunstausübung als zweckfreier Spaß, die 1568 gestrichen wurde, um die Ernsthaftigkeit des sich im *disegnare* übenden Knaben zu unterstreichen.

[7] Cenni di Pepe/Pepo, genannt Cimabue (*um 1240? Florenz oder Umgebung – † vor dem 19. März 1302), siehe die Vita Cimabues in diesem Band. Die in der Kunsthistoriographie des Quattro- und Cinquecento geläufige Ansicht, Giotto sei ein Schüler Cimabues gewesen, geht auf Interpretationen der berühmten Zeilen in der *Divina Commedia* Dantes zurück (*Purg.* XI, 94–96), in denen das Ausbildungsverhältnis jedoch nicht explizit angesprochen wird. Ausdrücklich als Lehrer Giottos wird Cimabue erstmalig in zwei frühen – Vasari allerdings unbekannten – Dante-Kommentaren bezeichnet (Schwarz/Theis 2004–2008, Bd. I, S. 364–366; *Commento d'anonimo*, Ed. Fanfani, Bd. II, S. 187).

Bibl.: Ghiberti, *Commentarii*, S. 83; *Libro di Antonio Billi*, Ed. Frey, S. 4–5; Gelli 1896, S. 39; *Anonimo Magliabechiano*, Ed. Frey, S. 49–50.

[8] Die Anekdote der Entdeckung des jugendlichen Giotto beim Hüten der Schafe ist das berühmteste Beispiel aus einer langen Reihe von Legenden, die das Erkennen der natürlichen Begabung von Künstlern oder des ihnen von Gott verliehenen Talents zum Gegenstand haben. In der Nachfolge einer früh belegten Behauptung, Giotto habe sich regelmäßig in die Werkstatt Cimabues geschlichen (*Commento d'anonimo*, Ed. Fanfani, Bd. II, S. 187–188), ist die alternative und später ›kanonische‹ Entdeckungslegende erstmalig bei Ghiberti nachweisbar. Neben zahlreichen historiographischen Schriften bezieht sich unter anderem auch Leonardo da Vinci darauf. Im angeblichen Abzeichnen der Schafe wird zugleich der schon von Boccaccio mit Giotto verbundene Aspekt der Naturnachahmung betont (Boccaccio, Ed. Branca, S. 550). Der Topos, ein Künstler sei schon im Kindesalter durch die realistische Darstellung von Tieren aufgefallen, findet sich bereits rund fünf Jahrzehnte vor Ghiberti beim Humanisten Uberto Decembrio, der dies über den Maler Michelino dei Molinari da Besozzo erzählt. Vasari wird nicht nur von Andrea del Castagno in sehr ähnlicher Weise berichten, daß seine künstlerische Begabung beim Schafehüten entdeckt worden sei (Vasari, *Lippi und Pesello*, S. 54–56 nach *Libro di Antonio Billi*, Ed. Frey, S. 20–23), son-

dern auch von Andrea Sansovino (Vasari, *Bildhauer des Cinquecento*, S. 71) sowie von Beccafumi (Vasari, *Sodoma und Beccafumi*, S. 43), und auch Andrea Mantegna hütete als Kind die Herden (Vasari, *Bellini und Mantegna*, S. 45).

Bibl.: Ghiberti, *Commentarii*, S. 83; Gelli 1896, S. 39–40; *Anonimo Magliabechiano*, Ed. Frey, S. 50–51; Kallab 1908, S. 184 und S. 281; Kris/Kurz 1934, S. 33–47; Pächt 1950, S. 13–14; Falaschi 1972, S. 17–19; Jenni 1983; Biermann 1991, S. 116–119; Pfisterer 2003; Kat. München 2013, S. 28–32, Kat.-Nr. I.2 (Ulrich Pfisterer).

9 Die zuvor im *Proemio* und der Biographie Cimabues entwickelte Vorstellung, daß die vorherrschende *maniera greca* durch Cimabue teilweise bereits abgelöst und anschließend durch Giotto vollständig überwunden wurde, wird an dieser Stelle kausal mit dem Prinzip der Naturnachahmung verbunden. Während Cimabue durch seine natürliche Begabung die Malkunst verbessert habe, habe erst Giotto seine Kunst im Studium der Natur begründet und sie auf diese Weise perfektioniert (siehe in diesem Band S. 116–118, Anm. 5 und 8 zur Vita Cimabues).

Bibl.: Soergel Panofsky 1991; Sohm 2001, S. 94; Bickendorf 2002.

10 Vasaris Bericht von der natürlichen Begabung, der Naturnachahmung und der dadurch bedingten Überwindung der *maniera greca* gründet im frühen Lob, das Filippo Villani über Giotto ausspricht: Der Maler übertreffe die vorherigen Künstler in »arte et ingenio«, und sein Zeichenstift (»radius«) folge den »lineamentis nature« so getreu, daß seine Werke zu leben scheinen (F. Villani, *De origine civitatis Florentie*, S. 154, 411 und S. 463). Eine besondere Rolle spielt hierbei die Porträtkunst, deren Aufblühen auch in der neueren Forschung noch mit dem Wirken Giottos verbunden wird. Der Ursprung dieser – letzten Endes so kaum haltbaren – These kann in der 1310 vollendeten und ab 1475 mehrfach gedruckten *Expositio Problematum Aristotelis* des Paduaner Mediziners und Gelehrten Pietro d'Abano nachgewiesen werden, wo im Zusammenhang mit der Frage nach dem Porträt Giotto als Beispiel eines Malers genannt wird, der in der Lage sei, Ähnlichkeit mit dem Dargestellten zu erreichen. Auch Giovanni Villani deutet ein diesbezügliches Talent Giottos an (G. Villani, *Nuova cronica*, Bd. III, S. 53 [XII, 12]).

Merkwürdig ist die Änderung gegenüber der Ausgabe von 1550, in der davon die Rede gewesen war, daß das naturgetreue Porträt »viele hundert Jahre« nicht mehr üblich gewesen sei, wogegen Vasari 1568 suggeriert, die Porträtkunst habe erst im 11. Jahrhundert aufgehört zu existieren. Einen direkten Vergleich mit antiken Künstlern wie Apelles, dessen Porträtkunst Plinius besonders herausstellte, unterläßt Vasari jedoch. Nannte Vasari in der Erstausgabe nur zwei Beispiele für Giottos porträthafte Bildnisse, so unterstreicht er die Aussage in der Giuntina durch achtzehn angebliche Porträts, wobei er in den Viten anderer Künstler auch der generellen Entwicklung Tribut zollt. So ergänzt er 1568 die Information über einen *Heiligen Franziskus* Cimabues und erklärt, die Hand des Malers »gab ihn so gut wie möglich nach dem Leben wieder (was seinerzeit eine Neuheit war)« (vgl. in diesem Band S. 21).

Bibl.: Bauch 1971; Thomann 1991; Maginnis 1993, S. 386–390; Maginnis 1997, S. 8–13; Castelnuovo 2002; Seiler 2003; Castelnuovo 2009; Posselt 2013, S. 225–229.

11 Dieser Satz ist eine Ergänzung der zweiten Ausgabe der *Vite.*

12 Erstaunlicherweise geht Vasari in den *Vite* nicht weiter auf die Ausmalung der Magdalenenkapelle im nordöstlichen Bereich des ersten Obergeschosses des Bargellos – dem einstigen Palazzo del Podestà – ein: Die Identifizierung des angeblichen Bildnisses Dantes, fraglos eine Figur an der Ostwand, wo eine Personengruppe mit erkennbar porträthaften Zügen zu sehen ist, hat eine mindestens auf Filippo Villani zurückgehende Tradition (F. Villani, *De origine civitatis Florentie*, S. 155, 412 und S. 463) und findet sich in zahlreichen weiteren Textquellen. Von Villanis Schrift indes existieren zwei Versionen, in denen das Porträt einmal auf einer ansonsten nicht dokumentierten Altartafel, ein anderes Mal im fragmentarisch erhaltenen Wandfresko der Altarwand verortet wird.

Der Darstellung des *Paradieses* an dieser Seite ist eine *Höllendarstellung* an der Westwand gegenübergestellt, an den Seitenwänden befinden sich *Szenen des Lebens der Heiligen Maria Magdalena und Johannes des Täufers.* Laut einer unter eine Heiligenfigur gemalten Inschrift wurde eine dekorative Ausstattung der Kapelle oder ein Teil (»hoc opus«) in der Amtszeit des Podestà Fidesmino di Bodolfo da Varano (also zwischen Juli 1337 und Januar 1338 und damit nach Giottos Tod) in Auftrag gegeben oder vollendet. Nachweislich waren bereits in den frühen 1320er Jahren Arbeiten in der Kapelle in Gang, und die Kommune bewilligte Gelder für Bilder. Inwiefern die heute zu sehenden Fresken eine ältere (möglicherweise bei einem Brand im Februar 1331 zerstörte) Ausstattung ersetzen oder nur ergänzen und ob später ausgeführte Bilder eventuell auf Entwürfen Giottos fußen, ist nicht mehr eindeutig zu klären. Wenige Argumente stützen hingegen eine jüngere Hypothese, die Giotto als Verantwortlichen für den architektonischen Umbau ausmachen möchte, ebenso ist die Identifizierung der Hände bekannterer Meister wie Taddeo Gaddi, Maso di Banco oder Stefano Fiorentino problematisch.

Bibl.: Landino, Ed. Procaccioli, Bd. I, S. 336; Manetti 2003, S. 44–45; Ghiberti, *Commentarii*, S. 84; *Libro di Antonio Billi*, Ed. Frey, S. 4; Gelli

1896, S. 42; *Anonimo Magliabechiano*, Ed. Frey, S. 51; Gombrich 1979; Previtali 1993, S. 129–132 und S. 348–353; Grötecke 1997, S. 132–193; Elliott 1998; Schwarz/Theis 2004–2008, Bd. II, S. 479–481; Bandini/Danti/Mariotti 2005; Danti/Felici/Mariotti 2006; Neri Lusanna 2014.

13 Dante Alighieri (*1265 Florenz – †14. September 1321 Ravenna). In den kunsthistoriographischen Schriften Antonio Billis oder des Anonimo Magliabechiano, die Filippo Villanis Identifizierung des Porträts folgen, wird die als Lehrer-Schüler-Verhältnis beschriebene, besonders enge Beziehung zwischen Dante und Giotto erwähnt, die auch Vasari in den *Vite* mehrfach anspricht (vgl. Anm. 99, 115 und 116). 1550 hieß es bei Vasari sogar noch explizit, Giotto sei von Dante wegen seiner außergewöhnlichen malerischen Begabung geliebt worden.

Ob die Bildfigur tatsächlich Dante darstellt, wie lange angenommen wurde, ist hingegen zweifelhaft, da die Entstehung des Freskos lange vor der beginnenden Rehabilitierung des aus Florenz verbannten Dichters und der Etablierung des florentinischen Dante-Kults anzusetzen ist. Dessen ungeachtet prägte der Typus die Tradition der Dante-Bildnisse in zwei Phasen der Verehrung des Dichters: ab dem späten 14. Jahrhundert und erneut ab 1840, nach der Wiederentdeckung des zwischenzeitlich übertünchten Bildnisses. In Giottos Vita unterläßt Vasari den Hinweis auf ein weiteres – in den älteren Quellen mehrfach Giotto zugeschriebenes – Dante-Porträt am Lettner von Santa Croce, da er dieses als Werk Taddeo Gaddis führt (Vasari, *Taddeo und Agnolo Gaddi*, S. 18), jedoch in der Beschreibung der Trauerfeier für Michelangelo offenbar wiederum als Werk Giottos aufführt (Vasari, *Michelangelo*, S. 232). Ein Dante-Porträt Giottos an einem unbekannten Ort ist Gegenstand eines Gedichts Antonio Puccis (Schwarz/Theis 2004–2008, Bd. I, S. 352–353, Dok. II d 4).

Bibl.: F. Villani, *De origine civitatis Florentie*, S. 155, 412 und S. 463; *Libro di Antonio Billi*, Ed. Frey, S. 4–7; *Anonimo Magliabechiano*, Ed. Frey, S. 50; Rambaldi 1937; Bonicatti 1971; Gombrich 1979; Grötecke 1997, S. 142–147; Kat. Torre de' Passeri 2001; Castelnuovo 2002; Neri Lusanna 2014.

14 Giovanni Boccaccio (*1313 Florenz oder Certaldo bei Florenz – † 21. Dezember 1375 Certaldo)

15 Forese di Ughettuccio da Rabatta (*2. Hälfte des 13. Jahrhunderts Rabatta bei Borgo San Lorenzo – † wohl 1348 Florenz) war ein politisch aktiver Jurist der Republik Florenz. In der von Vasari erwähnten Novelle VI, 5 des *Dekameron* wird Forese – ebenso wie Giotto – als körperlich häßlich beschrieben.

[16] Das Lob Giottos im Vorwort der Novelle VI, 5 des *Dekameron* (Boccaccio, Ed. Branca, S. 550–552) berührt mehrere Aspekte seines Kunstschaffens, die Vasari im Verlauf der Vita durchgängig aufgreift (Dante hingegen wird im *Dekameron* nur im Vorwort zur vierten *Giornata* knapp erwähnt; ebenda, S. 350). Bemerkenswerterweise läßt Vasari in der Vita Giottos und auch an anderer Stelle (Vasari, *Brunelleschi und Alberti*, S. 13) mehrfach seine Kenntnis der Novelle VI, 5 durchscheinen, geht jedoch auf ihren Inhalt nicht weiter ein: Das Kernthema der Erzählung ist die Fähigkeit des Künstlers, Werke unabhängig von seiner natürlichen Disposition zu schaffen, deren äußeres Zeichen sein Körper ist. Vasaris ostentatives Schweigen über die topische Häßlichkeit Giottos (und anderer Künstler in den *Vite*) ist so als bewußte Abwendung von einer tradierten Kreativitätstheorie zu bewerten und als Hinwendung zu einer Vorstellung vom Idealkünstler, bei dem die geistige Nobilität auch im Erscheinungsbild zum Ausdruck kommt.

Bibl.: Stewart 1983; Land 1997; Zucker 2004; Schwarz/Theis 2004–2008, Bd. I, S. 348–352; Jonietz 2011a.

[17] Brunetto (auch Burnetto) di Buonaccorso Latini (*um 1220/30 Florenz – †vor Dezember 1293 ebenda) war ein aus vornehmer Familie stammender Politiker und Dichter der Republik Florenz, sein Grab findet sich in Santa Maria Maggiore. Dante, der nach dem Tod seines Vaters unter der Aufsicht Latinis stand, führt ihn im *Inferno* (XV, 7) unter den Sodomiten auf.

[18] Corso di Simone Donati (*um 1250 Florenz – † 6. Oktober 1308 ebenda), genannt *Il Gran Barone*, war ein berüchtigter Führer der kaiserfeindlichen Fraktion der *Neri* (der schwarzen Guelfen). Aufgrund seiner kriegerischen Taten und intensiven Verwicklung in politische Verschwörungen, die letzten Endes zu seinem Tod führten, war Corso früh Gegenstand literarischer Verklärungen durch Autoren wie Dante, Giovanni Villani, Dino Compagni oder Niccolò Machiavelli.

[19] Wie im Fall des angeblichen Dante-Porträts ist die Identifizierung der Bildnisse von Latini und Donato fraglich.

[20] Daß Vasari die Werke in der Badia als erste Malereien Giottos nennt, geht wohl auf die Werkreihenfolge bei Ghiberti zurück. Die stilistische Datierung der aufgrund radikaler Veränderungen des Kirchenbaus im frühen 17. Jahrhundert zunächst übertünchten, erst spät – 1940 – wiederentdeckten und nur sehr fragmentarisch erhaltenen Freskenreste eines *Marienlebens* im ehemaligen Hauptchor führt zu wenig zwingenden Ergebnissen, wahrscheinlich aber dürften sie kurz vor der Weihe des Chors im April 1310 oder in einer zweiten Ausstattungsphase (um 1315/20?) anzusetzen sein. Sowohl von der älteren als auch von der

neueren Forschung wurde jedoch auch für sehr frühe Datierungen (um 1290) und weitestgehende Zuschreibungen an die Werkstatt Giottos argumentiert. Unter den erhaltenen szenischen Fragmenten stellt eines der größten einen Teil der *Verkündigung* dar, die Vasaris Eindruck von der Lebendigkeit und affektvollen Gestaltungsweise nachvollziehbar macht. Die Fähigkeit Giottos, Bildfiguren in einer derart lebendig wirkenden Weise (»vivamente«) verschiedene Gemütszustände ausdrücken zu lassen, betont Vasari durchgängig in dessen Biographie (vgl. unter anderem Anm. 46, 55, 60 und 81) und an anderer zentraler Stelle der Viten (Vasari, *Kunstgeschichte*, S. 99).

Bibl.: Ghiberti, *Commentarii*, S. 84; *Libro di Antonio Billi*, Ed. Frey, S. 6–7; Gelli 1896, S. 42; *Anonimo Magliabechiano*, Ed. Frey, S. 52; Paatz/Paatz 1940–1954, Bd. I, S. 291; Kat. Florenz 1967, S. 12–14, Kat.-Nr. 3 (Ugo Procacci); Guidotti 1982, S. 62–65 und S. 106; Previtali 1993, S. 330–331; Kat. Florenz 2000, S. 130–132, Kat.-Nr. 10 (Angelo Tartuferi); Schwarz/Theis 2004–2008, Bd. II, S. 446–451; Uetz 2006, S. 255–256.

[21] Vasaris Andeutung, daß die Entfernung vom Hauptaltar der Badia Fiorentina (die 1550 noch nicht erwähnt worden war) durch den allgemeinen Ruhm Giottos verhindert worden sei, gewinnt eine nachträgliche Pointe durch den Umstand, daß Giottos Polyptychon (Tempera und Gold auf Holz, 137,5 x 345 cm) wenige Monate nach dem Abschluß der Vita ausgerechnet deshalb in den Konvent überführt werden sollte, weil sie durch eine *Himmelfahrt Mariens* von Vasari ersetzt wurde (diese heute über der linken Empore montiert: Vasari, *Mein Leben*, S. 84). Die Tafel Giottos wurde 1810 zunächst in das Museo di San Marco und 1813 nach Santa Croce verbracht; im Anschluß an die verheerende Flut des Jahres 1966 gelangte sie in die Uffizien. Nach mehrfachen Restaurierungen und der Entfernung von Ergänzungen des Quattrocento zeigt sich das Altarbild heute in einer vergoldeten Rahmung, deren fünf Dreiecksgiebel Bildfelder umfangen, die – von links – den Heiligen Nikolaus, den Evangelisten Johannes, die Madonna mit Kind, den Heiligen Petrus und den Heiligen Benedikt als Halbfiguren darstellen. Über den vier seitlichen Figuren sind in Tondi Engel zu sehen, über der zentralen Mariendarstellung ein Rundbild mit einem segnenden Christus. Die heute, von einigen kritischen Stimmen abgesehen, weitestgehend akzeptierte Zuschreibung an Giotto schlugen schon Henry Thode (1899) und Osvald Sirén (1906) vor. Nach der dokumentarischen Identifizierung der Provenienz aus der Badia konnte das Polyptychon durch Ugo Procacci mit dem von Vasari genannten Werk verbunden werden. Die Datierung schwankt in der Forschung zumeist zwischen dem aus-

klingenden 13. Jahrhundert und 1310, dem Jahr der Weihe des Altars; eine Spätdatierung in die 1320er Jahre ist wenig plausibel.

Bibl.: Ghiberti, *Commentarii*, S. 84; Paatz/Paatz 1940–1954, Bd. I, S. 291; Procacci 1961–1963; Previtali 1993, S. 347–348; Flores d'Arcais 1995, S. 118–121; Kat. Florenz 2000, S. 117–120, Kat.-Nr. 6 (Angelo Tartuferi); Schwarz/Theis 2004–2008, Bd. II, S. 524–531; Kat. Rom 2009, Bd. I, S. 159–160, Kat.-Nr. 2 (Angelo Tartuferi); Tartuferi 2012.

22 Wer als Leser den ersten gedruckten Florenz-Führer in die Hand nahm, erfuhr nur von zwei Kapellen Giottos in Santa Croce – genau jene, deren Fresken sich bis heute erhalten haben. Vasaris Auskunft, daß Giotto hier insgesamt vier Kapellen ausgemalt hat, geht auf Ghiberti zurück, der in Santa Croce zugleich vier Altartafeln von dessen Hand benennt. Im *Libro* Antonio Billis wird von diesen nur noch die firmierte Tafel der Baroncelli-Kapelle genannt, Gelli erwähnt wiederum mehrere Altartafeln, während der *Anonimo Magliabechiano* Giotto fälschlich die Hauptchorkapelle zuschreibt. Auch die moderne Forschung beschäftigen die verwirrenden Angaben über Giottos ursprüngliche Altarwerke weiterhin, und so kreisen zahlreiche Hypothesen um die Frage der Bestimmung und Identifizierung von Giottos verschollenen Werken – darunter beispielsweise ein ursprünglich wohl aus fünf Tafeln bestehender Altar, der aus mehreren Objekten in verschiedenen Sammlungen virtuell rekonstruiert wird (Kat. Florenz 2000, S. 182–186 [Miklós Boskovits]; Kat. Paris 2013, S. 130–151, Kat.-Nrn. 12–15 [Cecilia Frosinini, Daniel Jaunard, Dominique Thiébaut und Élisabeth Ravaud]). Die ausführliche Beschreibung der Freskenausmalungen ergänzt Vasari, der sie 1550 nur knapp erwähnt, erst in der zweiten Ausgabe der *Vite*.

Bibl.: Ghiberti, *Commentarii*, S. 84; Albertini 1510, o. S.; *Libro di Antonio Billi*, Ed. Frey, S. 6–7; Gelli 1896, S. 42; *Anonimo Magliabechiano*, Ed. Frey, S. 52.

23 Ridolfo – genannt Doffo – di Bartolo de' Bardi (†1360 oder später) war bereits im späten Duecento im Familienbetrieb tätig und teilte sich nach dem Tod des Vaters im Jahr 1309 die Geschäftsführung des Unternehmens mit seinem Onkel Lapo de' Bardi. Seinen Namen entnahm Vasari, der ihn in der Torrentiniana 1550 noch verschweigt, möglicherweise entweder einer dort sichtbaren Grabinschrift oder dem 1439 abgefaßten Sepultuar von Santa Croce (Pines 1985, S. 626), in dem Ridolfos Name als erster unter den hier Bestatteten genannt wird.

Bibl.: Long 1988, S. 128–133.

24 Die Entscheidung, die rechts von der Hauptchorkapelle der Franziskanerkirche Santa Croce gelegene Bardi-Kapelle dem Ordensgründer

zu weihen, dürfte eine Vorgabe des Konvents gewesen sein. Die Datierung der Ausmalung schwankt in der Forschung zwischen 1310 und 1335, wobei eine Ausführung in der 2. Hälfte der 1320er Jahre zu favorisieren ist. Die Darstellung des Heiligen Ludwig von Toulouse legt außerdem nahe, daß die Fresken erst nach dem Jahr seiner Kanonisierung (1317) anzusetzen sind. Möglicherweise steht die Ausstattung auch in Zusammenhang mit der wachsenden politischen Bedeutung des 1322 zum Ritter geschlagenen Ridolfo de' Bardi, dessen Familie insgesamt drei Kapellen in Santa Croce besaß, obwohl die Familie in weit entfernten Teilen der Stadt residierte.

Giottos Fresken schildern (teilweise unter direktem Rekurs auf seine älteren Darstellungen dieses Themas in Assisi) das *Leben des Heiligen Franziskus* in insgesamt sechs großformatigen Bildfeldern, die auf jeweils drei Register der beiden Seitenwände verteilt sind. Die vorgegebene Leseweise läßt dabei der Darstellung auf der Nordwand jeweils die gegenüberliegende der Südwand folgen, bevor das darunterliegende Register in den Blick genommen wird. Auf diese Weise folgt der Szene der *Lossagung vom Vater* links oben die *Bestätigung der Ordensregel* auf der Parallelwand, danach folgen die *Erscheinung in Arles*, die *Feuerprobe vor dem Sultan* und die *Beweinung und Exequien des Franziskus*, bevor der Zyklus mit der *Erscheinung des Heiligen Franziskus vor Bruder Augustinus und dem Bischof von Assisi* im unteren Bildfeld der Südwand endet. Die beiden letztgenannten Szenen wurden durch den späteren Einbau von Wandgräbern stark beeinträchtigt; eine eventuell bemalte Sockelzone hat sich nicht erhalten. In den Stichkappen des Kreuzrippengewölbes wird die Verklärung des Heiligen durch die von den drei allegorischen Tondi der Ordenstugenden *Gehorsam*, *Armut* und *Keuschheit* begleitete Darstellung des *Heiligen Franziskus in der Glorie* ergänzt. Darüber hinaus befindet sich eine monumentale und weithin im Kirchenraum sichtbare Darstellung der *Stigmatisation des Heiligen Franziskus* außerhalb des Kapellenraums über dem Scheitel des Eingangsbogens, die den mit Wundmalen Christi ausgezeichneten Ordensheiligen nahe des Orts der Hauptliturgie in einer besonderen Weise inszeniert, die vor allem durch das Patrozinium der Kirche Santa Croce zu erklären sein dürfte. Die ursprüngliche Ausmalung der östlichen Stirnwand der Bardi-Kapelle hingegen ist nur fragmentarisch erhalten; zu sehen sind hier drei von anfangs vier Heiligenfiguren, die zu Seiten des schmalen, spitzbogigen Fensters dargestellt sind: der *Heilige Ludwig von Toulouse*, die *Heilige Klara* und die *Heilige Elisabeth von Ungarn*. In der Laibung des Eingangsbogens sind insgesamt acht *Heiligenfiguren* als Brustbilder erwähnt, die in Vierpaßrahmen mit eingeschriebenem Quadrat erschienen. In der Vita Arnolfo di Cambios benennt Vasari ein angebliches Porträt des Architekten in der Bardi-Kapelle (Vasari, *Bildhauer und Architekten des Duecento und des Trecento*, S. 35).

Bibl.: Rintelen 1912, S. 155–171; Paatz/Paatz 1940–1954, Bd. I, S. 568–570; Hueck 1976; Blume 1983, S. 59–62; Goffen 1988, S. 51–77; Long 1988; Gardner 1991, S. 69–73; Previtali 1993, S. 113–115 und S. 332–335; Flores d'Arcais 1995, S. 325–337; Poeschke 2003, S. 224–249; Schwarz/Theis 2004–2008, Bd. II, S. 409–442; Gardner 2011, S. 47–79.

25 Abweichend von Vasaris Aufzählung, in der die von Giotto ausgemalten Kapellen in der Reihenfolge ihrer Entfernung zur Hauptchorkapelle genannt werden, wurde die Kapelle der Peruzzi im zweiten südlichen Nebenchor mit hoher Wahrscheinlichkeit bereits wesentlich früher als die Bardi-Kapelle ausgestattet: Die Forschung favorisiert eine Datierung zwischen 1310 und 1320 (weniger überzeugend wird eine sehr späte Datierung – um 1335 – diskutiert). Welches Familienmitglied den Auftrag für die Ausmalung der bereits 1292 gestifteten Kapelle erteilte, ist ungeklärt. Entsprechend des Doppelpatroziniums, mit dem die Kapelle Johannes dem Täufer und Johannes dem Evangelisten geweiht wurde, sind die linke und die rechte Seitenwand jeweils in drei Bildregister gegliedert, unter denen abschließend eine Sockelzone aus Marmorplatten fingiert ist. Aufgrund der *al secco*-Technik und späteren Übertünchungen ist die Ausmalung schlecht erhalten. Die Darstellungen an der Fensterwand sind bis auf Fragmente (darunter ein *Lamm Gottes* im Scheitel und die Dekoration der Fensterlaibung) verloren und können nicht eindeutig rekonstruiert werden.

Die drei Szenen des *Lebens Johannes' des Täufers* stellen – von oben nach unten – die *Verkündigung an Zacharias*, die *Geburt und Namensgebung Johannes'* sowie das *Gastmahl des Herodes* dar. Auf der gegenüberliegenden Wand repräsentieren in der gleichen Reihenfolge die *Vision auf der Insel Patmos*, die *Auferweckung der Drusiana* und die *Himmelfahrt des Evangelisten* das *Leben Johannes' des Evangelisten.* Das flach ornamentierte Rahmenwerk zwischen den sechs *istorie* zeigt mehrfach Köpfe, die aufgrund der zeitgenössischen Kleidung versuchsweise als Porträts interpretiert worden sind. In den von starken Verlusten gezeichneten Kappen des Kreuzrippengewölbes sind vor einem blauen Sternenhimmel vier Tondi mit den Evangelistensymbolen dargestellt; im Eingangsbogen sind in hexagonalen Rahmungen insgesamt acht Propheten und Heilige vor blauem Hintergrund als Halbfiguren zu sehen. Bemerkenswert ist, daß Vasari auf beiden Seitenwänden die Szenen in den Lünetten verschweigt. Das ebenfalls nicht genannte Altarretabel aus der

Werkstatt Giottos wird gemeinhin mit einem Polyptychon im Museum of Art in Raleigh, North Carolina, identifiziert (Tempera und Gold auf Holz, 105,7 x 250 cm).

Bibl.: Rintelen 1912, S. 131–154; Paatz/Paatz 1940–1954, Bd. I, S. 567–568; Tintori/Borsook 1965; Previtali 1993, S. 111–113 und S. 337–339; Flores d'Arcais 1995, S. 252–269; Poeschke 2003, S. 224–249; Schwarz/ Theis 2004–2008, Bd. II, S. 538–567; Kat. Florenz 2008, S. 88–91, Kat.-Nr. 1 (Angelo Tartuferi); Kat. Rom 2009, Bd. I, S. 163–164, Kat.-Nr. 6 (Alberto Lenza).

[26] Die Fresken der Cappella Giugni sind vermutlich im 18. Jahrhundert verlorengegangen.

Bibl.: Paatz/Paatz 1940–1954, Bd. I, S. 600.

[27] Auch die Ausmalung der Cappella Tosinghi-Spinelli ist seit dem letzten Drittel des 18. Jahrhunderts verloren, erhalten hat sich allein das Fresko der *Himmelfahrt Mariens* über dem Eingangsbogen, dessen Zuschreibung an Giotto allerdings heute kaum noch geteilt wird. Das Werk wird vielmehr dem sogenannten »Maestro di Figline« zugerechnet.

Bibl.: Rintelen 1912, S. 172–173; Marchini 1938; Paatz/Paatz 1940–1954, Bd. I, S. 572–573 und S. 603; Santoleri 1997a; Schwarz/Theis 2004–2008, Bd. II, S. 409–410; Patti 2013.

[28] An dieser Stelle greift Vasari mit der Formulierung »senza alcun lume della buona maniera« auf die Lichtmetaphorik der durch Cimabue und Giotto wiederbegründeten Künste zurück, die ein Leitthema der Proemien und der beiden Viten darstellt. In bezug auf Giotto ist vor allem Boccaccios Charakterisierung des Malers prägend, der im *Dekameron* davon spricht, daß dieser »diese Kunst zum Licht zurückgeführt« und es deshalb »verdient habe, als eine der Leuchten des Florentiner Ruhms bezeichnet zu werden« (Boccaccio, Ed. Branca, S. 550–551).

[29] Das heutige Aussehen des Altars (Tempera und Gold auf Holz, 185 x 323 cm) der 1328 begonnenen Cappella Baroncelli, deren Fresken Vasari in der Vita Taddeo Gaddis beschreibt (Vasari, *Taddeo und Agnolo Gaddi*, S. 17–18), geht auf eine um 1480 vorgenommene Neuanordnung und Einpassung in einen Renaissance-Rahmen zurück, die von der Werkstatt Domenico Ghirlandaios durchgeführt wurden. Neben den erhaltenen fünf Bildfeldern, auf denen um eine zentrale *Marienkrönung* zahlreiche Heilige und Engel in den etwas niedrigeren Seitentafeln gruppiert sind, wurde ein spitzes Kopfstück (76,2 x 71,1 cm) im San Diego Museum of Art als zugehörig identifiziert, das einen Gottvater und Engel zeigt. Trotz der Signatur (die von Vasari erst 1568 erwähnte Jahreszahl ist einer Verwechslung geschuldet oder hat sich nicht erhalten) gab es in der Forschung starke Vorbehalte gegen eine Zuschreibung des Werks, an

dem Vasari ein neues Prinzip des Umgangs mit *disegno* und *colorito* festmacht, an Giotto – eine Frage, die bis heute nicht entschieden ist.

Bibl.: *Libro di Antonio Billi*, Ed. Frey, S. 6–7; Gelli 1896, S. 42; *Anonimo Magliabechiano*, Ed. Frey, S. 52; Rintelen 1912, S. 257–260; Paatz/Paatz 1940– 1954, Bd. I, S. 559; Ladis 1982, S. 88–112; Previtali 1993, S. 127–129, 335–337 und S. 390; Cämmerer 1995; Flores d'Arcais 1995, S. 337–343; Kat. Florenz 2000, S. 187–191, Kat.-Nr. 27 (Miklós Boskovits); Kat. Rom 2009, Bd. I, S. 173–175, Kat.-Nr. 16 (Giorgia Corso); Schwarz/Theis 2004–2008, Bd. II, S. 484–496.

30 Der aus einer Aretiner Familie stammende Humanist und Politiker Carlo di Gregorio Marsuppini (*wohl 1398 Arezzo oder Genua – † 24. April 1453 Florenz) gehörte zu den wenigen Personen, die von der Florentiner Republik im Quattrocento mit einem Ehrengrab in Santa Croce geehrt wurden; das von Desiderio da Settignano geschaffene Grabmal an der Nordwand beschreibt Vasari in dessen Vita ausführlich (Vasari, *Giuliano da Maiano, Antonio und Bernardo Rossellino*, S. 46–50).

31 Die Darstellung der *Kreuzigung* über dem Grabmal Marsuppinis, die außer Vasari nur Gelli bezeugt (Gelli 1896, S. 42), ist bis auf zwei kleine Fragmente verloren, deren Autorschaft unklar ist. Offenbar handelte es sich um ein Fresko, dem die Szene einer *Beweinung* zugeordnet war, die Vasari – Francesco Albertini folgend – Taddeo Gaddi zuschreibt (Vasari, *Taddeo und Agnolo Gaddi*, S. 18).

Bibl.: Paatz/Paatz 1940–1954, Bd. I, S. 583, 606 und S. 608; Previtali 1993, S. 340; De Marchi 2011, S. 66, Anm. 20 und 22.

32 Leonardo di Francesco Bruni (*um 1370 Arezzo – † 9. März 1444 Florenz) war ein Humanist, Historiker und Politiker der florentinischen Republik. Sein von Bernardo Rossellino geschaffenes Ehrengrab an der Südwand des Langhauses von Santa Croce erwähnt Vasari in der Vita des Bildhauers (Vasari, *Giuliano da Maiano, Antonio und Bernardo Rossellino*, S. 31).

33 Die *Verkündigung* über dem Grabmal Brunis, deren Übermalung Vasari erst in der zweiten Ausgabe so deutlich kritisiert, kann wahrscheinlich in einer kleinen, sehr schlecht erhaltenen Szene erkannt werden, die in das heute zu sehende und hauptsächlich von Restauratoren des 19. und frühen 20. Jahrhunderts geschaffene Wandgliederungssystem eingebunden ist.

Bibl.: Paatz/Paatz 1940–1954, Bd. I, S. 596; De Marchi 2011, S. 39–47.

34 Vasaris Beschreibung des monumentalen, ungefähr 1120 x 1170 cm messenden Freskos an der Westwand des ehemaligen Refektoriums von Santa Croce, das in der älteren und zeitnahen Kunsthistoriographie teilweise Agnolo Gaddi, teilweise bereits Giotto zugeschrieben zu werden

scheint, legt fälschlich nahe, der ikonographische Schwerpunkt läge hier auf dem Leben des Heiligen Ludwig von Toulouse. Tatsächlich ist diesem nur eine von insgesamt vier Heiligenszenen gewidmet, welche die beiden Hauptbildfelder begleiten: Über einer *Abendmahlsdarstellung* erhebt sich ein *Lebensbaum* (oder *Arbor vitae*), der als Kreuzigungsdarstellung gestaltet ist, aus dem die zwölf genealogischen Zweige herauswachsen. Auf beiden Seiten dieses Bildes sind jeweils zwei übereinander angeordnete Bildfelder zu sehen, die links den *Heiligen Franziskus beim Empfangen der Stigmata* und den *Heiligen Ludwig von Toulouse bei der Armenspeisung*, rechts ein *Wunder des Heiligen Benedikt* und die *Fußwaschung Maria Magdalenas* zeigen. Die Darstellungen sind ein Werk Taddeo Gaddis und seiner Werkstatt und stammen aus den 1350er oder 1360er Jahren.

Bibl.: *Anonimo Magliabechiano*, Ed. Frey, S. 52 und S. 60; Paatz/Paatz 1940–1954, Bd. I, S. 582–583 und S. 673–674, Anm. 469; Ladis 1982, S. 171–182; Belting 1989, S. 56–58; Simbeni 2011.

35 Die insgesamt 28 bemalten Tafeln der Schranktüren, die auch der *Anonimo Magliabechiano* für Giotto reklamiert, gelten in der heutigen Forschung als Jugendwerke Taddeo Gaddis. Das Aussehen des Schranks, der vermutlich zur Aufbewahrung von Reliquien diente und dessen Vorderseite eine christologisch-franziskanische Ikonographie aufwies, wurde mehrfach verändert; mit der Ausnahme weniger Stücke befinden sich die Bildtafeln heute in der Florentiner Galleria dell'Accademia.

Bibl.: *Anonimo Magliabechiano*, Ed. Frey, S. 52; Paatz/Paatz 1940–1954, Bd. I, S. 598–599 und S. 690–691, Anm. 584; Marcucci 1959/60; Ladis 1982, S. 114–126.

36 Der bei einem Feuer 1771 stark beschädigte und heute als Fragment in verschiedenen europäischen Sammlungen aufbewahrte Zyklus der Cappella Manetti stammt von Spinello Aretino.

Bibl.: Paatz/Paatz 1940–1954, Bd. III, S. 228 und S. 291–292, Anm. 285; Weppelmann 2011, S. 56–57, 214–221 und S. 363; Vasari, *Taddeo und Agnolo Gaddi*, S. 299, Anm. 16.

37 Guido Foucois (* um 1200 Saint-Gilles-du-Gard – † 29. November 1268 Viterbo) amtierte seit dem 5. Februar 1265 als Papst Clemens IV.

38 Vasaris Angaben zu angeblichen, nicht erhaltenen Werken Giottos im Florentiner Palazzo della Parte Guelfa beruhen eventuell auf einer Verwechslung mit dem Palazzo della Ragione in Padua, den Vasari in der Vita nicht erwähnt. Die topographisch verwirrende Werkliste Ghibertis nennt im »Palazzo della Parte« (gemeint der Palast in Padua?) eine *Geschichte des christlichen Glaubens* und zahlreiche weitere Bilder; Antonio Billi sowie der darauf fußende *Anonimo Magliabechiano* und

Gelli geben an, Giotto habe im Florentiner Palast eine Bildfigur am Ende der Haupttreppe sowie den oberen Saal vollständig ausgemalt. Insofern ist die in der Forschung oft geäußerte Behauptung, die beschriebene Allegorie gehöre nach Padua, keineswegs zwingend. Denn dafür, daß Vasari in diesem Fall nicht blind Textquellen kompilierte, sondern ein konkretes Werk in Florenz vor Augen hatte, spricht einerseits die Diskrepanz zu den wohl tatsächlich von Giotto stammenden und anderweitig dokumentierten Personifikationen (Ghibertis »storia della fede christiana«?) und astrologischen Darstellungen im Palazzo della Ragione, nicht zuletzt aber auch der Umstand, daß Vasari selbst bei der Gestaltung der Decke der Sala dei Cinquecento im Palazzo Vecchio die in der Vita Giottos beschriebene Szene der Übergabe des Wappens an die Führer der Guelfen darstellen wird – ein politisches Detail, das ihm offenkundig so wichtig ist, daß er es 1568 in der Biographie ergänzt.

Bibl.: Ghiberti, *Commentarii*, S. 84; *Libro di Antonio Billi*, Ed. Frey, S. 4–5; Gelli 1896, S. 42; *Anonimo Magliabechiano*, Ed. Frey, S. 51 und S. 212–214; Schlosser 1896, S. 78–80 und S. 95; Gilbert 1977, S. 36–42; Bozzolato 1992, S. 42–46; Flores d'Arcais 1995, S. 223–227; Frojmovič 1996; Blume 2000, S. 70–85; Benzi/Bertuzzi 2006, S. 31; Bellinati 2008.

39 Die bei Ghiberti, im *Libro* Antonio Billis oder bei Vasari zu findende Auffassung, nach der Tätigkeit Cimabues (siehe in diesem Band S. 27–32) habe Giotto dessen Werk in Assisi vollendet (vgl. unten, Anm. 44), beruht auf einer Vorstellung, welche die kollaborative Werkstattpraxis des Due- und Trecento vernachlässigt und zugleich die epochale Einzelleistung von Ausnahmekünstlern herausstellt. In San Francesco in Assisi wird diese Ansicht Vasaris besonders problematisch, da er nicht nur die Anteile Cimabues und Giottos falsch einschätzt und wichtige Meister wie Jacopo Torriti nicht berücksichtigt (ganz zu schweigen von den damit einhergehenden chronologischen Irrtümern), sondern weil er dabei die Rolle Assisis als künstlerischer Brennpunkt verkennt, an dem sich stilistische Konzepte römischer, toskanischer und nordalpiner Schulen begegnen und mischen.

40 Die ältere Ausstattung der ungefähr ab 1150 errichteten Pieve di Santa Maria, dem dreischiffigen Nachfolgebau einer seit 1008 dokumentierten Kirche im Zentrum von Arezzo, ist nach mehrfachen Umbauten heute zu weiten Teilen verloren. Auch die beim Betreten der Kirche auf der linken Seite befindliche Kapelle des Heiligen Franziskus, deren Ausstattung durch eine testamentarische Stiftung Francesco Accettatis finanziert wurde, ist zerstört. Ein auf den September 1375 datiertes Dokument belegt allerdings, daß der Auftrag an Spinello Aretino

vergeben worden war, dessen Fresken Vasari fälschlich mit Giotto in Verbindung brachte.

Bibl.: Gandolfo 1974, S. 112; Tafi 1978, S. 173–185; Weppelmann 2011, S. 355, Nr. V 1 und S. 374, Dok. 5.

41 Die *in situ* erhaltenen *Heiligen Franziskus und Dominikus* an einem linken Pfeiler des Presbyteriums gelten heute als Werk des Andrea di Nerio; das Kapitell darüber ist eine aus der römischen Antike stammende Spolie. Der Umstand, daß Vasari 1550 noch nicht davon sprach, die beiden Heiligen seien »ritratti di naturale«, steht im Zusammenhang mit der grundsätzlichen Rolle des Porträts, dem Vasari in der zweiten Ausgabe der *Vite* besondere Aufmerksamkeit widmet.

Bibl.: Gandolfo 1974, S. 112; Tafi 1978, S. 183; Tafi 1994, S. 98; Weppelmann 2011, S. 45 und S. 359.

42 Die kleine Kapelle (»cappelluccia«) des Heiligen Stephanus befand sich in der ehemaligen Domanlage außerhalb der Stadtmauern Arezzos, die aus der älteren Kirche Santa Maria e Santo Stefano sowie einem nach dem Vorbild von San Vitale in Ravenna konstruierten polygonalen Zentralbau (San Donato) bestand. Ab dem ausklingenden 13. Jahrhundert wurde San Donato zwar durch den neuen innerstädtischen Dom San Pietro Maggiore ersetzt, jedoch blieb der Bau bis 1561 weitestgehend erhalten und wird in den *Vite* mehrfach erwähnt: Da ein Großteil der älteren Ausstattungen der Domanlage und auch die Fresken in der Kapelle des Heiligen Stephanus allein durch Vasari überliefert sind, kann deren Autorschaft nicht mehr überprüft werden.

Bibl.: Gandolfo 1974, S. 158; De Angelis d'Ossat 1978; Felloni 2012.

43 Vasaris Beschreibung der Tätigkeit Giottos in Assisi, die sich 1550 auf wenige Bemerkungen über die künstlerische Qualität des Malers beschränkte, ist in der zweiten Ausgabe der Vita um mehr als das Achtfache des ursprünglichen Umfangs angewachsen. Zu den Ergänzungen zählt auch die Information über die angebliche Auftragsvergabe durch Fra Giovanni Minio (auch: Mincio) da Morrovalle (um 1250 Morrovalle in den Marken – †1312 Avignon), der von 1296 bis 1304 Ordensgeneral der Franziskaner war. Auf welche Quelle sich Vasari hier stützt oder ob er den Namen eruierte, weil er von einer Tätigkeit Giottos in Assisi »um 1300« ausging, ist nicht bekannt.

Die Frage, zu welchem Zeitpunkt Giotto tatsächlich in Assisi eintraf und ob er hier ein einziges Mal oder in zwei zeitlich getrennten Phasen wirkte, ist in der Forschung nicht gelöst: Die Diskussion hängt einerseits mit dem ungeklärten Problem des Geburtsdatums Giottos zusammen, andererseits mit der Urheberschaft einiger sich qualitativ deutlich von den Werken Jacopo Torritis abhebender Werke, die seit dem frühen

20. Jahrhundert mit dem Notnamen des »Isaak-Meisters« verbunden werden. Dessen Verhältnis zum jungen Giotto ist eine der zentralen Schlüsselfragen der stilkritisch argumentierenden Forschung: Neben der Möglichkeit, daß es sich bei dem Isaak-Meister um einen nicht namentlich faßbaren, anonymen Maler handelt – vielleicht sogar um den Leiter einer Werkstatt, in welcher Giotto in seiner Frühzeit tätig war –, wird er auch direkt mit dem jungen Giotto oder mit anderen Künstlern wie Gaddo Gaddi, Pietro Cavallini oder Arnolfo di Cambio identifiziert. Die Bedeutung, die dem Isaak-Meister in der kunsthistorischen Forschung zugemessen wird, drückt sich am besten in einem häufig zitierten Ausspruch Millard Meiss' aus: Falls der Isaak-Meister *nicht* identisch mit Giotto ist, dürfe *dieser und nicht Giotto* mit Recht als Gründungsvater der neuzeitlichen Malerei gelten. Gegen die Identität von Isaak-Meister und Giotto ist die berechtigte Kritik angeführt worden, diese Hypothese gehe von der unglaubwürdigen Annahme aus, daß schon der junge Giotto künstlerische Reife bewiesen und seinen Meistern deutlich überlegene Werke geschaffen habe (siehe die Einleitung zu dieser Vita). Nicht zuletzt steht die zumeist bejahte Frage nach der Ausbildung des jungen Giotto bei den römischen Malern im Langhaus von Assisi im Widerspruch zu Vasaris Inszenierung der toskanischen Ursprünge der Kunst der *prima età*.

Bibl.: Murray 1953; Smart 1971; Belting 1977, S. 96–105 und S. 230–242; Bellosi 1985; Previtali 1993, S. 45–46 und S. 300–303; Flores d'Arcais 1995, S. 15–87; Tomei 1995, S. 655–661; Hoch 1996; Tomei 1997; Lisner 1999/2000, S. 58–63; Boskovits 2001, S. 402–403; Poeschke 2003, S. 60–63; Schwarz/Theis 2004–2008, Bd. II, S. 219–254; Romano 2008, S. 60–116; Hourihane 2012, Bd. I, S. 168–181; Cooper/Robson 2013.

44 Der monumentale Zyklus des *Lebens des Heiligen Franziskus* in hochrechteckigen, doch annähernd quadratischen Bildfeldern stellt eine Zäsur in der Inszenierung von Heiligen und der Ikonographie basilikaler Kirchengebäude dar. Vasaris irrige Angabe, es handle sich um 16 Szenen pro Seitenwand, beruht wahrscheinlich auf fehlerhaften Notizen oder Erinnerungen. Tatsächlich zeigen die Langhauswände jeweils 13 Szenen, zu denen zudem eine auf der östlichen Gegenfassade zu addieren ist – insgesamt also sind 28 Szenen aus dem Leben des Heiligen dargestellt. Dieser wird nicht wie in der Unterkirche Christus gegenübergestellt, aber durch die Position unterhalb der beiden alt- und neutestamentarischen Register als Teil eines größeren heilsgeschichtlichen Zusammenhangs inszeniert. Die Darstellungen selbst fußen in einer relativ freien Auswahl, Anordnung und Gewichtung auf Bonaventuras

Legenda maior, in der das Leben des Heiligen geschildert wird; paraphrasierte Textauszüge seiner Schrift finden sich jeweils unter den Fresken. Eine aufwendige Rahmung verstärkt mittels fingierter architektonischer Sockel und prunkvoller Säulen sowie gemalter Wandtextilien die Wirkung der Einzelbilder.

Eine Zuschreibung an Giotto ist zum ersten Mal bei Ghiberti zu finden, wenn er davon spricht, Giotto habe in San Francesco »fast den ganzen unteren Teil« ausgemalt (Ghiberti, *Commentarii*, S. 84): Eine Formulierung, die sich zwar auf die Unterkirche beziehen kann, aber wohl das unterste Register des Langhauses der Oberkirche meint. Nach der Publikation der *Vite* Vasaris und der damit verbundenen allgemeinen Bekanntheit des Zyklus als Werk Giottos wird seine Autorschaft erst wieder im späten 18. Jahrhundert bestritten; die bis in die 2. Hälfte des 20. Jahrhunderts hinein kontrovers diskutierte Frage ist heute zwar weitgehend zugunsten Giottos entschieden, jedoch bleiben begründete Restzweifel bestehen. Auch die Befürworter einer grundsätzlichen Zuschreibung an Giotto erkennen seinen Mitarbeitern einen großen Anteil an der Ausführung zu. Mit Bruno Zanardi wird dabei Wert auf die Unterscheidung zwischen einem für San Francesco angenommenen Zusammenschluß mehrerer Künstler (dem *cantiere*) und der typischen Künstlerwerkstatt (der *bottega*) gelegt. Die Rekonstruktion des konkreten Entstehungsprozesses und die Identifizierung beteiligter Meister (so wird vor allem in den letzten Bildern der Südwand und der ersten, doch wohl sehr spät ergänzten Szene der Nordwand die Hand des »Cäcilienmeisters« erkannt; weiterhin wird die Rolle Pietro Cavallinis intensiv diskutiert) bleiben jedoch große Streitpunkte der Forschung.

Eine einzige Schriftquelle bezeugt direkt die Anwesenheit Giottos in Assisi: Im Januar 1309 läßt er einen Kredit zurückzahlen, den er zu einem unbekannten früheren – wahrscheinlich aber erst mit der späteren Ausmalung der Unterkirche in Zusammenhang stehenden – Zeitpunkt aufgenommen hatte (Schwarz/Theis 2004–2008, Bd. I, S. 102–103, Dok. I a 9). Dieser *terminus ante quem* läßt sich mit Vasaris chronologischer Einordnung der *Franziskuslegende* in die Jahre zwischen 1296 und 1304 vereinbaren, einer Datierung, der die kunsthistorische Forschung tendenziell folgt: Einige Gründe sprechen auch für die Möglichkeit einer Entstehung bereits ab den späten 1280er Jahren und einen eventuellen Abschluß kurz vor 1300. Einordnungen unmittelbar nach der wohl 1305 vollendeten Scrovegni-Kapelle in Padua (vgl. Anm. 176) oder gar wesentlich spätere Datierungen sind hingegen wenig überzeugend.

Bibl.: Thode 1885; Rintelen 1912, S. 177–210; Offner 1931, S. 18–23; Offner 1939; Smart 1971; Belting 1977, S. 80–86; Blume 1983, S. 37–41;

Bellosi 1985; Poeschke 1985, S. 34–40 und S. 84–95; Previtali 1993, S. 55–73 und S. 307–312; Zanardi 1996; Santoleri 1997b; Ragionieri 1998, S. 56–58; Lisner 1999/2000; Boskovits 2001, S. 405–407; Bonsanti 2002, Bd. II, S. 511–546; Zanardi 2002; Poeschke 2003, S. 64–67; Schwarz/Theis 2004–2008, Bd. II, S. 327–408; De Wesselow 2005; Tomei 2009; Ruf 2012, S. 197–274.

45 Bei der von Vasari bewunderten Szene handelt es sich um das *Quellwunder* an der Ostwand, das der Besucher von San Francesco beim Eintreten in die Kirche auf der rechten Seite sieht. Dargestellt ist das Wunder, bei dem durch das Gebet Franziskus' eine Quelle in felsiger Landschaft entsprang, aus welcher der Besitzer eines Esels, der zuvor dem Heiligen sein Reittier überlassen hatte, seinen Durst stillen kann.

Bibl.: Bonsanti 2002, Bd. II, S. 532–533; Ruf 2012, S. 229–231.

46 An dieser Schlüsselstelle identifiziert Vasari pointiert die Einzelgestaltung der Bildfiguren, ihre ungezwungene Anordnung und den Eindruck von Lebendigkeit als Aspekte, welche die Qualität von Giottos Kunst ausmachen. Darüber hinaus betont er hier, daß sich Giotto als »Schüler der Natur« vorrangig durch die mimetische Nachahmung auszeichne, weist jedoch zugleich auf die Tugend des Fleißes (*studio*) hin. Für das Konzept künstlerischer Kreation ist zudem Vasaris subtile Unterscheidung bedeutsam, nach der sich Giottos Neuschöpfungen offenbar in gleichem Maße der Imitation der Natur (»dalla natura cavando«) und der Hervorbringung eigener, neuer Ideen verdanken (»sempre nuove cose pensando«).

47 Welche »oberen Wandregister« Vasari im Chorbereich der Unterkirche genau meint, ist nicht ganz eindeutig: das nahegelegene westliche Querschiff beschreibt er weiter unten als Werk Giottos, die 1622 übermalte Apsis schreibt er an anderer Stelle Stefano Fiorentino zu (Bettarini/Barocchi, *Vite*, Bd. II, S. 136).

Die Darstellungen der *Verklärung des Heiligen Franziskus* und der *Franziskanischen Tugenden Armut, Gehorsam und Keuschheit* im Vierungsgewölbe der Unterkirche hingegen galten lange Zeit als eigentliches Hauptwerk Giottos. Ihre Zuschreibung bei Vasari geht vielleicht auf Ghibertis Aussage zurück, Giotto habe »fast den ganzen unteren Teil« von San Francesco ausgemalt (diese Stelle bezieht sich jedoch eher auf das untere Register des Langhauses der Oberkirche). Im Verlauf des 20. Jahrhunderts ist die Autorschaft Giottos mehrfach angezweifelt worden, und auch heute werden die Fresken oft als Produkt der Werkstatt angesehen beziehungsweise als Werk eines nicht näher greifbaren Meisters aus diesem Umfeld (dem »Parente di Giotto« oder dem »Maestro delle Vele«). Neben der stilistischen Zuweisung ist jedoch vor allem die konzeptuelle Anlage der vier Allegorien von Bedeutung (»invenzioni capricciose e belle«), die von einem aufwendigen Rahmenwerk umfaßt werden, in dem frühe Gefährten des Heiligen Franziskus sowie die Hierarchie der Engel dargestellt sind, an deren höchstem Punkt im Scheitel des Gewölbes der Herr der Apokalypse (Ap. 1, 13–16) thront: Die vier *vele* inszenieren lebhaft miteinander agierende und teilweise mit explikatorischen Inschriften versehene Personifikationen vor einem abstrakten Goldgrund. Diese Lösung zur Vermittlung und Repräsentation von Bildinhalten stellt einen zu diesem Zeitpunkt vergleichsweise innovativen Weg dar und ähnelt vor allem Konzepten, die in poetischen Texten der Dantezeit zu finden sind (vgl. Anm. 116). Weitere lateinische Inschriften helfen beim Verständnis der Bilder und ergänzen Bedeutungsschichten im Sinn der franziskanischen Regeln.

Bibl.: Ghiberti, *Commentarii*, S. 84; Thode 1885, S. 480–498; Rintelen 1912, S. 226–236; Poeschke 1985, S. 45–49 und S. 105–110; Belting 1989, S. 48–50; Previtali 1993, S. 318–322; Flores d'Arcais 1995, S. 303–304; Santoleri 1997c; Bonsanti 2002, Bd. II, S. 394–399; Poeschke 2003, S. 110–125; Schwarz/Theis 2004–2008, Bd. II, S. 355–366; Gardner 2011, S. 81–112; Bollati 2012.

48 Die in der südlichen Gewölbekappe dargestellte *Allegorie des Gehorsams* zeigt oberhalb einer Raumarchitektur die Verklärung des Heiligen Franziskus, der – anders, als es Vasari beschreibt – ein Joch trägt, das von den Händen Gottes geführt wird. In dem räumlichen Ambiente empfängt ein Franziskaner, aus dessen Kutte statt eines menschlichen Haupts nur ein Schädel herausschaut, ein weiteres Joch durch die von Klugheit und Bescheidenheit begleitete Personifikation des Gehorsams; alle drei Figuren sind namentlich ausgewiesen. Jesus Christus wird nicht direkt vom Gehorsam angeblickt, sondern ist hinter der Personifikation als fingierte Grisaille – als ›Bild im Bild‹ also – zu sehen. Links von der Handlung werden Laien herangeführt, um als nächste das Joch zu empfangen; auf der rechten Seite hingegen verkörpert ein widerspenstiger Kentaur den Ungehorsam.

Bibl.: Bonsanti 2002, Bd. II, S. 396.

49 Vasaris Beschreibung der *Allegorie der Keuschheit* im nördlichen Zwikkel birgt einige Mißverständnisse: Die von einer festen Burg und davor postierten Bewaffneten mit Peitschen geschützte Keuschheit wird nicht durch Kronen und Palmen zu verführen gesucht. Vielmehr bringen Engel diese Objekte herbei, um die Tugend damit zu ehren. Vor den Mauern ist die Szene einer Taufe (also einer symbolischen Reinigung) zu sehen; links davon empfängt der Heilige Franziskus eine Nonne, einen Mönch und einen Laienbruder. Auf der rechten Seite ver-

treiben Personifikationen der Buße und des Todes gemeinsam Liebe (Amor), Leidenschaft (Ardor) und Unreinheit (Immunditia).

Bibl.: Bonsanti 2002, Bd. II, S. 396–397.

50 Die im östlichen ›Segel‹ des Gewölbes dargestellte *Allegorie der Armut* zeigt die von Jesus Christus gestiftete Vermählung des Heiligen Franziskus mit der Armut. Gemäß der dem Bild zugeordneten Inschrift verdeutlicht die Verwandlung der Dornen, in denen sie steht, in blütentragende Zweige den himmlischen Lohn dessen, der sich der Armut ergibt. Darüber bringen zwei Engel Gottvater ein kostbares Gewand und eine modellhafte Architektur als Symbole irdischen Reichtums. Die Personifikationen im unteren Bereich sind nicht namentlich ausgewiesen: Auf der linken Seite verkörpert ein junger Mann, der sein Gewand einem ärmlich gekleideten Alten reicht, die Tugend der Barmherzigkeit. Auf der gegenüberliegenden Seite symbolisieren drei Gestalten die Laster Überheblichkeit, Geiz und Neid.

Bibl.: Bonsanti 2002, Bd. II, S. 395–396.

51 Die *Verherrlichung des Heiligen Franziskus* in der westlichen Gewölbekappe zeigt den Heiligen auf einem Thron, über dem die von Vasari beschriebene Standarte zu sehen ist. Sein kostbares, von Vasari als »weiß« beschriebenes Gewand ist aufwendig mit stofflichen Ornamenten aus Blattgold bedeckt.

Bibl.: Bonsanti 2002, Bd. II, S. 396.

52 Vasaris Äußerungen über die weitere Ausmalung der Unterkirche sind vergleichsweise vage – zu vermuten ist, daß er sich hier auf das nördliche Querschiff bezieht. Wenig wahrscheinlich ist hingegen, daß er an dieser Stelle auch die zahlreichen Seitenkapellen im Sinn hat. Unter den Arbeiten der Werkstatt Giottos – der Anteil des Meisters ist hier eher zweifelhaft – ist insbesondere die Ausmalung des nördlichen Arms des westlichen Querhauses und der nahegelegenen Magdalenenkapelle mit *Szenen des Lebens Jesu Christi*, weiteren *Szenen aus dem Leben des Heiligen Franziskus* sowie der *Magdalenenlegende* zu nennen; teilweise paraphrasieren diese Darstellungen Entwürfe Giottos für die Scrovegni-Kapelle in Padua.

Bibl.: Rintelen 1912, S. 237–256; Poeschke 1985, S. 40–45 und S. 99–110; Previtali 1993, S. 90–111, 312–318 und S. 323–325; Flores d'Arcais 1995, S. 218–222 und S. 272–303; Ragionieri 1998, S. 58–63; Bonsanti 2002, Bd. II, S. 381–393, 419–423 und S. 429–430; Poeschke 2003, S. 108–113.

53 In welcher Personendarstellung Vasari ein Selbstporträt Giottos erkennen möchte, ist nicht klar. Da er über eine der zahlreichen Ausmalungen der Seitenwände der Unterkirche spricht, bei denen nur zu

einem sehr geringen Teil eine Beteiligung Giottos überhaupt als Möglichkeit in Betracht gezogen werden kann, ist seiner These wohl kein Gewicht beizumessen.

In der Vita Giottos erwähnt Vasari insgesamt drei angebliche Selbstporträts des Malers, doch in keinem dieser Fälle ist die Authentizität überprüfbar. Die Porträtdarstellung, die 1568 für den Holzschnitt der Biographie verwendet wird, fußt auf einem häufig kopierten Typus, der von der berühmten Darstellung von fünf Künstlerporträts im Louvre herzuleiten ist (wobei Vasaris »Giotto« mit einer gewissen Wahrscheinlichkeit eine Darstellung des jungen Masaccio ist).

Bibl.: Prinz 1966, S. 52–53; Vasari, *Uccello und Piero della Francesca*, S. 34.

54 Vasari meint hier ein Fresko im südlichen Arm des westlichen Querhauses der Unterkirche, das sich jedoch nicht über der Tür zur Sakristei, sondern gegenüber von ihr befindet. Dieses stammt nicht von Giotto, sondern von Pietro Lorenzetti, dessen Tätigkeit in Assisi Vasari verschweigt (Vasari, *Sieneser Maler*, S. 19–33); die von Pietro geschaffenen Fresken rechnet er irrig Giotto, Pietro Cavallini und Puccio Capanna zu (vgl. Anm. 198).

Bibl.: Poeschke 1985, S. 50–52; Bonsanti 2002, Bd. II, S. 403; Becchis 2012, S. 69–70 und S. 80–82.

55 Die 1813 in den Louvre in Paris gelangte, vom Maler signierte Tafel der *Stigmatisierung des Heiligen Franziskus* (Tempera und Gold auf Holz, 313,5 x 162,5 cm) zeigt unterhalb der Hauptszene in drei annähernd quadratischen Bildfeldern den *Traum Papst Innozenz' III.*, die *Bestätigung der Ordensregeln* und die *Vogelpredigt*. Die ältere Überlieferung schweigt über das von Vasari erst 1568 genannte Tafelbild, erwähnt jedoch in derselben Kirche eine heute nicht eindeutig identifizierbare Darstellung desselben Themas von Cimabues Hand, die auch Vasari in beiden Versionen von dessen Vita nennt (siehe in diesem Band S. 25). Die Wappen des Rahmens dokumentieren eine Auftraggeberschaft durch die Familie Cinquini, welche die linke Nebenchorkapelle in San Francesco besaß. Dies stimmt mit der Angabe über die Provenienz überein, die man bei Vasari findet (der nicht nur die Lebendigkeit des Ausdrucks der Figuren und die »schreckliche« Natur der Landschaft, sondern vor allem die Neuheit der *invenzione* lobte), allerdings brachte die Forschung zuletzt auch valide Argumente für eine ursprüngliche Anbringung des Gemäldes am Lettner vor. Giottos Autorschaft wird – unter Berücksichtigung einer wahrscheinlichen Beteiligung der Werkstatt – selten bezweifelt und die Entstehung gemeinhin um 1300 oder kurz zuvor angesetzt, jüngere Einzelmeinungen sprechen sich für 1307/08 oder sogar etwas später aus.

Bibl.: *Libro di Antonio Billi*, Ed. Frey, S. 4–5; Gelli 1896, S. 39; *Anonimo Magliabechiano*, Ed. Frey, S. 49; Rintelen 1912, S. 261–264; Gardner 1982; Previtali 1993, S. 380–382; Flores d'Arcais 1995, S. 120–121; Schwarz/Theis 2004–2008, Bd. II, S. 404–408; Kat. Pisa 2005, S. 250–251, Kat.-Nr. 85 (Cristiano Giometti); Gardner 2011, S. 17–45; Kat. Paris 2013, S. 76–93, Kat.-Nr. 3 (Donal Cooper); Cooper 2013.

56 Daß der Bildhauer und Architekt Giovanni di Nicola Pisano (* um 1248 Pisa – † kurz vor 1319 Siena) zu einem späteren Zeitpunkt die architektonische Verantwortung für den im Jahr 1278 von Giovanni di Simone begonnenen Camposanto in Pisa übernahm, wie Vasari auch in der Vita Pisanos behauptet (Vasari, *Bildhauer und Architekten des Duecento und des Trecento*, S. 57), ist dokumentarisch nicht belegt.

57 Vasaris Äußerungen zur Urheberschaft der Fresken im Pisaner Camposanto, einem monumentalen Friedhofskomplex am nördlichen Rand des sogenannten Campo dei Miracoli (des Areals um Dom, Campanile und Baptisterium), variieren in beiden Auflagen der *Vite* erheblich. Nennt er 1550 zunächst die Künstler Antonio Veneziano, Buffalmacco, Orcagna, Stefano Fiorentino und Taddeo Gaddi, so ergänzt er 1568 neben den sienesisch geschulten Malern Pietro Lorenzetti und Simone Martini auch Giotto selbst. Die moderne Forschung folgt allerdings nicht der in der zweiten Auflage vorgebrachten Meinung, die sechs *Szenen aus dem Leben Hiobs* in der südwestlichen Ecke des Camposanto seien ein Werk Giottos, sondern tendiert mehrheitlich zur zuerst im *Libro* Antonio Billis (*Libro di Antonio Billi*, Ed. Frey, S. 8–9) und in der Erstausgabe der *Vite* geäußerten Ansicht, Taddeo Gaddi habe die Fresken gefertigt (Vasari, *Taddeo und Agnolo Gaddi*, S. 13–14). Die Zuschreibung der Werke an Taddeo, in denen mindestens die Hand eines weiteren Meisters (Antonio Veneziano?) erkannt werden kann, wird jedoch nicht einhellig geteilt. Die Fresken selbst sind als Folge schwerer Angriffe der Alliierten im Zweiten Weltkrieg nur fragmentarisch erhalten. Bei der Abnahme der Wandmalereien wurden teilweise Sinopien freigelegt, die kompositorisch von den ausgeführten Werken abweichen und auf diese Weise den Entstehungsprozeß nachvollziehbar machen (Pisa, Museo delle Sinopie). Mit der Frage der Autorschaft sind auch Zweifel über die Datierung verknüpft, die zwischen der Zeit um 1340 und den 1360er Jahren schwankt.

Bibl.: *Anonimo Magliabechiano*, Ed. Frey, S. 55; Caleca/Nencini/Piancastelli 1979, S. 70–75; Ladis 1982, S. 247–250; Skerl del Conte 1995, S. 71–115; Baracchini/Castelnuovo 1996; Tripps 2014.

58 In dieser Passage, in der Giotto (wie zuvor auch Cimabue) in seiner

Rolle als Neuerer der Maltechnik gewürdigt und das *giudizio* des Künstlers mit Materialwissen in Zusammenhang gebracht wird, werden grundsätzliche Methoden und Probleme der Kunst des Freskos angesprochen, zu denen sich Vasari auch an anderen Stellen der *Vite* äußert (Vasari, *Kunstgeschichte*, S. 52–53; Vasari, *Einführung*, S. 112–113). Er kann sich dabei beispielsweise auf Cennino Cennini stützen, der seinen Leser ebenfalls nicht nur über die Technik der Vorbereitung eines Freskos informiert, sondern auch über die durch Feuchtigkeit entstehenden Probleme sowie Möglichkeiten, durch eine Grundierung diesen Gefahren vorzubeugen. Seine Rezeptur ähnelt sehr derjenigen von Giottos Unterputz, wie sie Vasari beschreibt, enthält jedoch nicht den Gips, den Vasari als Ursache des Ziehens von Feuchtigkeit benennt (Cennini, *Libro dell'arte*, S. 110–112 [III, 67] und S. 200–201 [III, 175]).

59 Manente – genannt Farinata – di Jacopo degli Uberti (*um 1212 Florenz – †11. November 1264 ebenda) war ein Führer der kaisertreuen Ghibellinen, dem der Sieg seiner Partei über die Guelfen in der Schlacht bei Montaperti (1260) wesentlich zu verdanken ist. Anschließend stellte er sich gegen seine Verbündeten, welche die Stadt Florenz zerstören wollten. Die Verehrung als Florentiner Patriot stand allerdings in Widerspruch zu seiner posthumen Verurteilung als Häretiker. Sein Porträt in den *Szenen aus dem Leben Hiobs* erkannte Vasari vermutlich in der Darstellung des Heerführers, der Hiobs Soldaten überwältigt.

60 Die von Vasari betonten Aspekte – die Weichheit der Gewänder, die *variatio* der Bildfiguren und der lebendige Eindruck zahlreicher verschiedener Gefühlsäußerungen – können zwar aufgrund des schlechten Erhaltungszustandes und der zahlreichen Verluste bei der Betrachtung des Freskos nur noch in einem sehr geringen Maß nachempfunden werden. Sie entsprechen jedoch genau jenen zentralen Kategorien, die Vasari in der zweiten Vorrede der *Vite* pointiert als innovative Leistungen Giottos zusammenfaßt (Vasari, *Kunstgeschichte*, S. 99).

61 Daß an dieser Stelle der *Vite* von 1568 (ebenso wie in der Vita Giovanni Pisanos: Vasari, *Bildhauer und Architekten des Duecento und des Trecento*, S. 61) offenkundig die beiden Päpste Benedikt IX., geborener Theophylakt III. von Tusculum (*um 1012 Rom – †um 1055 Grottaferrata), und Benedikt XI., als Niccolò/Nicola di Boccassio geboren (*1240 Treviso – †7. Juli 1304 Perugia), miteinander vermischt werden, beruht auf einem Fehler, der im Rahmen einer Korrektur des Textes der ersten Ausgabe unterlaufen ist: 1550 hatte Vasari hier noch die Aktivität Giottos in Rom mit dem deutlich später amtierenden Papst Benedikt XII. (*um 1285 Saverdun – †25. April 1342 Avignon) – bürgerlich Jacques Fournier – in Verbindung gebracht. Benedikt XI. von Treviso war

Papst von 1303 bis 1304, Benedikt XII. von Toulouse ab 1334 bis zu seinem Tod im Jahr 1342. Die Änderung bedeutet also vor allem eine Verschiebung der Chronologie in Vasaris biographischer Rekonstruktion des Lebens des Malers, die möglicherweise durch eine Bemerkung in den unter dem Namen Petrarcas verbreiteten *Vite de Pontefici et Imperatori Romani* motiviert wurde, in denen nahegelegt wird, Giotto sei im Zeitalter von Papst Clemens V. in Rom aktiv gewesen – dem Nachfolger Benedikts XI., den Vasari ebenfalls erst 1568 einfügen wird (siehe Anm. 85). Die Korrektur hängt zudem damit zusammen, daß Vasari erst durch den ihm 1550 noch unbekannten *Ottimo commento* erfährt und daraufhin nachträgt, daß Giotto in Avignon Werke hinterlassen habe (vgl. Anm. 187).

Von einem Ruf des Malers nach Avignon durch Benedikt XI. berichtet auch Francesco Albertini in seinem *Opusculum de Mirabilibus Urbis Romae* (1510), wobei hier wie in den zugrundeliegenden Quellen – dem *Liber de Vita Christi* Bartolomeo Sacchis (genannt Platina) und dem *Supplementum Chronicarum* Jacopo Forestis – jeweils explizit erwähnt wird, Giotto habe für den Papst einen Zyklus mit Märtyrerleben darstellen sollen, wovon bei Vasari in dessen Vita keine Rede ist. Er trägt diesen Zyklus Giottos jedoch im Leben Giovanni da Udines nach (Vasari, *Künstler der Raffael-Werkstatt*, S. 105) und lokalisiert ihn in der Sala dei Pontefici. Eine undatierte Textautopsie der Papstgeschichte Platinas in Vasaris *Zibaldone*, die nicht von ihm selbst stammt, reduziert diese Angabe dahingehend, daß Giotto zur Zeit des Pontifikats Benedikts XII. aktiv war (Del Vita 1938, S. 152–176, hier S. 170): In dieser Handschrift dürfte die direkte Quelle für Vasaris Irrtum in der Torrentiniana von 1550 liegen.

Bibl.: Venturi 1918; Murray 1953, S. 75–80.

62 Der im Rahmen der anekdotischen Erzählung erwähnte *cortigiano* ist, sofern er auf einer realen Person fußt, nicht zu identifizieren.

63 Die von Vasari zitierte Redensart ist seit der zweiten Hälfte des Quattrocento in Dichtungen und Aphorismensammlungen belegt, die von Domenico di Giovanni (Il Burchiello), Luigi Pulci oder Angelo Poliziano stammen oder ihnen zugeschrieben werden. Wenige Jahre vor der Erstausgabe der *Vite* liegt das Sprichwort gedruckt vor (Domenichi 1548, o.S.). Während seine eigentliche Pointe in der Bedeutungsambiguität des Begriffs »tondo« liegt, entfaltet sich die Wirkung des Scherzspruchs vor allem auch durch die mehrfache Reihung und den damit in Zusammenhang stehenden Klang des Buchstabens »O« im Wort »tondo« und im Namen »Giotto«, zu dem sich in einem der frühen Belegbeispiele auch noch der Begriff »goffo« – »Tölpel« – ge-

sellt. Die damit verknüpfte Anekdote ist zwar vor Vasari nicht nachweisbar, es gibt jedoch keinen triftigen Grund, daran zu zweifeln, daß der Ursprung der Redensart tatsächlich mit der Legende um den Maler Giotto zusammenhängt (anders Schwarz/Theis 2004–2008, Bd. I, S. 393). Sie steht in der Tradition einer von Plinius erzählten antiken Legende um einen Wettstreit zwischen Apelles und Protogenes, die ihre Virtuosität durch besonders fein gezeichnete Linien unter Beweis stellen, die vom wahren Kenner – dessen Rolle in Vasaris Künstlerlegende von niemand Geringerem als dem Papst übernommen wird – wie eine Signatur gelesen und als Zeugnis für den exzellenten Künstler erkannt werden kann (*Nat. hist.* XXXV, 81–83). Schon bei Filaretes Version dieses Wetteiferns – bei ihm zwischen Apelles und Zeuxis – wird aus der Geraden eine kreisförmige Linie (Filarete, *Trattato di architettura*, Bd. II, S. 643). Der perfekte Kreis Giottos und die präzise wie ein Zirkel zeichnende Hand gemahnt darüber hinaus an mittelalterliche Vorstellungen, die das Wirken des Künstlers mit der Tätigkeit des Schöpfergottes vergleichen, und verweist auf die Rolle geometrischer Grundlagen der Kunst, wie sie Alberti formulieren wird. Die Bekanntheit der Anekdote spiegelt sich auch in dem Umstand, daß sie später unter anderem auf Beccafumi, Dürer und Rembrandt übertragen wird.

Gegenüber der Version von 1550 nahm Vasari einige sprachliche Änderungen vor: statt des Adjektivs »cortesissimo« (»sehr höflich«) ist Giotto 1568 »garbatissimo« und beherrscht also die Verhaltensformen sehr vornehmer Kreise. Außerdem läßt er den Maler seine Zeichnung zunächst noch als »quel che io ho fatto« bezeichnen. Erst in der zweiten Ausgabe der *Vite* wird die Kennerschaft des päpstlichen Auges deutlich herausgestellt. Vielsagenderweise wird der Begriff »ambiguità«/»ambiguo« in den *Vite* nur ein weiteres Mal verwendet, nämlich in einer Passage der Michelangelo-Vita von 1550, in der die Schlagfertigkeit und die doppeldeutigen Erwiderungen des *divino artista* gelobt werden (Bettarini/Barocchi, *Vite*, Bd. VI, S. 116).

Bibl.: Kris/Kurz 1934, S. 98–99; Falaschi 1972, S. 23–24; Ladis 1986; Barolsky 1991, S. 10–12; Biermann 1991; Land 2005; Ladis 2008b, S. 1–30; Löhr 2011b; Löhr 2011c; Land 2014, S. 80–82.

64 Der Zeitpunkt der ersten Tätigkeit Giottos in Rom ist nicht geklärt. Ein Dokument vom 7. Dezember 1313 belegt, daß der Maler von einem unbestimmten früheren Datum ab längere Zeit in Rom verbracht hatte (Schwarz/Theis 2004–2008, Bd. I, S. 105, Dok. I 1 12). In der Forschung wird zumeist entweder von zwei Aufenthalten (einer – vielleicht um 1285 – des jungen Giotto und einer des reiferen Künstlers) oder von einem einzigen im späten Duecento oder im frühen Trecento ausge-

gangen. Jedoch ist die Datierung der mit dieser Hypothese in Verbindung stehenden Werke in Alt-Sankt-Peter (die Ausmalung der Apsis, der Hauptaltar und das Mosaik der *Navicella*) sowie die Frage der Aktivität Giottos in Assisi umstritten. Vasaris Angabe, eine angebliche Reise Giottos nach Avignon (die er entweder um 1305 oder um 1309 anzusetzen scheint, vgl. Anm. 85) habe kurz nach einem sechsjährigen Romaufenthalt stattgefunden, läßt folgern, daß er von Giottos Ankunft in Rom ungefähr um 1299 oder um 1303 ausgeht.

Bibl.: Venturi 1918; Flores d'Arcais 1995, S. 12–14; Kessler 2009.

65 Die unterhalb zweier älterer Mosaiken (dem Triumphbogen mit Christus, dem Heiligen Petrus und Kaiser Konstantin sowie der Darstellung des thronenden Christus zwischen den Heiligen Petrus und Paulus in der Apsiskalotte) angefertigte Ausmalung der Chorapsis von Alt-Sankt-Peter, die zahlreiche Quellen vor Vasari wie dieser als »tribuna« bezeichnen (oder aber als die »cappella«) und unter den Werken Giottos nennen, ist verloren und schlecht dokumentiert. In der Vita des Stefano behauptet Vasari, die Szenen seien von dem Giotto-Schüler zwischen den Apsidenfenstern – fünf an der Zahl – gemalt worden (Bettarini/Barocchi, *Vite*, Bd. II, S. 136), so daß seine Aussage über die Autorschaft und die Zahl der Bilddarstellungen (vier, fünf oder sechs?) uneindeutig ist. Kunsthistorische Rekonstruktionen des ursprünglichen Aussehens sind weitestgehend spekulativ. Auch ein angeblicher Zusammenhang mit dem in einer Privatsammlung befindlichen Fragment der *Köpfe zweier Apostel* (Fresko übertragen auf Marmor, 41 x 46 cm, Assisi, Sammlung Fiumi-Sermattei-Della Genga), deren Provenienz aus Sankt Peter von einer 1625 datierten Inschrift hergeleitet wird, ist nicht bewiesen. Als sicher gilt hingegen der dokumentarische Wert der Quellenaussage, daß der Kanoniker und Kardinal Jacopo Stefaneschi – der Giotto auch den Auftrag für das Hauptaltarbild und die *Navicella* im Atrium von Alt-Sankt-Peter erteilt hatte (siehe Anm. 66 und 79) – die Kosten von 500 Goldgulden übernahm.

Bibl.: Ghiberti, *Commentarii*, S. 84; *Libro di Antonio Billi*, Ed. Frey, S. 6–7; Gelli 1896, S. 42; *Anonimo Magliabechiano*, Ed. Frey, S. 53; Venturi 1922, S. 67–69; Previtali 1993, S. 325 und S. 384–386; Lisner 1995; Schwarz/Theis 2004–2008, Bd. II, S. 443–446; Leone de Castris 2006, S. 111–112, Anm. 26 und 28.

66 Der von Vasari erst nach der Ausgabe von 1550 in der Sakristei von Alt-Sankt-Peter entdeckte, auf Vorder- und Rückseite bemalte Altar wird gemeinhin mit dem sogenannten *Stefaneschi-Triptychon* identifiziert (Tempera und Gold auf Holz, 178 x 89 cm [Mitteltafel], 168 x 83 cm [Seitentafeln] und 45 x 83 cm [Predellentafeln], Rom, Pinacoteca Vati-

cana), das mit großer Wahrscheinlichkeit als Hochaltar von Alt-Sankt-Peter diente, wie bereits die Angabe Ghibertis nahelegt. Keine der Gegenthesen (etwa Kempers/De Blaauw 1987) konnte argumentativ überzeugen. Der Anteil Giottos und seiner Werkstatt ist allerdings ebenso wie die Datierung umstritten, die zwischen dem Heiligen Jahr 1300, einem *post quem* von 1313 (der Kanonisierung Coelestins V.) und sogar nach 1330 schwankt. Auch in diesem Fall ist der Auftrag durch Jacopo Stefaneschi belegt, der an dem Altar zweimal dargestellt ist und dessen Wappen sich (wie auch eine Inschrift) ursprünglich am Rahmen befand.

Das seit 1932 in den Vatikanischen Museen ausgestellte Werk zeigt auf der Haupttafel der Vorderseite einen von Engeln flankierten thronenden Christus, vor dem der Stifter Stefaneschi in einfachem Gewand kniet; die beiden Seitentafeln zeigen die Martyrien der Heiligen Petrus und Paulus und den Aufstieg ihrer Seelen in den Himmel, darüber befindet sich jeweils ein Tondo mit Darstellungen Abrahams und Moses'. Alle drei Tafeln sind seitlich von insgesamt achtzehn kleinen Rahmenfiguren eingefaßt, die Propheten und Heilige darstellen. Im Zentrum der dreigeteilten Predella thront mittig eine Madonna mit Kind, zu ihren Seiten befinden sich zwei Engel und alle zwölf Apostel. Die Rückseite des Triptychons zeigt auf der Mitteltafel den thronenden Petrus, zu dessen Seiten gestaffelt zwei Engel, zwei Heilige sowie – knieend – ein zweites Mal den (diesmal im kirchlichen Ornat gezeigten) Stifter und gegenüber einen buchtragenden Kleriker mit Mitra und Heiligenschein, dessen Identifizierung umstritten ist, wahrscheinlich handelt es sich um Papst Coelestin V. (vorgeschlagen wurden unter anderem die Heiligen Nikolaus und Augustinus oder die Päpste Bonifaz VIII., Clemens I. und Clemens V.). Stefaneschi überreicht Petrus den Altar, dessen Vorderseite miniaturhaft zu erkennen ist und der einen Eindruck vom ursprünglichen Rahmenwerk mit Fialschmuck gibt. Auf den Seitentafeln sind die vier Apostel Jacobus der Ältere, Paulus, Andreas und Johannes dargestellt. Von der dreigeteilten Predella hat sich nur die ursprünglich linke Tafel mit den Halbfiguren dreier Heiliger erhalten. In den Zwickeln aller drei Haupttafeln befinden sich Tondi mit Engeln, an den Seiten darunter jeweils Sechspässe mit Propheten.

Bibl.: Rintelen 1912, S. 211–225; Gosebruch 1961; Kemp 1967; Gardner 1974; Volbach 1979, S. 45–51, Nr. 17; Kempers/De Blaauw 1987; Previtali 1993, S. 387–389; Flores d'Arcais 1995, S. 305–315; Lisner 1995; Pinelli 2000, Bd. II, S. 919–922; Kat. Florenz 2000, S. 151–156, Kat.-Nr. 17 (Giovanna Ragionieri); Boskovits 2001, S. 415; Schwarz/Theis 2004–2008, Bd. II, S. 501–524; Kat. Rom 2009, Bd. I, S. 167–169, Kat.-Nr. 9 (Alessandro Tomei).

67 Vasaris Angaben zur Entlohnung durch den Papst sind topisch und durch andere Quellen nicht belegbar; sie sind – ebenso wie die folgenden Abschnitte über angebliche Zeitgenossen Dantes – Ergänzungen der Giuntina.

68 Oderisi di Guidone da Gubbio (dokumentiert in Bologna 1268–1271) war ein Buchillustrator, der seinen Ruhm vor allem der Nennung in Dantes *Purgatorium* (XI, 80–81) verdankt, das auch Vasari nach der ersten Nennung des Künstlers zitiert. Ihm wird die berühmte und oft zitierte Passage in den Mund gelegt, Giotto habe Cimabue übertroffen – für Vasari offenbar der Hauptgrund, ihn in den *Vite* als Zeitgenossen Giottos einzuführen.

Bibl.: Fallani 1971; Falaschi 1972, S. 1–3; Barsali Belli 1973; Gioseffi 1987; Ciccuto 1991, S. 111–152; Rossi/Ravasi 2000; Medica 2004; Perriccioli Saggese 2013.

69 Die sehr allgemeine Nennung der Arbeiten Oderisis läßt nicht annehmen, daß sich Vasari auf konkrete Illustrationen bezieht. Auch für seine Verortung des Künstlers in Rom und die angebliche Bekanntschaft mit Giotto existieren keine Belege. Eindeutig dokumentierte oder gar signierte Werke haben sich nicht erhalten; zahlreich unternommene Versuche, einen plausiblen Grundstock des einstigen Œuvres des Bologneser Illuminatoren zu identifizieren, haben bislang in keinem Fall allgemein akzeptierte Ergebnisse erbracht.

Bibl.: Medica 2004; Perriccioli Saggese 2013.

70 Zum mehrbändigen *libro de' disegni*, in dem Vasari seine Zeichnungssammlung aufbewahrte, siehe in diesem Band S. 136, Anm. 66 zur Vita Cimabues.

71 Den Begriff der »Reliquie« verwendet Vasari – wie zuvor beispielsweise auch Pietro Aretino – mehrfach, um besonders ehrwürdige und seltene Werke exzellenter Künstler – etwa Leonardos, Raffaels oder Michelangelos – auszuzeichnen. Sein Vokabular weist dabei auf die Etablierung einer Künstlerhagiographie, die in Einzelfällen wie etwa bei Fra Angelico oder Lorenzo Monaco sogar zu einer religiösen Verehrung der Tugend und der Person des Malers führt (Vasari, *Taddeo und Agnolo Gaddi*, S. 149–150).

72 Die Zeichnungen sind nicht identifizierbar. Für die Hypothese, zwei Blätter aus der umbrischen Schule im Berliner Kupferstichkabinett und der National Gallery in Edinburgh könnten mit Vasaris Nennung in Verbindung stehen (Collobi Ragghianti 1974, Bd. I, S. 27), gibt es keinen Anlaß.

73 Über den Miniaturmaler »Franco Bolognese« ist bis auf die Nennung durch Dante, der ihn als Gegenspieler des historisch greifbaren

Oderisi da Gubbio inszeniert, nichts bekannt. Auch Vasaris Einschätzung, Franco sei Oderisi überlegen, folgt allein der Dante-Passage. Dokumentarische Belege zum Leben und Wirken Francos fehlen gänzlich; sollte die literarische Figur auf einer realen Person fußen, so wäre dieser Illuminator wohl in Bologna zwischen dem späten 13. und frühen 14. Jahrhundert zu suchen, jedoch geht keine der bisher vorgebrachten Zuschreibungen an Franco über substanzlose Mutmaßungen hinaus.

Bibl.: Barsali Belli 1971; Fallani 1971; Falaschi 1972, S. 2–3; Gioseffi 1987; Ciccuto 1991, S. 111–152; Morozzi 1995; Terribile 1998; Valagussa 2004.

74 Die Zeichnung ist nicht bekannt, weitere Vorschläge zur Identifizierung der genannten »Zeichnungen von Gemälden und Miniaturen« im *libro* Vasaris (Collobi Ragghianti 1974, Bd. I, S. 27) sind spekulativ.

75 *Purg.* XI, 79–83 (Übersetzung nach Dante, Ed. Streckfuß, Bd. II, S. 72).

76 Die verlorenen *Szenen des Alten und Neuen Testaments*, die das Langhaus von Alt-Sankt-Peter schmückten, entstanden sehr wahrscheinlich lange Zeit vor Giottos Aktivität und gingen eventuell sogar auf eine spätantike und im Mittelalter erneuerte Ausstattung zurück. Vasaris Informationen über die von ihm hier genannten, jedoch heute nicht genauer identifizierbaren Arbeiten Giottos in Sankt Peter entstammen nicht den von ihm verwendeten älteren Werklisten, in denen neben der *Navicella*, der *Tribuna* und dem *Stefaneschi-Triptychon* nur vage von »anderen Werken« gesprochen wird.

Bibl.: Ghiberti, *Commentarii*, S. 84; *Libro di Antonio Billi*, Ed. Frey, S. 6–7; Gelli 1896, S. 42; *Anonimo Magliabechiano*, Ed. Frey, S. 53.

77 Gemeint ist hier nicht Niccolò di Acciaiuolo Acciaiuoli (*12. September 1310 Castello di Monte Gufoni in Val di Pesa – †8. November 1365 Neapel), ein prominenter Zeitgenosse Giottos und Freund von Dichtern wie Petrarca und Boccaccio, sondern der mehrere Generationen später in Rom lebende *fuoruscito* Niccolò/Nicola di Giovanni Acciaiuoli (*6. August 1499 Florenz – †3. August 1565 Rom), dessen Bekanntschaft mit Vasari in den 1540er Jahren belegt ist (Frey 1923–1940, Bd. I, S. 174, Dok. LXXXVI). Den Namen Acciaiuolis konnte Vasari zudem der Marmortafel entnehmen, die bei dem versetzten Bild angebracht wurde.

Bibl.: Ugurgieri della Berardenga 1962, Bd. II, S. 703 und Stammtafel V.

78 In der Vita Perino del Vagas beschreibt Vasari die von ihm geleitete Versetzung der heute verlorenen *Madonna* an den Ort unterhalb der Or-

gel von Neu-Sankt-Peter ausführlicher. Insbesondere berichtet er dort, daß sich unterhalb des Bildes die Darstellung der *Dichterkrönung Petrarcas durch den Senator Orso dell'Anguillara* befunden habe. Zwar schreibt Vasari diese Szene, die ein erst im Jahr 1341 eingetretenes Ereignis wiedergibt, dort nicht explizit Giotto zu und spricht auch nicht eindeutig davon, daß es sich um eine zusammenhängende Darstellung handelte. Dennoch nährt dieses Indiz Zweifel an der Autorschaft der darüber dargestellten *Madonna*. Das Fresko, noch in einer um 1620 entstandenen Quelle an seinem zweiten Anbringungsort erwähnt, ist vermutlich kurz vor 1630 verlorengegangen, dem Jahr, in dem die marmorne Inschrift, mit welcher der Translozierung gedacht wurde, in die Gewölbe von Sankt Peter überführt wurde (Gaetano Milanesi verwechselt bei seiner Angabe, es habe sich um ein noch 1728 restauriertes Mosaik gehandelt, die *Madonna* mit einem Engel aus Giottos *Navicella*, siehe dazu die folgende Anmerkung). Ob die *Madonna* am neuen Anbringungsort durch ein Memorialbild Perinos für den älteren, 1359 zum römischen Senator ernannten Niccolò Acciaiuoli begleitet wurde, wie Vasari in der Vita Perinos angibt, kann nicht überprüft werden. Ein in mehreren Versionen erhaltener zeichnerischer Rahmenentwurf Perinos wird mit dem Projekt in Verbindung gebracht.

Bibl.: Parma 1997, S. 331–332, Nr. C. IX; Kat. Mantua 2001, S. 184–185, Kat.-Nr. 74; Schwarz/Theis 2004–2008, Bd. I, S. 388–389, Dok. II h 3, und Bd. II, S. 445; Vasari, *Perino del Vaga*, S. 57.

79 Das querformatige Mosaik der sogenannten *Navicella* (»Schiffchen«), das Vasari 1550 zwar noch sehr viel knapper beschreibt, jedoch auch an anderer Stelle als schönste aller Steineinlegearbeiten und als Wunderwerk preist (Vasari, *Einführung*, S. 127), war seit dem 14. Jahrhundert das berühmteste Bildwerk Giottos, wie zahlreiche schriftliche Nennungen und Repliken bezeugen (etwa Landino, Ed. Procaccioli, Bd. I, S. 241; Ghiberti, *Commentarii*, S. 84; Filarete, *Trattato di architettura*, Bd. II, S. 671–672; *Libro di Antonio Billi*, Ed. Frey, S. 4 und S. 6–7; Gelli 1896, S. 42; *Anonimo Magliabechiano*, Ed. Frey, S. 53). Gemeinhin wird angenommen, daß sich auch in Vasaris Zeichnungssammlung eine frühe Nachzeichnung befand (Collobi Ragghianti 1974, Bd. I, S. 28). Für Vasari bildet Giottos Mosaik in den *Vite* nicht nur einen chronologischen Fixpunkt (beispielsweise wird die *Navicella* mit Simone Martinis Romreise in Verbindung gebracht: Vasari, *Sieneser Maler*, S. 57), sondern auch eine paradigmatische *invenzione*, die spätere Werke vorwegnimmt (siehe Vasari, *Taddeo und Agnolo Gaddi*, S. 25).

Das Werk, unter dem ein vierzeiliger Titulus implizit die Autorität des Papstes als Nachfolger Petri unterstrich, ist bis auf Fragmente verloren. Bis ins frühe Seicento befand sich die monumentale (ursprünglich ungefähr 950/1000 x 1350/1500 cm messende) *istoria* in großer Höhe an der Westwand des Oratoriums Santa Maria in Turri, einem Bau, der im Osten des Atriums den Hauptzugang zum Komplex von Alt-Sankt-Peter bildete. Besucher der wichtigsten Kirche der Christenheit blickten somit beim Verlassen von Alt-Sankt-Peter frontal auf Giottos Mosaik, das die im Matthäusevangelium (14, 22–33) wiedergegebene Erzählung des auf dem See Genezareth in Seenot geratenen Bootes der Apostel veranschaulichte, dem sich Jesus Christus über das Wasser gehend näherte. Rechts des kleinen einmastigen Schiffes, dessen Typus sich an Darstellungen auf antiken Sarkophagen orientierte, sah man, wie Petrus aufgrund seiner »Kleingläubigkeit« beinahe bei dem Versuch ertrank, dem in der Tradition älterer Erlöserbildnisse frontal gezeigten Jesus entgegenzukommen, und von diesem gerettet wurde. In der Himmelszone waren, gleichmäßig verteilt auf beide Bildhälften, vier Figuren mit Heiligenscheinen (Propheten?) und zwei dämonische Personifikationen des Windes zu sehen. Im Bildvordergrund – gegenüber einer architektonischen Bebauung und der Figur eines Anglers in der linken unteren Ecke, der auf eine etablierte theologische Metaphorik rekurriert – befand sich rechts unten eine Stifterfigur in einem kirchlichen Habit mit Mitra: Eine glaubwürdige Quelle des Jahres 1361 bezeugt, daß der im Jahr 1295 zum Kardinal ernannte Kanoniker Jacopo Stefaneschi 2200 Goldgulden für die Anfertigung durch Giotto ausgegeben habe. Nicht zwingend ist eine Interpretation der Beschreibung bei Filippo Villani, nach der das Mosaik wohl für die zum Jubeljahr 1300 nach Rom strömenden Menschen geschaffen worden sei (F. Villani, *De origine civitatis Florentie*, S. 155, 412 und S. 463), oder eine erst im frühen 17. Jahrhundert dokumentierte Angabe, es sei im/ab dem Jahr 1298 entstanden. Diese Frage ist umstritten: Neben weniger überzeugenden Stimmen, die für eine sehr späte Datierung plädieren (Kempers/De Blaauw 1987, S. 105, setzen es sogar »vielleicht nach 1328« an), wird in der jüngeren Vergangenheit – gemeinhin ausgehend von Interpretationen des Mosaiks als allegorische Reaktion auf kirchenpolitische Ereignisse – vornehmlich eine Entstehung entweder um 1300, um 1310 oder im 2. Jahrzehnt des 14. Jahrhunderts diskutiert. Stilkritische Argumentationen sind dadurch erschwert, daß vom ursprünglichen Werk nur die beiden radikal überarbeiteten Fragmente zweier Tondi mit Engeln erhalten sind (beide Ø 65,5 cm, Boville Ernica bei Frosinone, San Pietro Ispano, sowie Vatikan, Sankt Peter, Grotte), die aus der Rahmenbordüre stammen. Die Zuschreibung dieser Medaillons an Giotto oder bestimmte Personen aus seinem Arbeitsumfeld (schon Vasari selbst nennt als Mitarbeiter Pietro Cavallini, siehe in diesem Band S. 103) ist unsicher. Die Rahmenleiste ging spätestens um 1617/18 verloren, als das bereits 1610 in beschädigtem Zustand von der Wand abgetragene und zunächst eingelagerte Mosaik an der Nordseite des Petersplatzes installiert wurde. Nachdem schon im Verlauf des 15. und 16. Jahrhunderts mehrfach Restaurierungen erfolgt sind, wurden bei folgenden Translozierungen des Mosaiks immer wieder Ausbesserungen vorgenommen und einzelne Partien vollständig erneuert: 1629 wurde das Bild ins Innere der Basilika verbracht und 1648/49 in einem Hof des Vatikans installiert. Seit 1675 befindet sich eine weitestgehend als Neuschöpfung des Restaurators Orazio Manentis anzusehende, halbrund abschließende und nur noch in einem sehr geringen Maße auf originale Substanz des trecentesken Mosaiks zurückgreifende Replik über der zentralen Arkade der Vorhalle von Neu-Sankt-Peter.

Bibl.: Rintelen 1912, S. 211–225; Venturi 1922; Kemp 1967; Belting 1989, S. 40–42; Gardner 1991, S. 73–75; Köhren-Jansen 1993; Lisner 1994; Previtali 1993, S. 328 und S. 389–390; Flores d'Arcais 1995, S. 244–247; Schwarz 1995; Köster 1999/2000; Pinelli 2000, Bd. II, S. 502–507; Boskovits 2001, S. 407; Leuker 2001; Schwarz/Theis 2004–2008, Bd. II, S. 255–280; Andaloro/Maddalo/Miglio 2009; Kat. Rom 2009, Bd. I, S. 166–167, Kat.-Nr. 8 (Alessandro Tomei); Poeschke 2009, S. 47–49.

[80] Die Passage, in der Vasari das plastische *rilievo* der Malkunst Giottos lobt, ist die einzige der Vita, in der explizit auf die Erzeugung eines tiefenräumlichen Eindrucks eingegangen wird, auf den die kunsthistorische Forschung ein besonderes Augenmerk hat. Nicht weniger Aufmerksamkeit als sein Beitrag zum »Giotto spazioso« (Roberto Longhi) verdient allerdings Vasaris Äußerung über die Kategorie der Einheitlichkeit (*unione*), dank welcher der Anblick verschiedenfarbiger Tesserae im Auge des Betrachters zu einer einheitlichen Farbfläche zu verschmelzen scheint.

Bibl.: Vasari, *Kunstgeschichte*, S. 219–225 und S. 276– 278.

[81] Vasaris Beschreibung des Anglers und der seiner Figur abzulesenden Empfindungen geht auf das *Libro* Antonio Billis zurück, wo die lebhafte, vielfältige und dennoch angemessene Gestik der Darstellung hervorgehoben wird (*Libro di Antonio Billi*, Ed. Frey, S. 4), vor allem aber auf Leon Battista Albertis Lob der *Navicella*: Dieser stellt das Werk (welches er in der italienischen Fassung von *De pictura* als »nave dipinta« bezeichnet) in eine Tradition lobenswerter Bilderfindungen, die den Betrachter durch die Darstellung von Gemütszuständen besonders bewegen; Alberti stellt zudem die *variatio* des Künstlers Giotto heraus, der durch die Mimik und

Gestik eines jeden einzelnen Apostels einen anderen Seelenausdruck veranschaulicht (Alberti 2000, S. 272–273; Alberti 2002, S. 134–135) – Eigenschaften der Kunst Giottos, die Vasari in der Vorrede zum zweiten Teil prägnant in Erinnerung ruft (Vasari, *Kunstgeschichte*, S. 99). Die Beschreibung der *Navicella* ist für die zweite Auflage leicht verändert worden: Spricht Vasari 1550 vom *disegno*, von *ordine* und der *perfezzione* des Werks, so ergänzt er erst 1568 den Aspekt der *varietà*.

82 Das erstmalig im Jahr 998 dokumentierte Oratorium Santa Maria in Turri wurde im Cinquecento abgebrochen. Über die Ausmalung der Lünetten, die sich einstmals über den drei mit horizontalen Architraven abschließenden Portalen der Westseite befanden, ist nichts bekannt.

Bibl.: Simonetti 1992.

83 Vgl. Anm. 79. Die folgenden Abschnitte bis zur Reise nach Neapel – die Angaben über Giottos weitere Tätigkeit in Rom, Avignon, Frankreich, Verona, Ferrara, Ravenna, Urbino und Lucca – sind Ergänzungen der zweiten Ausgabe der Vita. Nur die Einschübe über Arezzo und Padua waren dem Leser bereits 1550 mitgeteilt worden.

84 Vasaris Äußerungen über Giottos heute nicht mehr identifizierbares Werk in Santa Maria sopra Minerva in Rom verschmelzen Ghibertis Angaben, hier seien eine Tafelmalerei und ein Kruzifix zu finden (was auch Gelli und der *Anonimo Magliabechiano* wiederholen), zu einem einzigen Objekt.

Bibl.: Ghiberti, *Commentarii*, S. 84; Gelli 1896, S. 42; *Anonimo Magliabechiano*, Ed. Frey, S. 53; Gaeta 2013, S. 383, Nr. 264.

85 Raymond Bertrand de Got (*um 1264 Villandraut – †20. April 1314 Roquemaure), der vom 5. Juni 1305 bis zu seinem Tod als Papst Clemens V. amtierte, verlegte erst im März 1309, also rund vier Jahre nach seiner Wahl im Konklave von Perugia, die päpstliche Residenz nach Avignon.

86 Die sehr zweifelhafte Information über eine angebliche Reise Giottos nach Avignon, die Vasari auch in der Vita Andrea Pisanos erwähnt (Vasari, *Bildhauer und Architekten des Duecento und des Trecento*, S. 99), entnahm er dem sogenannten *Ottimo commento*, den er weiter unten wörtlich zitiert (siehe Anm. 187). Dieser spricht jedoch nicht von einer Anwesenheit des Künstlers in Avignon, sondern lediglich davon, daß sich dort Werke Giottos befinden.

87 Die angebliche Tätigkeit Giottos in Frankreich ist wie sein Aufenthalt in Avignon sehr unwahrscheinlich. Ob dies eine Ausschmückung Vasaris ist oder ob er auf eine unbekannte Quelle rekurriert, ist nicht eindeutig zu klären. Schon Benvenuto Cellini behauptet in seiner (im wesentlichen vor dem Erscheinen der Giuntina verfaßten) *Vita* (II, 27), Giotto sei in Paris mit Dante zusammengetroffen: Dies legt eine ältere

Tradition nahe, auf die sich sowohl Vasari als auch Cellini beziehen. Eindeutig topisch hingegen sind die Angaben über die angebliche Entlohnung Giottos durch den Papst, die Vasari helfen, auch im Hinblick auf die Bildung monetären Vermögens Giotto als Modell und Vorbild der Künstler zu inszenieren. Die Schriftquellen zu Giottos finanziellen Verhältnissen lassen tatsächlich den Schluß zu, daß der Maler in einem bescheidenen Wohlstand lebte, der sich neben seiner Entlohnung für künstlerische Tätigkeiten aber vor allem auch durch geerbte Ländereien und weitere geschäftliche Aktivitäten erklärt. Der angebliche Reichtum Giottos ist auch im Licht einer traditionell unter seinem Namen geführten *Canzone gegen die Armut* von Interesse, die Vasari jedoch nicht kannte und von deren Zuschreibung an Giotto die heutige Forschung bis auf wenige Ausnahmen Abstand genommen hat.

Bibl.: Hirschfeld 1965; Schwarz/Theis 2004–2008, Bd. I, S. 40–63, 63–69 und S. 270–273, Dok. I f 1.

88 Taddeo di Gaddo Gaddi (*um 1290/1300 wohl Florenz – †1366 wohl ebenda) wird bereits seit Cennino Cennini und Ghiberti gemeinhin als Schüler Giottos angesehen (Cennini, *Libro dell'arte*, S. 62 [I, 1] und S. 114 [III, 67]; Ghiberti, *Commentarii*, S. 85).

89 Das angebliche Porträt Papst Benedikts XI. ist nicht erhalten. Vasari führt es auch in der Vita Simone Martinis auf (Vasari, *Sieneser Maler*, S. 71), wo er berichtet, daß nicht Taddeo, sondern Simone das Bildnis von Giotto erhalten und es als Bildvorlage in der Spanischen Kapelle verwendet habe, die – gemäß Vasari – Taddeo und Simone gemeinsam freskiert hätten.

90 Die Sicherheit, mit der Vasari das Jahr 1316 angibt, hängt vermutlich mit seiner Konsultation eines (mehrfach kopierten) Matrikelverzeichnisses der Florentiner Maler zusammen, die der Zunft der *Arte dei Medici e Speziali* beigetreten waren und deren gemeinsames Statut am 18. Juni approbiert wurde. Vasari mißversteht das Dokument, in dem Giottos Name erscheint, als Beleg für die Anwesenheit des Malers in Florenz in diesem Jahr; tatsächlich belegt die Liste nur, daß der Künstler zu irgendeinem Zeitpunkt vor der Datierung der Liste der Zunft der Maler beigetreten war.

Bibl.: Hueck 1972; Schwarz/Theis 2004–2008, Bd. I, S. 235–214, Dok. I c 4.

91 Erst 1568 ergänzt Vasari die Auftraggeberschaft durch das in Verona regierende Geschlecht der Scaliger (das jedoch erst im Jahr 1328 die Herrschaft über Padua erlangte).

92 Die frühen Angaben über Giottos Tätigkeit in der als »Il Santo« bekannten Paduaner Kirche Sant'Antonio sind uneindeutig: Ghiberti er-

wähnte nur vage, daß dieser dort malte; Vasari schrieb Giotto 1550 noch mehrere Kapellen zu, die er 1568 zu einer einzigen reduzierte (die Auskunft des *Anonimo Magliabechiano*, Giotto habe im Santo vier Tafeln gemalt, beruht wohl auf einer Verwechslung von Ghibertis Angabe zu Santa Croce in Florenz). Welche Vasari meint, ist unklar: Sicher denkt er nicht an den Kapitelsaal, in dem Reste einer trecentesken Ausstattung teilweise Giotto zugeschrieben werden. Die zahlreichen Vorschläge, Spuren seiner Tätigkeit in giottesken Freskenfragmenten verschiedener Kapellen der Kirche zu erkennen, haben sich bisher nicht durchgesetzt.

Bibl.: Ghiberti, *Commentarii*, S. 84; Gelli 1896, S. 42; *Anonimo Magliabechiano*, Ed. Frey, S. 54; Flores d'Arcais 1984; Previtali 1993, S. 379; Flores d'Arcais 1995, S. 128–133; Kat. Padua 2000; Boskovits 2001, S. 408–409; Cozzi 2003; Romano 2008, S. 144–155.

93 Der als Cangrande I. bekannte Francesco di Alberto della Scala (*8. oder 9. März oder Mai 1291 Verona – †22. Juli 1329 Treviso) war von 1308 an Stadtherr von Verona und einer der prominentesten Führer der norditalienischen Ghibellinen. Unter seiner Herrschaft konnte Verona auf diplomatischem und vor allem kriegerischem Weg zahlreiche Nachbarstädte – darunter Padua und Vicenza – gewinnen.

94 Es ist nicht ganz eindeutig, ob Vasari das Porträt Cangrandes als Teil der Ausstattung seines Palastes begreift oder ob er es als separates Werk ansieht. Die wenigen erhaltenen Reste der älteren Ausmalung des um 1310 errichteten Palastes im Zentrum Veronas – dem späteren Palazzo del Podestà und heutigen Palazzo della Provincia – lassen kein Urteil über den Urheber zu; allerdings läßt das Fehlen jeglicher weiterer Quellenhinweise auf Giotto dessen Autorschaft sehr unwahrscheinlich erscheinen. Vasari selbst beschreibt an anderer Stelle ausführlich die spätere Ausmalung der Sala grande durch Altichiero da Zevio (Bettarini/Barocchi, *Vite*, Bd. III, S. 620).

Bibl.: Brugnoli 2001; Mellini 2006; Piccoli 2013.

95 Die Tafel in der Kirche San Fermo Maggiore in Verona ist nicht identifiziert.

96 Vasaris Äußerungen über die Tätigkeit Giottos für die Herrscherfamilie der Este sind sehr vage und wenig glaubhaft. Wenn tatsächlich ein Regent dieses Geschlechts den Maler beauftragt hatte, so wäre hier aus chronologischen Gründen der Marchese Aldobrandino II. (†26. Juli 1326) oder dessen Sohn Obizzo III. (†20. März 1352 Ferrara) zu vermuten.

97 Gemeint ist der heutige Palazzo Municipale, der zunächst als Residenz der Este diente und erst später durch das nach 1485 neu errichtete

Castello Estense abgelöst wurde. Von der älteren malerischen Ausstattung hat sich nichts erhalten, und keine weiteren Quellen weisen auf einen möglichen Anhaltspunkt für Vasaris Bericht hin oder unterstützen dessen Wahrheitsgehalt. Die Behauptung, daß Giotto zu diesen Arbeiten in Ferrara genötigt wurde (»gli fu forza«), könnte als Versuch Vasaris gedeutet werden, die mutmaßliche Reiseroute des Künstlers mit einer anekdotischen Unterstreichung seines Rufs zu verbinden, indem er herausstellt, daß nahezu jeder italienische Herrscher danach trachtete, seine Residenz durch Giotto ausschmücken zu lassen.

98 Die ursprünglich etwas südlich von Santa Maria in Vado gelegene Ferrareser Kirche Sant'Agostino (nicht zu verwechseln mit dem gleichnamigen, doch erst im 15. Jahrhundert gegründeten Konvent westlich von Ferrara), in der Vasari auch ein verlorenes Werk des Piero della Francesca erwähnt (Vasari, *Uccello und Piero della Francesca*, S. 44–45), wurde im 19. Jahrhundert abgerissen. Bereits im Jahrhundert zuvor sind die Giotto zugeschriebenen Werke jedoch nur noch aufgrund der schriftlichen Überlieferung bekannt (Barotti 1770, S. 140–150). Einer anderen Deutung zufolge befanden sich die Fresken in der heute weitgehend abgebrochenen Augustinerkirche Sant'Andrea (»Le Pitture [...] di Giotto, erano sul muro in S. Andrea [...] e nell'interno del Campanile, che già era coperto verso la Chiesa, formando una Cappella, di cui se ne vedono le vestigia.« Scalabrini 1773, S. 335). Auch eine Verwechslung Vasaris mit Sant'Agostino in Rimini, wo sich wichtige Arbeiten der Giotto-Nachfolge finden, kann nicht ausgeschlossen werden.

99 An dieser Stelle bezieht sich Vasari zum ersten Mal explizit auf die seit dem Trecento verbreitete Annahme, daß sich Giotto und Dante (den Vasari schon zuvor als dessen »großen Freund« bezeichnet hat) persönlich kannten – eine These, die er zu Beginn der Vita mit der Nennung des Dante-Porträts im Bargello andeutet und später im Zusammenhang mit der angeblichen Kollaboration bei der Ausarbeitung von Bildallegorien in Assisi und Neapel präzisiert (vgl. Anm. 13, 115 und 116).

100 Das Herrschergeschlecht der Polenta, die zwischen 1275 und 1441 die Stadtherren von Ravenna stellten, wird erst 1568 eingefügt.

101 An dieser Stelle stützen sich Vasaris Anekdote über die Beziehung von Dante und Giotto und die Zuschreibung giottesker Werke in San Francesco in Ravenna gegenseitig, ohne daß die suggerierte Plausibilität in dem einen wie in dem anderen Fall gerechtfertigt wäre: Da das Exil Dantes in Ravenna historisch verbürgt ist, erscheint es zwar sehr wahrscheinlich, daß der Maler ihn im frühen Trecento hier angetroffen haben könnte. Der Behauptung aber, der Dichter habe Giotto Aufträge

in Ravenna vermittelt, ist ebensowenig Glauben zu schenken wie Vasaris Werkzuschreibung. Offenbar meint Vasari tatsächlich die Gesamtausstattung der im Zweiten Weltkrieg stark beschädigten Kirche, die heute verschiedene Überreste giottesker Fresken zeigt, die lokalen, vor allem in Rimini geprägten Nachfolgern – Giovanni da Rimini, Giovanni Baronzio und anderen – zugeschrieben werden.

Bibl.: Massaccesi 2008; Kat. Rom 2008.

102 Werke Giottos in Urbino oder der Aufenthalt des Künstlers in dieser Stadt sind nicht belegbar.

103 Piero (auch: Pietro) di Agnolo Tarlati da Pietramala, genannt Saccone (*1261 Pietramala? – †1356 Borgo San Sepolcro), war ein Condottiere und ab 1327 Stadtherr von Arezzo.

104 Die Darstellung des *Heiligen Martin* im 1561 abgebrochenen alten Dom von Arezzo (siehe Anm. 42) ist verloren.

Bibl.: Gandolfo 1974, S. 68.

105 Das monumentale Kruzifix (Tempera und Gold auf Holz, 618 x 439 cm), das sich heute im rechten Querarm der Badia von Santa Fiora e Lucilla in Arezzo befindet, gilt als Werk des Segna di Bonaventura und wird mit dem Aretiner Aufenthalt des Künstlers im Jahr 1319 in Verbindung gebracht.

Bibl.: Gandolfo 1974, S. 79; Tafi 1978, S. 349–359; Hourihane 2012, Bd. V, S. 546–547; Andanti/Centrodi/Tocchi 2013, S. 60–61; Gaeta 2013, S. 266, Nr. 2.

106 Das um 1281/82 von der Heiligen Humilitas von Faenza gegründete und 1297 geweihte Florentiner Nonnenkloster San Giovanni Evangelista, dessen Architektur Vasari Nicola Pisano zuschreibt (Vasari, *Bildhauer und Architekten des Duecento und des Trecento*, S. 52), befand sich in der Nähe der ab 1285 erbauten Porta a Faenza, die bei der Errichtung der Fortezza da Basso ab 1534 in den Festungsbau inkorporiert wurde. Vasari hatte als Jugendlicher noch die Möglichkeit, die nach dem Abriß der Kirche und des Klosters der Vallombrosanerinnen verlorene und kaum dokumentierte Ausstattung persönlich zu sehen. Ob die genannten Werke tatsächlich von Giotto stammten, kann nicht mehr bestimmt werden, gleiches gilt für Fresken, die Vasari, einer älteren Tradition folgend, Buffalmacco zuspricht und ausführlich beschreibt (Vasari, *Taddeo und Agnolo Gaddi*, S. 64–66). Die Nonnen wurden durch Herzog Alessandro de' Medici in das Kloster San Salvi transloziert.

107 Castruccio di Gerio Castracani degli Anteminelli (*29. März 1281 Lucca – †3. September 1328 ebenda) war ein ghibellinischer Condottiere und ab 1316 Stadtherr seines Heimatortes Lucca. Seine zentrale Rolle während des in Mittelitalien ausgetragenen Streits zwischen

Papst und Kaiser und bei der Aufstellung von Gegenkandidaten für beide Ämter ist insbesondere hinsichtlich der hier von Vasari identifizierten Porträts politischer Protagonisten des Spätmittelalters bedeutsam.

[108] Vermutlich verwechselt Vasari hier den habsburgischen Gegenkönig Friedrich den Schönen (*1289 Wien – †13. Januar 1339 Gutenstein) mit Kaiser Ludwig dem Bayern (*1282/86 München – †11. Oktober 1347 Puch), der Castruccio zum Herzog von Lucca erhob und den Gegenpapst Nikolaus V. aufstellte.

[109] Der Franziskaner Pietro Rainalducci (*um 1275 Corvaro –† 16. Oktober 1333 Avignon) wurde am 12. Mai 1328 unter dem Namen Nikolaus V. zum Gegenpapst von Papst Johannes XXII., der von 1316 bis 1334 amtierte, bestimmt – womit Vasaris Annahme, das Bild sei 1322 entstanden, der Boden entzogen ist. Die Initiative für die Aufstellung eines Gegenpapstes ging von Herzog Ludwig dem Bayern aus, der sich kurz zuvor in Rom zum Kaiser hatte erheben lassen. Im Jahr 1330 verzichtete Nikolaus V. auf das Amt des Papstes.

[110] Wie an vielen Stellen der *Vite* rekurriert Vasari hier auf eine lokale, mündlich überlieferte Tradition. Von dem politisch brisanten Bild fehlt jede weitere Spur.

[111] Auch der wohl ebenfalls auf einer Luccheser Erzähltradition basierende Bericht über Giottos Beziehung zu Castruccio Castracanis gewaltiger Fortezza Augusta (»Giusta«) wirft Fragen auf und kann nicht durch Quellen gestützt werden: Nicht ganz eindeutig ist zunächst, ob Vasari mit dem Verb »disegnare« den Entwurf oder eine zeichnerische Nachbildung der in der ersten Hälfte der 1320er Jahre errichteten innerstädtischen Anlage meint, die Castruccio als Festung und Wohnpalast diente und ungefähr ein Sechstel der damaligen südwestlichen Stadtfläche einnahm: Im ersten – wahrscheinlicheren – Fall würde hier erstmalig die Rolle Giottos als Architekt hervorgehoben. Das Problem erinnert somit zugleich an eine um 1337/38 dokumentierte und angeblich von Giotto stammende Darstellung von Florenz, bei der unklar ist, ob es sich um einen Stadtplan oder eine Vedute handelte (Degenhardt/Schmitt 1978, S. 6–7). Ohne Zusammenhang scheint in dem Luccheser Bericht darüber hinaus auch die Verbindung von Fortezza Augusta und San Frediano, zumindest dann, wenn darunter die weit entfernte Kirche im Norden der Stadt verstanden wird. Möglicherweise aber bezog sich die in Lucca kursierende Erzählung nicht auf die Kirche, sondern auf das dokumentierte Portal dieses Namens an der in großer Nähe zur Festung gelegenen südlichen Mauer, womit der Bericht einen Funken mehr Wahrscheinlichkeit erhielte – ebenso wie

durch den Umstand, daß Giotto just 1322 in Florenz und damit in kurzer Entfernung zu Lucca belegt ist. Vasaris Angabe dieser Jahreszahl geht wohl auf Giovanni Villani zurück, der (ohne Erwähnung Giottos) davon berichtet, daß Castruccio im Jahr 1322 mit dem Bau der Augusta begonnen habe (G. Villani, *Nuova cronica*, Bd. II, S. 352–353 [X, 154]). Eine vom Baubefund ausgehende Überprüfung ist nicht mehr möglich, da die bereits 1369/70 teilzerstörte Festung ab 1401 in eine Zitadelle umgebaut wurde und später den Kern des durch Bartolomeo Ammannatis Entwürfe bestimmten Palazzo Ducale bildete.

Bibl.: Gioseffi 1963, S. 62–63; Romiti 1980; Green 1984/85; Morolli 2002; Onori 2009.

112 Der papsttreue Guelfe Robert von Anjou (*1278 Santa Maria Capua Vetere bei Caserta – †20. Januar 1343 Neapel) regierte von 1309 bis zu seinem Tod das Königreich von Neapel, seine Herrschaft ist eng mit der Unterstützung prominenter Künstler und Dichter wie Petrarca und Boccaccio verbunden.

113 Karl von Anjou (*1298 Neapel – †9. November 1328 ebenda oder Florenz), der Sohn König Roberts von Neapel, regierte seit 1309 als Herzog von Kalabrien, er war zudem ernannter Generalvikar des Königreichs seines Vaters und ab Januar 1326 auch gewählter Stadtherr von Florenz. Nach dem frühen Tod des vorgesehenen Nachfolgers gelangte seine Tochter Giovanna auf den Thron ihres Großvaters Robert.

114 Giottos Tätigkeit in Neapel und besonders die Werke im Kloster von Santa Chiara, einem ab 1310 durch König Robert und seine Ehefrau Sancha/Sancia errichteten Komplex für Franziskaner und Klarissinnen, dessen Kirche 1340 geweiht wurde, war bereits vor Vasari häufig gerühmt worden – besonders deutlich ist sein direkter Rekurs auf Informationen im *Libro* Antonio Billis. In der Doppelvita der Bildhauer Agostino und Agnolo aus Siena präzisiert Vasari darüber hinaus, Giotto sei im Jahr 1326 nach Neapel gereist (Vasari, *Bildhauer und Architekten des Duecento und des Trecento*, S. 77). Vom tatsächlichen Zeitpunkt ist dies nicht weit entfernt: Regelmäßige monatliche Bezahlungen erhält Giotto in Neapel ab Dezember 1328, letzte Geldbeträge an den Maler sind im März oder April 1332 nachgewiesen (allerdings werden in der Forschung auch Zahlungen, die im Sommer 1332 und sogar noch in der zweiten Jahreshälfte 1333 belegt sind, mit Giotto in Verbindung gebracht).

Auf Giottos Aktivität in Neapel geht Vasari auch in seiner Autobiographie ein, wo er sich selbst als direkten Nachfolger Giottos in Neapel inszeniert, da es seit dessen Wirken in dieser Stadt keinen Künstler mehr gegeben habe, der hier »in der Malerei irgendwas von Bedeutung geschaffen« habe (Vasari, *Mein Leben*, S. 43). Leider haben sich die Werke Giottos, von denen auch Vasari nur einen geringen Teil mit eigenen Augen gesehen hat, lediglich in Fragmenten erhalten. Ob Reste der erwähnten *Geschichten des Alten und Neuen Testaments* im Klarissinnenkloster, von denen nur noch spärliche Spuren einer *Kreuzabnahme und Beweinung Christi*, ein illusionistisches Chorgestühl und einige ornamentale Elemente im Chor der Nonnen existieren, wirklich von Giotto und seiner Werkstatt stammen, ist umstritten, zumal der Anbringungsort an der nachträglich vermauerten Altarwand eine Entstehung erst nach 1343 vermuten läßt. Im Langhaus haben sich vom ornamentalen Schmuck der Giotto-Werkstatt besonders an den Fensterlaibungen zahlreiche Freskenreste erhalten, darunter einige Heiligenköpfe. Neben einigen Resten der malerischen Konventsausstattung der Giotto-Nachfolge ist vor allem eine *Kreuzigung* in der Sala Maria Cristina di Savoia hervorzuheben, die einem Künstler aus dem näheren Umfeld Giottos zugeschrieben wird.

Bibl.: *Libro di Antonio Billi*, Ed. Frey, S. 6–7; Gelli 1896, S. 42; *Anonimo Magliabechiano*, Ed. Frey, S. 53; Previtali 1993, S. 126–127 und S. 357–358; Flores d'Arcais 1995, S. 346–351; Leone de Castris 2006, S. 13–167; Schwarz/Theis 2004–2008, Bd. I, S. 55–57, 222–228, und Bd. II, S. 483; Aceto/D'Ovidio/Scirocco 2014.

115 Die dem *Libro* Billis entlehnte und nicht glaubhafte These eines angeblichen Entwurfs durch Dante geht auf eine ältere – mündliche? – Tradition zurück (*Libro di Antonio Billi*, Ed. Frey, S. 6: »dicesj con l'aiuto di Dante«). Hatte Vasari 1550 Dante noch zum Auftraggeber der *Szenen der Apokalypse* erklärt, wandelte er 1568 diese These ab und fügte zudem die Information über den anachronistischen Umstand ein, daß Dante zu diesem Zeitpunkt bereits verstorben war. Die Fresken selbst sind verloren. Möglicherweise werden die ikonographischen Lösungen von Santa Chiara in zwei ungewöhnlichen Tafeldarstellungen (auf Pappelholz, 34,9 x 86,3 und 35,1 x 86,6 cm, Stuttgart, Staatsgalerie) goldfarbener *Apokalypse-Szenen* auf kostbarem Lapislazuli-Grund reflektiert, die zwischen den späten 1320er Jahren und 1340 (am wahrscheinlichsten wohl kurz nach 1330) entstanden sind und einem in Neapel tätigen Nachfolger Giottos – teilweise, wenngleich nicht überzeugend, auch diesem selbst – zugeschrieben werden.

Bibl.: Gelli 1896, S. 42; Rambaldi 1937, S. 326–330; Bonicatti 1971; Rave 1999, S. 123–136; Kat. Florenz 2000, S. 192–197, Kat.-Nr. 28 (Miklós Boskovits); Leone de Castris 2006, S. 128–167; Zaru 2009.

116 Welche Darstellungen Vasari bei seinem historisch unbegründeten Versuch, einen Anteil Dantes in Assisi erkennen zu wollen, im Sinn hat,

ist nicht ganz eindeutig: Die *Szenen der Apokalypse* in der Oberkirche sind lange vor Giotto ausgeführt worden, weshalb fast sicher anzunehmen ist, daß sich Vasari hier auf die Allegorien im Vierungsgewölbe der Unterkirche bezieht (siehe oben, S. 64–66 und Anm. 47). Das Modell einer Kooperation zwischen Malern und Dichtern bei der *invenzione* fußt dabei auf einer Empfehlung Albertis (Alberti 2000, S. 294–295; Alberti 2002, S. 150–151). Möglicherweise geht Vasaris autorschaftliche These in diesem Fall von seiner eigenen Betrachtung aus, die ihn einen Kontrast zwischen dem erzählerischen Modus der meisten Bildschöpfungen Giottos und den Allegorien in Assisi einerseits sowie deren Ähnlichkeit mit dichterischen Konzeptionen Dantes andererseits konstatieren ließ – nicht unähnlich Überlegungen, die auch die kunsthistorische Diskussion über die Gewölbefresken seit einigen Jahren bestimmen (Belting 1989, S. 48–50).

[117] Die Angabe, Giotto sei im neapolitanischen Castello dell'(U)ovo tätig gewesen, übernimmt Vasari von Ghiberti (Ghiberti, *Commentarii*, S. 84). Tatsächlich arbeitete der Maler nicht in der älteren Hafenfestungsanlage (deren Gründung legendarisch mit dem antiken Dichter Vergil verbunden ist), sondern im Castello Nuovo. Die von Vasari erwähnte und auch schon von Petrarca gerühmte Cappella palatina – oder Cappella magna – ist eine von zwei Kapellen, deren Ausstattung Giotto hier verantwortete. An den Seitenwänden des sehr großen, mit einem offenen Dachstuhl versehenen Langhauses waren einer Quelle von 1524 zufolge (ähnlich wie im Langhaus von Santa Chiara) monumentale Szenen des Alten und Neuen Testaments dargestellt; darüber hinaus ist belegt, daß bei Giotto ein heute verlorenes Altarwerk in Auftrag gegeben worden war. Vasari allerdings war nicht nur die Arbeit Giottos in der zweiten Kapelle, der Cappella segreta, verborgen geblieben. Auch die schon um 1470 zerstörte Ausmalung der Cappella palatina hat er bis auf erhaltene Fragmente des Dekors an einigen Fensterlaibungen, in denen teilweise die Hand Maso di Bancos vermutet wird, nie mit eigenen Augen sehen können.

Bibl.: Gelli 1896, S. 42; Bettarini/Barocchi, *Vite*, Bd. II, S. 366–367; Dattilo 1963; Filangieri 1964, S. 18–20; Previtali 1993, S. 357; Leone de Castris 2006, S. 168–233; Schwarz/Theis 2004–2008, Bd. I, S. 55–57, 222–228, und Bd. II, S. 481–483.

[118] Der Bericht über die Stellung Giottos am neapolitanischen Hof und sein Verhältnis zum König rekurriert auf eine antike Topik, die nicht nur herausstellt, wie geistreich der Maler sei, sondern dem Hofkünstler auch einen Sonderstatus einräumt. In der legendären Beziehung zwischen Apelles und Alexander dem Großen ist diese Stellung vorgeprägt,

später wird sie für das im Cinquecento durch Raffael oder Michelangelo verkörperte Rollenmodell wichtig werden. Die tatsächliche Wertschätzung Giottos durch Robert von Anjou wird einerseits dadurch dokumentiert, daß er 1330 zum *familiaris* ernannt wird (eine Ehre, die allerdings schon zuvor weit weniger prominenten Handwerkern zuteil wurde), andererseits ab 1332 durch hohe Sonderzahlungen, eine Leibrente und die für Maler zu diesem Zeitpunkt ungewöhnliche Titulatur als »protomagister operis« (eigentlich unter Bauleuten die Bezeichnung des Werkmeisters) und »protopictor«, die auf seine Stellung als Leiter einer größeren Künstlerwerkstatt am Hof hindeutet.

Bibl.: Schwarz/Theis 2004–2008, Bd. I, S. 55–57 und S. 222–228; Leone de Castris 2006, S. 41–64.

119 Die witzige Begründung, den Rang des »Ersten« einer Stadt mit dem Verweis auf eine am Stadttor gelegene Wohnung für sich zu beanspruchen, findet sich bereits bei Apuleius (*Der goldene Esel* I, 21), wo Milo aus diesem Grund als »Erster« der Stadt Hypata bezeichnet wird.

Bibl.: Kris/Kurz 1934, S. 101.

120 Der Ursprung dieser Anekdote ist nicht bekannt, jedoch greift Vasari dasselbe Thema auch an anderer Stelle auf: In den *Ragionamenti* eröffnet er seinen Dialog zwischen Prinz und Maler mit einem fiktiven Gespräch über die Sommerhitze, die beide Protagonisten erschöpft und die zur Unterbrechung der künstlerischen Arbeit führt.

121 Alfons V. von Aragon (* wohl 1396 Medina del Campo – † 1458 Neapel) regierte als Alfons I. über das Königreich von Neapel und Sizilien.

122 Die Ausmalung von Santa Corona di Spine in Neapel, bekannt als »l'Incoronata«, wird zuerst im *Libro* Antonio Billis der Hand Giottos zugeschrieben. Tatsächlich sind die stark zerstörten alttestamentarischen Szenen und Darstellungen der Sakramente in der zweischiffigen Kirche erst nach der Mitte des 14. Jahrhunderts entstanden und wahrscheinlich ein Werk Roberto d'Oderisios.

Bibl.: *Libro di Antonio Billi*, Ed. Frey, S. 6–7; *Anonimo Magliabechiano*, Ed. Frey, S. 53; Vitolo 2008.

123 Der Zyklus von *Uomini famosi*, den schon Ghiberti nennt (Ghiberti, *Commentarii*, S. 84), ist spätestens nach dem von Vasari erwähnten Abbruch in den 1450er Jahren verloren. In der Forschung wird kontrovers diskutiert, ob die zahlreichen kunsthistoriographischen Berichte über den Zyklus von *Uomini famosi*, der durch keine Primärquelle belegt ist, möglicherweise auf einer Verwechslung mit einem ähnlichen Zyklus in Mailand beruhen. Woher Vasaris 1568 ergänzte Information über ein angebliches Selbstporträt Giottos stammt (vgl. dazu oben, Anm. 53), ist unklar, jedoch unterstreicht die Anekdote, die dem Hofkünstler somit

denselben Rang wie berühmten Dichtern, Gelehrten und Staatsmännern zubilligt, den angeblichen Status des Malers (und wird aus diesem Grund später beispielsweise von Giovanni Pietro Bellori auf Tizian übertragen werden).

Bibl.: Gelli 1896, S. 42; *Anonimo Magliabechiano*, Ed. Frey, S. 53; Prinz 1966, S. 52–53; Ciccuto 1991, S. 5–77; Leone de Castris 2006, S. 217–233; Romano 2012; Di Simone 2012/13.

124 Diese Anekdote ist zuerst im *Libro* Antonio Billis nachweisbar. Die Bedeutung des allegorischen Bildes ist nicht eindeutig, jedoch scheint es sich gleichermaßen gegen die mit Eseln gleichgesetzten Bürger und die mit einer Bürde assoziierten Regenten zu richten und den eitlen Wunsch nach einem politischen Umsturz, der faktisch die Situation der Bevölkerung nicht zum Besseren wenden würde, zum Ausdruck zu bringen. Die angebliche Darstellung einer somit latent regierungskritischen Allegorie unterstreicht nicht allein den Sonderstatus Giottos, sondern weist darüber hinaus auf ein grundsätzliches Konzept hin, das dem frühneuzeitlichen Ausnahmekünstler besondere Freiheiten zubilligt.

Bibl.: *Libro di Antonio Billi*, Ed. Frey, S. 6–7; *Anonimo Magliabechiano*, Ed. Frey, S. 53.

125 Die Zuschreibung der heute verlorenen Werke in der 1321 gegründeten und 1621 radikal in barocken Formen neugestalteten Kirche Santissima Annunziata ist jenseits der *Vite*, wo diese Information erst 1568 nachgetragen wurde, nicht nachweisbar. Freskenreste des späten 14. Jahrhunderts, die aus der Cappella dell'Immacolata stammen (ein *Engelschor*, eine *Verkündigung an Maria* und eine *Verkündigung an Joseph*), befinden sich heute im Diözesanmuseum von Gaeta.

Ob sich Vasari im Rahmen seiner Reise nach Neapel persönlich in Gaeta aufhielt, ist nicht gesichert; kein anderes Werk in dieser Stadt findet in den *Vite* Erwähnung. Die Nennung des angeblichen Selbstporträts Giottos (vgl. dazu Anm. 53) und Vasaris Andeutung, Giotto habe die Werke nicht ganz freiwillig ausgeführt (»gli fu forza«, siehe auch Anm. 97), könnte auf einen Rekurs auf eine lokale Erzähltradition hinweisen.

Bibl.: Salerno 1956, S. 13, Kat.-Nrn. 22–24; Locci 2012.

126 Malatesta da Verucchio (*um 1226 Verucchio – †1312 Rimini) war ein Condottiere, der durch seine Erhebung zum Stadtherrn von Rimini im Jahr 1295 zum Begründer der bis weit in das 16. Jahrhundert bedeutsamen Herrscherdynastie wurde. Die Beziehung zu Giotto ist dokumentarisch nicht belegt, jedoch könnte der Künstler über Familienmitglieder der Malatesta in Florenz oder Rom leicht die Einladung nach Rimini erhalten haben.

[127] Sigismondo Pandolfo Malatesta (*19. Juni 1417 Brescia – †9. Oktober 1468 Rimini), ein illegitimer Sohn Pandolfos III. Malatesta, war wie sein Vater Condottiere und ab 1432 Stadtherr von Rimini.

[128] Die ab der Mitte des 15. Jahrhunderts betriebene Umwandlung der gotischen Kirche San Francesco in den sogenannten Tempio Malatestiano, die hauptsächlich von Agostino di Duccio und Leon Battista Alberti verantwortet wurde, führte tatsächlich zum Verlust der durch frühe Quellenzeugnisse belegten Fresken Giottos in der Basilika. Ihr Gegenstand ist zwar nicht bekannt, die Malweise des toskanischen Künstlers beeinflußte lokale Maler wie Giovanni da Rimini jedoch nachhaltig (Volpe 1965; Kat. Rimini 1995; Ragionieri 2002). Das einzige in Rimini erhaltene Werk, das wohl Giotto zugeschrieben werden kann, ist das von Vasari nicht erwähnte monumentale Kruzifix (Tempera und Gold auf Holz, 430 x 300 cm), das heute in der Apsis präsentiert wird und zwischen den letzten Jahren des 13. und den ersten des 14. Jahrhunderts entstanden ist; die ursprünglichen Figurendarstellungen an den Balkenenden sind zu einem unbekannten Zeitpunkt entfernt worden und bis auf einen *Segnenden Christus* (Privatbesitz) verloren (Volpe 2002, S. 21–28; Schwarz/Theis 2004–2008, Bd. II, S. 319–325; Paolucci 2010, Bd. I, S. 218–220; Gaeta 2013, S. 123–131 und S. 312, Nr. 118). Die Situierung eines aus sieben auf verschiedene Sammlungen verteilten Tafeln bestehenden Altars Giottos oder seiner Werkstatt in die Riminese Zeit ist stark umstritten (siehe Anm. 146).

Bibl.: Gordon 1989; Hope 1992; Previtali 1993, S. 78–80 und S. 383; Flores d'Arcais 1995, S. 121–125; Pari 1998, S. 225–233; Volpe 2002; Ragionieri 2002, S. 32–43; Paolucci 2010; Volpe 2010; Farquhar 2012.

[129] Der ausführliche Bericht über den Zyklus der *Seligen Michelina von Pesaro* birgt nicht nur Schwierigkeiten, weil der Hof, den Vasari unmißverständlich vor der Fassade der Kirche situiert, eigentlich ein Kreuzgang ist, der an die nördliche Seite des Langhauses anschloß. Da Michelina erst 1356 – rund zwanzig Jahre nach Giotto – starb, können die verlorenen Fresken nicht von seiner Hand gestammt haben. Auch der Auftraggeber kann nicht Malatesta da Verucchio gewesen sein; es muss sich entweder um Malatesta III. Malatesta, Herr von Rimini 1353 bis 1363, oder – wahrscheinlicher – um Pandolfo II. Malatesta (*um 1325 – †Januar 1373) gehandelt haben, der intensiv den frühen Kult um die offiziell erst 1737 seliggesprochene Michelina beförderte und für ihre Bestattung in San Francesco sorgte. Die Reste des schon im frühen Settecento übertünchten Zyklus wurden durch die Bombardements des Zweiten Weltkriegs endgültig zerstört; das gleiche Schicksal traf auch

einen zweiten, durch eine Beschreibung des 18. Jahrhunderts bekannten Zyklus in der Sakristei, dessen Verhältnis zu den trecentesken Fresken im Hof nicht sicher bestimmt ist.

Bibl.: Ertheller 1990; Dalarun 1992, S. 116–120; Rubin 1995, S. 310–312; Delucca 1997, S. 80–81; Cardinali/Maiarelli/Falcioni 2000, S. 67–69; Ragionieri 2002, S. 34 und S. 90–91; Hope 2010, S. 36; Volpe 2010, S. 146.

130 Im Gegensatz zur früheren Ansicht, Giotto habe sich wie die anderen Maler des Due- und Trecento nicht auf die Darstellung von perspektivischen Verkürzungen verstanden (Filarete, *Trattato di architettura*, Bd. II, S. 657), erkennt Vasari an dieser Stelle der Giuntina den Ursprung – das »primo principio« – der »scórti«, wofür er Giotto auch in der Vorrede zum zweiten Teil der *Vite* lobt (Vasari, *Kunstgeschichte*, S. 99). Die Kunst malerischer Verkürzungen führt er dann vor allem bei den Künstlern der zweiten und dritten *maniera* mit einer *meraviglia*-Ästhetik zusammen, so etwa im Fall der »wundersam« scheinenden Verkürzungen bei Correggio (Vasari, *Giorgione und Correggio*, S. 35–36) oder Domenico Beccafumi (Vasari, *Sodoma und Beccafumi*, S. 52 und S. 57). Ähnlich bemerkenswert ist Vasaris Wertschätzung der ›Ästhetik des Häßlichen‹, wenn er an dieser Stelle die Darstellung menschlicher Krüppel hervorhebt und gemalte, von Ekel erfüllte Betrachter eines wundkranken Ausgestoßenen als »i più graziati del mondo« preist.

131 Das Lob der Gestaltung des Faltenwurfs, das auch an anderer Stelle als Neuerung Giottos bezeichnet wird (Vasari, *Kunstgeschichte*, S. 99), verbindet ein Einzelelement der künstlerischen Gestaltungsweise ein weiteres Mal mit der Metapher des Lichts, die Vasaris Schilderung des Herausbildungs- und Fortentwicklungsprozesses der drei künstlerischen Phasen und die Einzelviten Cimabues und Giottos durchgängig bestimmt (vgl. Anm. 28 sowie die Einleitung zur Vita Cimabues).

132 Gemeint ist hier Pandolfo II. Malatesta (siehe Anm. 129), der auf der Rückreise aus dem Heiligen Land in einen Seesturm geriet und seine Rettung als Wunder der Seligen Michelina interpretierte, die ebenfalls eine Pilgerfahrt nach Palästina angetreten hatte.

133 Die Beschreibung des Freskos, das abweichend von Vasaris Meinung wohl erst ungefähr 25 Jahre nach dem Tod Giottos und wahrscheinlich sogar mehr als 50 Jahre nach dessen Aufenthalt in Rimini entstanden ist, erinnert stark an die Hymnen über die römische *Navicella* (siehe Anm. 79), geht jedoch darüber noch hinaus: Das Porträt wirke nicht nur »tanto naturale«, sondern »vivissimo«, und jede einzelne der vielfältigen Figurenerfindungen sei für sich genommen »capricciosa« und zugleich in der Ausführung bravourös.

[134] Ob sich Vasari auf eine uns unbekannte Quelle bezieht, die als Auftraggeber Giottos einen florentinischen Prior auswies (1550 behauptet Vasari ferner, dieser sei mit Giotto befreundet gewesen), ist ungewiß; diese Information ist anderweitig nicht nachweisbar. Das auch in weiteren Lokalquellen des 16. Jahrhunderts belegte Werk ist verloren.

Bibl.: Ragionieri 2002, S. 36; Volpe 2010, S. 146.

[135] Die noch heute gemeinhin unter dem Eigennamen »Cappella giottesca« bekannte Kapelle, die auf der nördlichen Seite an das Langhaus von San Giovanni Evangelista anschließt, zeigt an den Seitenwänden spärliche Reste einer Kreuzigungsszene sowie weitere Heilige. In dem trotz starker Verluste insgesamt besser erhaltenen Kreuzgewölbe sind vor einem blauen Sternengrund die Kirchenväter und Evangelisten mit den vier Evangelistensymbolen zu sehen. Eine 1380 datierte Inschrift, die als Auftraggeber Gherardo di Massa nennt, bezieht sich vielleicht auf spätere Ergänzungen. Die frühe Ausmalung stammt von einem lokalen Giotto-Nachfolger, jedoch überzeugen die bisherigen Identifizierungsversuche (Giovanni Baronzio, Jacopo Avanzi) nicht.

Bibl.: Scaevola 1963, S. 54–55; Benati 1992, S. 120.

[136] Zweifel an Giottos Urheberschaft des ihm lange Zeit zugeschriebenen Monumentalkruzifixes (Tempera und Gold auf Holz, 630 x 408 cm) in San Marco, das vor seiner ersten Nennung im Jahr 1357 entstanden sein muß, kamen im späten 19. Jahrhundert auf. Daß das Werk nicht von Giotto stammt, ist heute allgemein akzeptiert; dennoch sind die Datierung (um die Zeit von Giottos Kreuz für Ognissanti oder erst um 1350?) und die Präzisierung der Zuschreibung an einen Nachfolger (beispielsweise den jungen Puccio di Simone?) umstritten. Unklar ist, ob sich auch Ghibertis Erwähnung eines Kruzifixes Giottos in der Dominikanerkirche – San Marco wurde nach dem ersten Drittel des Quattrocento an den Orden übergeben – auf dieses Werk oder das Kreuz in Santa Maria Novella bezieht (siehe Anm. 138).

Bibl.: Ghiberti, *Commentarii*, S. 84; *Anonimo Magliabechiano*, Ed. Frey, S. 53; Paatz/Paatz 1940–1954, Bd. III, S. 25; Boskovits/Offner 2001, S. 18–21 und S. 586–594; Gaeta 2013, S. 287, Nr. 49.

[137] Herkunft, Lebensdaten und Ausbildung von Puccio Capanna (dokumentiert in den Jahren 1341 und 1347) sind nicht belegt; nur ein einziges Werk kann aufgrund einer Schriftquelle mit seinem Namen verbunden werden. Die Forschung impliziert gemeinhin einen umbrischen Hintergrund des Malers (oft sogar eine Herkunft aus Assisi) und folgt weitgehend Vasaris Behauptung einer Schulung durch Giotto. Dessen Äußerungen über Capanna sind jedoch durch Verwechslungen mit den Künstlern Puccio di Giovanni (dokumentiert 1339) und Puccio di

Simone (dokumentiert zwischen 1346 und 1358 – † vor 1362?) geprägt; den meisten seiner Zuschreibungen folgt die Forschung, die ein hypothetisches Œuvre Capannas rekonstruiert hat, nicht.

Bibl.: Offner 1958, S. 185–192; Boskovits 1975; Zanardi 1978; Boskovits 1984, S. 74–77 und S. 367–377; Cerri u.a. 1989; Todini 1993; Chiodo 1997; Kat. Florenz 2005; Hourihane 2012, Bd. I, S. 514, und Bd. V, S. 134.

138 Auch wenn Vasaris Meinung, Puccio Capanna sei an der Ausführung des monumentalen Kruzifixes von Santa Maria Novella (Tempera und Gold auf Pappelholz, 530 x 400 cm) beteiligt gewesen, von der modernen Forschung einhellig abgelehnt wird, herrscht keine Einigkeit bei der Frage, ob das vor wenigen Jahren aufwendig restaurierte Werk zum Œuvre Giottos zu zählen ist – trotz einer deutlichen Tendenz innerhalb der letzten Jahre, von einer Urheberschaft Giottos auszugehen und das Kreuz kurz vor 1290 zu datieren. Daß ein ab 1312 als Werk Giottos geführtes Kruzifix in dieser Kirche, vor dem Öllampen angezündet werden, auf das überdimensionale und wohl hängend präsentierte Monumentalkreuz bezogen ist (oder nicht doch eher auf ein kleines Altarkreuz), ist ebenso umstritten wie die Beurteilung gravierender konzeptioneller Unterschiede zu anderen Kruzifixen Giottos. Auch die ursprüngliche Aufstellung des schon früh um die heute sichtbare Trapezbasis ergänzten Werks wird intensiv diskutiert: Ob es für eine Position über dem Lettner oder auf einem Balken vor dem Chorbereich konzipiert wurde, ist nicht abschließend geklärt. Noch vor Vasaris Abriß des Lettners jedenfalls wurde es vom einstigen Standort an die Gegenfassade verbracht und von dort später in die Sakristei überführt; seit der jüngsten Restaurierung ist es an zentraler Stelle im Kirchenschiff montiert.

Bibl.: Ghiberti, *Commentarii*, S. 84; *Libro di Antonio Billi*, Ed. Frey, S. 6–7; Gelli 1896, S. 42; *Anonimo Magliabechiano*, Ed. Frey, S. 52; Paatz/Paatz 1940–1954, Bd. III, S. 715, 736 und S. 805–806, Anm. 264; Offner 1956, S. 3–18; Previtali 1993, S. 40–45 und S. 340–343; Flores d'Arcais 1995, S. 90–105; Ciatti/Seidel 2001; Schwarz/Theis 2004–2008, Bd. II, S. 287–298; Schwartz 2005; Schwartz 2009, S. 193–194; Gaeta 2013, S. 65–121 und S. 290–291, Nr. 54.

139 Die Darstellung des *Heiligen Ludwig von Frankreich mit Stifterpaar*, die vermutlich an einem Altar auf der oberen Ebene des 1565 abgebrochenen Lettners von Santa Maria Novella situiert war, ist verloren. Erst 1568 nennt Vasari auch die Stifterporträts. Schon im *Libro* Antonio Billis ist die Autorschaft Giottos vermerkt, jedoch sind keine Quellen zur Weihe des Altars bekannt, die eine zeitliche Einordnung erlauben wür-

den. Die Aussage Ghibertis, der ein Kruzifix und eine »tavola perfectissima« bei den Dominikanern (»ne' frati Predicatori«) erwähnt, könnte sich auf die beiden Werke in Santa Maria Novella beziehen, jedoch auch auf San Marco.

Die folgenden Ausführungen bis zu Giottos Werken in Ognissanti sind Ergänzungen der zweiten Ausgabe der Vita.

Bibl.: Ghiberti, *Commentarii*, S. 84; *Libro di Antonio Billi*, Ed. Frey, S. 6–7; Gelli 1896, S. 42; *Anonimo Magliabechiano*, Ed. Frey, S. 52; Paatz/Paatz 1940–1954, Bd. III, S. 736; Schwarz/Theis 2004–2008, Bd. II, S. 293–294; Schwartz 2009, S. 199–200.

140 Guido di Agnolo Tarlati da Pietramala (†21. Oktober 1327 Castello di Montenero d'Orda), der Bruder von Piero ›Saccone‹ Tarlati (siehe Anm. 103), war ab 1312 Bischof und ab 1321 zugleich Stadtherr von Arezzo.

141 Gemeint ist Ludwig der Bayer, siehe Anm. 108.

142 Vasari mißdeutet hier eine Passage in Giovanni Villanis Chronik (G. Villani, *Nuova cronica*, Bd. II, S. 567 [XI, 36]), wo davon die Rede ist, daß Dolfo und Piero Saccone nach der Translation von Guidos Leib zu den Stadtherren Arezzos wurden. Während Piero tatsächlich der Bruder des Bischofs Guido war, bezieht sich die Nennung des ›Dolfo‹ wohl auf Rodolfo di Tarlato Tarlati, einen Onkel Guidos und Pieros.

143 Die Umstände der Trauerfeier für Guido Tarlati, der Überführung des Leichnams und der Rolle Dolfo Tarlatis und Piero Saccones konnte Vasari der Chronik Giovanni Villanis entnehmen (G. Villani, *Nuova cronica*, Bd. II, S. 566–567 [XI, 36]).

144 Ausführlicher berichtet Vasari in der Doppelvita von Agostino di Giovanni und Agnolo di Ventura, die Giotto in Orvieto aufgrund ihrer dortigen Werke ausgewählt habe, vom Grabmalsprojekt, das er an selbiger Stelle auch eingehender beschreibt (Vasari, *Bildhauer und Architekten des Duecento und des Trecento*, S. 77–81). Für die Ansicht, daß der Entwurf des mehrfach bewegten und heute an der linken Seite des Aretiner Doms zu sehenden Monuments auf Giotto zurückgeht, gibt es keine Belege; lediglich ein Bildfeld steht ikonographisch in Verbindung mit einer Giotto zugeschriebenen, jedoch nur indirekt überlieferten Bilderfindung des *Comune rubato* (siehe Anm. 175). Die Schilderung des Weiterreichens eines Entwurfs Giottos erinnert an eine ähnliche Situation, von der Vasari 1550 noch in der Vita Giottos berichtet, die er jedoch später herausstreicht, da sie in beiden Ausgaben auch an anderer Stelle eingebracht wird: Der Bildhauer habe – darin folgt Vasari Antonio Manettis Biographie Brunelleschis (Manetti, Ed. De Robertis, S. 61) – die Bronzetür des Florentiner Baptisteriums nach einem Entwurf Giottos

ausgeführt (Vasari, *Bildhauer und Architekten des Duecento und des Trecento*, S. 99, sowie Vasari, *Ghiberti*, S. 20), was vielleicht auf eine fehlgeleitete Lektüre des *Centiloquio* zurückgeht (Pucci 1772–1775, Bd. IV, S. 119).

Bibl.: Gioseffi 1963, S. 62–67; Gandolfo 1974, S. 63–66; Bartalini 2008.

145 Die Einnahme von Borgo San Sepolcro durch Piero Saccone Tarlati, von der die Chroniken des Matteo und Giovanni Villani berichten, fand nach deren Auskunft im Jahr 1329 statt (M. Villani, *Cronica*, Bd. I, S. 267–270 [II, 42]; G. Villani, *Nuova cronica*, Bd. II, S. 676 [XI, 122]).

146 Identifizierung und Rekonstruktion des Werks sind umstritten. Einer Theorie Ferdinando Bolognas zufolge könnte es sich dabei um einen Altar handeln, von dem sieben *Szenen des Lebens Christi*, die jeweils etwa 45 x 44 cm messen, in verschiedenen Museen und Sammlungen erhalten sind. Diese Serie bestand laut einem Dokument von 1807 ursprünglich aus zwölf Tafeln, die auch *Szenen des Lebens Mariä* zeigten (womit die Sequenz zu groß für eine einzige Predella mit horizontaler Bildfolge wäre), und wurde mit Verweis auf eine Florentiner Provenienz veräußert. Dasselbe Altarwerk, dessen Zuschreibung an Giotto weitestgehend auf Zustimmung gestoßen ist, wenngleich die Einordnungen innerhalb der ersten beiden Jahrzehnte des Trecento stark divergieren, wird von einigen Forschern auch für San Francesco in Rimini reklamiert (siehe Anm. 128), wobei es zumindest hypothetisch möglich wäre, daß ein zuvor für Rimini geschaffener Altar unter den Malatesta nach San Sepolcro überführt wurde.

Bibl.: Gandolfo 1974, S. 150–151; Gordon 1989; Kat. Florenz 2000, S. 174–177, Kat.-Nr. 23 (Giorgio Bonsanti).

147 Bartolomeo – genannt Baccio – di Bernardo Gondi (*2. April 1491 Florenz – †16. März 1577 ebenda) wird in der zweiten Ausgabe der *Vite* mehrfach als Sammler von Kunstwerken genannt, darunter Stücke prominenter Künstler wie Fra Angelico, Perugino oder Donatello. Vasaris Bekanntschaft mit Gondi ist seit 1560 belegt, als er ihm in einem Schreiben an Vincenzo Borghini Grüße ausrichten läßt (Frey 1923–1940, Bd. I, S. 558, Dok. CCCIII), wurde jedoch wahrscheinlich bereits lange Zeit zuvor geknüpft. Ab Oktober 1562 war Gondi als *Provveditore della fabbrica de' magistrati* für den Bau der Uffizien mitverantwortlich und ein wichtiger Ansprechpartner Vasaris.

148 In einem Inventar, das Baccios Sohn Benedetto 1609 anfertigen ließ, sind drei angebliche Gemälde Giottos verzeichnet: Ein »quadretto« des *Lebens des Heiligen Johannes*, ein aufwendig gerahmtes »quadro« mit mehreren kleinfigurigen Szenen des *Lebens Mariä* und *Jesu Christi* – eine dieser ersten beiden Tafeln wird Vasari an dieser Stelle beschrieben

haben – sowie ein »quadro piccolo« mit *Porträtdarstellungen Dantes und Vergils*. Keines dieser drei Werke konnte identifiziert werden.

Bibl.: Corti 1976.

149 Vasari hielt sich ab 1537 mehrfach in Camaldoli bei Arezzo auf. Auch für weitere Niederlassungen des Ordens führte er einige Werke aus und blieb zeit seines Lebens mit mehreren – teilweise ranghohen – Kamaldulensern persönlich befreundet.

Bibl.: Maetzke 1981; Vasari, *Mein Leben*, S. 25–28.

150 Der aus Pisa stammende Kamaldulenser Antonio Corso (Cursius) wurde erstmalig 1553 zum Ordensgeneral gewählt, insgesamt ist ihm die Würde viermal angetragen worden. Vasari war zumindest in späteren Jahren persönlich mit ihm bekannt (Frey 1923–1940, Bd. II, S. 708–709).

151 Der Kamaldulenser Don Silvano Razzi (*1527 Marradi – †14. Oktober 1611 Florenz) lebte seit 1559 im Florentiner Kloster Santa Maria degli Angeli, dem er ab 1582 als Prior vorstand. Vasari erwähnt in den *Vite* nicht nur mehrfach die Sammlung und das grundsätzliche Kunstinteresse des Mönchs, sondern er involvierte Razzi, der neben Heiligenlegenden später auch Künstlerviten verfaßte, in den Editionsprozeß der 1568 erschienenen Giuntina.

152 Das kleinformatige Bild (»quadretto«) von der Hand des Raffael Sanzio von Urbino (*28. März oder 6. April 1483 Urbino – † 6. April 1520 Rom) ist nicht identifiziert.

153 Auch das signierte Kruzifix Giottos ist verschollen.

Bibl.: Paatz/Paatz 1940–1954, Bd. III, S. 125.

154 Vasari folgt hier weitestgehend den Angaben Ghibertis, nennt jedoch eine bei diesem aufgeführte halbfigurige *Madonna mit Kind* über einem Portal nicht und ergänzt statt dessen die vier großformatigen »tavole« und das Kruzifix um die »tavolina« des *Marientods* (vgl. Anm. 158). Welche freskierte Kapelle er meint, ist unklar, und auch die Identität der nicht weiter beschriebenen Altarbilder kann bis auf die sogenannte *Ognissanti-Madonna* nicht näher bestimmt werden.

Bibl.: Ghiberti, *Commentarii*, S. 84; Gelli 1896, S. 42; *Anonimo Magliabechiano*, Ed. Frey, S. 52; Paatz/Paatz 1940–1954, Bd. IV, S. 436; Hueck 1992.

155 Die sogenannte *Ognissanti-Madonna* (Tempera und Gold auf Holz, 325 x 204 cm, Florenz, Uffizien), die 1810 zunächst in die Galleria dell'Accademia und 1919 in die Uffizien gelangt ist, wurde in der älteren Forschung zumeist kurz nach 1300 datiert, während in jüngerer Zeit eine Entstehung um 1310 favorisiert wird. Die Darstellung der thronenden Madonna mit Kind, die auf beiden Seiten von räumlich gestaffelten Engeln und Heiligen gerahmt wird, markiert im Vergleich mit Duccios

Madonna Rucellai und Cimabues *Maestà di Santa Trinita* wohl am deutlichsten die um 1300 zu konstatierende grundsätzliche Veränderung tradierter Methoden der tiefenräumlichen Gestaltung und der Weise, den Bildfiguren einen individuellen Ausdruck zu verleihen. Intensiv diskutiert wird die ursprüngliche Aufstellung der Tafel im Kirchenraum, wobei vor allem die beiden Möglichkeiten einer Position oberhalb des rechten Lettneraltars oder aber am zentralen Hauptaltar in der Chorapsis erwogen werden.

Bibl.: *Anonimo Magliabechiano*, Ed. Frey, S. 52; Rintelen 1912, S. 123–127; Paatz/Paatz 1940–1954, Bd. IV, S. 433 und S. 454–455, Anm. 139; Hueck 1992; *Madonna d'Ognissanti* 1992; Previtali 1993, S. 87–90 und S. 345–346; Flores d'Arcais 1995, S. 227–242; Boskovits 2001, S. 410–411; Schwarz/Theis 2004–2008, Bd. II, S. 458–466; Weppelmann 2007; De Marchi 2009, S. 606–609.

156 Die Zuschreibung des in jüngeren Jahren restaurierten Kruzifixes (Tempera auf Holz, 467 x 379 cm) an Giotto oder einen Mitarbeiter aus dem engeren Umkreis – wofür qualitative Schwächen der Darstellung sprechen – ist umstritten. Ursprünglich befand es sich wohl als Triumphkreuz im Chorbereich oder über dem Lettner, später wurde es zunächst an der Gegenfassade befestigt und dann in die Sakristei überführt. Erst seit kurzer Zeit ist es im linken Querschiff von Ognissanti zu sehen.

Bibl.: Ghiberti, *Commentarii*, S. 84; Gelli 1896, S. 42; *Anonimo Magliabechiano*, Ed. Frey, S. 52; Paatz/Paatz 1940–1954, Bd. IV, S. 424, 431, 435 und S. 447–448, Anm. 84; Hueck 1992; Previtali 1993, S. 331; Flores d'Arcais 1995, S. 242–244; Kat. Florenz 2000, S. 147–150, Kat.-Nr. 16 (Giorgio Bonsanti); Schwarz/Theis 2004–2008, Bd. II, S. 466–468; Schwarz 2007/08; Ciatti 2010; Gaeta 2013, S. 141–149 und S. 285–286, Nr. 46.

157 Vasaris zweite Bemerkung über Puccio Capanna, den er bereits zuvor im Zusammenhang mit der Anfertigung eines Kruzifixes nennt (vgl. Anm. 138), unterstreicht seine Ansicht, zahllose giotteske Kruzifixe in Italien seien auf die Kopien dieses Schülers zurückzuführen, der – wie er ausdrücklich sagt – die *maniera* des Meisters sehr gut beherrscht habe und insofern nicht nur die Kruzifixe, sondern die Hand Giottos zu kopieren wußte. Davon unberücksichtigt spielt der Name Puccios in der heutigen Forschung zu den Monumentalkruzifixen des Trecento keine Rolle.

Bibl.: Gaeta 2013.

158 Die erwähnte »kleine Tafel« (»tavolina« respektive »tavoletta«) aus Ognissanti wird von der Forschung weitgehend übereinstimmend mit einem Gemälde identifiziert, das 1914 nach Berlin gelangte (Tempera

und Gold auf Pappelholz, 75,6 x 179,7 cm, Berlin, Staatliche Museen, Gemäldegalerie). Das zumeist um 1310/1315 datierte Dossale ist zwar nicht besonders klein, zeichnet sich jedoch durch ein für die Entstehungszeit eher ungewöhnliches, niedrig wirkendes Format aus. Besonders der Umstand, daß das Feld unterhalb des Flachgiebels nicht, wie üblich, in Einzelflächen unterteilt, sondern für eine einzige querformatige Bildszene genutzt wurde, verdient Aufmerksamkeit. Auch die ikonographisch und kompositorisch innovative Interpretation des in der Malerei des Due- und Trecento häufig dargestellten Geschehens spricht für die Identifizierung mit der von Vasari und angeblich Michelangelo gelobten *istoria* Giottos; wenngleich bis zur Mitte des 20. Jahrhunderts eine hartnäckige Diskussion über die Zuschreibung geführt wurde. Nicht ganz eindeutig ist hier der tatsächlich dargestellte Moment auszumachen, weshalb neben der geläufigen Bezeichnung als *Marientod* (*Dormitio virginis* oder *Transitus Mariae*) auch von einer *Grablegung Mariens* gesprochen werden kann. Ob ursprünglich weitere Bildfelder (etwa Predellentafeln) den Tod Mariens narrativ rahmten, ist ungewiß. Auch die ursprüngliche Aufstellung ist nicht ganz gesichert, wobei vieles für eine Funktion als Altargemälde an einem Lettneraltar spricht.

Bibl.: Ghiberti, *Commentarii*, S. 84; Gelli 1896, S. 42; *Anonimo Magliabechiano*, Ed. Frey, S. 52; Paatz/Paatz 1940–1954, Bd. III, S. 431 und S. 452–453, Anm. 129; Boskovits 1988, S. 56–61, Kat.-Nr. 24; Hueck 1992, S. 45–48; Previtali 1993, S. 115 und S. 326; Flores d'Arcais 1995, S. 227–242; Schwarz/Theis 2004–2008, Bd. II, S. 468–476; Weppelmann 2007; Kat. Berlin 2008, S. 258–261, Kat.-Nr. 4 (Stefan Weppelmann); De Giorgi 2009, S. 135–145.

159 Michelangelo di Lodovico Buonarroti (*6. März 1475 Caprese – † 18. Februar 1564 Rom)

160 Die angebliche Wertschätzung der Werke Giottos durch Michelangelo findet sich in der frühen Kunsthistoriographie vor allem in den *Vite de' pittori* des Giovan Battista Gelli (Gelli 1896, S. 41–42).

Bibl.: Daly Davis 2013, S. 337–338.

161 Der in der zweiten Ausgabe der *Vite* eingefügte Satz demonstriert eindrücklich Vasaris Reflexion darüber, in welcher Weise seine Künstlerbiographien Wirkung entfalten konnten. Der sprachliche Ausdruck entspricht dabei den durchaus zwiespältigen Folgen des neuen Künstlerruhms: Vasari greift hier auf die dichterische Vokabel »spietato« zurück, die nur in poetischen Texten Verwendung findet, um – etwa in Dantes *Paradiso* IV, 100–111 – eine Zwangslage zu beschreiben, die zu einer unmoralischen Handlung führt (ED, 1976, Bd. V, S. 384–385).

Wohin Giottos Tafel gelangte, ist ungewiß, denn der *Marientod* ist zwischen 1550 und der ersten Hälfte des 19. Jahrhunderts nirgendwo nachweisbar, was zu einer Fülle irriger Identifizierungsversuche führte. Daß das Dossale nicht aufgrund der »Liebe zur Kunst« an einen anderen Ort gelangte, sondern zunächst aufgrund der gravierenden Flut des Jahres 1557 vom Altar entfernt wurde, ist möglich, doch spekulativ (Boskovits 1988, S. 57–58).

[162] Vasari greift an dieser Stelle erneut die eingangs ausführlicher dargelegte Vorstellung auf, Giotto verdanke seine Kunstfertigkeit vor allem einer göttlichen Begabung und dem eigenständigen Studium der Natur. Schärfer als im Eingangspassus zielt die Passage nun auf eine Negierung der Rolle Cimabues als Lehrer.

Anschließend folgt in der 1550er Ausgabe Vasaris Ausführung zum angeblichen Entwurf der ersten Pforte des Florentiner Baptisteriums (vgl. dazu oben, Anm. 144).

[163] Vasaris Informationen über den Bau des Glockenturms der Florentiner Kathedrale – bis zur Errichtung des Pariser *Tour Eiffel* eines von sehr wenigen Gebäuden, deren volkstümliche Bezeichnung fest mit dem Namen des Architekten verbunden ist (*il Campanile di Giotto*) – gehen weitestgehend auf Giovanni Villani zurück, der jedoch als Datum des Baubeginns nicht den 9. Juli, sondern den 18. Juli 1334 nennt (G. Villani, *Nuova cronica*, Bd. III, S. 52–53 [XII, 12]); Antonio Pucci schreibt vom 19. Juli (Pucci 1772–1775, Bd. IV, S. 119). Die 1568 überarbeitete und stark erweiterte Passage dient einerseits dazu, Giottos architektonische Tätigkeit herauszustellen, der am 12./13. April 1334 in Florenz zum Stadt- und Dombaumeister ernannt wird, geht jedoch auch auf seine Aktivität als Bildhauer ein. Ausgehend von der offiziellen Ernennungsurkunde, in der man ihn als »expertus et famosus vir [...] magistro Giotto Bondonis de Florentia pittore« tituliert, wird Giotto in der Architekturforschung zumeist als wichtigstes frühes Beispiel eines zum leitenden Architekten ernannten Malers aufgeführt (siehe etwa Johannes 2009, *ad indicem*). Es kann jedoch nicht ausgeschlossen werden, daß der Künstler, dessen »scientia et doctrina« in dem erwähnten Dokument ebenfalls hervorgehoben wird, bereits Erfahrung im Bauhandwerk vorweisen konnte: Seine Titulatur als »protomagister operis« in Neapel (siehe Anm. 118) könnte diese These unterstützen. Vasari deutet in seiner Vita darüber hinaus an, Giotto sei bereits in Lucca als Architekt tätig gewesen (vgl. Anm. 111).

Bibl.: Paatz/Paatz 1940–1954, Bd. III, S. 329 und S. 359–363; Braunfels 1947/48; Paatz 1950; Gioseffi 1963, S. 72–98; Trachtenberg 1971; Kreytenberg 1978; Verdon 1994; Flores d'Arcais 1995, S. 360–367;

Schwarz/Theis 2004–2008, Bd. I, S. 267–269, Dok. I e 2, und Bd. II, S. 599–620.

164 Vasaris Bericht über die Teilnehmer der Grundsteinlegung folgt weiterhin Giovanni Villani (G. Villani, *Nuova cronica*, Bd. III, S. 52–53 [XII, 12]), bei dem jedoch die Details zur Anlage der Fundamente des Glockenturms fehlen.

165 Vasari verzichtet an dieser Stelle auf eine Polemik, die den *stile tedesco* – den architektonischen Stil der nordalpinen Gotik, den er in zahlreichen anderen Passagen als barbarische Formensprache geißelt – in Giottos Œuvre dezidiert verurteilt (erst ein paar Zeilen weiter wird er anmerken, die vorgesehene Turmspitze sei in späterer Zeit als »zu deutsch und stilistisch veraltet« erachtet worden).

Als Reminiszenz an den erwähnten ursprünglichen Entwurf (schon im *Libro* Antonio Billis und bei Gelli wird wie bei Vasari von einem »modello« Giottos gesprochen, das vielleicht auch ein erst nach Giottos Tod ausgeführtes Holzmodell bezeichnet) wird ein großformatiger, aus drei Pergamentbögen zusammengesetzter Plan im Museo dell'Opera del Duomo in Siena gedeutet (Feder und farbige Lavierung auf Pergament, 222,5 x 31,5 cm), der nur die Sockelzone und die Kantenmarkierung durch polygonale Strebepfeiler mit dem umgesetzten Florentiner Bauwerk gemein hat. Im Sieneser Plan befindet sich über einem einzigen horizontalen Gürtel mit hexagonalen Feldern – sieben pro Wand wie in Florenz – ein massives Geschoß ohne Fensterdurchbruch, auf das weitere Zonen folgen, die sukzessiv erst mit einem Fenster und dann mit einem, zwei und schließlich drei Biforienfenstern geöffnet werden. Das Motiv der Sechsecke wird durchgängig als Inkrustationsornament auf den Wandflächen wiederholt. Als Abschluß folgt – Vasaris Beschreibung nicht unähnlich – eine oktogonale Turmspitze, die mehr als ein Drittel der Gesamthöhe des Campanile ausmacht, mit aufwendigem Maßwerk und freistehenden Engelsfiguren monumentaler Größe.

Bibl.: *Libro di Antonio Billi*, Ed. Frey, S. 6–7; Gelli 1896, S. 42; *Anonimo Magliabechiano*, Ed. Frey, S. 53 und S. 224–225; Panofsky 1930; Braunfels 1947/48; Degenhart/Schmitt 1968, Bd. I, S. 89–97, Nr. 38; Trachtenberg 1971; Kreytenberg 1978; Mandelli 1983; Poeschke 1998–2000, Bd. II, S. 168; Borgherini 2001, S. 102–109; Brandis 2002; Haas/Winterfeld 2006, S. 515–518, Nr. 7.4; Paoli 2013.

166 Die Detailangabe der Höhe – nicht aber die des Umfangs – könnte aus Albertinis Florenzführer entnommen sein (Albertini 1510, o. S.), wie bereits Kallab 1908, S. 169, vermutete.

167 In seiner Lebensbeschreibung des Lorenzo di Cione Ghiberti (* 1378 oder 1381 Florenz – † 1. Dezember 1455 ebenda) weist Vasari darauf hin,

daß in dessen *Commentarii*, die er in der Abschrift im Besitz Cosimo Bartolis konsultieren konnte, Informationen zu älteren Malern gesammelt sind, unter denen Vasari namentlich Cimabue und Giotto erwähnt.

Bibl.: Ghiberti, *Commentarii*, S. 84–85; Vasari, *Ghiberti*, S. 44.

168 Die Sockelzone des Campanile wird durch zwei umlaufende Reihen von Reliefs verziert, die im unteren Bereich eine hexagonale Form (83 x 69 cm) besitzen, im oberen hingegen als spitze Rauten (87 x 63 cm) gestaltet sind. Der Entwurf eines Teils der sechseckigen Reliefs durch Giotto ist nicht unwahrscheinlich, der Großteil ist jedoch wohl auf Andrea Pisano zurückzuführen, der mit seiner Werkstatt ab 1334 die Ausführung übernahm (weitere Reliefs auf der Nordseite wurden erst im Quattrocento ergänzt). Der Zyklus beginnt mit der Erschaffung Adam und Evas und zeigt im weiteren Verlauf zahlreiche Darstellungen unterschiedlicher ›Künste‹ (*artes*), darunter auffallend viele mechanische und traditionell ›unedle‹ Handwerkstätigkeiten: Dargestellt sind unter anderem die Medizin, die Astronomie, die Musik, die Kunst des Wagenlenkens oder die Jagd, jedoch auch die Malerei, die Bildhauerei und die Architektur. Mythische Erfinder wie Herkules und Dädalus finden sich ebenfalls unter den Bildmotiven. Über die ursprünglich intendierte Reihenfolge der Bilder, deren Sequenz von spätantiken und mittelalterlichen Texten inspiriert zu sein scheint, herrscht Uneinigkeit. Die Reliefzone im oberen Bereich mit Darstellungen von jeweils sieben Planeten, Sakramenten, Tugenden sowie den *artes liberales* ist in dieser Hinsicht stringenter.

Vasaris Formulierung läßt den Leser an dieser Stelle im unklaren darüber, ob Giotto nur die Modelle für den skulpturalen Schmuck oder auch diesen selbst schuf. Ghiberti spricht davon, daß die ersten zwei Reliefs von Giottos Hand stammen. In der Vita Luca della Robbias präzisiert Vasari vielsagenderweise, Giotto habe die beiden Reliefs der Malerei und der Bildhauerei geschaffen, wobei er die dargestellten Künstler als die antiken Epigonen Apelles und Phidias identifiziert (Vasari, *Jacopo della Quercia und Niccolò Aretino*, S. 66). Diese These geht wohl auf Antonio Puccis *Centiloquio* zurück (»Che' primi intagli fe con bello stile«, Pucci 1772–1775, Bd. IV, S. 119). In der zweiten Ausgabe der *Vite* deutet Vasari in der Vita Andrea Pisanos außerdem an, daß der Fassadenschmuck der Kathedrale teilweise nach Entwürfen Giottos gefertigt worden sei (Vasari, *Bildhauer und Architekten des Duecento und des Trecento*, S. 19).

Bibl.: Ghiberti, *Commentarii*, S. 84f. und S. 90; Gelli 1896, S. 43; *Anoimo Magliabechiano*, Ed. Frey, S. 53; Schlosser 1896, S. 53–76; Paatz/Paatz 1940–1954, Bd. III, S. 387–390; Braunfels 1947/48; Trachtenberg

1971, S. 85–108; Kreytenberg 1984, S. 16–17 und S. 56–78; Simi Varanelli 1995; Poeschke 1998–2000, Bd. II, S. 168–171; Curzi 2009; Löhr 2011b, S. 66–70.

[169] Ghibertis Wortwahl (»provedimenti«) erlaubt sowohl den Rückschluß, er habe dreidimensionelle Modelle gesehen, als auch die Annahme, er spreche von zeichnerischen Entwürfen (Ghiberti, *Commentarii*, S. 84). Die im Cinquecento nicht unübliche Familienmetaphorik, nach welcher der *disegno* als Vater und die *invenzione* als Mutter der drei Künste anzusehen seien, verwendet Vasari in den *Vite* zwar mehrmals (Vasari, *Kunstgeschichte*, S. 55; Vasari, *Einführung*, S. 98; Bettarini/Barocchi, *Vite*, Bd. II, S. 297). Auch vor dem Erscheinen der Torrentiniana 1550 bezeichnet er jedoch sowohl den *disegno* als auch die Erfindung im Zusammenhang mit der Paragone-Diskussion als »Mutter« (Frey 1923–1940, Bd. I, S. 189–190).

[170] Wahrscheinlich noch bis in die 1380er Jahre wurde der Plan einer spitzen Helmzier verfolgt, bis 1387 das als Provisorium geplante flache Dach angelegt wurde, das schließlich Bestand hatte. Zum ursprünglichen Plan Giottos vgl. Anm. 165.

[171] Die dokumentarisch nicht gesicherte Erhebung Giottos zum Bürger von Florenz geht auf eine Behauptung Giovanni Villanis zurück (G. Villani, *Nuova cronica*, Bd. III, S. 52–53 [XII, 12]), dem beispielsweise auch Giovanni Battista Gelli folgt (Gelli 1896, S. 43). Eine Besoldung durch die Kommune erwähnt Villani ebenfalls, ohne dabei jedoch die von Vasari genannte Geldsumme von 100 Goldflorin zu nennen.

[172] Giottos Ernennung zum Stadtbaumeister erfolgte am 12./13. April 1334, siehe Anm. 163. Damit ging nicht nur die Übertragung der Leitung des Baus der späteren Kathedrale einher, sondern insbesondere auch die Verantwortung für städtische Infrastrukturen wie die Befestigungsanlagen. Vasaris – auf ältere Angaben gestützte – Aussage, Taddeo Gaddi habe als Nachfolger Giottos den Bau des Campanile fortgesetzt, ist falsch: Die Forschung nimmt die Reihenfolge an, die auch in Antonio Puccis *Centiloquio* angegeben wird, nach der zunächst Andrea Pisano als Architekt engagiert wurde, dem später Francesco Talenti nachfolgte (Pucci 1772–1775, Bd. IV, S. 119–120).

Bibl.: *Libro di Antonio Billi*, Ed. Frey, S. 6–7; *Anonimo Magliabechiano*, Ed. Frey, S. 53 und S. 55; Braunfels 1947/48; Trachtenberg 1971; Kreytenberg 1978; Kreytenberg 1984, S. 48–55; Schwarz/Theis 2004–2008, Bd. I, S. 267–269, Dok. I e 2, und Bd. II, S. 599–620.

[173] Während ein Kruzifix, das Ghiberti und der Anonimo Magliabechiano in der Kirche San Giorgio alla Costa situieren, als verschollen gelten muß, wird die bei allen Autoren genannte Tafel gemeinhin mit

einer *Madonna mit Kind* identifiziert, die sich heute im Florentiner Diözesanmuseum befindet (Tempera auf Holz, 180 x 90 cm, Florenz, Museo Diocesano). Die Autorschaft ist umstritten: Neben Einzelvorschlägen, die etwa Taddeo Gaddi favorisieren, wird vor allem der »Meister der Heiligen Cäcilie« diskutiert; Fürsprecher Giottos argumentieren entweder für ein Frühwerk oder ein um die Paduaner Zeit entstandenes Gemälde.

Bibl.: Ghiberti, *Commentarii*, S. 84; Gelli 1896, S. 42; *Anonimo Magliabechiano*, Ed. Frey, S. 53; Offner 1931, S. 32; Paatz/Paatz 1940–1954, Bd. II, S. 165 und S. 169–170, Anm. 24; Ciatti/Frosinini 1995; Santoleri 1997b; Flores d'Arcais 1995, S. 105–110; Boskovits 2001, S. 404–405; Schwarz/Theis 2004–2008, Bd. II, S. 298–305; Gaeta 2013, S. 377, Nr. 247.

174 Ob sich die offenbar verlorene Lünettenausmalung, von deren Existenz bereits Ghiberti zeugt, über dem westlichen oder nördlichen Kircheneingang der Badia befand, ist nicht eindeutig geklärt. Den Bericht über den Schaden, der durch die Übertünchung angerichtet wurde, milderte Vasari in der zweiten Ausgabe der *Vite* ab; zuvor hatte er noch die »Ignoranz eines Abts« beklagt.

Bibl.: Ghiberti, *Commentarii*, S. 84; Gelli 1896, S. 42; *Anonimo Magliabechiano*, Ed. Frey, S. 51–52; Paatz/Paatz 1940–1954, Bd. I, S. 289; Guidotti 1982, S. 104.

175 In Vasaris Beschreibung eines verlorenen Freskos des *Comune rubato* im heutigen Bargello, dessen Thema und Bezeichnung er Ghiberti entnehmen konnte (Ghiberti, *Commentarii*, S. 84), besteht ein seltsames Mißverhältnis zwischen dem Gegenstand der Allegorie und den genannten Personifikationen, die offenbar nicht den schlechten Zustand der kommunalen Verhältnisse beklagen, sondern im Dienst einer Repräsentation ihrer Stärke und der juridischen Tugenden stehen. Ebenfalls irrig scheint eine Bildintention, die Vasari 1550 mitgeteilt hatte (»per mettere paura ai popoli«).

Die *invenzione* wird in einem nicht vor dem letzten Viertel des 14. Jahrhunderts entstandenen Derivat in der Sala dell'Udienza des Palazzo dell'Arte della Lana reflektiert (woraus jedoch nicht mit Schwarz/Theis 2004–2008, Bd. II, S. 452, gefolgert werden kann, Vasari verwechsle die beiden Florentiner Paläste). Eine Reminiszenz an das mutmaßlich von Giotto stammende Fresko des *Comune rubato* hingegen findet sich in zwei Sonetten, die früher Dante und heute gemeinhin Antonio Pucci zugeschrieben werden: Hier wird eine personifizierte, thronend ein Zepter haltende Kommune von allen Seiten körperlich attackiert und auf mannigfaltige Weise bestohlen. Diese allegorische Bilderfindung ist, via Inschrift als *Comune pelato* ausgewiesen, auch am Grabmal des Guido Tarlati in Arezzo aufgegriffen worden, dessen Entwurf Vasari bezeichnenderweise Giotto zuschreibt (vgl. Anm. 144). Tatsächlich ist die von Vasari gelobte Bilderfindung (»invenzione propria e verissimile«) einflußreich und wird in verschiedenen Orten, beispielsweise Siena und Padua, die Ikonographie städtischer Gewalt prägen.

Bibl.: *Anonimo Magliabechiano*, Ed. Frey, S. 51; Schlosser 1896, S. 79–80; Morpurgo 1897; Gombrich 1979, S. 477–479; Frojmovič 1996, S. 31–34; Schwarz/Theis 2004–2008, Bd. II, S. 452–457; Donato 2005; Donato 2013; Vasari, *Bildhauer und Architekten des Duecento und des Trecento*, S. 77–81.

[176] Vasaris flüchtige Kenntnis der Fresken in der Paduaner Cappella degli Scrovegni (oder Arena-Kapelle) steht in starkem Kontrast zur heutigen Prominenz dieses Hauptwerks Giottos. Zudem mißinterpretiert Vasari hier eine Aufzählung in Ghibertis *Commentarii*, wo im Anschluß an die Kapelle auch eine »gloria mondana« genannt ist – zwar gemeinsam mit Werken Giottos in Padua (wo die Existenz einer solchen Allegorie nirgends belegt ist), aber einer im 18. Jahrhundert aufkommenden Theorie zufolge könnte Ghiberti Bezug auf eine monumentale Allegorie dieses Themas (eine »vanagloria«) im Mailänder Palast des Azzo Visconti genommen haben, von der eine ausführliche Beschreibung des Chronisten Galvano Flamma zeugt (Gilbert 1977; Gilbert 1991, S. 67–166). Auch Boccaccio beschreibt in der *Amorosa visione* eine – fiktive? – »gloria del popolo mondano«, deren Ausführung er mit der Kunst Giottos vergleicht oder identifiziert. Von der Erwähnung dieser Werke (wie auch von Giottos Tätigkeit im Paduaner Palazzo della Ragione) weiß Vasari ebenso wenig wie von der eigentlichen Ikonographie der Kapelle der Scrovegni. Zudem kennt er offenbar auch die *Divina-Commedia*-Kommentierung des Benvenuto da Imola nicht, der die Ausmalung (»Giottus pingeret Paduae [...] unam cappellam in loco ubi fuit olim theatrum«) mit einer reizvollen Anekdote über das angebliche Zusammentreffen Giottos und Dantes verbindet, die auf eine antike Erzählung über den Maler Mallius (Macrobius, *Saturnalia* II, 2, 10) rekurriert (Jonietz 2011a, S. 454–455). Die Fehlerhaftigkeit der flüchtigen Beschreibung der Arena-Kapelle in den *Vite* korreliert mit Vasaris grundsätzlichen Problemen bezüglich Paduaner Kunstwerke, deren Beschreibung in zahlreichen Fällen eher auf indirekte Überlieferungen denn auf eigene Anschauung zurückzugehen scheint (Kallab 1908, S. 347–358). Was Vasari bei seinem letzten, sehr kurzen Besuch in Padua im Mai 1566 persönlich gesehen hat (Frey 1923–1940, Bd. II, S. 239–246), ist unklar – und neue Informationen zu Giotto hätten, da die ersten

Bände der *Vite* schon 1564/65 die Druckpressen verlassen hatten, allenfalls im letzten Band nachgetragen werden können.

Wesentlich früher, als Vasari suggeriert, führte Giotto die Ausmalung der unter dem Patrozinium der Maria der Barmherzigkeit stehenden Arena-Kapelle wohl zwischen 1303 und 1305 für den Kaufmann Enrico degli Scrovegni (†1336) aus. Auf einem 1300 erworbenen Areal inmitten der Ruinen des römischen Amphitheaters errichtete der Sohn des als Wucherers landesweit bekannten Reginaldo neben einem Familienpalast auch den Nachfolgebau einer an diesem Ort belegten älteren Kapelle, der an das neue Wohngebäude anschloß und als Grablege der Familie intendiert war (nicht eindeutig geklärt ist eine mögliche Baubeteiligung und Nutzung durch den Marienorden der Cavalieri Gaudenti). Seit dem Abbruch des Palastes im frühen 19. Jahrhundert steht die Kapelle, deren Schlußweihe im März 1305 dokumentiert ist, baulich frei.

Das Innere des architektonisch schlichten, vollständig unterkellerten Bauwerks aus Backstein hat die Form eines einschiffigen tonnengewölbten Saals, an den ein eingezogener, polygonaler Chorschluß auf der Ostseite angesetzt ist. Dieser wurde bereits zu einem frühen Zeitpunkt baulich verändert und erst nach Giottos Aktivität in Padua ausgemalt. Da die Nordwand an den Palast angrenzte, ist nur die Südwand des Langhauses von sechs Fenstern durchbrochen, deren Rhythmus und Proportionierung im Gliederungssystem der Wandfresken aufgegriffen wird (die aus dieser Harmonie gefolgerte Hypothese, Giotto käme als Architekt in Frage, ist haltlos). Die in drei horizontale Register an den Längsseiten und der Chorbogenwand verteilten Hauptbildfelder sind durch ein ornamental aufwendig gestaltetes Rahmen- und Gurtwerk getrennt, in dem Heilige, Kirchenväter, Evangelisten oder alttestamentarische Szenen zu sehen sind, die in allegorischem oder typologischem Zusammenhang mit den narrativen Szenen stehen. Diese beginnen im obersten Register mit einem in zwei mal sechs Bildfelder aufgeteilten Zyklus des *Marienlebens*, der auf der Südwand – von links nach rechts – mit der *Verstoßung Joachims aus dem Tempel* beginnt und bis zur *Begegnung an der Goldenen Pforte* läuft; auf der Nordseite folgen die nächsten sechs Szenen von der *Geburt Mariens* bis zum *Hochzeitszug Mariens*. Eine narrative Verbindung zwischen diesem Zyklus und dem auf den beiden darunterliegenden Registern dargestellten *Leben Christi* schafft die Freskierung des Chorbogens, wo im Scheitel die *Entsendung Gabriels durch Gottvater* sowie darunter die *Verkündigung des Erzengels an Maria* gemalt sind. Das darunterliegende Bildfeld der *Heimsuchung* an der Ostwand leitet zur zweiten horizontalen Folge über, die an der Südwand nur fünf Szenen umfaßt (von der *Geburt Christi* bis zum *Bethlehemitischen Kindermord*), fortgesetzt wird die Erzählung auf der Nordwand (vom *Zwölfjährigen Christus im Tempel* bis zur *Vertreibung der Händler aus dem Tempel*). Auch in diesem Fall fungiert das daran anschließende Bildfeld auf der Chorbogenwand (der *Verrat des Judas*) als Überleitung zum letzten Register mit der *Passion Christi* (die Ereignisse vom *Letzten Abendmahl* bis zur *Verspottung Christi* auf der Südwand, die *Kreuztragung* bis zum *Pfingstwunder* auf der Nordwand); die zwei verbliebenen Felder der Ostwand zeigen perspektivische Ausblicke in rippengewölbte Kapellenräume. Die abschließende Sockelzone unterhalb der Zyklen besticht durch besonders aufwendig und illusionistisch wirkende Marmorinkrustationen, die an den Längsseiten mit jeweils sieben Scheinnischen alternieren, in denen auf der Nordwand die *Laster* und gegenüberliegend die *Tugenden* in Gestalt monochromer Personifikationen dargestellt sind. Durch Inschriften identifizierbar, täuschen sie trotz der Grisaille-Technik keine Statuen vor, sondern sind als lebhaft agierende Bildfiguren gestaltet. Die Westwand mit dem zentralen Portal und einem darüberliegenden, dreigeteilten Fenster schließlich zeigt ein *Jüngstes Gericht* mit Christus als Weltenrichter. Im unteren Bereich ist ein Bildnis des Bauherrn und Stifters Enrico Scrovegni mit dem Modell der Arena-Kapelle, das er der Muttergottes überreichen läßt, unter den Gerechten zu sehen, denen Erlösung zuteil wird. Aufgrund der Qualität wird hier häufig eine stärkere Beteiligung von Mitarbeitern vermutet. Das Gewölbe der Kapelle ist blau gefaßt, darauf sind goldene Sterne sowie zehn Medaillons (die Madonna mit dem Kind, ein segnender Christus, Johannes der Täufer und sieben Propheten) zu sehen. Giottos Autorschaft eines gemeinhin mehrere Jahre nach der Freskenausstattung datierten Kruzifixes (Tempera und Gold auf Holz, 223 x 164 cm, Padua, Musei Civici, Museo d'Arte) ist nicht gesichert. Auch der ursprüngliche Aufstellungsort des unzweifelhaft aus der Kapelle stammenden doppelseitig bemalten Objekts ist ungeklärt.

Bibl.: Ghiberti, *Commentarii*, S. 84; *Anonimo Magliabechiano*, Ed. Frey, S. 53; Rintelen 1912, S. 1–122 und S. 267–269; Schlegel 1957; Hueck 1973; Bozzolato 1992, S. 42–46; Previtali 1993, S. 82–85, 360–377 und S. 379–380; Banzato 1995; Flores d'Arcais 1995, S. 133–209; Ragionieri 1998, S. 63–64; Kat. Padua 2000; Basile 2002; Basile 2003; Poeschke 2003, S. 184–223; Schwarz/Theis 2004–2008, Bd. II, S. 19–217; Banzato u.a. 2005; Bellinati 2008; Derbes/Sandona 2008; Frugoni 2008; Jacobus 2008; Ladis 2008a; Romano 2008, S. 155–249; Gaeta 2013, S. 131–135 und S. 308–309, Nr. 91.

177 Die durch Primärquellen nicht belegbare Nachricht von Giottos später Tätigkeit in Mailand, die in die Zeit der Regentschaft von Azzo Vis-

conti fallen würde, geht auf den Chronisten Giovanni Villani zurück (G. Villani, *Nuova cronica*, Bd. III, S. 52–53 [XII, 12]). In der Stadt, die in den darauffolgenden Jahren vielfältige Aktivitäten giottesker Maler verzeichnet, kann kein erhaltenes Werk direkt mit Giotto verbunden werden. Jedoch ist die Möglichkeit seiner Beteiligung an der prunkvollen Ausstattung des Palastes Viscontis – darunter eine *Vanagloria* und ein Zyklus von *Uomini famosi* (vgl. Anm. 123 und S. 176) – oder des erzbischöflichen Palastes von Giovanni Visconti nicht ausgeschlossen.

Bibl.: Gilbert 1977; Flores d'Arcais 1995, S. 351–353; Flores d'Arcais 2005; Travi 2009; Romano 2012; Di Simone 2012/13.

[178] Die nach der florentinischen Praxis (die den Jahreswechsel *ab incarnatione* – am 25. März – beginnen läßt) angegebene Jahreszahl 1336 entspricht nach heutiger Zählung dem Jahr 1337. Vasaris Bericht, der nicht auf die für das Idealbild des Künstlers wichtige Charakterisierung des, wie eingangs erzählt, »sittsam« erzogenen Giotto als ein die religiösen Regeln befolgender Mensch verzichtet, fußt direkt auf Giovanni Villani, der dessen Tod am 8. Januar 1336 (*stile fiorentino*) nach der Mailand-Reise bezeugt (G. Villani, *Nuova cronica*, Bd. III, S. 52–53 [XII, 12]). 1550 war die Beschreibung der Betrübnis nach dem Tod Giottos noch weitaus pathetischer ausgefallen: »beweint von den Künstlern und zum großen Kummer seiner Mitbürger, die ihn mit einer ehrenvollen Begräbnisfeier – angemessen einem verdienstreichen Mann wie Giotto und seiner Heimatstadt Florenz, welche einem wunderbaren Talent wie dem seinen würdig war – zu Grabe trugen. Und so gab es an jenem Tag keinen, ob unbedeutend oder bedeutend, der nicht mit Tränen dem Kummer über den Verlust eines solchen Mannes Ausdruck verlieh, der dank seiner glanzvollen, außerordentlichen Talente Lob und strahlenden Ruhm ganz sicher verdiente, auch wenn er von niedriger Herkunft war.«

[179] Francesco Petrarca (*20. Juli 1304 Arezzo – †19. Juli 1374 Arquà)

[180] Francesco I. di Giacomo da Carrara (*29. September 1325 Padua? – †6. Oktober 1393 Monza), genannt Francesco il Vecchio, war ab 1350 Stadtherr von Padua und seit diesem Zeitpunkt Förderer und Freund Petrarcas.

[181] Der lateinische Text des auf den 4. April 1370 datierten Testaments Petrarcas kursierte in einigen Abschriften und seit dem anbrechenden 16. Jahrhundert auch in mehreren Drucken. 1557 legte Lodovico Dolce eine italienische Übersetzung vor. Vasari gibt in der Ausgabe der *Vite* von 1568 jedoch den lateinischen Wortlaut wieder, nachdem er den Hinweis darauf offenbar von Vincenzo Borghini erhalten hatte, der ihm im August 1564 eine Buchausgabe mit dem Text lieh (Frey 1923–1940, Bd. II, S. 93–97).

Bibl.: Mommsen 1957; Schwarz/Theis 2004–2008, Bd. I, S. 262–264, Dok. I d 6.

[182] Nicht identifiziert

[183] Die Identität des Florentiners, von dem Petrarca die erwähnte *Madonna* Giottos in Venedig erhalten hatte, steht nicht zweifelsfrei fest: In Frage kommen vor allem Michele di Vanni Castellani († 1383), nach dessen testamentarischem Willen Agnolo Gaddi den Auftrag für Fresken in Santa Croce erhielt, oder Michele di Vanni degli Albizzi († nach 1389).

Bibl.: Billanovich 1947, S. 275–276, Anm. 1; Luzzati 1978; Schwarz/Theis 2004–2008, Bd. I, S. 263–264.

[184] Simone Martini (* 1280er Jahre? – † vor dem 30. Juni 1344 Avignon)

[185] Die Passage aus dem um 1342/43 datierten Brief Petrarcas an Guido Sette (*Fam.* V, 17; die Übersetzung folgt Petrarca, Ed. Widmer, Bd. I, S. 285) rekurriert auf die sprichwörtliche Häßlichkeit Giottos, die eine antike Anekdote um den Maler Lucius Mallius anklingen läßt, in mehreren Quellen erwähnt und in Zusammenhang mit allgemeinen Schöpfungstheorien diskutiert wird. Wie im Fall der Novelle VI, 5 des *Dekameron* geht Vasari jedoch auch hier nicht auf den körperlichen Makel des Künstlers ein (siehe Anm. 16).

Bibl.: Stewart 1983; Land 1997; Zucker 2004; Schwarz/Theis 2004–2008, Bd. I, S. 370–372; Jonietz 2011a, S. 450–455; Vasari, *Sieneser Maler*, S. 177–178, Anm. 4.

[186] Vom Grab Giottos in der Florentiner Kathedrale, das bereits Giovanni Villani (G. Villani, *Nuova cronica*, Bd. III, S. 52–53 [XII, 12]) und, diesem folgend, Antonio Pucci nennen (Pucci 1772–1775, Bd. IV, S. 119), ist keine Spur erhalten. Zweifelhaft ist auch die Identifizierung menschlicher Überreste, die auf der linken Seite des Langhauses der Vorgängerkirche Santa Reparata unter einer weißen Marmorplatte exhumiert wurden, mit dem historischen Giotto di Bondone, wie sie Sieni 2000 vorschlug.

[187] Vasari kannte den um 1334 entstandenen *Ottimo commento*, eine der wichtigsten frühen Erläuterungen der *Göttlichen Komödie* Dantes, durch Exemplare im Besitz Vincenzo Borghinis und konnte die darin enthaltenen Informationen über Cimabue und Giotto in der zweiten Ausgabe der *Vite* von 1568 nachtragen (vgl. Anm. 61 und 86 sowie in diesem Band S. 35–36); weitere Abschriften des *Ottimo* rezipierten im Umfeld Vasaris unter anderem auch Francesco Giambullari und Giovanni Battista Gelli.

Bibl.: Mazzoni 1973; Corrado 2005; Corrado 2008.

[188] Hatten Filippo Villani (F. Villani, *De origine civitatis Florentie*, S. 155–156, 412 und S. 464) und Ghiberti (Ghiberti, *Commentarii*, S. 85–86) nur

Maso di Banco, Stefano Fiorentino und Taddeo Gaddi als Schüler Giottos bezeichnet, das *Libro* Antonio Billis einzig Taddeo und Giottino (*Libro di Antonio Billi*, Ed. Frey, S. 8–9), so erweitert noch vor Vasari der Anonimo Magliabechiano diesen Kreis erheblich und nennt neben Taddeo und Maso auch »Bernardo« (vielleicht Bernardo Daddi oder Bernardo Orcagna?), Pietro Cavallini, Jacopo di Casentino, Giottino und Buffalmacco (*Anonimo Magliabechiano*, Ed. Frey, S. 51). Bei Vasari hingegen ist Jacopo di Casentino ein Schüler Taddeos, Buffalmacco wird von Andrea Tafi ausgebildet, und in einer Person verschmelzen Maso di Banco, Tommaso und Giottino zu einem angeblichen Sohn und Schüler des Stefano Fiorentino. Stefano, Taddeo und Cavallini wiederum gelten auch bei Vasari als Schüler Giottos, und er ergänzt diese Gruppe neben Puccio Capanna, Pace da Faenza und Guglielmo da Forlì um die Sieneser Künstler Pietro Lorenzetti und Simone Martini, deren künstlerische Qualität er auf diesem Weg als ein Verdienst der florentinischen Maltradition deutet. Darüber hinaus erwähnt Vasari im ersten Teil der *Vite* mehrere deutlich spätere Künstler wie etwa Spinello Aretino oder Gherardo Starnina als Maler, die – wie auch Giottino – dem Stil Giottos bis zum Anbruch der *seconda maniera* verhaftet blieben (Vasari, *Kunstgeschichte*, S. 100).

Bibl.: Maginnis 1993, S. 390–392; Previtali 1993; Ragionieri 1998; Hueck 2000; Kat. Florenz 2008; Löhr/Weppelmann 2008.

189 Auch in der Vita Gaddo Gaddis (Bettarini/Barocchi, *Vite*, Bd. II, S. 84) und zu Beginn der Vita Taddeos berichtet Vasari von Giottos angeblichem Patenschaftsverhältnis zu seinem späteren Schüler (Vasari, *Taddeo und Agnolo Gaddi*, S. 17), das auf eine wörtliche Interpretation einer entsprechenden – vielleicht metaphorisch gemeinten – Aussage Cennino Cenninis zurückgeht (Cennini, *Libro dell'arte*, S. 62 [I, 1]).

Bibl.: Löhr/Weppelmann 2008, S. 18.

190 Das Fresko in San Cataldo ist verloren. Unabhängig von der Frage der Autorschaft stand der Gegenstand des Bildes wohl in Zusammenhang mit einem Wunder der in dieser Kirche verehrten Seligen Michelina, die Pandolfo II. Malatesta auf seiner Rückreise aus dem Heiligen Land aus einem Seesturm errettete (vgl. S. 79, Anm. 129 und 132). Die folgenden Informationen über Werke Puccios sind Zusätze der Textfassung von 1568.

Bibl.: Ragionieri 2002, S. 41–42.

191 Auf welche Werke Vasari sich hier bezieht, ist unklar. Weiter unten nennt er konkret Arbeiten in der Unterkirche, die heute jedoch als Werke Pietro Lorenzettis gelten (siehe Anm. 198).

192 Laut einer Inschrift im Boden wurde die Strozzi-Kapelle – die erste auf der linken Seite des Langhauses – im Jahr 1340 errichtet oder einge-

weiht. Von den möglicherweise 1603 übertünchten Fresken des Trecento hat sich nur eine Lünette mit der Szene des *Noli me tangere* erhalten (heute in der Sakristei), die zwar nicht mit Vasaris ikonographischer Beschreibung in Verbindung zu bringen ist, jedoch von der Forschung zunächst dem »Meister des Fabriano-Altars« und heute gemeinhin Puccio di Simone und damit einem jener Maler zugeschrieben wird, der in den *Vite* wohl mit Puccio Capanna verschmilzt.

Bibl.: Paatz/Paatz 1940–1954, Bd. V, S. 315; Offner 1958, S. 181–183; Boskovits 1984, S. 75–76; De Benedictis 1987, S. 92–100.

193 Die Zuschreibung der sehr schlecht erhaltenen Szenen, die Martyrien der Heiligen Bartholomäus, Stephanus und eines weiteren Heiligen zeigen, ist umstritten. Sie scheinen um 1350 von einem Künstler der Giotto-Nachfolge – der vielleicht im Umkreis von Giottino, Maso di Banco oder Nardo di Cione zu suchen ist – ausgeführt worden zu sein.

Bibl.: Paatz/Paatz 1940–1954, Bd. I, S. 285–286; Guidotti 1982, S. 108.

194 Keine der beiden Zuschreibungen Vasaris wird von der Forschung akzeptiert: Die dem Heiligen Franziskus geweihte und tatsächlich stark dem Zyklus in Assisi verpflichtete Hauptchorkapelle wird dem schwer greifbaren ›Pseudo-Dalmasio‹ zugeschrieben; die den Heiligen Ludwig und Antonius geweihte rechte Nebenchorkapelle (der ursprünglichen Cappella de' Rossi, später Pazzaglia) gilt heute als Werk von Giovanni di Bartolomeo Cristiani.

Bibl.: Neri Lusanna 1993, S. 88–94 und S. 106–109; Cerutti 2012.

195 Abgesehen von der Würdigung einer ungewöhnlichen Bilderfindung deutet Vasari hier die Bedeutung anatomischer Kenntnisse für die Maler an, die er beispielsweise auch im Leben des Stefano Fiorentino aufgreifen wird, der durch den zuvor nicht unternommenen Versuch des »ricercar sotto l'ignudo delle figure« Giotto übertraf (Bettarini/Barocchi, *Vite*, Bd. II, S. 134). Diese Tendenzen werden sich erst im Verlauf des späten Quattrocento zu einer festen Grundlage der künstlerischen Praxis entwickeln: Bezeichnenderweise nimmt Puccios trecenteske *invenzione* zugleich prominente Bildwerke wie Masaccios *Trinitätsfresko* vorweg, in dem ein anatomisch korrektes Skelett unterhalb des gekreuzigten Christus dargestellt ist.

196 Das aufgrund der ungewöhnlichen Darstellungsweise und des zarten Malstils von Vasari besonders hervorgehobene Kruzifix ist nicht erhalten (kaum anzunehmen ist, daß Vasari hier das deutlich ältere Fresko im Kapitelsaal meint, das aus dem Umkreis des Coppo di Marcovaldo stammt). Vermutlich handelte es sich dabei um ein Werk des Puccio di Simone, sicher jedoch nicht um eine Arbeit Puccio Capannas, dessen

angebliche Herkunft aus Florenz Vasari aus dieser Signatur herleitet.
Bibl.: Boskovits 1984, S. 75; Lepri 2011, S. 20–21.

197 Vasaris Verortung der offenbar verlorenen Lünette, die eine *Madonna mit Kind zwischen den Heiligen Petrus und Franziskus* zeigte, ist nicht ganz eindeutig, scheint jedoch ein ursprüngliches Seitenportal der Kirche San Domenico zu meinen, das in Richtung der weiter östlich gelegenen ehemaligen Kirche Santa Maria Nuova wies. Das Aussehen eines in der zweiten Hälfte des 15. Jahrhunderts an der nordwestlichen Langhauswand von San Domenico dokumentierten Freskos mit der *Jungfrau Maria, dem Heiligen Franziskus, Petrus als Papst und weiteren Heiligen* scheint ebensowenig Vasaris Beschreibung zu entsprechen wie das erhaltene, aus dem späten Trecento stammende Fresko einer *Madonna mit Kind zwischen dem Heiligen Dominikus und einem weiteren Heiligen*, das sich ursprünglich nahe des nordöstlichen Portals befand. Eine seit dem 1832 gedruckten Kommentar zur Giotto-Vita wiederholte Ansicht Giuseppe Montanis, die von Vasari erwähnte Gruppe befinde sich über einem Portal von San Francesco, kann mit der gegenwärtigen Situation dieser Kirche ebenfalls nicht in Übereinstimmung gebracht werden.
Bibl.: Santolamazza 2008.

198 Die *Geschichten der Passion Christi* im südlichen Arm des westlichen Querhauses der Unterkirche von San Francesco in Assisi werden heute übereinstimmend Pietro Lorenzetti zugeschrieben, der sie wohl in der zweiten Hälfte der 1310er Jahre ausführte.
Bibl.: Poeschke 1985, S. 50–52; Bonsanti 2002, Bd. I, S. 189–193, und Bd. II, S. 399–403; Becchis 2012, S. 52–91.

199 Seit Ghiberti berichten mehrere Autoren von Arbeiten Giottos in Santa Maria degli Angeli in Assisi, die Vasari 1550 knapp erwähnt, 1568 jedoch nicht mehr nennt. Das Fresko Puccio Capannas, das Vasari hingegen erst in der zweiten Ausgabe hinzufügt, ist verloren.
Bibl.: Ghiberti, *Commentarii*, S. 84; Gelli 1896, S. 42; *Anonimo Magliabechiano*, Ed. Frey, S. 53.

200 Die Mühen der Freskenarbeit, auf die Vasari bereits in der Vita Cimabues hinweist (siehe in diesem Band S. 127, Anm. 28), verbindet der Verfasser an dieser Stelle mit einem Konzept von Tugend, die den Künstler körperliche Leiden und Mühen erdulden läßt, die ihm seine Tätigkeit abverlangt. Auch in anderen Biographien – beispielsweise in der ersten Fassung der Vita Lorenzo Monacos – führt Vasari den Tod kausal auf die Arbeit des Malers zurück (Vasari, *Taddeo und Agnolo Gaddi*, S. 337–338, Anm. 26).

201 Kardinal Gentile Partino (auch: Portino) da Montefiore (*Montefiore dell'Aso bei Ascoli Piceno um die Mitte des 13. Jahrhunderts – †27.

Oktober 1312 Lucca) war ein hochrangiger Theologe des Franziskanerordens, der mitunter in mehreren außeritalienischen Städten als Dozent lehrte und diplomatische Aufgaben wahrnahm. In der Unterkirche von Assisi gab er die Kapelle des Heiligen Martin und jene des Heiligen Ludwig in Auftrag, in der sich auch sein Grab befindet.

[202] Vasari spricht hier – ungeachtet des vorhergehenden Einschubs zu Santa Maria degli Angeli – erneut von der Kirche San Francesco. Die Martinskapelle in der Unterkirche, in der zahlreiche Wappen, ein Porträt im Glasfenster und vor allem ein großes Lünettenfresko den in den *Vite* erwähnten Stifter Gentile Partino vor dem Heiligen zeigen, wurde allerdings nicht von Puccio, sondern wohl um oder kurz nach 1315 von Simone Martini ausgemalt.

Bibl.: Bonsanti 2002, Bd. I, S. 193–197, und Bd. II, S. 343–352; Poeschke 2003, S. 140–155; Vasari, *Sieneser Maler*, S. 196–197, Anm. 37.

[203] Die Urheberschaft der beiden verlorenen Darstellungen kann nicht mehr überprüft werden: Es handelte sich um Fresken, die an der Außenwand des zur Bruderschaft San Gregorio gehörigen Hospitals angebracht worden waren. Es ist nicht unwahrscheinlich, daß sie nach 1337 im Auftrag von Giovanni di Lolo Soldani entstanden. Eine Reminiszenz an die *Madonna mit Heiligen* oder ein verlorenes Werk Capannas könnte eventuell in einem sehr schlecht erhaltenen Nischenfresko erkannt werden, das entweder als ein im frühen 17. Jahrhundert übermaltes Werk des Trecento anzusehen ist oder im Stil einer trecentesken Darstellung angefertigt wurde.

Bibl.: Cerri u.a. 1989, S. 63; Chiodo 1997, S. 225.

[204] Nicht ganz eindeutig ist, von welcher Kirche in Bologna Vasari spricht: Aufgrund der Darstellungen zum *Leben des Heiligen Franziskus* in der beschriebenen Tafel dürfte San Francesco eine naheliegende Möglichkeit sein, das Bild selbst kann jedoch nicht identifiziert werden.

[205] Der Exkurs über die Biographie Puccio Capannas verdeutlicht Vasaris Bestreben, einen kaum greifbaren Künstler zu verorten und durch die Spekulation über eine Ehefrau aus Assisi eine plausible Verknüpfung der einzigen beiden Informationen herzustellen, die Vasari über Capanna zu besitzen glaubt. Die Wertung dieser Passage als »Betrug« Vasaris an seinem Leser (so Barolsky 1992, S. 23–24) geht an der Intention des Autors vorbei, der nur eine Hypothese für die Verbindung zweier historischer Fakten aufstellt: Aufgrund der erhaltenen und fälschlich mit diesem Künstler in Beziehung gesetzten Signatur »Puccio aus Florenz« meint Vasari zwar, sich auf eine Selbstaussage des Malers stützen zu können, jedoch erkennt er die Beweiskraft der starken Tradition in Assisi an, nach der Capanna als lokaler Künstler gilt, und

erklärt sich deshalb die Existenz zahlreicher Werke in Assisi und die dortige Verbreitung des Familiennamens durch eine spätere familiäre Bindung an den Ort.

206 Der angebliche Giotto-Schüler Ottaviano da Faenza ist dokumentarisch nicht greifbar; eine Identifizierung mit Künstlern dieses Namens, die im frühen Quattrocento belegt sind, ist wenig plausibel.

Bibl.: Tambini 1982, S. 130–131; Tambini 2000.

207 Sämtliche der hier erwähnten Werke Ottaviano da Faenzas in Ferrara, Faenza und Bologna sind verloren oder nicht identifiziert.

208 Der von Vasari genannte Pace da Faenza ist nicht eindeutig faßbar, zumal in den beiden Ausgaben der *Vite* offenkundig von zwei unterschiedlichen Künstlern dieses Namens gesprochen wird: 1550 bezeichnet Vasari ihn noch gemeinsam mit Masolino als Schüler Gherardo Starninas (einem Künstler, der nach Vasari »ungefähr von 1390 bis 1408« aktiv war) und erwähnt Arbeiten Paces in Belfiore, die erst 1392 begonnen wurden. Für beide Maler – den angeblichen Giotto-Schüler und den um 1400 aktiven Pace da Faenza – existieren verschiedene historisch greifbare Vorbilder. Neben der Möglichkeit, ihn mit einem in Assisi 1354 dokumentierten Pace da Faenza oder einem hier 1344 und 1368 zu fassenden Pace di Bartolo zu identifizieren, könnte der spätere Maler aus der Erstausgabe der *Vite* zwischen mehreren (?) aus Faenza stammenden Malern dieses Namens zu suchen sein, die erst ab 1388 und um 1400 nachzuweisen sind.

Bibl.: Bettarini/Barocchi, *Vite*, Bd. II, S. 295; Todini/Zanardi 1980, S. 61–63; Tambini 2000; Bonsanti 2002, Bd. II, S. 311; Tambini 2009; Silvestrelli 2014; L'Occaso 2014.

209 Die Bologneser Kirche San Giovanni Decollato bei der Piazza del Mercato (nicht zu verwechseln mit dem ab der Mitte des Cinquecento von der florentinischen Gemeinschaft von San Giovanni Decollato genutzten Bau, der heute profanierten Kirche Santa Maria Rotonda dei Galluzzi) wurde 1822 abgebrochen. Das durch andere Quellen als Kreuzigungsdarstellung spezifizierte Fassadenfresko entstand mit hoher Wahrscheinlichkeit erst im späten Trecento.

Bibl.: L'Occaso 2014.

210 Die ursprünglich in der Nähe der heutigen Piazza Cavour gelegene Kirche San Francesco in Forlì ist nach der napoleonischen Säkularisation des Klosters abgebrochen worden. Die anderweitig nicht dokumentierte Darstellung des *Kreuzesstammbaums* ist spätestens zu diesem Zeitpunkt – im frühen 19. Jahrhundert – verlorengegangen.

211 Auch diese Darstellung ist verloren oder nicht identifiziert.

212 Blasco Fernández de Belvis († 1368 wohl Piediluco bei Terni), ein aus

Cuenca in Kastilien stammender Condottiere, ab 1362 Vikar von Gubbio und Rektor – laut Inschrift am Grab jedoch »dux« – von Spoleto

[213] García Fernández de Belvis (†1368 wohl Piediluco bei Terni)

[214] Wie Vasari schreibt, konnte er sämtliche der in dieser Passage wiedergegebenen Informationen dem Monument entnehmen: Noch heute ist die Inschrift, die an beiden Seiten das wohl um 1370 entstandene Nischengrab von Blasco Fernández de Belvis rahmt, deutlich zu lesen. Die Ausmalung der Kapelle des Heiligen Antonius Abbas, die auf der Ostseite des nördlichen Arms des östlichen Querhauses angebaut wurde, ist hingegen verloren.

Bibl.: Bonsanti 2002, Bd. I, S. 225–226, und Bd. II, S. 307–310.

[215] Der erst 1568 in der Vita Giottos nachgetragene Francesco di Giotto (dokumentiert zwischen September 1318 und Januar 1348) ist eines von sieben nachweisbaren Kindern des Künstlers, jedoch ist seine Person biographisch schwer faßbar: Ein anderer Francesco di Giotto verstarb offenbar bereits vor November 1342. Wahrscheinlich handelt es sich bei dem einen um einen ab 1329 als Prior in Vespignano fungierenden Sohn, bei dem anderen um einen Künstler, der in der Tradition seines Vaters ungefähr um 1337 – also ziemlich genau ab dem Zeitpunkt des Todes Giottos – auch in der Matrikelliste und etwas später dem Statutenbuch der Malerzunft erscheint. Jedoch ist die Biographie beider Figuren bislang nicht einwandfrei zu trennen, und auch Giottos Sohn Bondone (dokumentiert zwischen Juli 1324 und 1345) ist zumindest anfänglich ebenfalls als Prior und später als Maler tätig. Daß einer dieser Söhne zu den anonymen Meistern zu zählen ist, deren Hände im Umfeld der Tätigkeiten Giottos – etwa in Assisi – erkannt werden, ist fraglich.

Bibl.: Hueck 1972; Hueck 2000; Schwarz/Theis 2004–2008, Bd. I, S. 50–53.

[216] Die Identifizierung von Guglielmo da Forlì – auch bekannt als Guglielmo degli Organi – ist unsicher, um 1400 ist jedoch ein in Forlì aktiver Maler dieses Vornamens dokumentiert. Kein erhaltenes Werk kann ihm sicher zugeschrieben werden.

Bibl.: Ragozzino 2003.

[217] Tatsächlich ist in einer Quelle 1408 die Mitarbeit eines »Meister Guglielmo aus Forlì« an den Chorfresken von San Domenico erwähnt. Vasari konnte sich hier entweder auf eine Inschrift oder auf eine mündliche Tradition berufen. Die Ausmalung ist wahrscheinlich im frühen 18. Jahrhundert zerstört worden.

Bibl.: Ragozzino 2003, S. 806–807.

[218] Pietro Lorenzetti (*1280er Jahre – †vermutlich 1348 Siena) wird erst 1568 als Schüler Giottos erwähnt.

[219] Simone Martini (siehe Anm. 184) war nach heutiger Ansicht zwar von Giottos Werken beeinflußt, kann jedoch nicht zu seinen direkten Schülern gezählt werden.

[220] Stefano Fiorentino (*dokumentiert ab 1347 – †um 1350?)

[221] Pietro Cavallini (*um 1250 Rom? – †um 1330 ebenda?). Zu dem Künstler, der auch an anderer Stelle als Schüler Giottos bezeichnet wird (*Anonimo Magliabechiano*, Ed. Frey, S. 51), siehe Vasaris Vita Cavallinis in diesem Band.

[222] In der Vita Ghibertis erwähnt Vasari, daß er von dessen Sohn Vittorio bereits 1528 Zeichnungen Giottos erhalten habe (Vasari, *Ghiberti*, S. 45), jedoch kann keines der Blätter, die er im *libro de' disegni* unter dem Namen Giotto führte, identifiziert werden. Im Fall jener wenigen Blätter, bei denen die Montage und Rahmung die Provenienz aus Vasaris Sammlung sowie eine alte Bezeichnung eine frühere Attribution an Giotto annehmen lassen, ist nicht nachzuweisen, ob auch Vasari die Zeichnung diesem Künstler zugeschrieben hatte. Auch grundsätzlich fehlt es an gesichertem Wissen über Giottos Aktivität als Zeichner, von dem sich offenbar kein Blatt erhalten hat. Bislang konnte keiner der Zuschreibungsversuche nachhaltig überzeugen (so etwa im Fall einer jüngst wieder vermehrt mit ihm verbundenen, aber stilistisch wohl eher mit Maso di Banco in Verbindung stehenden Zeichnung im Louvre).

Bibl.: Collobi Ragghianti 1974, Bd. I, S. 28–29; Kat. Paris 2013, S. 105–107, Kat.-Nr. 6 (Dominique Thiébaut).

[223] Giotto erscheint im *Dekameron* allein in der Novelle VI, 5 (Boccaccio, Ed. Branca, S. 550–552, siehe oben, S. 54). Von den übrigen Texten Boccaccios, in denen Giotto auftritt, kannte Vasari wohl nur die *Genealogia deorum gentilium*, wo der Künstler ohne Verweis auf seine Gewitztheit genannt wird.

[224] Von der kurz nach 1390 zusammengestellten Novellensammlung des Dichters Franco di Benci Sacchetti (*um 1330/35 Ragusa oder Florenz – †1400 Florenz) erfuhr Vasari durch Vincenzo Borghini, der schon 1559 eine Auswahl, darunter die im folgenden Abschnitt der *Vite* zitierte Giotto-Novelle LXIII, an Herzog Cosimo I. de' Medici übersandt hatte. 1564 – relativ kurz vor Drucklegung des ersten Bandes der Giuntina – sprach Borghini gegenüber Vasari Empfehlungen aus, in welchem Maß die anekdotischen Erzählungen in die einzelnen Viten älterer Künstler einfließen sollen (Frey 1923–1940, Bd. II, S. 93–95).

Bibl.: Kat. Florenz 2002, S. 305–309, Kat.-Nrn. 5.13.1–4 (Daria Perocco); Drusi 2005, S. 129–131; Zaccarello 2009.

[225] Vasari zitiert im folgenden als Beispiel für die Ausdrucksweise der älteren Kunstliteratur (»alcuni modi di favellare e locuzioni di que'

tempi«) die längere von zwei Novellen Sacchettis, in denen Giotto als Protagonist in Erscheinung tritt (LXIII und LXXV); in zwei weiteren (CXXVI und CLXI) wird sein Name kurz im Rahmen einer kunsthistoriographischen Verortung anderer Künstler genannt. Unmittelbare Zitatvorlage Vasaris war eine Abschrift, die Borghini nach einer heute verlorenen Kopie der *Trecentonovelle* anfertigen ließ; das Manuskript dieser Abschrift befindet sich heute in der Biblioteca Nazionale in Florenz (Signatur Magl. VI.112).

Bibl.: Sacchetti, Ed. Puccini, S. 197–198, 224–225, 363 und S. 455; Bettarini/Barocchi, *Vite*, Bd. II, S. 377–378; Falaschi 1972, S. 13–15.

226 Im Druck der *Vite* wurde die Ordnungsnummer ausgelassen, nach heutiger Zählung handelt es sich um die Novelle LXIII (Sacchetti, Ed. Puccini, S. 197–198). In einer Reimfassung dieser Anekdote ist der Protagonist nicht Giotto, sondern ein nicht näher identifizierter Maler Guido.

227 Die Familie der Bardi besaß in Florenz seit dem 12. Jahrhundert das Bürgerrecht, im Florenz des Trecento zählten die Mitglieder der verschiedenen Zweige des Geschlechts zu den prominentesten Vertretern der städtischen Oberschicht. Die erste und heute bekannteste ihrer Familienkapellen wurde in Santa Croce durch Giotto ausgemalt, der damit einen wichtigen Beitrag zur visuellen Repräsentation der Bardi leistete (siehe Anm. 24).

228 Dusnam oder Dusnan von Bayern ist die Verballhornung von »Duca Namo di Baviera«, einem legendarischen Ritter aus der Zwölferrunde Karls des Großen, der eng mit der Geschichte der Stadt Brescia im 9. Jahrhundert verbunden ist und in der frühen italienischen Historiographie genealogisch mit historisch belegten Persönlichkeiten des Herrschergeschlechts der Bayern assoziiert wird (M. Villani, *Cronica*, Bd. II, S. 692–693 [XI, 78]). In der Dichtung des Quattrocento tritt er beispielsweise im *Orlando Innamorato* Matteo Maria Boiardos auf, im Cinquecento spielt er im *Orlando Furioso* Lodovico Ariosts eine wichtige Rolle.

229 Die Anekdote, die auf dem ins Deutsche nicht angemessen zu übersetzenden Gleichklang von »l'arme« als »Wappen« und »Waffen« basiert, behandelt auf verschiedenen Ebenen das Thema des Rangs: Der Künstler Giotto (den Vasari in seiner Vita als sozialen Aufsteiger beschreibt) fühlt sich in seinem Selbstverständnis verletzt, als er mit einer niederen Arbeit beauftragt wird. Zugleich versucht der Auftraggeber durch das bestellte Objekt einen höheren gesellschaftlichen Stand vorzutäuschen, als ihm eigentlich zusteht. Im Hinblick auf die kunsttheoretische Bedeutung der Novelle ist vor allem die zentrale Rolle der gewitzten *invenzione* des Malers hervorzuheben, die zudem an raffinierte Schild-Erfindungen

späterer Künstler wie Leonardo da Vinci erinnert. Die abschließende Urteilsfindung durch ein Schiedsgericht reflektiert einerseits eine vielfach belegte Praxis im frühneuzeitlichen Künstlerleben, verweist jedoch unter Berücksichtigung der von Vasari verschwiegenen Abschlußsentenz, die den Auftraggeber als »vermessen« bezeichnet, dessen richtiges »Maß« jedoch erkannt wurde (»non misurandosi, fu misurato«), andererseits auch auf das grundsätzliche Thema des Urteilsvermögens im Kunstdiskurs. Die sechs Lire, die Giotto zugesprochen bekam, entsprachen damals genau dem Gegenwert der von ihm verlangten zwei Goldflorin.

Bibl.: Barolsky 1991, S. 44–45; Land 2014, S. 84–87.

230 Die Anekdote, die sich im Zusammenhang mit Giotto und Cimabue erstmalig – hier im Rahmen einer Paragone-Diskussion – bei Filarete nachweisen läßt (der sich mit den Worten »si legge« auf eine bereits bestehende Schrifttradition beruft: Filarete, *Trattato di architettura*, Bd. II, S. 643), folgt antiken Exempla der Augentäuschung von Menschen und Tieren, wie sie etwa Plinius über die Darstellung eines Pferdes des Apelles, die gemalten Trauben des Zeuxis oder den illusionistischen Vorhang des Parrhasios berichtet. Der Hinweis auf die von Giotto provokativ auf die Nase einer Bildfigur gemalte Fliege dient hier nicht nur der Herausstellung der mimetischen Qualität seiner Kunst (die schon im *Dekameron* VI, 5 als so gelungen gilt, daß der Augensinn vieler Menschen getäuscht werde [Boccaccio, Ed. Branca, S. 550]) und ein weiteres Mal der Unterstreichung seiner Gewitztheit, sondern auch als Beweis dafür, daß er Hand und Auge seines vorgeblichen Meisters Cimabue übertraf. Der Umstand, daß sich *Trompe-l'œils* scheinbar auf Kunstwerken sitzender Insekten ab dem 14. Jahrhundert in der Praxis der Buch- und Tafelmalerei einer besonderen Beliebtheit erfreuten, dürfte zu einem großen Maße auf die Popularität derartiger Künstlerlegenden zurückzuführen sein, aber vor allem auch damit zusammenhängen, daß der Bildwitz auf verschiedenen Ebenen greift: Ihre Wirkung entfalten derartige Augentäuschungen nicht nur bei jenen, die sie mit antiken Kunstwerken vergleichen oder denen beispielsweise humanistische Adaptionen von Lukians Scherzdichtung *Muscae laudatio* vertraut sind. Den Reiz eines gelungenen *Trompe-l'œils* kann grundsätzlich jeder Betrachter erfahren.

Bibl.: Kris/Kurz 1934, S. 69–76; Chastel 1984; Ronen 1989; Eörsi 2001; Jurković 2004; Mikuž 2006; Rawlings 2008; Studničková 2009; Land 2014, S. 87–89.

231 Siehe Anm. 224.

232 Der Passus ist gegenüber der Ausgabe von 1550 verändert, wo zunächst der Vergleich zwischen den Werken der Maler und jenen der

Schriftsteller fehlte und auch Giottos Verdienst, zum »vero modo« gefunden zu haben, nicht derart explizit gemacht worden war.

[233] Lorenzo di Piero de' Medici, genannt »der Prächtige« (*1. Januar 1449 Florenz – †8. April 1492 Careggi)

[234] Benedetto da Maiano (*1442 Maiano – † 24. Mai 1497 Florenz)

[235] Angelo Ambrogini, genannt Poliziano (*14. Juli 1454 Montepulciano – †18./29. September 1494 Florenz)

[236] Das zweite Künstler-Ehrenmal, das nach dem 1446 angebrachten Porträt Filippo Brunelleschis und der zugehörigen Inschriftentafel im Florentiner Dom installiert wurde, war das 1489/90 von Benedetto da Maiano als Pendant dazu geschaffene Kenotaph für Giotto. Den Namen des Autors des ursprünglich für die Nordseite der Kathedrale konzipierten und später an die Südwand versetzten Scheingrabs ergänzt Vasari erst in der zweiten Ausgabe der *Vite.* Beide Monumente sind Bestandteile einer noch aus dem Trecento stammenden und weitaus umfassenderen Initiative, zahlreiche *Uomini famosi* der Florentiner Republik in der Kathedrale auf diese Weise zu ehren. Die *imago clipeata* mit dem Bildnis Giottos zeigt Anklänge an ältere Porträts des Künstlers (siehe die Einleitung zur Vita, S. 41) sowie an eine allgemeinere Typologie von Maler-Darstellungen, wie dem angeblich auf Giottos Entwurf fußenden Relief am Florentiner Campanile (siehe oben, S. 86), verschmilzt diese Tradition jedoch mit dem antikischen Porträttypus zu einer idealisierten Darstellung. Beide Monumente verzichten auf eine Bekleidung *all'antica* und modifizieren die Gattung des humanistischen Gelehrtengrabmals auf ihre Weise: Während die Gestaltung der Physiognomie des frontal gezeigten Brunelleschi-Bildnisses auf eine Totenmaske des Architekten zurückgreift, zeigt Benedetto da Maiano Giotto als halb dem Betrachter zugewandte Dreiviertelfigur (zwei mögliche Vorstudien aus Terrakotta – »2 teste di Giotto senza busto« – sind im Nachlaß des Bildhauers dokumentiert) im konzentrierten Akt des Einsetzens eines Steinchens in ein Mosaik. Der Umstand, daß der Künstler nicht beim Malen gezeigt wird, kann als Referenz an die antike und christliche Bildtradition gelesen werden – nicht zuletzt genoß gerade Giottos Mosaik der *Navicella* größeren Ruhm als jedes andere seiner Werke (vgl. Anm. 79).

Die darunter lesbare Inschrift (Übersetzung Victoria Lorini und Fabian Jonietz) – fünf weitere Epigramme Polizianos auf Giotto haben sich handschriftlich erhalten (Poliziano, Ed. Del Lungo, S. 156–159, Nrn. 86–91) – greift mit der ›sprechenden‹ Formel »Ille ego sum« auf eine antike Epitaph-Konvention zurück, die dem Betrachter mit der präsentischen Formulierung den Eindruck eines ›lebendigen‹ Bildes des Verstorbenen suggeriert (die von Gerhard Wolf assoziativ vorgeschlagene Lesart eines Bezugs auf das »Iste ego sum« des Narziß-Mythos verfehlt den historischen Kontext). Bemerkenswert ist besonders die Betonung der »recta manus« des Künstlers, dessen Hand mithin als ein sicheres und leicht zu führendes Instrument des Geistes charakterisiert wird, und der damit zusammenhängende Bezug auf ein quattrocenteskes Konzept des gelehrten Künstlers, wie es vor allem bei Alberti Ausdruck findet.

Bibl.: Paatz/Paatz 1940–1954, Bd. III, S. 371; Prinz 1966, S. 52–53; Schütz-Rautenberg 1978, S. 55–58; Collareta 1991; Gardner 1991, S. 73; Oy-Marra 1994, S. 99–115; Carl 2001; Schwarz/Theis 2004–2008, Bd. I, S. 386–388; Carl 2006, Bd. I, S. 168–173 und S. 546–547; Nagel 2008; Gahtan 2011; Löhr 2011c, S. 169–189; Vasari, *Brunelleschi und Alberti*, S. 68; Vasari, *Giuliano da Maiano, Antonio und Bernardo Rossellino*, S. 66; Gahtan 2014b.

237 Unklar bleibt, ob hier die Unmöglichkeit eines Übertreffens der – defizitären! – Natur oder Giottos angedeutet wird, der mit der *natura naturans* erfolgreich konkurrierte.

238 Wolf-Dietrich Löhr hat diese Zeilen nachvollziehbar mit dem Topos vom Bau des zum Himmel reichenden Turms von Babel erklärt, dessen Errichtung nach Gen. 11, 4 ebenfalls die Namen ihrer Erbauer unsterblich machen sollte. Im Gegensatz zur Sprachverwirrung, mit welcher der Hochmut der Babylonier bestraft wurde, ruft der »heilige« Glockenklang des Florentiner Campanile mit einer einzigen Stimme zur Versammlung und Einheit der rechtgläubigen Bürger im Gotteshaus auf (Löhr 2011c, S. 184–185).

239 Siehe Anm. 222.

Bibliographie zum Leben des Giotto

AKL
Allgemeines Künstlerlexikon: Die bildenden Künstler aller Zeiten und Völker, München/Leipzig/Berlin 1992–2015, 87 Bde.

Alberti 2000
Alberti, Leon Battista: *De statua. De pictura. Elementa picturae – Das Standbild. Die Malkunst. Grundlagen der Malerei*, hg. v. Oskar Bätschmann und Christoph Schäublin, Darmstadt 2000.

Alberti 2002
Alberti, Leon Battista: *Della pittura – Über die Malkunst*, hg. v. Oskar Bätschmann und Sandra Gianfreda, Darmstadt 2002.

Albertini 1510
Albertini, Francesco: *Memoriale di molte Statve et Pictvre sono nella inclycta Cipta di Florentia*, Florenz 1510.

Anonimo Magliabechiano, Ed. Frey
Il Codice Magliabechiano, cl. XVII. 17, contenente notizie sopra l'arte degli antichi e quella de' Fiorentini da Cimabue a Michelangelo Buonarroti, scritte da Anonimo Fiorentino, hg. und mit einem Abrisse über die florentinische Kunsthistoriographie bis auf G. Vasari versehen von Carl Frey, Berlin 1892.

Barotti 1770
Barotti, Cesare: *Pitture e scolture che si trovano nelle chiese, luoghi pubblici, e sobborghi della città di Ferrara*, Ferrara 1770.

Bettarini/Barocchi, *Vite*
Bettarini, Rosanna/Barocchi, Paola (Hgg.): *Giorgio Vasari. Le vite de' più eccellenti pittori, scultori e architettori nelle redazioni del 1550 e 1568*, Florenz 1966–1987, 6 Bde.

Boccaccio, Ed. Branca
Boccaccio, Giovanni: *Decameron*, hg. v. Vittore Branca, Mailand 1976.

Cennini, *Libro dell'arte*
Cennini, Cennino: *Il libro dell'arte*, hg. v. Fabio Frezzato, Vicenza 2003.

Commento d'anonimo, Ed. Fanfani
Commento alla Divina Commedia d'anonimo fiorentino del secolo XIV, hg. v. Pietro Fanfani, Bologna 1860–1874, 3 Bde.

Dante, Ed. Streckfuß

Alighieri, Dante: *Die göttliche Komödie*, hg., übersetzt und erläutert von Karl Streckfuß, Halle an der Saale 1824–1826, 3 Bde.

DBI

Dizionario Biografico degli Italiani, hg. v. Istituto della Enciclopedia Italiana, Rom 1960–2014, 82 Bde.

Del Vita 1938

Del Vita, Alessandro (Hg.): *Lo Zibaldone di Giorgio Vasari*, Rom 1938.

Domenichi 1548

Domenichi, Lodovico: *Facetie et motti argvti di alcvni eccellentissimi ingegni, et nobilissimi signori*, Florenz 1548.

EAM

Enciclopedia dell'Arte Medievale, hg. v. Istituto della Enciclopedia Italiana, Rom 1991–2002, 12 Bde.

ED

Enciclopedia Dantesca, hg. v. Istituto della Enciclopedia Italiana, Rom 1970–1978, 6 Bde.

Filarete, *Trattato di architettura*

Averlino, Antonio, genannt Filarete: *Trattato di architettura*, hg. v. Anna Maria Finoli und Liliana Grassi, Mailand 1972, 2 Bde.

Frey 1923–1940

Frey, Carl/Frey, Herman-Walther (Hgg.): *Giorgio Vasari. Der literarische Nachlaß*, München/Burg b. München 1923–1940, 3 Bde.

Gelli 1896

Gelli, Giovanni Battista: ›Vite d'artisti‹, in: *Archivio Storico Italiano*, 1896, Bd. XVII, S. 32–62.

Ghiberti, *Commentarii*

Ghiberti, Lorenzo: *I Commentarii* (Biblioteca Nazionale Centrale di Firenze, II, I, 333), hg. v. Lorenzo Bartoli, Florenz 1998.

Hourihane 2012

Hourihane, Calum P. (Hg.): *The Grove Encyclopedia of Medieval Art and Architecture*, Oxford u.a. 2012, 6 Bde.

Landino, Ed. Procaccioli

Landino, Cristoforo: *Comento sopra la comedia*, hg. v. Paolo Procaccioli, Rom 2001, 4 Bde.

Libro di Antonio Billi, Ed. Frey

Il libro di Antonio Billi esistente in due copie nella Biblioteca Nazionale di Firenze, hg. v. Carl Frey, Berlin 1892.

Manetti, Ed. De Robertis

Manetti, Antonio: *Vita di Filippo Brunelleschi. Preceduta da la novella del grasso*, hg. v. Domenico De Robertis, Mailand 1976.

Manetti 2003
Manetti, Giannozzo: *Biographical Writings*, hg. v. Stefano U. Baldassari und Rolf Bagemihl, Cambridge/London 2003.
Mommsen 1957
Mommsen, Theodor E. (Hg.): *Petrarch's Testament*, Ithaca, NY/London 1957.
Paatz/Paatz 1940–1954
Paatz, Walter/Paatz, Elisabeth: *Die Kirchen von Florenz. Ein kunstgeschichtliches Handbuch*, Frankfurt am Main 1940–1954, 6 Bde.
Petrarca, Ed. Widmer
Petrarca, Francesco: *Familiaria – Bücher der Vertraulichkeiten*, hg. v. Berthe Widmer, Berlin/New York 2005–2009, 2 Bde.
Poliziano, Ed. Del Lungo
Ambrogini, Angelo, genannt Poliziano: *Prose volgari inedite e poesie latine e greche edite e inedite*, hg. v. Isidoro del Lungo, Florenz 1867.
Pucci 1772–1775
Pucci, Antonio: *Poesie*, hg. v. Ildefonso da San Luigi, Florenz 1772–1775, 4 Bde.
Sacchetti, Ed. Puccini
Sacchetti, Franco: *Il trecentonovelle*, hg. v. Davide Puccini, Turin 2008.
Scalabrini 1773
Scalabrini, Giuseppe Antenore: *Memorie istoriche delle chiese di Ferrara e de' suoi borghi*, Ferrara 1773.
Turner 1996
Turner, Jane (Hg.): *The Dictionary of Art*, London/New York 1996, 34 Bde.
Vasari, *Bellini und Mantegna*
Giorgio Vasari. Das Leben der Bellini und des Mantegna, hg., kommentiert und eingeleitet von Rebecca Müller, Berlin 2010.
Vasari, *Bildhauer des Cinquecento*
Giorgio Vasari. Die Leben der Bildhauer des Cinquecento, hg., kommentiert und eingeleitet von Sabine Feser, Martina Minning, Christina Irlenbusch, Katja Burzer und Daniel Mädler, Berlin 2007.
Vasari, *Bildhauer und Architekten des Duecento und des Trecento*
Giorgio Vasari. Die Leben der Bildhauer und Architekten des Duecento und des Trecento, hg., kommentiert und eingeleitet von Henrike Haug und Sabine Feser, Berlin 2014.
Vasari, *Brunelleschi und Alberti*
Giorgio Vasari. Das Leben des Brunelleschi und des Alberti, hg., kommentiert und eingeleitet von Matteo Burioni, Berlin 2012.

Vasari, *Donatello und Michelozzo*
Giorgio Vasari. Das Leben des Donatello und des Michelozzo, hg., kommentiert und eingeleitet von Ulrich Pfisterer, Berlin 2013.
Vasari, *Einführung*
Giorgio Vasari. Einführung in die Künste der Architektur, Bildhauerei und Malerei, hg., kommentiert und eingeleitet von Matteo Burioni, 2., verbesserte Auflage, Berlin 2012.
Vasari, *Ghiberti*
Giorgio Vasari. Das Leben des Lorenzo Ghiberti, hg., kommentiert und eingeleitet von Birgit Witte, Berlin 2011.
Vasari, *Giorgione und Correggio*
Giorgio Vasari. Das Leben des Giorgione, Correggio, Palma il Vecchio und Lorenzo Lotto, hg., kommentiert und eingeleitet von Sabine Feser und Hana Gründler, Berlin 2008.
Vasari, *Giuliano da Maiano, Antonio und Bernardo Rossellino*
Giorgio Vasari. Das Leben des Giuliano da Maiano, Antonio und Bernardo Rossellino, Desiderio da Settignano und Benedetto da Maiano, hg., kommentiert und eingeleitet von Sabine Feser und Christina Irlenbusch, Berlin 2012.
Vasari, *Jacopo della Quercia und Niccolò Aretino*
Giorgio Vasari. Das Leben des Jacopo della Quercia, Niccolò Aretino, Nanni di Banco und Luca della Robbia, hg., kommentiert und eingeleitet von Johannes Myssok, Berlin 2010.
Vasari, *Kunstgeschichte*
Giorgio Vasari. Kunstgeschichte und Kunsttheorie. Eine Einführung in die Lebensbeschreibungen berühmter Künstler, hg., kommentiert und eingeleitet von Matteo Burioni und Sabine Feser, 3., erweiterte und aktualisierte Auflage, Berlin 2010.
Vasari, *Künstler der Raffael-Werkstatt*
Giorgio Vasari. Die Künstler der Raffael-Werkstatt, hg., kommentiert und eingeleitet von Sabine Feser, Hana Gründler, Christina Irlenbusch und Anja Zeller, Berlin 2007.
Vasari, *Lippi und Pesello*
Giorgio Vasari. Das Leben des Lippi, Pesello und Pesellino, Castagno, Veneziano und des Fra Angelico, hg., kommentiert und eingeleitet von Jana Graul und Heiko Damm, Berlin 2011.
Vasari, *Masolino und Masaccio*
Giorgio Vasari. Das Leben des Masolino, des Masaccio, des Gentile da Fabriano und des Pisanello, hg., kommentiert und eingeleitet von Christina Posselt, Berlin 2011.

Vasari, *Mein Leben*
Giorgio Vasari. Mein Leben, hg., kommentiert und eingeleitet von Sabine Feser, 2., erweiterte und aktualisierte Auflage, Berlin 2011.

Vasari, *Michelangelo*
Giorgio Vasari. Das Leben des Michelangelo, hg., kommentiert und eingeleitet von Caroline Gabbert, Berlin 2009.

Vasari, *Montorsoli und Bronzino*
Giorgio Vasari. Das Leben des Montorsoli und des Bronzino sowie der Künstler der Accademia del Disegno, hg., kommentiert und eingeleitet von Hana Gründler und Katja Burzer, Berlin 2008.

Vasari, *Perino del Vaga*
Giorgio Vasari. Das Leben des Perino del Vaga, hg., kommentiert und eingeleitet von Christina Irlenbusch, Berlin 2008.

Vasari, *Sieneser Maler*
Giorgio Vasari. Das Leben der Sieneser Maler, hg., kommentiert und eingeleitet von Wolfgang Loseries, Berlin 2013.

Vasari, *Sodoma und Beccafumi*
Giorgio Vasari. Sodoma und Beccafumi, hg., kommentiert und eingeleitet von Katja Burzer und Jessica Witan, Berlin 2006.

Vasari, *Taddeo und Agnolo Gaddi*
Giorgio Vasari. Das Leben des Taddeo Gaddi, Agnolo Gaddi, Buffalmacco, Orcagna, Spinello Aretino und Lorenzo Monaco, hg., kommentiert und eingeleitet von Fabian Jonietz, Wolf-Dietrich Löhr und Johannes Tripps, Berlin 2015.

Vasari, *Uccello und Piero della Francesca*
Giorgio Vasari. Das Leben des Paolo Uccello, Piero della Francesca, Antonello da Messina und Luca Signorelli, hg., kommentiert und eingeleitet von Hana Gründler und Iris Wenderholm, Berlin 2012.

F. Villani, *De origine civitatis Florentie*
Villani, Filippo: *De origine civitatis Florentie* [*sic*] *et de eiusdem famosis civibus*, hg. v. Giuliano Tanturli, Padua 1997.

G. Villani, *Nuova cronica*
Villani, Giovanni: *Nuova cronica*, hg. v. Giuseppe Porta, Parma 1990–1991, 3 Bde.

M. Villani, *Cronica*
Villani, Matteo: *Cronica. Con la continuazione di Filippo Villani*, hg. v. Giuseppe Porta, Parma 1995, 2 Bde.

Aceto/D'Ovidio/Scirocco 2014
Aceto, Francesco/D'Ovidio, Stefano/Scirocco, Elisabetta (Hgg.): *La chiesa e il convento di Santa Chiara*, Battipaglia 2014.
Andaloro/Maddalo/Miglio 2009
Andaloro, Maria/Maddalo, Silvia/Miglio, Massimo (Hgg.): *Frammenti di memoria. Giotto, Roma e Bonifacio VIII*, Rom 2009.
Andanti/Centrodi/Tocchi 2013
Andanti, Andrea/Centrodi, Giuliano/Tocchi, Michele (Hgg.): *La chiesa della Badia di Arezzo – guida storico artistica*, Città di Castello 2013.
Bandini/Danti/Mariotti 2005
Bandini, Fabrizio/Danti, Cristina/Mariotti, Paola Ilaria: ›Il restauro del ciclo giottesco nella Cappella della Maddalena al Museo Nazionale del Bargello di Firenze. L'intervento conservativo e la motivazione delle scelte‹, in: *OPD restauro*, 2005, Bd. XVII, S. 139–151.
Banzato 1995
Banzato, Davide (Hg.): *La Croce di Giotto. Il restauro*, Mailand 1995.
Banzato u.a. 2005
Banzato, Davide u.a. (Hgg.): *La Cappella degli Scrovegni a Padova – The Scrovegni Chapel in Padua*, Modena 2005, 2 Bde.
Baracchini/Castelnuovo 1996
Baracchini, Clara/Castelnuovo, Enrico (Hgg.): *Il Camposanto di Pisa*, Turin 1996.
Barolsky 1991
Barolsky, Paul: *Why Mona Lisa Smiles and Other Tales by Vasari*, University Park, PA 1991.
Barolsky 1992
Barolsky, Paul: *Giotto's Father and the Family of Vasari's 'Lives'*, University Park, PA 1992.
Barsali Belli 1971
Barsali Belli, Isa: ›Franco Bolognese‹, in: ED, 1971, Bd. III, S. 47.
Barsali Belli 1973
Barsali Belli, Isa: ›Oderisi da Gubbio‹, in: ED, 1973, Bd. IV, S. 122–123.
Bartalini 2008
Bartalini, Roberto: ›'Segnori al tutto d'Arezzo'. Alcune considerazioni sui Tarlati al potere e la loro committenza‹, in: *Medioevo: arte e storia*, hg. v. Arturo Carlo Quintavalle, Mailand 2008, S. 554–563.
Basile 2002
Basile, Giuseppe (Hg.): *Giotto. Gli affreschi della Cappella degli Scrovegni a Padova*, Rom/Mailand 2002.

Basile 2003

Basile, Giuseppe (Hg.): *Il restauro della Cappella degli Scrovegni. Indagini, progetto, risultati – Restoration of the Scrovegni Chapel. Surveys, project, results*, Rom/Mailand 2003.

Bauch 1971

Bauch, Kurt: ›Giotto und die Porträtkunst‹, in: *Giotto e il suo tempo. Atti del congresso internazionale per la celebrazione del VII centenario della nascita di Giotto*, Rom 1971, S. 299–309.

Baxandall 1971

Baxandall, Michael: *Giotto and the Orators. Humanist Observers of Painting in Italy and the Discovery of Pictorial Composition*, Oxford 1971.

Becchis 2012

Becchis, Michela: *Pietro Lorenzetti*, Mailand 2012.

Bellinati 2008

Bellinati, Claudio: ›Giotto dipinse nel Palazzo della Ragione a Padova?‹, in: *Il Palazzo della Ragione di Padova. La storia, l'architettura, il restauro*, hg. v. Ettore Vio, Padua 2008, S. 326–331.

Bellosi 1985

Bellosi, Luciano: *La pecora di Giotto*, Turin 1985.

Belting 1977

Belting, Hans: *Die Oberkirche von San Francesco in Assisi. Ihre Dekoration als Aufgabe und die Genese einer neuen Wandmalerei*, Berlin 1977.

Belting 1989

Belting, Hans: ›Das Bild als Text. Wandmalerei und Literatur im Zeitalter Dantes‹, in: *Malerei und Stadtkultur in der Dantezeit. Die Argumentation der Bilder*, hg. v. Hans Belting und Dieter Blume, München 1989, S. 23–64.

Benati 1992

Benati, Daniele: *Jacopo Avanzi nel rinnovamento della pittura padana del secondo '300*, Bologna 1992.

Benzi/Bertuzzi 2006

Benzi, Sara/Bertuzzi, Luca: *Il Palagio di Parte Guelfa a Firenze*, Florenz 2006.

Bickendorf 2002

Bickendorf, Gabriele: ›'Maniera greca' – Wahrnehmung und Verdrängung der byzantinischen Kunst in der italienischen Kunstliteratur seit Vasari‹, in: *Orient und Okzident*, hg. v. Özel Sayi, Istanbul, 2002 (Sanat Tarihi Defterli, Nr. 6), S. 113–125.

Biermann 1991

Biermann, Hartmut: ›Das ‘O’ Giottos. Anmerkungen zur Fama Giottos‹, in: *Aufsätze zur Kunstgeschichte. Festschrift für Hermann Bauer zum 60. Geburtstag*, hg. v. Karl Möseneder und Andreas Prater, Hildesheim/Zürich/New York 1991, S. 109–127.

Billanovich 1947

Billanovich, Giuseppe: *Petrarca letterato. Lo scrittorio del Petrarca*, Rom 1947.

Blume 1983

Blume, Dieter: *Wandmalerei als Ordenspropaganda. Bildprogramme im Chorbereich franziskanischer Konvente Italiens bis zur Mitte des 14. Jahrhunderts*, Worms 1983.

Blume 2000

Blume, Dieter: *Regenten des Himmels. Astrologische Bilder in Mittelalter und Renaissance*, Berlin 2000.

Bollati 2012

Bollati, Milvia: *‘Gloriosus Franciscus’. Un’immagine di Francesco tra agiografia e storia*, Padua 2012.

Bonicatti 1971

Bonicatti, Maurizio: ›Giotto‹, in: ED, 1971, Bd. III, S. 176–178.

Bonsanti 2002

Bonsanti, Giorgio (Hg.): *La Basilica di San Francesco ad Assisi – The Basilica of St Francis in Assisi*, Modena 2002, 4 Bde.

Borgherini 2001

Borgherini, Malvina: *Disegno e progetto nel cantiere medievale. Esempi toscani del XIV secolo*, Venedig 2001.

Boskovits 1975

Boskovits, Miklós: ›Capanna, Puccio‹, in: DBI, 1975, Bd. XVIII, S. 384–387.

Boskovits 1984

Boskovits, Miklós: *The Fourteenth Century. The Painters of the Miniaturist Tendency*, Florenz 1984 (A Critical and Historical Corpus of Florentine Painting, Section III, Bd. IX).

Boskovits 1988

Boskovits, Miklós: *Gemäldegalerie Berlin. Katalog der Gemälde. Frühe italienische Malerei*, Berlin 1988.

Boskovits 2001

Boskovits, Miklós: ›Giotto di Bondone‹, in: DBI, 2001, Bd. LV, S. 401–423.

Boskovits/Offner 2001
Boskovits, Miklós: *Bernardo Daddi and His Circle*, Florenz 2001 (A Critical and Historical Corpus of Florentine Painting, Section III, Bd. V).
Bozzolato 1992
Bozzolato, Giampiero: ›Il Palazzo della Ragione a Padova. Dalle pitture di Giotto agli affreschi del '400‹, in: *Il Palazzo della Ragione a Padova. Dalle pitture di Giotto agli affreschi del '400*, Rom 1992, S. 9–96.
Brandis 2002
Brandis, Markus: *La maniera tedesca. Eine Studie zum historischen Verständnis der Gotik im Italien der Renaissance in Geschichtsschreibung, Kunsttheorie und Baupraxis*, Weimar 2002.
Braunfels 1947/48
Braunfels, Wolfgang: ›Giottos Campanile‹, in: *Das Münster*, 1947/48, Bd. I, S. 193–210.
Brugnoli 2001
Brugnoli, Pierpaolo: *Il Palazzo della Provincia già dimora di Cangrande a Verona*, Villafontana 2001.
Caleca/Nencini/Piancastelli 1979
Caleca, Antonio/Nencini, Gaetano/Piancastelli, Giovanna: *Pisa – Museo delle Sinopie del Camposanto Monumentale*, Pisa 1979.
Cämmerer 1995
Cämmerer, Monika: ›Giottos Polyptychon in der Baroncelli-Kapelle von Santa Croce: Nachträge und neue Beobachtungen‹, in: *Mitteilungen des Kunsthistorischen Institutes in Florenz*, 1995, Bd. XXXIX, S. 374–393.
Cardinali/Maiarelli/Falcioni 2000
Cardinali, Cinzia/Maiarelli, Andrea/Falcioni, Francesco V.: *La Signoria di Pandolfo II Malatesti (1325–1373)*, Rimini 2000.
Carl 2001
Carl, Doris: ›Il ritratto commemorativo di Giotto di Benedetto da Maiano nel Duomo di Firenze‹, in: *Santa Maria del Fiore. The Cathedral and Its Sculpture*, hg. v. Margaret Haines, Fiesole 2001, S. 129–147.
Carl 2006
Carl, Doris: *Benedetto da Maiano. Ein Florentiner Bildhauer an der Schwelle zur Hochrenaissance*, München 2006, 2 Bde.
Castelnuovo 2002
Castelnuovo, Enrico: ›'Propter quid imagines faciei faciunt'. Aspetti del ritratto pittorico nel Trecento‹, in: *Le metamorfosi del ritratto*, hg. v. Renzo Zorzi, Florenz 2002, S. 33–50.

Castelnuovo 2009
Castelnuovo, Enrico: ›Les portraits individuels de Giotto‹, in: Dominic Olariu (Hg.): *Le portrait individuel. Réflexions autour d'une forme de représentation XIIIe–XVe siècles*, Bern 2009, S. 103–120.
Cerri u.a. 1989
Cerri, Francesca u.a. (Hgg.): *Puccio Capanna*, Assisi 1989.
Cerutti 2012
Cerutti, Damien: ›Assisi a Pistoia: 'Dalmasio' e la cappella maggiore della chiesa di San Francesco‹, in: *Il museo e la città. Vicende artistiche pistoiesi del Trecento*, Pistoia 2012, S. 53–79.
Chastel 1984
Chastel, André: *Musca depicta*, Mailand 1984.
Chiodo 1997
Chiodo, Sonia: ›Capanna, Puccio‹, in: AKL, 1997, Bd. XVI, S. 225–227.
Ciatti 2010
Ciatti, Marco (Hg.): *L'officina di Giotto. Il restauro della 'Croce' di Ognissanti*, Florenz 2010.
Ciatti/Frosinini 1995
Ciatti, Marco/Frosinini, Cecilia (Hgg.): *La Madonna di San Giorgio alla Costa di Giotto. Studi e Restauro*, Florenz 1995.
Ciatti/Seidel 2001
Ciatti, Marco/Seidel, Max (Hgg.): *Giotto. La Croce di Santa Maria Novella*, Florenz 2001.
Ciccuto 1991
Ciccuto, Marcello: *Figure di Petrarca. Giotto, Simone Martini, Franco bolognese*, Neapel 1991.
Collareta 1991
Collareta, Marco: ›Le 'Luci della fiorentina gloria'‹, in: *Artista. Critica dell'arte in Toscana*, 1991, Bd. III, S. 136–143.
Collobi Ragghianti 1974
Collobi Ragghianti, Licia: *Il libro de' disegni del Vasari*, Florenz 1974, 2 Bde.
Cooper 2013
Cooper, Donal: ›Redefining the Altarpiece in Renaissance Italy: Giotto's *Stigmatization of Saint Francis* and its Pisan Context‹, in: *Art History*, 2013, Bd. XXXVI, S. 686–713.
Cooper/Robson 2013
Cooper, Donal/Robson, Janet: *The Making of Assisi. The Pope, the Franciscans and the Painting of the Basilica*, New Haven/London 2013.

Corti 1976
Corti, Gino: ›Two Early Seventeenth-Century Inventories Involving Giambologna‹, in: *The Burlington Magazine*, 1976, Bd. CXVIII, S. 629–634.
Corrado 2005
Corrado, Massimiliano: ›Per l'identificazione di un nuovo esemplare borghiniano *dell'Ottimo commento* alla *Commedia*: il ms. Laur. Ashb. 832‹, in: *Rivista di studi danteschi*, 2005, Bd. V, S. 161–181.
Corrado 2008
Corrado, Massimiliano: ›Lettori cinquecenteschi dell'*Ottimo commento* alla *Commedia* (Giambullari, Gelli, Vasari, Borghini, Salviati, Piero del Nero)‹, in: *Rivista di studi danteschi*, 2008, Bd. VIII, S. 394– 409.
Cozzi 2003
Cozzi, Enrica: ›Giotto e bottega al Santo: gli affreschi della Sala Capitolare, dell'andito e delle cappelle radiali‹, in: *Cultura, arte e committenza nella Basilica di S. Antonio di Padova nel Trecento*, hg. v. Luca Baggio und Michela Benetazzo, Padua 2003, S. 77–91.
Curzi 2009
Curzi, Gaetano: ›Giotto, la scultura, gli scultori ‹, in: Kat. Rom 2009, Bd. II, S. 253–269.
Dalarun 1992
Dalarun, Jacques: *La sainte et la cité. Micheline de Pesaro (†1356), tertiaire franciscaine*, Rom 1992.
Daly Davis 2013
Daly Davis, Margareth: ›Le prime 'Künstlerviten' dell'età moderna: il caso di Giovan Battista Gelli‹, in: *Giorgio Vasari e il cantiere delle 'Vite' del 1550*, hg. v. Barbara Agosti, Silvia Ginzburg und Alessandro Nova, Venedig 2013, S. 325–340.
Danti/Felici/Mariotti 2006
Danti, Cristina/Felici, Alberto/Mariotti, Paola Ilaria: ›Il ciclo giottesco nella Cappella della Maddalena. Una cronaca sui restauri ottocenteschi e su quelli attuali‹, in: *Kermes*, 2006, Bd. XIX, S. 27–38.
Dattilo 1963
Dattilo, Vincenzo: *Castel Dell'Ovo. Storia e leggende di Napoli*, Neapel 1963.
De Angelis d'Ossat 1978
De Angelis d'Ossat, Guglielmo: ›Il 'Duomo Vecchio' di Arezzo‹, in: *Palladio*, 1978, Bd. XXVII, S. 7–46.
De Benedictis 1973
De Benedictis, Cristina: *Giotto. Bibliografia vol. II (1937–1970)*, Rom 1973.

De Benedictis 1987
De Benedictis, Cristina: ›La pittura del Duecento e del Trecento in S. Trinita‹, in: *La chiesa di Santa Trinita a Firenze*, Florenz 1987, S. 89–106.

Degenhart/Schmitt 1968
Degenhart, Bernhard/Schmitt, Annegrit: *Corpus der italienischen Zeichnungen 1300–1450*. Teil 1: *Süd- und Mittelitalien*, Berlin 1968, 2 Bde.

Degenhart/Schmitt 1978
Degenhart, Bernhard/Schmitt, Annegrit: ›Marino Sanudo und Paolino Veneto. Zwei Literaten des 14. Jahrhunderts in ihrer Wirkung auf Buchillustrierung und Kartographie in Venedig, Avignon und Neapel‹, in: *Römisches Jahrbuch der Bibliotheca Hertziana*, 1978, Bd. XIV, S. 1–137.

De Giorgi 2009
De Giorgi, Manuela: ›Die Farben des Todes. Überlegungen zu Giotto in Berlin – Colors of Death. Notes on Giotto in Berlin‹, in: *Rothko/Giotto*, Ausst.-Kat. Berlin, München 2009, S. 135–152.

Delucca 1997
Delucca, Oreste: *Artisti a Rimini fra Gotico e Rinascimento. Rassegna di fonti archivistiche*, Rimini 1997.

De Marchi 2009
De Marchi, Andrea: ›'Cum dictum opus sit magnum'. Il documento pistoiese del 1274 e l'allestimento trionfale dei tramezzi in Umbria e Toscana fra Due e Trecento‹, in: *Medioevo: immagine e memoria*, hg. v. Arturo Carlo Quintavalle, Mailand 2009, S. 603–621.

De Marchi 2011
De Marchi, Andrea: ›Relitti di un naufragio: affreschi di Giotto, Taddeo Gaddi e Maso di Banco nelle navate di Santa Croce‹, in: *Santa Croce. Oltre le apparenze*, hg. v. Andrea De Marchi und Giacomo Piraz, Pistoia 2011, S. 32–71.

Derbes/Sandona 2008
Derbes, Anne/Sandona, Mark: *The Usurer's Heart. Giotto, Enrico Scrovegni, and the Arena Chapel in Padua*, University Park, PA 2008.

De Wesselow 2005
De Wesselow, Thomas: ›The Date of the St Francis Cycle in the Upper Church of S. Francesco at Assisi: The Evidence of Copies and Considerations of Method‹, in: *The Art of the Franciscan Order in Italy*, hg. v. William R. Cook, Leiden/Boston 2005, S. 113–167.

Di Simone 2012/13
Di Simone, Paolo: ›Giotto, Petrarca e il tema degli uomini illustri tra Napoli, Milano e Padova. Prolegomini a un'indagine‹, in: *Rivista d'arte*, 2012, Bd. II, S. 39–76, und 2013, Bd. III, S. 35–55.

Donato 2005
Donato, Martia Monica: ›Dal *Comune rubato* di Giotto al *Comune sovrano* di Ambrogio Lorenzetti (con una proposta per la ‘canzone’ del *Buon governo*)‹, in: *Medioevo: immagini e ideologie*, hg. v. Arturo Carlo Quintavalle, Parma/Mailand 2005, S. 489–509.

Donato 2013
Donato, Martia Monica: ›Arte civica a Firenze, dal primo popolo al primo umanesimo. La tradizione, i modelli perduti‹, in: *Dal Giglio al David. Arte civica a Firenze fra medioevo e rinascimento*, Ausst.-Kat. Florenz, Florenz/Mailand 2013, S. 19–33.

Drusi 2005
Drusi, Riccardo: ›Borghini e i testi volgari antichi‹, in: *Fra lo ‘spedale’ e il principe. Vincenzio Borghini. Filologia e invenzione nella Firenze di Cosimo I*, hg. v. Gustavo Bertoli und Riccardo Drusi, Padua 2005, S. 125–147.

Elliott 1998
Elliott, Janis: ›The Judgement of the Commune: The Frescoes of the Magdalen Chapel in Florence‹, in: *Zeitschrift für Kunstgeschichte*, 1998, Bd. LXI, S. 509–519.

Eörsi 2001
Eörsi, Anna: ›*Puer, abige muscas!* Remarks on Renaissance Flyology‹, in: *Acta Historiae Artium*, 2001, Bd. XLII, S. 7–22.

Ertheller 1990
Ertheller, Paolo: ›Pandolfo II e la B. Michelina da Pesaro‹, in: *Le Signorie dei Malatesti. Storia delle Signorie dei Malatesti. Giornata di Studi Malatestiani a Recanati*, Rimini 1990, S. 67–75.

Falaschi 1972
Falaschi, Enid T.: ›Giotto: The Literary Legend‹, in: *Italian Studies*, 1972, Bd. XXVII, S. 1–27.

Fallani 1971
Fallani, Giovanni: ›Ricerca sui protagonisti della miniatura dugentesca: Oderisi da Gubbio e Franco Bolognese‹, in: *Studi danteschi*, 1971, Bd. XLVIII, S. 137–151.

Farquhar 2012
Farquhar, Jill: ›A Florentine in Romagna: Giotto and the Decoration of the Church of San Francesco, Rimini‹, in: *Visible Exports/Imports: New Research on Medieval and Renaissance European Art and Culture*, hg. v. Emiliy Jane Anderson, Jill Farquhar und John Richards, Newcastle upon Tyne 2012, S. 38–57.

Felloni 2012
Felloni, Simonetta: ›Il Duomo Vecchio di Arezzo: opinioni vecchie e nuove‹, in: *Memorie Valdarnesi*, 2012, Bd. CLXXVIII, S. 75–106.

Filangieri 1964
Filangieri, Riccardo: *Castel Nuovo. Reggia angioina ed aragonese di Napoli*, Neapel 1964.

Flores d'Arcais 1984
Flores d'Arcais, Francesca: ›La presenza di Giotto al Santo‹, in: *Le pitture del Santo di Padova*, hg. v. Camillo Semenzato, Vicenza 1984, S. 3–13.

Flores d'Arcais 1995
Flores d'Arcais, Francesca: *Giotto*, Mailand 1995.

Flores d'Arcais 2005
Flores d'Arcais, Francesca: ›Giotto a Milano‹, in: *Lombardia gotica e tardogotica. Arte e architettura*, hg. v. Marco Rossi, Mailand 2005, S. 66–73.

Frojmovič 1996
Frojmovič, Eva: ›Giotto's Allegories of Justice and the Commune in the Palazzo della Ragione in Padua: A Reconstruction‹, in: *Journal of the Warburg and Courtauld Institutes*, 1996, Bd. LIX, S. 24–47.

Frugoni 2008
Frugoni, Chiara: *L'affare migliore di Enrico. Giotto e la cappella Scrovegni*, Turin 2008.

Gaeta 2013
Gaeta, Marcello: *Giotto und die 'croci dipinte' des Trecento. Studien zu Typus, Genese und Rezeption. Mit einem Katalog der monumentalen Tafelkreuze des Trecento (ca. 1290–ca. 1400)*, Münster 2013.

Gahtan 2011
Gahtan, Maria Wellington: ›Epitaphs in Giorgio Vasaris's 'Lives'‹, in: *Journal of art historiography*, 2011, Bd. V, S. 1–24.

Gahtan 2014a
Gahtan, Maria Wellington (Hg.): *Giorgio Vasari and the Birth of the Museum*, Farnham u.a. 2014.

Gahtan 2014b
Gahtan, Maria Wellington: ›Giorgio Vasari, Collector of Epitaphs‹, in: *Giorgio Vasari and the Birth of the Museum*, hg. v. Maria Wellington Gahtan, Farnham u.a. 2014, S. 53–63.
Gandolfo 1974
Gandolfo, Francesco: *Arezzo nelle due edizioni delle 'Vite' del Vasari*, Arezzo 1974.
Gardner 1974
Gardner, Julian: ›The Stefaneschi Altarpiece: A Reconsideration‹, in: *Journal of the Warburg and Courtauld Institutes*, 1974, Bd. XXXVII, S. 57–103.
Gardner 1982
Gardner, Julian: ›The Louvre Stigmatization and the Problem of the Narrative Altarpiece‹, in: *Zeitschrift für Kunstgeschichte*, 1982, Bd. XLV, S. 217–247.
Gardner 1991
Gardner, Julian: ›Giotto: 'First of the Moderns' or Last of the Ancients?‹, in: *Wiener Jahrbuch für Kunstgeschichte*, 1991, Bd. XLIV, S. 63–78.
Gardner 2011
Gardner, Julian: *Giotto and His Publics. Three Paradigms of Patronage*, Cambridge/London 2011.
Gilbert 1977
Gilbert, Creighton E.: ›The Fresco by Giotto in Milan‹, in: *Arte Lombarda*, 1977, Bd. XLVII/XLVIII, S. 31–72.
Gilbert 1991
Gilbert, Creighton E.: *Poets Seeing Artist's Work. Instances in the Italian Renaissance*, Florenz 1991.
Gilbert 1996
Gilbert, Creighton E.: ›Giotto (di Bondone)‹, in: Turner 1996, Bd. XII, S. 681–696.
Gioseffi 1963
Gioseffi, Decio: *Giotto architetto*, Mailand 1963.
Gioseffi 1987
Gioseffi, Decio: ›Una traccia per Oderisi e un'ipotesi per Franco‹, in: *Miniatura in Friuli. Crocevia di civiltà*, hg. v. Luigi Menegazzi, Pordenone 1987, S. 83–91.
Giotto e il suo tempo 1971
Giotto e il suo tempo. Atti del congresso internazionale per la celebrazione del VII centenario della nascita di Giotto, Rom 1971.

Goffen 1988
Goffen, Rona: *Spirituality in Conflict. Saint Francis and Giotto's Bardi Chapel*, University Park, PA/London 1988.
Gombrich 1979
Gombrich, Ernst H.: ›Giotto's Portrait of Dante?‹, in: *The Burlington Magazine*, 1979, Bd. CXXI, S. 471–483.
Gordon 1989
Gordon, Dillian: ›A Dossal by Giotto and His Workshop: Some Problems of Attribution, Provenance and Patronage‹, in: *The Burlington Magazine*, 1989, Bd. CXXXI, S. 524–531.
Gosebruch 1961
Gosebruch, Martin: ›Giottos Stefaneschi-Altarwerk aus Alt-St. Peter in Rom‹, in: *Miscellanea Bibliothecae Hertzianae zu Ehren Leo Bruhns †, Franz Graf Wolff Metternich, Ludwig Schudt*, München 1961, S. 104–130.
Green 1984/85
Green, Louis: ›Il problema dell'Augusta e della villa di Castruccio Castracani a Massa Pisana‹, in: *Actum Luce. Rivista di studi lucchesi*, 1984/85, Bd. XIII/XIV, S. 353–377.
Grötecke 1997
Grötecke, Iris: *Das Bild des jüngsten Gerichts. Die ikonographischen Konventionen in Italien und ihre politische Aktualisierung in Florenz*, Worms 1997.
Guidotti 1982
Guidotti, Alessandro: ›Vicende storico-artistiche della Badia Fiorentina‹, in: *La Badia Fiorentina*, Florenz 1982, S. 47–231.
Haas/Winterfeld 2006
Haas, Walter/Winterfeld, Dethard von (Hgg.): *Der Dom S. Maria Assunta. Architektur. Textband*, München 2006 (*Die Kirchen von Siena*, Bd. 3.1.1.1).
Hirschfeld 1965
Hirschfeld, Peter: ›'Chancon giotti pintori de florentia'. Die Kanzone des Malers Giotto über die Armut‹, in: *Nordelbingen*, 1965, Bd. XXXIV, S. 31–42.
Hoch 1996
Hoch, Adrian S.: ›Isaac Master‹, in: Turner 1996, Bd. XX, S. 697–698.
Hope 1992
Hope, Charles: ›The Early History of the Tempio Malatestiano‹, in: *Journal of the Warburg and Courtauld Institutes*, 1992, Bd. LV, S. 51–154.

Hope 2010
Hope, Charles: ›The Lives of the Trecento Artists in Vasari's First Edition‹, in: *Le Vite del Vasari. Genesi, topoi, ricezione – Die Vite Vasaris. Entstehung, Topoi, Rezeption*, hg. v. Katja Burzer u.a., Venedig 2010, S. 33–39.

Hueck 1972
Hueck, Irene: ›Le matricole dei pittori fiorentini prima e dopo il 1320‹, in: *Bollettino d'Arte*, 1972, Bd. LVII, S. 114–121.

Hueck 1973
Hueck, Irene: ›Zu Enrico Scrovegnis Veränderungen der Arenakapelle‹, in: *Mitteilungen des Kunsthistorischen Institutes in Florenz*, 1973, Bd. XVII, S. 277–294.

Hueck 1976
Hueck, Irene: ›Stifter und Patronatsrecht. Dokumente zu zwei Kapellen der Bardi‹, in: *Mitteilungen des Kunsthistorischen Institutes in Florenz*, 1976, Bd. XX, S. 263–270.

Hueck 1992
Hueck, Irene: ›Le opere di Giotto per la chiesa di Ognissanti‹, in: *Madonna d'Ognissanti* 1992, S. 37–50.

Hueck 2000
Hueck, Irene: ›Ipotesi per la bottega 'Giotto e figli'‹, in: *Annali della Scuola Normale Superiore di Pisa. Classe di Lettere e Filosofia. Quaderni*, 2000, Bd. IX/X, S. 53–67.

Jacobus 2008
Jacobus, Laura: *Giotto and the Arena Chapel. Art, Architecture & Experience*, Turnhout 2008.

Jenni 1983
Jenni, Ulrike: ›Der Beginn des Naturstudiums. Eine Legende vom zeichnenden Hirtenknaben‹, in: *Von der Macht der Bilder*, hg. v. Ernst Ullmann, Leipzig 1983, S. 129–135.

Johannes 2009
Johannes, Ralph (Hg.): *Entwerfen. Architektenausbildung in Europa von Vitruv bis Mitte des 20. Jahrhunderts. Geschichte – Theorie – Praxis*, Hamburg 2009.

Jonietz 2011a
Jonietz, Fabian: ›Die Topik des hässlichen Künstlers. Zum Körperbild als Reflexionsfläche von Diskurs und Kritik‹, in: *Zeitsprünge. Forschungen zur Frühen Neuzeit*, 2011, Bd. XV, S. 441–483.

Jonietz 2011b
Jonietz, Fabian: ›Die *Scuole delle arti* als Orte der *aemulatio*: Der Fall der Cappella Brancacci‹, in: *Aemulatio. Kulturen des Wettstreits in Text und Bild (1450–1620)*, hg. v. Jan-Dirk Müller u.a., Berlin/Boston 2011, S. 769–811.

Jurković 2004
Jurković, Harald: ›Das Bildnis mit der Fliege. Überlegungen zu einem ungewöhnlichen Motiv in der Malerei des 15. und 16. Jahrhunderts‹, in: *Belvedere*, 2004, Bd. X, S. 4–23 und S. 80–87.

Kallab 1908
Kallab, Wolfgang: *Vasaristudien*. Mit einem Lebensbilde des Verfassers aus dessen Nachlasse hg. v. Julius von Schlosser, Wien 1908.

Kat. Berlin 2008
Fantasie und Handwerk. Cennino Cennini und die Tradition der toskanischen Malerei von Giotto bis Lorenzo Monaco, Ausst.-Kat. Gemäldegalerie Berlin, München 2008.

Kat. Florenz 1967
Omaggio a Giotto, Ausst.-Kat. Florenz, Florenz 1967.

Kat. Florenz 2000
Giotto. Bilancio critico di sessant'anni di studi e ricerche, Ausst.-Kat. Florenz, Florenz 2000.

Kat. Florenz 2002
Vincenzio Borghini. Filologia e invenzione nella Firenze di Cosimo I, Ausst.-Kat. Florenz, Florenz 2002.

Kat. Florenz 2005
Da Puccio di Simone a Giottino. Restauri e conferme, Ausst.-Kat. Florenz, Florenz 2005.

Kat. Florenz 2008
L'eredità di Giotto. Arte a Firenze 1340–1375, Ausst.-Kat. Florenz, Florenz/Mailand 2008.

Kat. Mantua 2001
Perino del Vaga tra Raffaello e Michelangelo, Ausst.-Kat. Mantua, Mailand 2001.

Kat. München 2013
Was war Renaissance? Bilder einer Erzählform von Vasari bis Panofsky, Ausst.-Kat. München, Passau 2013.

Kat. Padua 2000
Giotto e il suo tempo, Ausst.-Kat. Padua, Mailand 2000.

Kat. Paris 2013
Giotto e compagni, Ausst.-Kat. Paris, Paris/Mailand 2013.

Kat. Pisa 2005
Cimabue a Pisa. La pittura pisana del Duecento da Giunta a Giotto, Ausst.-Kat. Pisa, Ospedaletto 2005.

Kat. Rimini 1995
Il Trecento Riminese. Maestri e botteghe tra Romagna e Marche, Ausst.-Kat. Rimini, Mailand 1995.

Kat. Rom 2008
Giovanni Baronzio e la pittura a Rimini del Trecento, Ausst.-Kat. Rom, Mailand 2008.

Kat. Rom 2009
Giotto e il Trecento. 'Il più Sovrano Maestro stato in dipintura', Ausst.-Kat. Rom, Mailand 2009, 2 Bde.

Kat. Torre de' Passeri 2001
Giotto e Dante, Ausst.-Kat. Torre de' Passeri 2001, Mailand 2001.

Kemp 1967
Kemp, Wolfgang: ›Zum Programm von Stefaneschi-Altar und Navicella‹, in: *Zeitschrift für Kunstgeschichte*, 1967, Bd. XXX, S. 309–320.

Kempers/De Blaauw 1987
Kempers, Bram/De Blaauw, Sible: ›Jacopo Stefaneschi, Patron and Liturgist. A New Hypothesis Regarding the Date, Iconography, Authorship and Function of his Altarpiece for Old Saint Peter's‹, in: *Mededelingen van het Nederlands Historisch Instituut te Rome*, 1987, Bd. XLVII, S. 83–113.

Kessler 2009
Kessler, Herbert L.: ›Giotto e Roma‹, in: Kat. Rom 2009, Bd. II, S. 85–99.

Köhren-Jansen 1993
Köhren-Jansen, Helmtrud: *Giottos Navicella. Bildtradition – Deutung – Rezeptionsgeschichte*, Worms 1993.

Köster 1999/2000
Köster, Gabriele: ›Aquae multae – populi multi. Zu Giottos Navicella und dem Meerwandel Petri als Metapher päpstlicher Herrschaft‹, in: *Römisches Jahrbuch der Bibliotheca Hertziana*, 1999/2000, Bd. XXXIII, S. 7–30.

Kreytenberg 1978
Kreytenberg, Gert: ›Der Campanile von Giotto‹, in: *Mitteilungen des Kunsthistorischen Institutes in Florenz*, 1978, Bd. XXII, S. 147–184.

Kreytenberg 1984
Kreytenberg, Gert: *Andrea Pisano und die toskanische Skulptur des 14. Jahrhunderts*, München 1984.

Kris/Kurz 1934
Kris, Ernst/Kurz, Otto: *Die Legende vom Künstler. Ein geschichtlicher Versuch*, Wien 1934.
Ladis 1982
Ladis, Andrew: *Taddeo Gaddi. Critical Reappraisal and Catalogue Raisonné*, Columbia/London 1982.
Ladis 1986
Ladis, Andrew: ›The Legend of Giotto's Wit and the Arena Chapel‹, in: *The Art Bulletin*, 1986, Bd. LXVIII, S. 581–596.
Ladis 2008a
Ladis, Andrew: *Giotto's O. Narrative, Figuration, and Pictorial Ingenuity in the Arena Chapel*, University Park, PA 2008.
Ladis 2008b
Ladis, Andrew: *Victims & Villains in Vasari's 'Lives'*, Chapel Hill 2008.
Land 1997
Land, Norman E.: ›Giotto as an Ugly Genius: A Study in Self-Portrayal‹, in: *Explorations in Renaissance Culture*, 1997, Bd. XXVII, S. 23–36.
Land 2005
Land, Norman E.: ›Apelles and the Origin of Giotto's O‹, in: *Source*, 2005, Bd. XXV, 1, S. 6–9.
Land 2014
Land, Norman E.: ›Vasari's *Vita* of Giotto‹, in: *The Ashgate Research Companion to Giorgio Vasari*, hg. v. David J. Cast, Farnham/Burlington 2014, S. 77–89.
Leone de Castris 2006
Leone de Castris, Pierluigi: *Giotto a Napoli*, Mailand 2006.
Lepri 2011
Lepri, Nicoletta: ›Di alcuni affreschi tre-quattrocenteschi staccati e conservati nel refettorio vecchio del convento di S. Domenico‹, in: *Tracce di arte e di spiritualità in San Domenico di Pistoia*, hg. v. Alberto Coco und Alessandro Cortesi, Florenz 2011, S. 15–56.
Leuker 2001
Leuker, Tobias: ›Der Titulus von Giottos 'Navicella' als maßgeblicher Baustein für die Deutung und Datierung des Mosaiks‹, in: *Marburger Jahrbuch für Kunstwissenschaft*, 2001, Bd. XXVIII, S. 101–108.

Lisner 1994

Lisner, Margrit: ›Giotto und die Aufträge des Kardinals Jacopo Stefaneschi für Alt-St. Peter I. Das Mosaik der Navicella in der Kopie des Francesco Beretta. Zur Entwicklung der Gewandfarben Christi und der Apostel im römischen Mosaik vom 4. Jahrhundert bis zum Beginn des Trecento‹, in: *Römisches Jahrbuch der Bibliotheca Hertziana*, 1994, Bd. XXIX, S. 45–95.

Lisner 1995

Lisner, Margrit: ›Giotto und die Aufträge des Kardinals Jacopo Stefaneschi für Alt-St. Peter II. Der Stefaneschi-Altar – Giotto und seine Werkstatt in Rom. Das Altarwerk und der verlorene Christuszyklus in der Petersapsis‹, in: *Römisches Jahrbuch der Bibliotheca Hertziana*, 1995, Bd. XXX, S. 59–133.

Lisner 1999/2000

Lisner, Margrit: ›Die Franzlegende in der Oberkirche von San Francesco in Assisi. Farbgebung und Farbikonographie‹, in: *Römisches Jahrbuch der Bibliotheca Hertziana*, 1999/2000, Bd. XXXIII, S. 31–84.

L'Occaso 2014

L'Occaso, Stefano: ›Pace (Pase) di Ottone (Oddone) da Faenza‹, in: DBI, 2014, Bd. LXXX, S. 67–69.

Locci 2012

Locci, Beatrice (Hg.): *Il complesso monumentale della SS. Annunziata di Gaeta. Aspetti religiosi, storici ed architettonici*, Gaeta 2012.

Löhr 2011a

Löhr, Wolf-Dietrich: ›Gaukler, Phantasten und Philosophen. Das Bild des Künstlers in Anekdoten des 14. und 15. Jahrhunderts‹, in: *Die Erfindung des Bildes. Frühe italienische Meister bis Botticelli*, Ausst.-Kat. Hamburg, München 2011, S. 58–69.

Löhr 2011b

Löhr, Wolf-Dietrich: ›Von Gottes 'I' zu Giottos 'O'. Schöpferhand und Künstlerkörper zwischen Mittelalter und Früher Neuzeit‹, in: *Auge und Hand*, hg. v. Johannes Bilstein und Guido Reuter, Oberhausen 2011, S. 51–76.

Löhr 2011c

Löhr, Wolf-Dietrich: ›Die Rede der Hand. Giottos O und die Autorschaft des Künstlers bei Polizian und Vasari‹, in: *Autorschaft. Ikonen – Stile – Institutionen*, hg. v. Christel Meier und Martina Wagner-Egelhaaf, Berlin 2011, S. 163–194.

Löhr/Weppelmann 2008
Löhr, Wolf-Dietrich/Weppelmann, Stefan: ›*'Glieder in der Kunst der Malerei'* – Cennino Cenninis Genealogie und die Suche nach Kontinuität zwischen Handwerkstradition, Werkstattpraxis und Historiographie‹, in: Kat. Berlin 2008, S. 13–43.

Long 1988
Long, Jane Collins: *Bardi Patronage at Santa Croce in Florence, c. 1320–1343*, Ph. D. thesis Columbia University 1988.

Luzzati 1978
Luzzati, Michele: ›Castellani, Michele‹, in: DBI, 1978, Bd. XXI, S. 632–633.

Madonna d'Ognissanti 1992
La 'Madonna d'Ognissanti' di Giotto restaurata, Florenz 1992.

Maetzke 1981
Maetzke, Anna Maria: ›Vasari e i commitenti ecclesiastici: Arezzo e Camaldoli 1537–1540‹, in: *Giorgio Vasari. Principi, letterati e artisti nelle carte di Giorgio Vasari*, Ausst.-Kat. Arezzo, Florenz 1981, S. 50–54.

Maginnis 1993
Maginnis, Hayden B.J.: ›Giotto's World through Vasari's Eyes‹, in: *Zeitschrift für Kunstgeschichte*, 1993, Bd. LVI, S. 385–408.

Maginnis 1997
Maginnis, Hayden B.J.: *Painting in the Age of Giotto. A Historical Reevaluation*, University Park, PA 1997.

Mandelli 1983
Mandelli, Emma: ›Lettura di un disegno: la pergamena di Siena‹, in: *Studi e documenti di architettura*, 1983, Bd. XI, S. 99–134.

Marchini 1938
Marchini, Giuseppe: ›Gli affreschi perduti di Giotto in una cappella di S. Croce‹, in: *Rivista d'Arte*, 1938, Bd. XX, S. 215–241.

Marcucci 1959/60
Marcucci, Luisa: ›Per gli 'armarj' della sacrestia di Santa Croce‹, in: *Mitteilungen des Kunsthistorischen Institutes in Florenz*, 1959/60, Bd. IX, S. 141–158.

Massaccesi 2008
Massaccesi, Fabio: ›Nuovi argomenti per Ravenna 'riminese': affreschi di Giuliano e Giovanni Baronzio‹, in: Arte cristiana, 2008, Bd. XCVI, S. 9–23.

Mazzoni 1973
Mazzoni, Francesco: ›Ottimo commento, L'‹, in: ED, 1973, Bd. IV, S. 220–222.

Medica 2004
Medica, Massimo: ›Oderisi da Gubbio‹, in: *Dizionario Biografico dei Miniatori Italiani – secoli IX–XVI*, hg. v. Milvia Bollati, Mailand 2004, S. 836–837.

Mellini 2006
Mellini, Gian Lorenzo: ›Can Grande e Giotto‹, in: *Labyrinthos*, 2006, Bd. XLIII/XLIV, S. 21–40.

Mikuž 2006
Mikuž, Jure: ›The Image of the Fly as Representation, Sign, Symbol, and Trademark‹, in: *Acta Historiae Artis Slovenica*, 2006, Bd. XI, S. 223–236.

Morolli 2002
Morolli, Gabriele: *Percorsi nel Palazzo Pubblico di Lucca. Tempi, forme, strutture*, Lucca 2002.

Morozzi 1995
Morozzi, Luisa: ›Franco Bolognese‹, in: EAM, 1995, Bd. VI, S. 385.

Morpurgo 1897
Morpurgo, Salomone: *Un affresco perduto di Giotto nel Palazzo del Podestà di Firenze*, Florenz 1897.

Murray 1953
Murray, Peter: ›Notes on Some Early Giotto Sources‹, in: *Journal of the Warburg and Courtauld Institutes*, 1953, Bd. XVI, S. 58–80.

Murray 1959
Murray, Peter: *An Index of Attributions Made in Tuscan Sources before Vasari*, Florenz 1959.

Murray 1971
Murray, Peter: ›On the Date of Giotto's Birth‹, in: *Giotto e il suo tempo* 1971, S. 25–34.

Nagel 2008
Nagel, Alexander: ›Authorship and Image-making in the Monument to Giotto in Florence Cathedral‹, in: *RES*, 2008, Bd. LIII/LIV, S. 143–151.

Neri Lusanna 1993
Neri Lusanna, Enrica: ›La pittura in San Francesco dalle origini al Quattrocento‹, in: *S. Francesco. La chiesa e il convento in Pistoia*, hg. v. Lucia Gai, Ospedaletto 1993, S. 81–165.

Neri Lusanna 2014
Neri Lusanna, Enrica: ›Dante, non-Dante. Osservazioni sul presunto ritratto giottesco della cappella del Podestà a Firenze‹, in: *Paragone*, 2014, Bd. LXV, S. 34–53.

Nova 2014
Nova, Alessandro: ›'Vasari' versus Vasari – Die doppelte Aktualität der *Vite*‹, in: *Bild/Sprachen. Kunst und visuelle Kultur in der italienischen Renaissance*, hg. v. Matteo Burioni u.a., Berlin 2014, S. 139–169.
Offner 1931
Offner, Richard: *The Fourteenth Century*, Glückstadt 1931 (A Critical and Historical Corpus of Florentine Painting, Section III, Bd. I).
Offner 1939
Offner, Richard: ›Giotto, Non-Giotto‹, in: *The Burlington Magazine*, 1939, Bd. LXXIV, S. 258–269, Bd. LXV, S. 96–113.
Offner 1956
Offner, Richard: *The Fourteenth Century*, Glückstadt 1956 (A Critical and Historical Corpus of Florentine Painting, Section III, Bd. VI).
Offner 1958
Offner, Richard: *The Fourteenth Century*, Glückstadt 1958 (A Critical and Historical Corpus of Florentine Painting, Section III, Bd. VIII).
Onori 2009
Onori, Alberto M.: ›Città del potere, poteri in città. La fortezza Augusta e l'organizzazione dello spazio urbano in Lucca nel primo Trecento‹, in: *Castelli e fortezze nelle città e nei centri minori italiani (secoli XIII–XV)*, hg. v. Francesco Panero und Giuliano Pinto, Cherasco 2009, S. 197–225.
Oy-Marra 1994
Oy-Marra, Elisabeth: *Florentiner Ehrengrabmäler der Frührenaissance*, Berlin 1994.
Paatz 1950
Paatz, Walter: ›Die Gestalt Giottos im Spiegel einer zeitgenössischen Urkunde‹, in: *Eine Gabe der Freunde für Carl Georg Heise zum 28. VI. 1950*, Berlin 1950, S. 85–102.
Pächt 1950
Pächt, Otto: ›Early Italian Nature Studies and the Early Calendar Landscape‹, in: *Journal of the Warburg and Courtauld Institutes*, 1950, Bd. XIII, S. 13–47.
Panofsky 1930
Panofsky, Erwin: ›Das erste Blatt aus dem 'Libro' Giorgio Vasaris. Eine Studie über die Beurteilung der Gotik in der italienischen Renaissance. Mit einem Exkurs über zwei Fassadenprojekte Domenico Beccafumis‹, in: *Städel-Jahrbuch*, 1930, Bd. VI, S. 25–72.

Paoli 2013
Paoli, Michel: ›Évolution des idées sur la 'manière gothique' et la 'manière allemande' de Filarète à Vasari (et au-delà)‹, in: *Studi rinascimentali*, 2013, Bd. XI, S. 99–112.
Paolucci 2010
Paolucci, Antonio (Hg.): *Il Tempio Malatestiano a Rimini – The Tempio Malatestiano in Rimini*, Modena 2010, 2 Bde.
Pari 1998
Pari, Silvia: *La Signoria di Malatesta da Verucchio*, Rimini 1998.
Parma 1997
Parma, Elena: *Perin del Vaga. L'anello mancante*, 2. Auflage, Genua 1997.
Patti 2013
Patti, Mattia (Hg.): *I dipinti murali. Applicazioni di nanotecnologie e laser*, Florenz 2013.
Perriccioli Saggese 2013
Perriccioli Saggese, Alessandra: ›Oderisi (Oderico) di Guidone da Gubbio‹, in: DBI, 2013, Bd. LXXIX, S. 139–142.
Pfisterer 2003
Pfisterer, Ulrich: ›Erste Werke und Autopoiesis. Der Topos künstlerischer Frühbegabung im 16. Jahrhundert‹, in: *Visuelle Topoi. Erfindung und tradiertes Wissen in den Künsten der italienischen Renaissance*, hg. v. Max Seidel und Ulrich Pfisterer, München/Berlin 2003, S. 263–302.
Piccoli 2013
Piccoli, Fausta: ›Dentro e fuori la corte: note sulle pitture trecentesche nel palazzo di Cangrande della Scala a Verone‹, in: *Arte di corte in Italia del Nord. Programmi, modelli, artisti (1330–1402 ca.)*, hg. v. Serena Romano und Denise Zaru, Rom 2013, S. 147–170.
Pinelli 2000
Pinelli, Antonio (Hg.): *La Basilica di San Pietro in Vaticano – The Basilica of St Peter in the Vatican*, Modena 2000, 4 Bde.
Pines 1985
Pines, Doralynn Schlossman: *The Tomb Slabs of Santa Croce: A New 'Sepoltuario'*, Ph. D. thesis Columbia University 1985.
Poeschke 1985
Poeschke, Joachim: *Die Kirche San Francesco in Assisi und ihre Wandmalereien*, München 1985.
Poeschke 1998–2000
Poeschke, Joachim: *Die Skulptur des Mittelalters in Italien*, München 1998–2000, 2 Bde.

Poeschke 2003
Poeschke, Joachim: *Wandmalerei der Giottozeit in Italien 1280–1400*, München 2003.
Poeschke 2009
Poeschke, Joachim: *Mosaiken in Italien 300–1300*, München 2009.
Posselt 2013
Posselt, Christina: *Das Porträt in den Viten Vasaris. Kunsttheorie, Rhetorik und Gattungsgeschichte*, Köln/Weimar/Wien 2013.
Previtali 1993
Previtali, Giovanni: *Giotto e la sua bottega*, 3., aktualisierte und erweiterte Auflage, Mailand 1993.
Prinz 1966
Prinz, Wolfram: *Vasaris Sammlung von Künstlerbildnissen. Mit einem kritischen Verzeichnis der 144 Vitenbildnisse in der zweiten Ausgabe der Lebensbeschreibungen von 1568*, Florenz 1966.
Procacci 1961–1963
Procacci, Ugo: ›La tavola di Giotto dell'altar maggiore della chiesa della Badia Fiorentina‹, in: *Scritti di storia dell'arte in onore di Mario Salmi*, Rom 1961–1963, 3 Bde., Bd. II, S. 9–45.
Ragionieri 1998
Ragionieri, Giovanna: ›Allievi e gregari nella bottega di Giotto‹, in: *La bottega dell'artista tra medioevo e rinascimento*, hg. v. Roberto Cassanelli, Mailand 1998, S. 55–70.
Ragionieri 2002
Ragionieri, Giovanna: ›La pittura e la miniatura del Trecento a Rimini e nei territori malatestiani‹, in: *Le arti figurative nelle corti dei Malatesti*, hg. v. Luciano Bellosi, Rimini 2002, S. 25–110.
Ragozzino 2003
Ragozzino, Marta: ›Guglielmo da Forlì‹, in: DBI, 2003, Bd. LX, S. 806–808.
Rambaldi 1937
Rambaldi, Pier Liberale: ›Dante e Giotto nella letteratura artistica sino al Vasari‹, in: *Rivista d'arte*, 1937, Bd. XIX, S. 286–348.
Rave 1999
Rave, August Bernhard: *Staatsgalerie Stuttgart. Frühe italienische Tafelmalerei. Vollständiger Katalog der italienischen Gemälde der Gotik*, Stuttgart 1999.
Rawlings 2008
Rawlings, Kandice: ›Painted Paradoxes: The *Trompe-l'Œeil* Fly in the Renaissance‹, in: *Athanor*, 2008, Bd. XXVI, S. 7–13.

Rintelen 1912

Rintelen, Friedrich: *Giotto und die Giotto-Apokryphen*, München/ Leipzig 1912.

Romano 2008

Romano, Serena: *La O di Giotto*, Mailand 2008.

Romano 2012

Romano, Serena: ›Azzone Visconti: qualche idea per il programma della *magna salla*, e una precisazione sulla *Crocifissione* di San Gottardo‹, in: *L'artista girovago. Forestieri, avventurieri, emigranti e missionari nell'arte del Trecento in Italia del Nord*, hg. v. Serena Romano und Damien Cerutti, Rom 2012, S. 135–162.

Romiti 1980

Romiti, Antonio: ›Il Palazzo Signorile ed il Palazzo Comunale a Lucca nel XIV secolo: problemi strutturali e funzionali‹, in: *Il Palazzo Pubblico di Lucca. Architetture – opere d'arte – destinazioni*, hg. v. Isa Belli Barsali, Lucca 1980, S. 37–47.

Ronen 1989

Ronen, Avraham: ›La mosca di Giotto e la testa di fauno di Michelangelo. Due illustrazioni del pensiero storico del Vasari‹, in: *Atti e memorie della Accademia Petrarca di lettere, arti e scienze*, 1989, Bd. LI, S. 105–122.

Rossi/Ravasi 2000

Rossi, Aldo/Ravasi, Antonia: ›La miniatura da Dante a Boccaccio: Oderisi da Gubbio, Buffalmacco, Boccaccio disegnatore‹, in: *Annali della Scuola Normale Superiore di Pisa. Classe di Lettere e Filosofia. Quaderni*, 2000, Bd. IX/X, S. 69–86.

Rubin 1995

Rubin, Patricia Lee: *Giorgio Vasari. Art and History*, New Haven/ London 1995.

Ruf 2012

Ruf, Gerhard: *Die Fresken der Oberkirche San Francesco in Assisi. Ikonographie und Theologie*, 2. Auflage, Regensburg 2012.

Salerno 1956

Salerno, Luigi: *Il Museo Diocesano di Gaeta e mostra di opere restaurate nella provincia di Latina*, Gaeta 1956.

Salvini 1938

Salvini, Roberto: *Giotto. Bibliografia*, Rom 1938.

Santolamazza 2008
Santolamazza, Lisa: ›Ricostruzione della decorazione pittorica della chiesa di San Domenico di Pistoia. Metodologia per un grafico alla luce di un manoscritto quattrocentesco‹, in: *Arte e storia nel convento San Domenico di Pistoia*, hg. v. Alessandro Cortesi und Elettra Giaconi, Florenz 2008, S. 43–75.

Santoleri 1997a
Santoleri, Valeria: ›Maestro di Figline‹, in: EAM, 1997, Bd. VIII, S. 91–93.

Santoleri 1997b
Santoleri, Valeria: ›Maestro della S. Cecilia‹, in: EAM, 1997, Bd. VIII, S. 115–116.

Santoleri 1997c
Santoleri, Valeria: ›Maestro delle Vele‹, in: EAM, 1997, Bd. VIII, S. 121–122.

Scaevola 1963
Scaevola, Liliana: ›La Basilica di S. Giovanni Evangelista a Ravenna‹, in: *Felix Ravenna*, 1963, Bd. LXXXVII, S. 5–107.

Schlegel 1957
Schlegel, Ursula: ›Zum Bildprogramm der Arena Kapelle‹, in: *Zeitschrift für Kunstgeschichte*, 1957, Bd. XX, S. 125–146.

Schlosser 1896
Schlosser, Julius von: ›Giusto's Fresken in Padua und die Vorläufer der Stanza della Segnatura‹, in: *Jahrbuch der Kunsthistorischen Sammlungen des Allerhöchsten Kaiserhauses*, 1896, Bd. XVII, S. 13–100.

Schütz-Rautenberg 1978
Schütz-Rautenberg, Gesa: *Künstlergrabmäler des 15. und 16. Jahrhunderts in Italien*, Köln/Wien 1978.

Schwartz 2005
Schwartz, Frithjof: ›In medio ecclesiae. Giottos Tafelkreuz in Santa Maria Novella‹, in: *Wiener Jahrbuch für Kunstgeschichte*, 2005, Bd. LIV, S. 95–114.

Schwartz 2009
Schwartz, Frithjof: *Il bel cimitero. Santa Maria Novella in Florenz 1279–1348. Grabmäler, Architektur und Gesellschaft*, Berlin/München 2009.

Schwarz 1995
Schwarz, Michael Viktor: ›Giottos Navicella zwischen 'Renovatio' und 'Trecento': ein genealogischer Versuch‹, in: *Wiener Jahrbuch für Kunstgeschichte*, 1995, Bd. XLVIII, S. 129–163.

Schwarz 2007/08
Schwarz, Michael Viktor: ›Intensität, Differenz, Authentizität. Zwei Florentiner Tafelkreuze im Vergleich‹, in: *Römisches Jahrbuch der Bibliotheca Hertziana*, 2007/08, Bd. XXXVIII, S. 131–150.

Schwarz/Theis 2004–2008
Schwarz, Michael Viktor/Theis, Pia: *Giottus Pictor*, Wien/Köln/Weimar 2004–2008, 2 Bde.

Schwarz/Theis 2007
Schwarz, Michael Viktor/Theis, Pia: ›Giotto (G. di Bondone)‹, in: AKL, 2007, Bd. LIV, S. 471–477.

Seiler 2003
Seiler, Peter: ›Giotto als Erfinder des Porträts‹, in: Martin Büchsel/Peter Schmidt (Hgg.): *Das Porträt vor der Erfindung des Porträts*, Mainz 2013, S. 153–172.

Sieni 2000
Sieni, Stefano: ›Giotto, il corpo ritrovato‹, in: *Giotto e il suo tempo*, Ausst.-Kat. Padua, Mailand 2000, S. 111–117.

Silvestrelli 2014
Silvestrelli, Maria Rita: ›Pace di Bartolo‹, in: DBI online, Bd. LXXX, http://www.treccani.it/enciclopedia/pace-di-bartolo_(Dizionario_Biografico).

Simbeni 2011
Simbeni, Alessandro: ›Gli affreschi di Taddeo Gaddi nel refettorio: programma, committenza e datazione, con una postilla sulla diffusione del modello iconografico del *Lignum vitae* in Catalogna‹, in: *Santa Croce. Oltre le apparenze*, hg. v. Andrea De Marchi und Giacomo Piraz, Pistoia 2011, S. 112–141.

Simi Varanelli 1995
Simi Varanelli, Emma: *Artisti e dottori nel medioevo. Il campanile di Firenze e la rivalutazione delle 'arti belle'*, Rom 1995.

Simonetti 1992
Simonetti, Roberto: ›La chiesa di S. Maria in Turri al Vaticano: Osservazioni sul corpo d'ingresso alla basilica costantiniana di S. Pietro in età medievale‹, in: *Geo-Archeologia*, 1992, Bd. I, S. 55–66.

Skerl del Conte 1995
Skerl del Conte, Serena: *Antonio Veneziano e Taddeo Gaddi nella Toscana della seconda metà del Trecento*, Pasian di Prato 1995.

Smart 1971
Smart, Alastair: *The Assisi Problem and the Art of Giotto. A Study of the 'Legend of St. Francis' in the Upper Church of San Francesco, Assisi*, Oxford 1971.

Soergel Panofsky 1991
Soergel Panofsky, Gerda: ›Ghiberti, Alberti und die frühen Italiener‹, in: *Kunst und Kunsttheorie 1400–1900*, hg. v. Peter Ganz u.a., Wiesbaden 1991, S. 1–28.
Sohm 2001
Sohm, Philip: *Style in the Art Theory of Early Modern Italy*, Cambridge 2001.
Stewart 1983
Stewart, Pamela D.: ›Giotto e la rinascità della Pittura: 'Decameron' VI.5‹, in: *Yearbook of Italian Studies*, 1983, Bd. V, S. 22–34.
Studničková 2009
Studničková, Milada: ›A Lifelike Fly in Margins of Manuscripts: A Symbol as Trompe l'Œil‹, in: *Ikon*, 2009, Bd. II, S. 253–262.
Tafi 1978
Tafi, Angelo: *Arezzo. Guida storico-artistica*, Arezzo 1978.
Tafi 1994
Tafi, Angelo: *La Pieve di S. Maria in Arezzo*, Cortona 1994.
Tambini 1982
Tambini, Anna: *Pittura dall'Alto Medioevo al Tardogotico nel territorio di Faenza e Forlì*, Bologna 1982.
Tambini 2000
Tambini, Anna: ›Alla ricerca di Pace e Ottaviano da Faenza‹, in: *Romagna arte e storia*, 2000, Bd. XX, S. 41–60.
Tambini 2009
Tambini, Anna: ›Per Pace da Faenza: il polittico descritto da Crowe e Cavalcaselle e una tavola di Enrico da Monteregale‹, in: *Romagna arte e storia*, 2009, Bd. XXIX, S. 5–21.
Tartuferi 2012
Tartuferi, Angelo (Hg.): *Giotto. Il restauro del Polittico di Badia – Giotto. The Restoration of the Badia Polyptych*, Florenz 2012.
Terribile 1998
Terribile, Claudia: ›Franco Bolognese‹, in: DBI, 1998, Bd. L, S. 174.
Thode 1885
Thode, Henry: *Franz von Assisi und die Anfänge der Kunst der Renaissance in Italien*, Berlin 1885.
Thomann 1991
Thomann, Johannes: ›Pietro d'Abano on Giotto‹, in: *Journal of the Warburg and Courtauld Institutes*, 1991, Bd. LIV, S. 238–244.
Tintori/Borsook 1965
Tintori, Leonetto/Borsook, Eve: *Giotto. The Peruzzi Chapel*, New York 1965.

Todini 1993
Todini, Filippo: ›Capanna, Puccio‹, in: EAM, 1993, Bd. IV, S. 180–183.
Todini/Zanardi 1980
Todini, Filippo/Zanardi, Bruno: *La Pinacoteca Comunale di Assisi. Catalogo dei dipinti*, Florenz 1980.
Tomei 1995
Tomei, Alessandro: ›Giotto‹, in: EAM, 1995, Bd. VI, S. 649–675.
Tomei 1997
Tomei, Alessandro: ›Maestro di Isacco‹, in: EAM, 1997, Bd. VIII, S. 95–97.
Tomei 2009
Tomei, Alessandro: ›La decorazione della Basilica di San Francesco ad Assisi come metafora della questione giottesca‹, in: *Giotto e il Trecento. 'Il più Sovrano Maestro stato in dipintura'*, Ausst.-Kat. Rom, Mailand/Rom 2009, 2 Bde., Bd. II, S. 31–49.
Trachtenberg 1971
Trachtenberg, Marvin: *The Campanile of Florence Cathedral – 'Giotto's Tower'*, New York 1971.
Travi 2009
Travi, Carla: ›Giotto e la sua bottega a Milano‹, in: *Giotto e il Trecento. 'Il più Sovrano Maestro stato in dipintura'*, Ausst.-Kat. Rom, Mailand/Rom 2009, 2 Bde., Bd. II, S. 241–251.
Tripps 2014
Tripps, Johannes: *'Che li conoscitori, quando le vedeano, per lo grandissimo diletto raitieno' – Taddeo Gaddi e le storie di Giobbe nel Camposanto di Pisa*, http://archiv.ub.uni-heidelberg.de/artdok/2469/1/Tripps_CampsantoDiPisa.pdf.
Uetz 2006
Uetz, Karin: *La Badia di Firenze – die Abteikirche von Florenz 969–1310. Die Kirche Santa Maria Assunta nella Badia Fiorentina und ihr Glockenturm. Ein Beitrag zur Klärung der älteren Baugeschichte von Kirche und Campanile der Benediktinerabtei von Florenz*, Bamberg 2006.
Ugurgieri della Berardenga 1962
Ugurgieri della Berardenga, Curzio: *Gli Acciaioli di Firenze nella luce dei loro tempi (1160–1834)*, Florenz 1962, 2 Bde.
Valagussa 2004
Valagussa, Giovanni: ›Franco Bolognese‹, in: *Dizionario Biografico dei Miniatori Italiani – secoli IX–XVI*, hg. v. Milvia Bollati, Mailand 2004, S. 239–240.

Venturi 1918
Venturi, Lionello: ›La data dell'attività romana di Giotto‹, in: *L'Arte*, 1918, Bd. XXI, S. 229–235.
Venturi 1922
Venturi, Lionello: ›La 'Navicella' di Giotto‹, in: *L'Arte*, 1922, Bd. XXV, S. 49–69.
Verdon 1994
Verdon, Timothy (Hg.): *Alla riscoperta di Piazza del Duomo in Firenze. 3: Il Campanile di Giotto*, Florenz 1994.
Vitolo 2008
Vitolo, Paola: *La chiesa della Regina. L'Incoronata di Napoli, Giovanna I d'Angiò e Roberto di Oderisio*, Rom 2008.
Volbach 1979
Volbach, Wolfgang Fritz: *Catalogo della Pinacoteca Vaticana.* Vol. I: *I dipinti dal X secolo fino a Giotto*, Vatikanstadt 1979.
Volpe 1965
Volpe, Carlo: *La Pittura Riminese del Trecento*, Mailand 1965.
Volpe 2002
Volpe, Alessandro: *Giotto e i Riminesi. Il gotico e l'antico nella pittura di primo Trecento*, Mailand 2002.
Volpe 2010
Volpe, Alessandro: ›Giotto a Rimini‹, in: *Il Tempio Malatestiano a Rimini – The Tempio Malatestiano in Rimini*, hg. v. Antonio Paolucci, Modena 2010, 2 Bde., Bd. II, S. 145–156.
Weppelmann 2007
Weppelmann, Stefan: ›Raum und Memoria. Giottos Berliner *Transitus Mariae* und einige Überlegungen zur Aufstellung der *Maestà* in Ognissanti, Florenz‹, in: *Zeremoniell und Raum in der frühen italienischen Malerei*, hg. von Stefan Weppelmann, Petersberg 2007, S. 128–159.
Weppelmann 2011
Weppelmann, Stefan: *Spinello Aretino e la pittura del Trecento in Toscana*, Florenz 2011.
Zaccarello 2009
Zaccarello, Michelangelo: ›Ingegno naturale e cultura materiale: i motti degli artisti nelle *Trecento Novelle* di Franco Sacchetti‹, in: *Italianistica*, 2009, Bd. XXXVIII, S. 129–140.
Zanardi 1978
Zanardi, Bruno: ›Da Stefano Fiorentino a Puccio Capanna‹, in: *Storia dell'arte*, 1978, Bd. XXXIII, S. 115–127.

Zanardi 1996
Zanardi, Bruno: *Il cantiere di Giotto. Le storie di san Francesco ad Assisi*, Mailand 1996.
Zanardi 2002
Zanardi, Bruno: *Giotto e Pietro Cavallini. La questione di Assisi e il cantiere medievale della pittura a fresco*, Mailand 2002.
Zaru 2009
Zaru, Denise: ›Les panneaux de l'*Apocalypse* de Stuttgart: une syntaxe figurative originale de la 'vision'‹, in: *Figura e racconto. Narrazione letteraria e narrazione figurativa in Italia dall'antichità al primo rinascimento – Figure et récit. Narration littéraire et narration figurative en Italie de l'antiquité à la première renaissance*, hg. v. Gabriele Bucchi u.a., Florenz 2009, S. 111–162.
Zucker 2004
Zucker, Mark J.: ›Homeliness and Humor in Renaissance Italy: Tales of Ugly (and Witty) Artists and Other Paragons of Ugliness‹, in: *Explorations in Renaissance Culture*, 2004, Bd. XXX, S. 231–259.

Daten zu Leben und Werk Giottos

um 1265/76	Geburt Giottos di Bondone in Vespignano oder Florenz als Sohn eines Schmieds. Die städtischen Besitzungen der Familie liegen in der Pfarrei von Santa Maria Novella.
25. Mai 1301	Erste namentliche Erwähnung Giottos in einem Dokument, das den Hausverkauf seines Nachbarn im Viertel von Santa Maria Novella in Florenz betrifft.
1303–1305	Mit hoher Wahrscheinlichkeit freskiert Giotto in diesem Zeitraum die Scrovegni-Kapelle in Padua.
4. Jan. 1309	In Zusammenhang mit einem Kredit ist dokumentiert, daß sich Giotto zuvor in Assisi aufgehalten haben muß.
23. Dez. 1311	Giottos Anwesenheit ist in Florenz dokumentiert.
15. Juni 1312	Aus dem Testament des Ricchiuccio di Puccio geht hervor, daß Giotto für ihn zu einem früheren Zeitpunkt eine Altartafel in San Domenico in Prato ausgeführt hatte.
4. Sept. 1312	In Florenz vermietet Giotto einen Webstuhl für die Dauer von sechs Monaten.
8. Dez. 1313	Aus einer Quelle geht hervor, daß sich Giotto zu einem unbekannten früheren Zeitpunkt in Rom aufgehalten haben muß.
vor 1316	Giotto tritt der *Arte dei Medici e Speziali* bei, in der die Florentiner Maler organisiert sind. Zwischenzeitlich ist mehrfach seine Anwesenheit in Florenz belegt.
1320–1323	In diesem Zeitraum ist Giotto wiederholt in Florenz und Vespignano dokumentiert.
12. Mai 1326	Giotto ist ein letztes Mal vor der Reise nach Neapel verläßlich in der Toskana greifbar.
Dez. 1328 – Frühjahr 1332	Die Anwesenheit Giottos am Hof von Robert d'Anjou in Neapel ist belegt. Am 20. Januar 1330 wird er unter die *familiari* des Königs aufgenommen, am 26. April 1332 wird ihm eine lebenslange Pension zugesprochen.
12. Apr. 1334	Ernennung zum Stadtbaumeister in Florenz
18. (?) Juli 1334	Grundsteinlegung des Glockenturms der Florentiner Kathedrale

18. Okt. 1334	Giotto ist mit Wohnsitz in der Pfarrei von San Michele Visdomini in Florenz dokumentiert.
8. Jan. 1337	Giotto stirbt in Florenz.

Die Auswahl der Angaben und Daten ist Tomei 1995, Gilbert 1996, Boskovits 2001, Schwarz/Theis 2004–2008, Schwarz/Theis 2007 sowie Hourihane 2012, Bd. II, S. 711–724 entnommen.

Bedeutende Werke Giottos in Italien

Assisi, San Francesco, Oberkirche
- Kirchenvätergewölbe (Giotto-Werkstatt?)
- Szenen des Lebens des Heiligen Franziskus (Giotto und Werkstatt)

Assisi, San Francesco, Unterkirche
- Vierungsgewölbe (Giotto oder Nachfolger?)
- Nordarm des westlichen Querhauses (Giotto und Werkstatt)
- Cappella della Maddalena (Giotto und Werkstatt)
- Cappella di San Nicola (Giotto und Werkstatt)

Bologna, Pinacoteca Nazionale
- Polyptychon (Giotto und Werkstatt)

Florenz, Ognissanti
- Monumentalkruzifix (Giotto oder Giotto-Umkreis?)

Florenz, San Felice in Piazza
- Monumentalkruzifix (Giotto?)

Florenz, Santa Croce
- Cappella Bardi, Szenen aus dem Leben des Heiligen Franziskus
- Cappella Peruzzi, Szenen aus dem Leben Johannes des Täufers und Johannes des Evangelisten
- Baroncelli-Altar

Florenz, Santa Maria Novella
- Monumentalkruzifix (Giotto?)

Florenz, Uffizien
- Ognissanti-Madonna
- Polyptychon aus der Badia Fiorentina

Padua, Musei Civici, Museo d'Arte
- Monumentalkruzifix (Giotto?)

Padua, Scrovegni-Kapelle (Arena-Kapelle)
- Leben Mariens und Christi
- Personifikationen der Tugenden und Laster
- Jüngstes Gericht (Giotto und Werkstatt)

Rimini, San Francesco (Tempio Malatestiano)
- Monumentalkruzifix (Giotto?)

Rom, Vatikanisches Museum
- Stefaneschi-Polyptychon (Giotto und Werkstatt)

Bedeutende Werke Giottos ausserhalb Italiens

Berlin, Staatliche Museen, Gemäldegalerie
- Marientod/Grablegung Mariens

Paris, Musée du Louvre
- Der Heilige Franziskus empfängt die Stigmata (Giotto und Werkstatt?)
- Monumentalkruzifix (Giotto?)

Raleigh, North Carolina Museum of Art
- »Peruzzi-Polyptychon« (Giotto und Werkstatt?)

Anmerkungen zum Leben des Pietro Cavallini

Anmerkungen zur Einleitung (S. 97–102)

1 *Anonimo Magliabechiano*, Ed. Frey, S. 56.
2 Zu einem umfassenden Überblick über die Cavallini-Forschung siehe Schmitz 2013, S. 13–42.
3 Die Urkunden aus der königlichen Kanzlei der Anjou in Neapel wurden zuletzt publiziert von Schmitz 2013, S. 253–254.
4 Ghiberti, *Denkwürdigkeiten*, Bd. I, S. 39.
5 *Anonimo Magliabechiano*, Ed. Frey, S. 56.
6 Maginnis 1993, S. 392–395.
7 Kallab 1908, S. 247–271.

Anmerkungen zu Vasaris Text (S. 103–112)

1 Pietro Cavallinis Lebensdaten (*um 1250 Rom – †um 1330 Rom) sind in der Forschung umstritten, da es nur wenige urkundliche Quellen gibt. Diese bezeugen lediglich, daß sich der römische Maler in den Jahren 1308 und 1309 am königlichen Hof der Anjou in Neapel aufhielt und offenbar eine gehobene Stellung innehatte, was hohe, in Aussicht gestellte Gehaltszahlungen vermuten lassen. Von diesen wenigen Angaben abgesehen dienen Lorenzo Ghibertis *Commentarii*, das Manuskript des *Anonimo Magliabechiano* und vor allem Vasaris *Vite* bis heute als maßgebliche Quellen für das Leben und Wirken Pietro Cavallinis.
Bibl.: Ghiberti, *Denkwürdigkeiten*, Bd. I, S. 39; *Anonimo Magliabechiano*, Ed. Frey, S. 56–57; Toesca 1959; Matthiae 1972, S. 13; Hetherington 1979, S. 3–10; Boskovits 1983; Tomei 2000, S. 11–13; Schmitz 2013, S. 15–42.
2 Giotto di Bondone, genannt Giotto (*1265/76 Colle di Vespignano oder Florenz – †8. Januar 1337 Florenz), siehe seine Vita in diesem Band.
3 Wie seine Vorgänger Cimabue und Giotto kommt auch Cavallini in der Erzählung Vasaris durch »göttlichen Willen« zur Welt und analog zu den Florentinern, die die Kunst in ihrer Stadt wiederauferstehen lassen, erweckt Cavallini die Kunst im Rom nach langem kulturellem

Niedergang erneut zum Leben. Seine isolierte Position als einziger Römer im ersten Teil der *Vite* wird durch diese Parallelisierung deutlich aufgewertet.

4 Giotto, in Vasaris *Vite* unbestrittener Protagonist der *prima età*, wird zum Lehrer Cavallinis erklärt. Diese Ansicht, von Ghiberti nicht erwähnt, übernimmt Vasari von dem Manuskript des *Anonimo Magliabechiano* und löst damit weitreichende Diskussionen aus. Die Cavallini-Forschung spaltete sich lange Zeit in ein florentinisch-toskanisches Lager, das Cavallini in Abhängigkeit von Giotto sieht, und in ein römisches, welches Cavallinis Autonomie betont. Bis heute wird das Problem diskutiert, vor allem auch im Hinblick auf die jüngeren Entdeckungen von Fresken aus dem 13. Jahrhundert in Rom, zum Beispiel in der Johanneskapelle in Santa Maria in Aracoeli.

Bibl.: *Anonimo Magliabechiano*, Ed. Frey, S. 56; Matthiae 1972, S. 11–13; Hetherington 1979, S. 1–7; Parronchi 1994; Tomei 2000, S. 13–21; Zanardi 2002; Mazzocchi 2004; Schmitz 2013.

5 Indem Vasari Giotto und Cavallini nicht nur in der wichtigsten Kirche, sondern auch am prestigeträchtigsten Kunstwerk der Zeit, dem Navicella-Mosaik, arbeiten läßt, bringt er die hohe Wertschätzung des Römers zum Ausdruck. Obwohl man sich in der Zuschreibung an Giotto einig ist, wollen manche Forscher in den einzig erhaltenen Fragmenten, zwei stark restaurierten Engeltondi (Mosaik, Durchmesser je 65,5 cm, Rom, Fabbrica di San Pietro, und Boville Ernica, Kirche San Pietro Ispano), gewisse Ähnlichkeiten mit dem Schaffen Cavallinis erkennen.

Bibl.: Muñoz 1924–1925; Paeseler 1941; Matthiae 1972, S. 9–13; Köhren-Jansen 1993; Parronchi 1994, S. 23; Schwarz 1995, S. 133–134; Tomei 2000, S. 146–147; Andaloro 2009; Schmitz 2013, S. 241–242.

6 Zweimal berichtet Vasari, und weicht damit erstmals von den Werkkatalogen Ghibertis beziehungsweise des *Anonimo* ab, von Cavallinis Werken in Santa Maria in Aracoeli: An dieser Stelle erwähnt er einen Bildzyklus an der nördlichen Stirnwand des Querschiffes »über der Tür zur Sakristei« und an späterer Stelle, allerdings einzig in der zweiten Edition der Viten, nennt er das Apsisfresko (siehe Anm. 16). Es sind gleichzeitig jene wenigen Werke in der Vita, deren Erhaltungszustand von Vasari kommentiert wird. Dies läßt darauf schließen, daß er sie aus eigener Anschauung kannte. Fast die gesamte Freskendekoration im Inneren der Kirche ging bei der Erneuerung zwischen dem Ende des 13. und dem Anfang des 14. Jahrhunderts verloren. In jüngerer Zeit wurden in der Savellikapelle und in der alten Johanneskapelle Fragmente von Malereien gefunden, die dem Cavallini-Umkreis zugeordnet werden.

Insbesondere wird Cavallini das Lünettenfresko auf der Rückwand des Grabmals des 1302 verstorbenen Kardinals Matteo d'Acquasparta (*1240 Acquasparta nahe Perugia – †1302 Rom) zugeschrieben. Demzufolge könnte Cavallini zwischen 1296 und 1302, vielleicht im Auftrag des genannten Kardinals und Generalministers der Franziskaner, an der kompletten malerischen Neuausstattung der Kirche beteiligt gewesen sein.

Bibl.: Cellini 1955; Hetherington 1979, S. 59–63; Blume 1983, S. 88; Herklotz 1983, S. 567–568; Tomei 2000, S. 114–115; Strinati 2004; Schmitz 2013, S. 242–245.

7 Bereits Ghiberti erwähnt Cavallinis »Geschichten« in der Hauptkapelle der Kirche von Santa Maria in Trastevere in Rom, und auch der *Anonimo Magliabechiano* lobt die »istorie di musaicho«. Vasari führt dieses Lob weiter, betont Cavallinis Beherrschung beider Gattungen, der Mosaikkunst sowie der Malerei, und schreibt ihm zusätzlich Fresken in der gesamten Kirche und das Fassadenmosaik zu. Letztere Behauptung trifft allerdings nicht zu, da es sich hierbei um ein heterogenes, in mehreren Etappen geschaffenes Werk handelt. Während von der Freskendekoration im Kircheninnenraum nichts mehr zu sehen ist, hat sich der monumentale Mosaikzyklus in der Apsis erhalten, der beginnend mit der *Geburt Mariens* [siehe S. 103] auf der linken Apsisstirnwand in sechs Szenen das Leben Mariens darstellt. An der rechten Apsisstirnwand schließt der *Marientod* den Zyklus ab. Zusätzlich befindet sich in der Mitte der Apsis ein Stifterbild [siehe S. 106 unten], welches die Madonna mit Kind im Clipeus zeigt, begleitet von den Heiligen Petrus und Paulus und einem weltlichen Stifter, den eine Inschrift als Bertoldo Stefaneschi ausweist. Es wird vermutet, daß sein Bruder, Kardinal Jacopo Stefaneschi (*um 1261 Rom – †1341 Avignon), die Realisierung der Mosaike in Santa Maria in Trastevere in Auftrag gab. Für diese These würde sprechen, daß Jacopo Stefaneschi wahrscheinlich der Autor der *Tituli* der einzelnen Szenen ist, da dieselben Hexameter in seiner Schrift *Historia de miraculo Mariae facto Avinione* (Paris, Bibl. Nat., Cod. lat. 5931, fol. 95r–101r) zu finden sind. Der Marienzyklus in Santa Maria in Trastevere ist das einzige Werk Cavallinis, für das eine Signatur und sogar ein Monogramm der Werkstatt Cavallinis in zwei Nachzeichnungen aus dem 17. Jahrhundert überliefert sind. Die Datierung der Mosaike ist umstritten. Als *terminus post quem* kann aufgrund stilistischer Vermutungen die von Quellen gesicherte Vollendung des Marienzyklus von Jacopo Torriti in Santa Maria Maggiore im Jahre 1296 angenommen werden, während er mutmaßlich spätestens im Jubeljahr 1300 fertiggestellt wurde.

Bibl.: Ghiberti, *Denkwürdigkeiten*, Bd. I, S. 39; *Anonimo Magliabechiano*, Ed. Frey, S. 56; De Rossi 1899; Hetherington 1979, S. 13–36; Matthiae

1972, S. 67; Ragionieri 1981; Boskovits 1983; Poeschke 1983; Bellosi/Rossi, *Vite*, S. 151–152, Anm. 4; Tronzo 1989; Tomei 2000, S. 22–51; Poeschke 2009; Schmitz 2013, S. 20–26, S. 174–176 und S. 245–249.

8 Vasari betont erneut die Schülerschaft Cavallinis, um dessen künstlerisches Können zu loben. Denn Cavallini beschränkt sich nicht auf die bloße Nachahmung seines Lehrers Giotto, sondern er ist ein »ausgezeichneter Schüler« (»ottimo discepolo«) und »guter Künstler« (»buono artefice«). Die Fresken in der römischen Titelkirche San Crisogono wurden auch von Ghiberti in den *Commentarii* und vom *Anonimo Magliabechiano* als Werk Cavallinis erwähnt. Doch abgesehen von einem Mosaikfragment in der Mitte der Apsis, welches eine *Thronende Madonna mit Kind* zwischen den Heiligen Jakob und Chrysogonus darstellt und von einigen Forschern Cavallini zugeschrieben wird, ist die Bilddekoration seit einer Erneuerung der Kirche im 17. Jahrhundert verloren.

Bibl.: Ghiberti, *Denkwürdigkeiten*, Bd. I, S. 39; *Anonimo Magliabechiano*, Ed. Frey, S. 56; Busuioceanu 1925, S. 282–286; Mesnard 1935, S. 161–162; Hetherington 1979, S. 118–119; Bellosi/Rossi, *Vite*, S. 152, Anm. 6; Tomei 2000, 142–143; Schmitz 2013, S. 249–250.

9 Ghiberti, der *Anonimo* und Vasari stimmen darin überein, daß Pietro Cavallini in Santa Cecilia in Trastevere »fast die gesamte Kirche« freskierte. Bis 1723/25 war der vollständige Zyklus zu sehen: Auf den Seitenwänden der Nordseite waren Szenen aus dem Neuen Testament und auf der Südseite Szenen aus dem Alten Testament dargestellt. Davon sind noch, wenn auch in schlechtem und fragmentarischem Zustand, *Jakobs Traum* und *Isaak und Esau* auf der Südseite und eine *Verkündigung* und der *Erzengel Michael* auf der Nordseite erhalten. Im Jahre 1900 ist auf der Innenfassade das Fresko des *Jüngsten Gerichts* von Cavallini wiederentdeckt worden. Die Vollendung des Freskenzyklus wurde bisher auf das Jahr 1293 datiert, da die Fresken, zusammen mit dem von Arnolfo di Cambio (*um 1245 Colle di Val d'Elsa – †vor 1310 Florenz) für die Kirche gestalteten und vom Künstler selbst datierten Ziborium, Teil einer allgemeinen Kampagne zur Erneuerung der Kirche auf Initiative des französischen Kardinals Simon de Brion (*um 1210 Andrezel – †1285 Perugia), später Papst Martin IV. (1281–1285), waren. Schmitz plädiert dagegen für eine Datierung der Ausmalung zwischen 1298 und 1302. Stilkritisch wird argumentiert, daß man die Entstehungsdaten des Apsisfreskos von San Giorgio in Velabro (1295/96) und des Marienzyklus in Santa Maria in Trastevere (1296–1300) als *termini post quem* für Santa Cecilia annehmen kann. Als *terminus ante quem* werden dagegen die Jahre 1301/02 angeführt, da das um 1302 ausgeführte Bildprogramm

im Mittelschiff der Kirche Santa Maria in Vescovio in den Sabiner Bergen deutliche Anleihen bei den Wandmalereien in Santa Cecilia erkennen lasse. Als Stifter wird aufgrund der in Textquellen erwähnten Familienwappen im Kircheninnenraum die mächtige Stefaneschi-Familie vermutet.

Bibl.: Ghiberti, *Denkwürdigkeiten*, Bd. I, S. 39; *Anonimo Magliabechiano*, Ed. Frey, S. 56; Hermanin 1902; Tomei 2000, S. 52–95; Poeschke 2009; Schmitz 2013.

10 Ghiberti, ihm folgend der Anonimo und anschließend Vasari berichten, daß Cavallini in San Francesco in Ripa einen Freskenzyklus malte. Während sie sich in bezug auf den Inhalt der Wandmalereien nicht äußern, präzisiert Ugonio Pompeo 1588, daß in der ältesten römischen Franziskanerkirche Szenen aus dem Leben des Heiligen Franziskus dargestellt waren. Aus dem frühen 18. Jahrhundert ist eine Notiz des Historikers Ludovico da Modena überliefert, der berichtet, daß ein Stifterbild des Pandolfo d'Anguillara und an mehreren Stellen in der Kirche das Familienwappen der Anguillara zu sehen waren. Mit dem Stifter wird meistens Pandolfo II. († 1292/93) in Verbindung gebracht, womit ein *terminus ante quem* vorliegen würde. Allerdings könnte auch Pandolfo III. († um 1320) die Wandbilder gestiftet haben. Durch den inhaltlichen Bezug zum Franziskuszyklus in der Oberkirche in Assisi ist die Frage aufgekommen, ob Cavallini möglicherweise in Assisi gewesen und dort eventuell auch an der Ausstattung der Oberkirche beteiligt war (vgl. Anm. 22).

Bibl.: Ghiberti, *Denkwürdigkeiten*, Bd. I, S. 39; Hetherington 1979, S. 119–121; Menichella 1981; Zanardi 2002; Schmitz 2013, S. 250–252.

11 Cavallini hat, so schreiben Ghiberti und Vasari, drei Aufträge in San Paolo fuori le mura ausgeführt: das Fassadenmosaik, alttestamentarische Szenen im Mittelschiff und Fresken im Kapitelsaal, den Vasari im ersten Kreuzgang lokalisiert. Die Wandbilder im Mittelschiff waren mutmaßlich das erste große Werk Cavallinis. Als Folge des Brandes, der 1823 die frühchristliche Basilika zerstörte, ist die gesamte Ausstattung der Kirche verloren. Man weiß jedoch, dank der Zeichnungen und Aquarelle, die im 17. Jahrhundert vom Kardinal Francesco Barberini in Auftrag gegeben wurden, daß Bildzyklen an den Langwänden der Basilika vorhanden waren. Sie sind im Hinblick auf die Inhalte zwar aufschlußreich, können aber keine sicheren Indizien für die Autorschaft liefern. Auf der Südseite waren Geschichten aus dem Alten Testament und auf der Nordseite ein Zyklus mit Szenen aus dem Leben des Heiligen Paulus dargestellt. Diese von Papst Leo dem Großen (* um 400 – † 461) in Auftrag gegebenen Fresken wurden im 13. Jahrhundert – möglicherweise von Cavallini –

teilweise erneuert. Drei auf den Kopien des 17. Jahrhunderts erkennbare Stifterfiguren sowie die heterogenen Elemente des Bildprogramms legen die Vermutung nahe, daß es sich um sukzessive Ausbesserungen handelte. Datiert werden die Arbeiten in San Paolo meist auf die Amtszeit des Abtes Bartholomäus, der in einem der Wandbilder dargestellt war und zwischen 1282 und 1297 das Zönobitentum in der Kirche führte. Bartholomäus hatte außerdem, und dies ist dank einer Inschrift nachvollziehbar, auch Arnolfo di Cambio mit dem 1285 fertiggestellten Ziborium beauftragt, das in diesem Zusammenhang als Teil einer größeren Kampagne zur Erneuerung der Apostelbasilika zu verstehen ist. Geht man davon aus, daß Cavallini um 1295 in San Giorgio in Velabro und in Santa Maria in Trastevere beschäftigt war, wäre die Tätigkeit in der Paulsbasilika zwischen 1282 und 1295 anzusetzen. Sein letzter großer Auftrag führte Cavallini erneut nach San Paolo. Aufgrund eines Briefes ist bekannt, daß das Fassadenmosaik der Basilika im Jahre 1325 von Papst Johannnes XXII. (*um 1244 Cahors – † 1334 Avignon) in Auftrag gegeben wurde und wahrscheinlich um 1330 fertiggestellt war, da der Pontifex die Finanzierung auf fünf Jahre festgelegt hatte. Dank einer überlieferten Zeichnung ist die Komposition bekannt: Zwischen den Fenstern waren unter einem Clipeus mit segnendem Christus links und rechts außen die Heiligen Petrus und Paulus und in der Mitte Johannes der Täufer und die thronende Madonna dargestellt.

Bibl.: Ghiberti, *Denkwürdigkeiten*, Bd. I, S. 39; White 1956; Gardner 1971; Hetherington 1979, S. 81–116; Tomei 2000, S. 134–142; Schmitz 2013, S. 222–233.

12 In einer seltenen Verwendung von kunsttheoretischen Termini beschreibt Vasari, wie Cavallini mit »Sorgfalt« (»diligenza«) in San Paolo die Wandbilder anfertigte. Er hat diese Formulierung nicht von Ghiberti, sondern von dem Manuskript des *Anonimo Magliabechiano* übernommen, der denselben Begriff der »diligentia« verwendet, allerdings in bezug auf die Mosaike in Santa Maria in Trastevere. Der in der Kunsttheorie des 16. Jahrhunderts geläufige Ausdruck bezeichnet die präzise und bedachte Ausführung eines Kunstwerks, durch die der Künstler seine Kunstfertigkeit zur Schau stellt. Jedoch sollte die Sorgfalt in richtigem Maße angewendet werden, da sie sonst, ebenso wie der übermäßige Fleiß, zu Pedanterie werden kann.

Bibl.: *Anonimo Magliabechiano*, Ed. Frey, S. 56; Sabine Feser: ›Sorgfalt‹, in: Vasari, *Kunstgeschichte*, S. 286–287.

13 Ghiberti beschreibt Cavallinis Kunst als »maniera anticha cioè greca«, wobei er mit *maniera greca* keineswegs, wie Vasari, die unzureichende, ungeschliffene Kunst der Griechen meint, sondern eine von italieni-

schen Künstlern rezipierte und verfeinerte byzantinische Manier. Da Vasari Cavallini als Giottos Schüler ausweist, modifiziert er Ghibertis Äußerung und charakterisiert den Stil des römischen Meisters als Mischung aus Giottos »maniera« und der »maniera greca«.

Bibl.: Vasari, *Kunstgeschichte*, S. 99, und Victoria Lorini: ›Stil‹, in: Vasari, *Kunstgeschichte*, S. 288–293; Seiler 2012, S. 63.

14 Während Ghiberti und ihm folgend auch der *Anonimo* Cavallini vier Evangelisten und die Figuren der Heiligen Petrus und Paulus an der Innenfassade über den Türen (»sopra alle porte«) in Alt-Sankt-Peter zuschreiben, notiert Vasari, daß sich Darstellungen der Apostelfürsten zwischen den Fenstern befinden. Zwei Zeichnungen aus dem frühen 17. Jahrhundert zeigen, daß auf der Innenfassade zwischen den Fenstern vier »außerordentlich« große stehende Heilige dargestellt waren, und darunter die Heiligen Petrus und Paulus. Neben Petrus befand sich ein kniender Stifterkardinal. Im unteren Register, also über den Türen, waren dagegen vier schreibende Evangelisten freskiert, womit eine Kombination der Aussagen Bestätigung findet. Nach Ghiberti und Vasari malte der Römer auch einen Freskenzyklus in einem der vier Seitenschiffe. Für die Datierung kann man die Zeit des Pontifikats von Bonifaz VIII. (1294–1303) annehmen, da dieser im Rahmen der Proklamation des Jubeljahres 1300 großes Interesse an der Petersbasilika zeigte.

Bibl.: Ghiberti, *Denkwürdigkeiten*, Bd. I, S. 39; Busuioceanu 1925; Hetherington 1979, S. 122–123; Schmitz 2013, S. 233–242.

15 Die stilistische Bemerkung »dare rilievo alle figure« (»den Figuren Plastizität geben«) übernimmt Vasari von Ghiberti, der ebenfalls betont, daß Cavallini den Figuren Körperlichkeit verleiht. Der kunsttheoretische Begriff des »rilievo« wurde bereits von Cennini und Alberti mit Bezug auf Werke der Malerei verwendet; er definiert die dreidimensionale Erscheinung der Gegenstände auf der Fläche und dient als Kriterium für eine möglichst naturgetreue Darstellung.

Bibl.: Ghiberti, *Denkwürdigkeiten*, Bd. I, S. 39, Victoria Lorini: ›Plastizität‹, in: Vasari, *Kunstgeschichte*, S. 276–278.

16 Das als das »beste« bezeichnete und detailreich beschriebene Werk Cavallinis in der Kirche Santa Maria in Aracoeli wurde weder von Ghiberti noch in der ersten Edition der Vita von Vasari erwähnt (obwohl er sich auf die Arbeit über der Tür zur Sakristei bezogen hatte, vgl. Anm. 6). Das Fresko wurde zerstört, als Papst Pius IV. (*1499 Mailand – † 1565 Rom) in der Mitte des 16. Jahrhunderts den Chor erweitern ließ. Nach den seit der Mitte des 15. Jahrhunderts in Rom-Führern zu findenden Beschreibungen war eine Madonna dargestellt, die dem Kaiser Augustus und der tiburtinischen Sibylle in einer Vision erscheint.

Bibl.: Ghiberti, *Denkwürdigkeiten*, Bd. I, S. 39; Busuioceanu 1928; Vayer 1963; Hetherington 1979, S. 121–122; Garms 1994, Bd. II, S. 73–76; Tomei 2000, S. 106–119; Schmitz 2013, S. 242–245.

[17] Um Cavallinis Verbindung mit Giotto zu bekräftigen, fügt Vasari in der zweiten Edition der *Vite* dem Inventar des Römers Werke aus der Toskana hinzu. Er läßt ihn nach Florenz reisen und auf dem Rückweg nach Rom auch nach Assisi und Orvieto. Die an dieser Stelle erwähnte *Verkündigung* in der Kirche San Marco in Florenz ist trotz Übermalungen noch erhalten, aber nicht Cavallini zuzuschreiben. Es handelt sich hierbei vielmehr um ein Werk aus der zweiten Hälfte des 14. Jahrhunderts.

Bibl.: Bettarini/Barocchi, *Vite*, Bd. II (Commento), S. 507–508; Schmitz 2013, S. 25.

[18] Die *Verkündigungen* in den anderen Florentiner Kirchen, in San Basilio degli Armeni und in San Domenico, sind nicht erhalten.

Bibl.: Bettarini/Barocchi, *Vite*, Bd. II (Commento), S. 507–508; Paatz/Paatz 1940–1954, Bd. I, S. 337–344.

[19] Das Wandbild ist verloren. Ob es sich beim Porträtierten um Papst Urban V. (*um 1310 Grizac – †1370 Avignon) handelte, ist ungewiß.

Bibl.: Bettarini/Barocchi, *Vite*, Bd. II (Commento), S. 508; Michel Hayez: ›Urbano V‹, in: EDP, Bd. II, S. 542–550; Schmitz 2013, S. 26.

[20] Fra Giovanni da Fiesole, auch Fra Angelico oder Beato Angelico, mit weltlichem Namen Guido da Pietro di Mugello (*um 1395 oder 1400 bei Vicchio – †1455 Rom). Siehe dazu Anm. 28.

Bibl.: Magnolia Scudieri: ›Guido di Pietro‹, in: DBI, 2003, Bd. LXI, S. 401–409; Parronchi 1994, S. 49–50.

[21] Die Salvestriner Mönche mußten ihre Niederlassung im Jahre 1436 auf Verfügung von Papst Eugen IV. räumen. An ihrer Stelle zogen die Dominikaner-Observanten von San Domenico di Fiesole in das Gebäude.

Bibl.: Paatz/Paatz 1940–1954, Bd. III, S. 8–11.

[22] Der Cavallini zugeschriebene Auftrag in Assisi, der weder von Ghiberti oder dem *Anonimo* noch in der ersten Edition der *Vite* Erwähnung findet, wird bis heute in Verbindung mit dem angenommenen Lehrer-Schüler-Verhältnis der beiden Maler kontrovers diskutiert. Die Fragwürdigkeit einer Anwesenheit des römischen Malers in Assisi zeigt sich deutlich daran, daß Vasari, mit der nachdrücklichen Beteuerung, es sei eigenhändig, Cavallini ein Fresko Pietro Lorenzettis zuschreibt (siehe Anm. 23).

Bibl.: Hetherington 1979, S. 157–158; Parronchi 1994, S. 49–58; Zanardi 2002; Schmitz 2013, S. 24–29.

23 Bei dem beschriebenen Fresko irrt sich Vasari in der Autorschaft, es handelt sich nämlich um die *Kreuzigung*, die Pietro Lorenzetti (*um 1280? Siena – †1348) in der Unterkirche von San Francesco in Assisi malte. Die sehr genaue und lebendige Beschreibung bezeugt Vasaris Autopsie des Freskos und liefert insofern ein Beispiel dafür, daß seine Kennerschaft in bezug auf die Kunst des Trecento begrenzt sind.

Bibl.: Michela Becchis: ›Pietro Lorenzetti‹, in: DBI, 2005, Bd. LXV, S. 803–811; Vasari, *Sieneser Maler*, S. 20.

24 Gualtieri VI. (*um 1304/1305 Brienne – †1356 Poitiers), Herzog von Athen und Graf von Lecce, herrschte als berüchtigter Despot (»tiranno de' Fiorentini«) im Jahre 1342 über Florenz. Das von Vasari erwähnte Wappen ist nicht erhalten. Gualtieri hatte in der Unterkirche das Grabmal für seinen 1237 verstorbenen Vorfahren Johann von Brienne gestiftet, das mit seinem Wappen dekoriert ist.

Bibl.: Ernesto Sestan: ›Gualtieri di Brienne‹, in: DBI, 1972, Bd. XIV, S. 237–249; Wiener 1998; Bonsanti 2002, Bd. II (Testi/Schede), S. 399–405.

25 Die Fresken in der Cappella del Corporale im Dom von Orvieto wurden von Ugolino di Prete Ilario (†um 1404) und Piero di Puccio in den Jahren 1363–1364 gemalt.

Bibl.: Della Valle 1791, S. 115 und S. 196–208; Bettarini/Barocchi, *Vite*, Bd. II (Commento), S. 509–511; Harding 1989, S. 79–91.

26 Die genauen Lebensdaten von Messer Benedetto di Buonconte Monaldeschi sind nicht bekannt. Der wichtigste über Orvieto herrschende Podestà der Monaldeschi war in diesen Jahren Ermanno (†1337 Rom).

Bibl.: Bettarini/Barocchi, *Vite*, Bd. II (Commento), S. 509–510; Mario Marrocchi: ›Monaldeschi, Ermanno‹, in: DBI, 2011, Bd. LXXV, S. 532–534.

27 Vasari präsentiert Cavallini erst in der zweiten Edition als Bildhauer. Die weder von Ghiberti noch von dem *Anonimo Magliabechiano* erwähnte Information basiert auf der Inschrift an dem Ziborium von Arnolfo di Cambio in San Paolo fuori le mura: »hoc opus fecit arnolfus cum suo socio petro«, das heißt: der Gehilfe Arnolfos und Namensvetter Cavallinis wurde vermutlich mit ihm selbst verwechselt. Einige Forscher (zum Beispiel Parronchi 1994) halten an der unwahrscheinlichen Zuschreibung der beiden schlecht erhaltenen Holzskulpturen, dem Kruzifix und dem *Heiligen Paulus*, fest. Nach Vasari hat das Kruzifix wunderwirkende Eigenschaften: Es habe während der Gebete der Heiligen Birgitta von Schweden (*um 1303 Uppland – †1373 Rom) mit ihr gesprochen.

Bibl.: Lavagnino 1953, S. 55–58; Parronchi 1994, S. 69–74; Erhard

Gorys: ›Birgitta von Schweden‹, in: Gorys 1998, S. 64; Hetherington 1979, S. 161–162; Bettarini/Barocchi, *Vite*, Bd. II (Commento), S. 511; Tomei 2000, S. 147–149.

28 Unter den in vielen Lebensbeschreibungen den Künstlern des Trecento zugeschriebenen Tugenden bildet die Frömmigkeit Cavallinis einen Einzelfall. Bei keinem zweiten Künstler spielt diese Tugend eine derart dominante Rolle. Nicht zufällig erinnert dies an Fra Angelico, dessen Religiosität in der *seconda parte* in analoger Weise hervorgehoben wird. Vasari selbst stellt eine Verbindung zwischen beiden Malern her, indem er Fra Angelico ein Porträt nach einer vermeintlichen Vorlage Cavallinis ausführen läßt (siehe Anm. 20).

29 Es wurde vermutet, daß Vasari sich bei der »hochberühmten« Madonna auf die von einem gewissen Fra Bartolommeo um 1232 in Santissima Annunziata in Florenz ausgeführte Verkündigungsmadonna bezieht.

Bibl.: Bettarini/Barocchi, *Vite*, Bd. II (Commento), S. 511–512.

30 Vgl. Anm. 28.

31 Mit Giovanni da Pistoia wurde der Maler Giovanni di Bartolomeo Cristiani (*Pistoia – †um 1400 Florenz) identifiziert, dessen in Florenz und Pistoia ausgeführte Aufträge seit 1370 dokumentiert sind. Mit dem – aufgrund der späten Datierung und Lokalisierung in der Toskana höchst unwahrscheinlichen – Lehrer-Schüler-Verhältnis betont Vasari Cavallinis Verbindungen mit der Herkunftsregion der *maniera di Giotto*.

Bibl.: Bettarini/Barocchi, *Vite*, Bd. II (Commento), S. 512–513; Boskovits 1975, S. 147–149; Andrea G. De Marchi: ›Giovanni di Bartolomeo Cristiani‹, in: EAM, 1995, Bd. VI, S. 711–712; Schmitz 2013, S. 24.

32 Vasari läßt Cavallini in der Edition von 1550 im Alter von 75 Jahren sterben und datiert sein Werk auf »den Zeitraum um 1344«. In der zweiten Edition wird Cavallini dagegen zehn Jahre älter, stirbt mit 85 Jahren und seine »Malereien stammen aus dem Zeitraum um 1364«. Wie Vasari zu diesen, zu seiner Schilderung der Verbindung von Cavallini und Giotto wenig passenden Angaben gelangte, ist nicht nachvollziehbar.

Bibl.: Bettarini/Barocchi, *Vite*, Bd. II (Commento), S. 513–514.

33 Der Tod Cavallinis wird auf seine unermüdliche Arbeit zurückgeführt, die Todesursache gehört nach Kallab in die Kategorie der »tödlichen Berufskrankheiten«, an deren Folgen in den *Vite* mehrere Künstler sterben. Diese Anekdoten werden einerseits eingesetzt, um die Erzählung zu beleben, und sind andererseits als positive Wertung des fleißigen Meisters zu lesen.

Bibl.: Kallab 1908, S. 237–238; Schmitz 2013, S. 25.

34 Vgl. Anm. 32.

35 Wie zahlreiche andere in den *Vite* der Maler des 13. und 14. Jahrhunderts enthaltene Epitaphien dürfte auch dasjenige Cavallinis entweder von Vasari selbst oder von einem Autor aus seinem Bekanntenkreis verfaßt worden sein.

Bibl.: Kallab 1908, S. 236; Schmitz 2013, S. 20.

Bibliographie zum Leben des Pietro Cavallini

Anonimo Magliabechiano, Ed. Frey
Il Codice Magliabechiano, cl. XVII. 17, contenente notizie sopra l'arte degli antichi e quella de' Fiorentini da Cimabue a Michelangelo Buonarroti, scritte da Anonimo Fiorentino, hg. v. Carl Frey, Berlin 1892.

Bellosi/Rossi, *Vite*
Bellosi, Luciano/Rossi, Aldo (Hgg.): *Giorgio Vasari. Le vite de' più eccellenti architetti, pittori, et scultori italiani, da Cimabue insino a' tempi nostri, nell'edizione per i tipi di Lorenzo Torrentino*, Firenze 1550, Turin 1986.

Bettarini/Barocchi, *Vite*
Bettarini, Rosanna/Barocchi, Paola (Hgg.): *Giorgio Vasari. Le vite de' più eccellenti pittori, scultori e architettori nelle redazioni del 1550 e 1568*, Florenz 1966–1987, 6 Bde.

DBI
Dizionario Biografico degli Italiani, hg. v. Istituto della Enciclopedia Italiana, Rom 1960–2015, 82 Bde.

EAM
Enciclopedia dell'Arte Medievale, hg. v. Istituto della Enciclopedia Italiana, Rom 1991–2002, 12 Bde.

EDP
Enciclopedia dei Papi, hg. v. Istituto della Enciclopedia Italiana, Rom 2000, 3 Bde.

Ghiberti, *Denkwürdigkeiten*
Lorenzo Ghibertis Denkwürdigkeiten (I Commentarii), hg. v. Julius von Schlosser, Berlin 1912, 2 Bde.

Paatz/Paatz 1940–1954
Paatz, Walter/Paatz, Elisabeth: *Die Kirchen von Florenz. Ein kunstgeschichtliches Handbuch*, Frankfurt am Main, 1940–1954, 6 Bde.

Vasari, *Sieneser Maler*
Giorgio Vasari. Die Leben der Sieneser Maler, hg. und kommentiert v. Wolfgang Loseries, Berlin 2013.

Vasari, *Kunstgeschichte*
Giorgio Vasari. Kunstgeschichte und Kunsttheorie. Eine Einführung in die

Lebensbeschreibungen berühmter Künstler, hg., kommentiert und eingeleitet von Matteo Burioni und Sabine Feser, 3., erweiterte und aktualisierte Auflage, Berlin 2010.

Andaloro 2009
Andaloro, Maria: ›Giotto tradotto. A proposito del mosaico della Navicella‹, in: *Frammenti di memoria. Giotto, Roma e Bonifacio VIII.*, hg. v. Maria Andaloro, Silvia Maddalo und Massimo Miglio, Rom 2009, S. 17–35.

Blume 1983
Blume, Dieter: *Wandmalerei als Ordenspropaganda. Bildprogramme im Chorbereich franziskanischer Konvente Italiens bis zur Mitte des 14. Jahrhunderts*, Worms 1983.

Bonsanti 2002
Bonsanti, Giorgio (Hg.): *La Basilica di San Francesco ad Assisi*, Modena 2002, 4 Bde.

Boskovits 1975
Boskovits, Miklós: *Pittura fiorentina alla vigilia del Rinascimento 1370–1400*, Florenz 1975.

Boskovits 1983
Boskovits, Miklós: ›Proposte (e conferme) per Pietro Cavallini‹, in: *Roma anno 1300: Atti del Congresso Internazionale di storia dell'arte medievale*, hg v. Angiola Maria Romanini, Rom 1983, S. 297–315.

Busuioceanu 1925
Busuioceanu, Alexandru: *Pietro Cavallini e la pittura romana del Duecento e del Trecento*, Rom 1925.

Busuioceanu 1928
Busuioceanu, Alexandru: ›Une miniature inédite du XIIIe siècle reproduisant une œuvre perdue de Pietro Cavallini‹, in: *Revue archéologique*, 1928, Bd. V, S. 140–145.

Cellini 1955
Cellini, Pico: ›Di fra Guglielmo e di Arnolfo‹, in: *Bollettino d'Arte*, 1955, Bd. XL, S. 215–229.

Della Valle 1791
Della Valle, Guglielmo: *Storia del Duomo di Orvieto*, Rom 1791.

De Rossi 1899
De Rossi, Giovanni Battista: *Musaici cristiani e saggi die pavimenti delle chiese di Roma anteriori al secolo XV. Tavole cromo-litografiche con cenni storici e critici*, Rom 1899.

Gardner 1971
Gardner, Julian: ›San Paolo fuori le mura: Nicholas III and Pietro Cavallini‹, in: *Zeitschrift für Kunstgeschichte*, 1971, Bd. XXXIV, S. 240–248.
Garms 1994
Garms, Jörg: *Die mittelalterlichen Grabmäler in Rom und Latium vom 13. bis zum 15. Jahrhundert*, Bd. II: *Die Monumentalgräber*, bearb. v. Jörg Garms, Andrea Sommerlechner und Werner Telesko, Wien/Rom 1994.
Gorys 1998
Gorys, Erhard: *Lexikon der Heiligen*, München 1998.
Harding 1989
Harding, Catherine: ›The Production of Medieval Mosaics: The Orvieto Evidence‹, in: *Dumbarton Oaks Papers*, 1989, Bd. XLIII, S. 73–102.
Herklotz 1983
Herklotz, Ingo: ›I Savelli e le loro cappelle di famiglia‹, in: *Roma anno 1300: Atti del Congresso Internazionale di storia dell'arte medievale*, hg. v. Angiola Maria Romanini, Rom 1983, S. 567–578.
Hermanin 1902
Hermanin, Federico: ›Gli affreschi di Pietro Cavallini a Santa Cecilia in Trastevere‹, in: *Le Gallerie Nazionali Italiane*, 1902, Bd. V, S. 61–115.
Hetherington 1979
Hetherington, Paul: *Pietro Cavallini: A Study in the Art of Late Medieval Rome*, London 1979.
Kallab 1908
Kallab, Wolfgang: *Vasaristudien. Mit einem Lebensbild des Verfassers*, hg. v. Julius v. Schlosser, Leipzig/Wien 1908.
Köhren-Jansen 1993
Köhren-Jansen, Helmtrud: *Giottos Navicella. Bildtradition, Deutung, Rezeptionsgeschichte*, Worms 1993.
Lavagnino 1953
Lavagnino, Emilio: *Pietro Cavallini*, Rom 1953.
Maginnis 1993
Maginnis, Hayden B. J.: ›Giotto's World through Vasari's Eyes‹, in: *Zeitschrift für Kunstgeschichte*, 1993, Bd. LIX, S. 385–408.
Matthiae 1972
Matthiae, Guglielmo: *Pietro Cavallini*, Rom 1972.
Mazzocchi 2004
Mazzocchi, Eleonora: ›La pittura murale del Duecento a Roma e nell'Italia centrale. Nuove scoperte e nuovi materiali‹, in: *Studi Romani*, 2004, Bd. LII, S. 588–591.

Menichella 1981

Menichella, Anna: ›Pietro Cavallini: contributo per un'ipotesi di committenza Orsini‹, in: *Federico II e l'arte del Duecento italiano*, hg. v. Angiola Maria Romanini, Galatina (Lecce), Bd. II, S. 51–57.

Mesnard 1935

Mesnard, Maurice: *La basilique de Saint Chrysogone à Rome*, Vatikanstadt 1935.

Muñoz 1924–1925

Muñoz, Antonio: ›I restauri della Navicella di Giotto e la scoperta di un angelo in mosaico nelle Grotte Vaticane‹, in: *Bollettino d'arte*, Bd. XVIII, (1924–1925), S. 433–442.

Paeseler 1941

Paeseler, Wilhelm: ›Giottos Navicella und ihr spätantikes Vorbild‹, in: *Römisches Jahrbuch für Kunstgeschichte*, 1941, Bd. V, S. 49–162.

Parronchi 1994

Parronchi, Alessandro: *Cavallini: 'discepolo di Giotto'*, Florenz 1994.

Poeschke 1983

Poeschke, Joachim: ›Per la datazione dei mosaici di Cavallini in S. Maria in Trastevere‹, in: *Roma anno 1300: Atti del Congresso Internazionale di storia dell'arte medievale*, hg. v. Angiola Maria Romanini, Rom 1983, S. 423–431.

Poeschke 2009

Poeschke, Joachim: *Mosaiken in Italien: 300–1300*, München 2009.

Ragionieri 1981

Ragionieri, Giovanna: ›Cronologia e committenza: Pietro Cavallini e gli Stefaneschi di Trastevere‹, in: *Annali della Scuola Normale Superiore di Pisa, Classe di Lettere e Filosofia*, Pisa 1981, S. 447–467.

Schmitz 2013

Schmitz, Michael: *Pietro Cavallini in Santa Cecilia in Trastevere: Ein Beitrag zur römischen Malerei des Due- und Trecento*, München 2013.

Schwarz 1995

Schwarz, Michael V.: ›Giottos Navicella zwischen 'Renovatio' und Trecento. Ein genealogischer Versuch‹, in: *Wiener Jahrbuch für Kunstgeschichte*, 1995, Bd. XLVIII, S. 129–163.

Seiler 2012

Seiler, Peter: ›Giotto – das unerreichte Vorbild? Elemente antiker 'imitatio auctorum'-Lehren in Cennino Cenninis 'Libro dell'Arte'‹, in: *Imitatio als Transformation. Theorie und Praxis der Antikennachahmung in der Frühen Neuzeit*, hg. v. Ursula Rombach und Peter Seiler, Petersberg 2012, S. 44–76.

Strinati 2004
Strinati, Tommaso: *Aracoeli: gli affreschi ritrovati*, Mailand 2004.

Toesca 1959
Toesca, Pietro: *Pietro Cavallini*, Mailand 1959.

Tomei 2000
Tomei, Alessandro: *Pietro Cavallini*, Mailand 2000.

Tronzo 1989
Tronzo, William: ›Apse Decoration, the Liturgy and the Perception of Art in Medieval Rome: S. Maria in Trastevere and S. Maria Maggiore‹, in: *Italian Church Decoration of the Middle Ages and Early Renaissance*, Bologna 1989, S. 167–193.

Vayer 1963
Vayer, Lajos: ›L' affresco absidale di Pietro Cavallini nella chiesa di S. Maria in Aracoeli a Roma‹, in: *Acta historiae artium Academiae Scientiarum Hungaricae*, 1963, Bd. IX, S. 39–73.

White 1956
White, John: ›Cavallini and the Lost Frescoes in S. Paolo‹, in: *Journal of the Warburg and Courtauld Institutes*, 1956, Bd. XIX, S. 84–95.

Wiener 1998
Wiener, Jürgen: *Das Grabmal des Johann von Brienne: Kaiser von Konstantinopel und König von Jerusalem*, Düsseldorf 1998.

Zanardi 2002
Zanardi, Bruno: *Giotto e Pietro Cavallini: la questione di Assisi e il cantiere medievale della pittura a fresco*, Mailand 2002.

Daten zu Leben und Werk Pietro Cavallinis[1]

um 1250 Pietro Cavallini wird in Rom geboren.

um 1282–1295 Lorenzo Ghiberti und ihm folgend Giorgio Vasari berichten, daß Cavallini an der Erneuerung des frühchristlichen alttestamentarischen Wandbildzyklus auf der Südseite des Hauptschiffes der Basilica di San Paolo fuori le mura in Rom tätig ist.

1295–1303 Zugeschrieben werden Cavallini seit Ghiberti und Vasari Wandmalereien auf der Innenfassade in Alt-Sankt-Peter in Rom. Zeichnungen aus dem frühen 17. Jahrhundert zeigen, daß im unteren Register die vier Evangelisten und in den oberen Bildfeldern vier Heilige dargestellt waren. Außerdem hat Cavallini vermutlich in einem der vier Seitenschiffe weitere Wandmalereien geschaffen.

1295–1298 Von der neueren Forschung wird Cavallini das von Ghiberti und Vasari nicht erwähnte Apsisfresko in der römischen Kirche San Giorgio in Velabro weitgehend übereinstimmend zuerkannt. Vermutlich entstand es im Auftrag von Jacopo Stefaneschi, seit 1295/96 Kardinaldiakon der Kirche. In der Kalotte sind von links nach rechts der Heilige Georg, die Madonna, Christus und die Heiligen Peter und Sebastian zu sehen.

1296–1298 Nach dem Bericht Ghibertis, der von Vasari aufgegriffen wird, führt Cavallini in der Apsis von Santa Maria in Trastevere eine heute noch erhaltene *Marienvita* in Mosaik aus, bestehend aus sechs Marienbildern und einem Stifterbild mit einer Darstellung Bertoldo Stefaneschis.

1298–1302 Sowohl Ghiberti als auch Vasari schreiben Cavallini die Ausmalung von Santa Cecilia in Trastevere zu. Auf der östlichen Eingangswand freskiert er das *Weltgericht* und auf den Seitenwänden Szenen aus dem Neuen und Alten Testament. Letztere sind nur fragmentarisch erhalten.
Während Ghiberti Cavallinis Tätigkeit in der Kirche Santa Maria in Aracoeli in Rom nicht anführt, berichtet Vasari

von zwei Aufträgen. Sein bestes Werk sei das Apsisfresko mit der Darstellung einer Erscheinung der Madonna vor Kaiser Augustus und der tiburtinischen Sibylle; ferner habe Cavallini einen mehrteiligen Zyklus auf der nördlichen Stirnwand des Querschiffes gemalt. In der neueren Forschung wird ihm außerdem das Fresko in der Lünette der Rückwand des Grabmals für den Kardinal Matteo d'Acquasparta zugeschrieben, das wahrscheinlich kurz nach dessen Tod (†1302) entstanden ist. Dargestellt ist ein segnender Christus im Clipeus und unter ihm eine thronende Madonna mit Kind. An ihrer rechten Seite steht der Heilige Matthäus und auf der linken der Heilige Franziskus, den knienden Stifterkardinal präsentierend.

1302/03–08 Sowohl von Ghiberti als auch ihm folgend von Vasari wird Cavallini ein Freskenzyklus in San Francesco a Ripa in Rom zugeschrieben. Eine Schriftquelle aus dem frühen Settecento belegt, daß das Wappen der Familie Anguillara und das Stifterbild eines Pandolfo dell'Anguillara zu sehen waren. Man kann jedoch nicht ermitteln, ob Pandolfo II. (†1292/93) der Stifter war oder ob Pandolfo III. (†um 1320) die Malereien beauftragte.

1308–1309 Im Jahre 1308 trifft Pietro Cavallini in Neapel ein und tritt in den Dienst Karls II. von Anjou, der dem »Magister Petrus Cavallinus de Roma pictor« in einem Dokument des 10. Juni 1308 ein hohes Jahresgehalt in Aussicht stellt. Am 16. Juni wird dieses Abkommen nochmals schriftlich bestätigt, im September desselben Jahres sind weitere Zahlungen belegt. Im Dezember besiegelt der Sohn von Karl II., Robert von Anjou, diese Privilegien. Das letzte erhaltene Dokument belegt eine Auszahlung von 15 Unzen an den »Magistro Petro Cavellino de Roma pittori« im August 1309.

1325–1330 Cavallini arbeitet erneut in San Paolo fuori le mura und führt dort das Fassadenmosaik aus. Durch ein Breve von Papst Johannes XXII. aus dem Jahre 1325 ist dieser als Auftraggeber überliefert. Kopien aus dem 17. Jahrhundert zeigen, daß zwischen den Fenstern von links nach rechts die Heiligen Petrus, Johannes der Täufer, die thronende Madonna und der Heilige Paulus dargestellt waren.

1 Aufgrund der spärlichen Quellenlage ist die Chronologie von Cavallinis Leben und Werk weitgehend ungesichert. Vorliegende Informationen sind der 2013 erschienenen Publikation von Michael Schmitz entnommen, in welcher der Autor durch indirekte Daten und Indizien eine zeitliche Abfolge rekonstruiert.

Bedeutende Werke Pietro Cavallinis

Neapel, Santa Maria Donnaregina
- Fresko. Hochchor an der Westwand: *Weltgericht* und weitere Freskenfragmente im Chor und im Langhaus (Cavallini-Schule)

Rom, San Giorgio in Velabro
- Apsisfresko (von links): *Heiliger Georg, Madonna, Christus, Heiliger Petrus und Heiliger Sebastian*

Rom, Santa Cecilia in Trastevere
- Fresko. Eingangswand: *Weltgericht*
- Freskenzyklusfragmente. Hochchor vor der Eingangswand, Nordwand: *Jakobs Traum, Esau vor Isaak, Esau und Rebecca*
- Freskenzyklusfragmente. Hochchor vor der Eingangswand, Südwand: *Verkündigung, Erzengel Michael*

Rom, Santa Maria in Aracoeli
- Lünettenfresko auf der Rückwand des Acquasparta-Grabmals im Nordquerhaus: *Thronende Madonna mit Kind zwischen den Heiligen Matthäus und Franziskus und segnendem Gottvater* im Clipeus

Rom, Santa Maria in Trastevere
- Mosaikzyklus. Apsis: *Geburt Mariens, Verkündigung, Geburt Christi, Anbetung der Heiligen drei Könige, Jesus im Tempel, Tod Mariens, Stiftermosaik*

Die Angaben und Zuschreibungen sind den in der Bibliographie angegebenen Publikationen entnommen, darunter vor allem Tomei 2000 und Schmitz 2013.

Giorgio Vasari
Lebensläufe der hervorragendsten Künstler

Bereits erschienen:

Kunsttheorie und Kunstgeschichte • Parmigianino • Raffael • Pontormo • Sebastiano del Piombo • Rosso Fiorentino • Giorgio Vasari. Mein Leben • Tizian • Giulio Romano • Andrea del Sarto • Steinschneider, Glas- und Miniaturmaler • Leonardo da Vinci • Einführung in die Künste der Architektur, Bildhauerei und Malerei • Sodoma und Beccafumi • Die Bildhauer des Cinquecento • Sansovino und Sanmicheli mit Ammannati, Palladio und Veronese • Bramante und Peruzzi • Die Künstler der Raffael-Werkstatt • Giorgione, Correggio, Palma il Vecchio und Lorenzo Lotto • Piero Di Cosimo, Fra Bartolomeo und Mariotto Albertinelli • Perino del Vaga • Montorsoli und Bronzino sowie die Künstler der Accademia del Disegno • Francesco Salviati und Cristofano Gherardi • Daniele da Volterra und Taddeo Zuccaro • Baccio Bandinelli • Michelangelo • Die Sangallo-Familie • Sandro Botticelli, Filippino Lippi, Cosimo Rosselli und Alesso Baldovinetti • Tribolo und Pierino da Vinci • Mantegna und Bellini • Jacopo della Quercia, Niccolò Aretino, Nanni di Banco und Luca della Robbia • Masolino, Masaccio, Gentile da Fabriano und Pisanello • Perugino und Pinturicchio • Lorenzo Ghiberti • Lippi, Pesello und Peselli, Castagno, Veneziano und Fra Angelico • Andrea del Verrocchio und die Gebrüder Pollaiuolo • Brunelleschi und Alberti • Giuliano da Maiano, Bernardo und Antonio Rossellino, Desiderio da Settignano und Benedetto da Maiano • Paolo Uccello, Piero della Francesca, Antonello da Messina und Luca Signorelli • Donatello und Michelozzo • Die Sieneser Maler • Ghirlandaio und Gherardo di Giovanni • Cimabue, Giotto, Cavallini • Künstler des Trecento • Supplementband

Kulturgeschichte bei Wagenbach

Peter Burke Papier und Marktgeschrei
Die Geburt der Wissensgesellschaft
Wissen erwerben, klassifizieren, kontrollieren und verkaufen – nach Erfindung der beweglichen Lettern verbreitete sich das neue Wissen rasant. Neben allem Enthusiasmus gehörte von Anfang an auch eine gesunde Skepsis gegenüber dem Wahrheitsgehalt von Informationen zur Wissensverbreitung, denn schon immer haben sich Menschen gerne mit unbewiesenen Behauptungen hervorgetan. Auch die Kommerzialisierung von Information ist kein heutiges Phänomen.
Aus dem Englischen von Matthias Wolf.
Sachbuch. 256 Seiten, broschiert, Großformat

Peter Burke Die Explosion des Wissens
Von der Encyclopédie bis Wikipedia
Was wissen wir, was weiß man über uns, und wie können wir die Hoheit über dieses Wissen behalten oder zurückerlangen? Wieso bemühen wir heute, wenn wir etwas wissen wollen, eine Suchmaschine? Warum werden wir zu »Informationsgiganten«, laufen aber Gefahr, zu »Wissenszwergen« zu verkommen? Welche Folgen hat die McDonaldisierung des Wissens?
Aus dem Englischen von Matthias Wolf unter Mitarbeit von Sebastian Wohlfeil.
Sachbuch. 392 Seiten. Großformat. Gebunden mit Schutzumschlag

Girolamo Arnaldi Italien und seine Invasoren
Vom Ende des römischen Reiches bis heute
Von der Plünderung Roms im Jahr 410 über Friedrich Barbarossa und den Frankenkönig Karl, die Spanier in Neapel, die Österreicher in der Lombardei, von der »Pseudo-Eroberung« Italiens durch das Piemont im Risorgimento bis zur Befreiung durch die anglo-amerikanischen Alliierten im Zweiten Weltkrieg.
Aus dem Italienischen von Friederike Hausmann.
Sachbuch. 208 Seiten. Gebunden mit vielen Abbildungen

Wir danken dem italienischen Außenministerium für die freundliche Unterstützung dieses Buches durch eine Übersetzungsförderung.

Questo libro è stato tradotto grazie al contributo alla traduzione del Ministero degli Affari Esteri italiano.

EDITION GIORGIO VASARI
Originalausgabe

Umschlaggestaltung unter Verwendung eines Ausschnitts aus dem Gemälde *Die Grablegung Mariae (Marientod)* von Giotto und Satz aus der Bembo: Julie August. Vorsatzpapier von Schabert, Strullendorf. Gedruckt auf Schleipen Fly 05 und gebunden bei Pustet, Regensburg.

ISBN 978 3 8031 5064 6